大学本科学前教育专业教材

学前教育评价

XUEQIAN JIAOYU PINGJIA

王坚红　主编

人民教育出版社
·北京·

图书在版编目（CIP）数据

学前教育评价/王坚红主编. —北京：人民教育出版社，2018.11
大学本科学前教育专业教材
ISBN 978-7-107-31153-6

Ⅰ.①学… Ⅱ.①王… Ⅲ.①学前教育—教育评估—高等学校—教材 Ⅳ.①G610

中国版本图书馆 CIP 数据核字（2018）第 265271 号

大学本科学前教育专业教材　学前教育评价

出版发行　人民教育出版社
（北京市海淀区中关村南大街 17 号院 1 号楼　邮编：100081）

网　　址	http://www.pep.com.cn	
经　　销	全国新华书店	
印　　刷	北京新华印刷有限公司	
版　　次	2018年11月第1版	
印　　次	2019年3月第1次印刷	
开　　本	787毫米×1 092毫米　1/16	
印　　张	30.75	
字　　数	435 千字	
印　　数	0 001~3 000 册	
定　　价	52.10 元	

版权所有·未经许可不得采用任何方式擅自复制或使用本产品任何部分·违者必究
如发现内容质量问题、印装质量问题，请与本社联系。电话：400-810-5788

大学本科学前教育专业教材编写委员会

顾　　问
　　陈帼眉　唐　淑
主 任 委 员
　　冯晓霞　刘雅琴
副主任委员
　　周　兢　许卓娅
编　　委（按姓氏音序排列）
　　陈伊丽　顾荣芳　孔起英　刘峰峰　刘晶波
　　秦光兰　王坚红　王　雁　向　导　杨汉麟
　　余子侠　张　俊　张　燕
秘 书 长
　　焦　艳

出版说明

近年来，随着学前教育的长足发展，我国幼儿园教师教育面临前所未有的发展机遇和挑战，高等院校学前教育专业招生规模不断扩大，专业内涵建设成为发展的重中之重。2010年，国务院颁发了《国家中长期教育改革和发展规划纲要（2010—2020年）》，提出"把提高质量作为教育改革发展的核心任务""树立以提高质量为核心的教育发展观，注重内涵发展"。2011年和2012年，教育部分别颁布了《教师教育课程标准（试行）》《幼儿园教师专业标准（试行）》，以规范和发展教师教育，引导教师教育的课程和教学，培养高素质的教师队伍。

高等学校学前教育专业是高素质专业人才、高素质教师队伍的培养基地，引领着学前教育专业的研究和发展方向，其课程研究和教材编写应具有科学性、前瞻性。本着创新教师教育课程理念，全面提高学前教育教学和科研人才的培养质量，建设高素质专业化教师队伍的目标，在教育部领导的关怀和指导下，人民教育出版社课程教材研究所聘请具有丰富教学经验和较高学术水平的学科带头人分别担任各科教材主编，编写了这套"大学本科学前教育专业教材"。

本套教材的编写，以"立德树人，全面实施素质教育"为指针，以大学本科学前教育专业的培养目标为依据，坚持育人为本、实践取向、终身学习的理念，实施《教师教育课程标准（试行）》，注重把国内外最新研究成果与学前教育一线丰富的教学实践经验融为一体，注重理论基础，强化实践环节，加强师德修养和教育教学能力训练，着力培养未来学前教育教学和科研人才的社会责任感、创新精神和实践能力。本套教材主要供高等院校学前教育专业本科使用，也可供学前教育管理者和广大在职幼儿教师进修或自学使用。

　　本套教材的编写和出版，得到了教育部教师工作司、有关高等院校的领导和教师的大力支持，谨在此一并致谢！由于时间紧迫，教材的编写难免有不完善之处，敬请广大师生不吝指正，使本套教材日臻完善。

人民教育出版社课程教材研究所
学前教育课程教材研究开发中心
2014年10月

前　言

随着我国社会经济、科学研究和信息技术的高速发展，学前教育事业经历了前所未有的快速成长与变化。对学前教育机构的社会需求的日益增长，不断地激励各种社会力量办园的积极性。随着社会竞争的加剧和家长对早期教育作用的日益重视和期待，对高质量学前教育机构的需求也相应地急剧增长。社会和家庭需要了解和鉴别学前教育机构质量的优劣，以便为孩子选择适宜的机构。学前教育机构和保教人员需要了解课程和教育活动的有效性，以便进一步改进教育和服务，更好地促进幼儿的发展。各级教育部门需要评估学前教育机构的质量，以便适当地予以定级定类。教育研究机构和幼教专业人员需要深入探讨学前教育的规律和科学有效的教育教学的内容、方法、手段。学前教育评价的必要性在学前教育蓬勃发展的今天尤显突出。作为现代教育中的一个重要课题，在学前教育改革的进程中，评价问题已历史性地提到了重要议程。人们逐渐意识到，无论是从事学前教育实践，还是进行学前教育课程研究，实施行政督导，开展幼儿园科学管理与师资队伍建设，以及做出某些学前教育机构的增设或取消的决策等，都离不开评价，都应当包含评价的内容。没有评价的参与、调节和指导，就不可能推动学前教育改革的深入进展。

我国学前教育的政策法规，如《幼儿园工作规程》《幼儿园管理条例》和《幼儿园教育指导纲要（试行）》等的颁布和施行，为学前教育评价的研究和实践提供了权威性的导向。评价标准和指标体系的建立必须依据对这些政策法规的深入研究所形成的正确的、准确的理解，进而使之具有可操作性。根据这些法规而开展的评价活动，是保证法规切实贯彻实施的不可缺少的工作。可见，评价工作关系到我国学前教育的规范化、科学化和民主化的进程，必须予以足够的重视。

为有效提高我国学前教育评价的研究和实践活动水平，需要培养一大批具有较高素质和专业知识技能的评价人才。作为高等学校学前教育专业的教材，本书试图尽可能全面系统地讨论有关学前教育评价的问题，介绍国内外的评价研究项目和评价实践经验，提供研究和实践所涉及的理论思路、方法技术以及实践指南。

本书在人民教育出版社2010年出版的高等学校学前教育专业教材《学前教育评价》的基础上，经过增删，改编而成。本书纳入了近年来有关领域的新动向、新信息、新发展、新研究，并在内容结构的合理性、全面性上做了进一步的调整和改善。

与2010年版本相比较，本书新增的内容包括：第一章，加入了学前教育评价的意义，包括学前教育评价有关的最新研究成果及其启示，以及学前教育评价的起源和发展；第五章，在观察方法部分，增加了直观而系统的观察记录方法模式图及其说明；第六章，增加在线评估分析及在线显示评估结果的有关内容；第七章，增加儿童发展状况的在线测评和自动生成测评报告的简例；第八章，新增课程评价研究的历史沿革；第九章和第十二章，纳入有关新的信息和新的评价标准；第十三章，增加有关学前教育机构评价的最新研究成果及其启示，介绍各国政府的重视和政策革新动向，以及部分国家和地区值得借鉴的机构评价标准内容；第十四章，增加近年来有关信息评价的研究启示和新动向。

本版适于高等院校学前教育专业大学本科或其他有关的专业研究人员使用。与2010年大专版的区别是，本版包含较多的和更详细的有关评价研究和方法方面的内容，以及各种评价实例以供参考。而大专版则旨在提供最基本的有关学前教育评价的知识，适用于学前教育专科和幼儿师范学生以及各类幼儿教育实践人员使用。

本书的编写工作由王坚红主持并统稿。负责各章编写工作的人员是：王坚红（第一、二、三、四、五、六、七、八、十、十一、十三章），毛曙阳（第九章），尹坚勤（第十二章），郝海平（第十四章）。书中内容如有不当之处，敬请读者指正。

王坚红
2018年9月

目 录

01 第一章 学前教育评价概论 …………………… 1

◎ 内容提要 ……………………………………… 1
◎ 学习目标 ……………………………………… 1
◎ 关键词 ………………………………………… 1
第一节 学前教育评价的概念 ………………… 2
第二节 学前教育评价的意义和功能 ………… 13
第三节 学前教育评价的起源与发展趋势 …… 28
◎ 思考与练习 …………………………………… 39

02 第二章 学前教育评价的理论模式 …………… 41

◎ 内容提要 ……………………………………… 41
◎ 学习目标 ……………………………………… 41
◎ 关键词 ………………………………………… 41
第一节 鉴定性评价模式 ……………………… 43
第二节 目标获得性评价模式 ………………… 45
第三节 CIPP 评价模式 ………………………… 49
第四节 外貌评价模式 ………………………… 61
第五节 无框架评价模式 ……………………… 66

第六节　目标游离评价模式 …………………………… 70
第七节　差距评价模式 ………………………………… 72
第八节　应答评价模式 ………………………………… 75
第九节　评价模式的选择 ……………………………… 79
◎ 思考与练习 ……………………………………………… 80

第三章　学前教育评价的基本过程与方法 …… 81

◎ 内容提要 ………………………………………………… 81
◎ 学习目标 ………………………………………………… 81
◎ 关键词 …………………………………………………… 81
第一节　评价的基本过程与步骤 ……………………… 82
第二节　评价的基本方法 ……………………………… 92
◎ 思考与练习 ……………………………………………… 104

第四章　评价方案的设计 …………………… 105

◎ 内容提要 ………………………………………………… 105
◎ 学习目标 ………………………………………………… 105
◎ 关键词 …………………………………………………… 105
第一节　评价方案的内容 ……………………………… 106
第二节　评价指标体系的制定 ………………………… 110
◎ 思考与练习 ……………………………………………… 125

第五章　评价资料的收集 …………………… 126

◎ 内容提要 ………………………………………………… 126

◎ 学习目标 …………………………………… 126
◎ 关键词 ……………………………………… 126
第一节　收集评价资料的过程与要求 ………… 127
第二节　常用的资料收集方法 ………………… 131
◎ 思考与练习 ………………………………… 160

06 第六章　评价资料的分析 …………………… 161

◎ 内容提要 …………………………………… 161
◎ 学习目标 …………………………………… 161
◎ 关键词 ……………………………………… 161
第一节　评价资料的准备 ……………………… 162
第二节　评价资料的量化分析 ………………… 163
第三节　评价资料的质的分析 ………………… 173
第四节　评价结果的解释与运用 ……………… 180
◎ 思考与练习 ………………………………… 182

07 第七章　学前儿童发展的测量与评价 ……… 183

◎ 内容提要 …………………………………… 183
◎ 学习目标 …………………………………… 183
◎ 关键词 ……………………………………… 183
第一节　学前儿童发展的测量与评价概述 …… 184
第二节　学前儿童发展量表简介 ……………… 189
第三节　学前儿童发展评价指标体系举例 …… 193
第四节　学前儿童发展评价结果的报告 ……… 234
◎ 思考与练习 ………………………………… 244

08 第八章 学前教育课程评价·················· 245

◎ 内容提要 ································· 245
◎ 学习目标 ································· 245
◎ 关键词 ··································· 245
第一节 学前教育课程评价概述················ 246
第二节 学前教育课程评价的设计·············· 257
第三节 学前儿童课程评价的实施·············· 265
◎ 思考与练习 ······························· 286

09 第九章 幼儿园游戏评价 ················· 287

◎ 内容提要 ································· 287
◎ 学习目标 ································· 287
◎ 关键词 ··································· 287
第一节 游戏评价概述························ 288
第二节 游戏条件的评价······················ 291
第三节 游戏中幼儿行为的评价················ 297
第四节 游戏中教师指导行为的评价············ 304
◎ 思考与练习 ······························· 310

10 第十章 幼儿园日常教育活动中的评价········ 311

◎ 内容提要 ································· 311
◎ 学习目标 ································· 311
◎ 关键词 ··································· 311
第一节 日常教育活动中评价的特点与原则·········· 312

第二节 教师的反思性自我评价 …………………………… 315
第三节 教育活动中的日常观察 …………………………… 323
第四节 日常教育活动中评价的其他方式 ………………… 330
◎ 思考与练习 ………………………………………………… 340

11 第十一章 学前特殊儿童教育评价 …………… 342

◎ 内容提要 …………………………………………………… 342
◎ 学习目标 …………………………………………………… 342
◎ 关键词 ……………………………………………………… 342
第一节 学前特殊儿童教育评价概述 ……………………… 343
第二节 缺陷儿童早期干预项目评价 ……………………… 345
第三节 处境不利家庭儿童学前干预课程评价 …………… 361
◎ 思考与练习 ………………………………………………… 369

12 第十二章 学前教育师资评价 …………………… 370

◎ 内容提要 …………………………………………………… 370
◎ 学习目标 …………………………………………………… 370
◎ 关键词 ……………………………………………………… 370
第一节 学前教育师资评价的意义与现状 ………………… 371
第二节 学前教育师资资格标准与入职胜任力评价 ……… 375
第三节 幼儿教师绩效评价 ………………………………… 383
第四节 幼儿教师发展性评价 ……………………………… 392
◎ 思考与练习 ………………………………………………… 398
◎ 拓展性阅读导航 …………………………………………… 399

13 第十三章 学前教育机构评价 …………… 400

◎ 内容提要 …………………………………………… 400
◎ 学习目标 …………………………………………… 400
◎ 关键词 ……………………………………………… 400
第一节 学前教育机构评价的意义及其研究启示 ……… 401
第二节 学前教育机构评价的内容与方法 …………… 410
第三节 学前教育机构评价标准示例 ………………… 416
◎ 思考与练习 ………………………………………… 448
◎ 拓展性阅读导航 …………………………………… 448

14 第十四章 学前教育信息评价 …………… 449

◎ 内容提要 …………………………………………… 449
◎ 学习目标 …………………………………………… 449
◎ 关键词 ……………………………………………… 449
第一节 信息评价的相关概念 ………………………… 450
第二节 学前教育信息评价的作用和意义 …………… 452
第三节 学前教育信息评价的指标 …………………… 454
第四节 学前教育信息评价实例 ……………………… 461
◎ 思考与练习 ………………………………………… 465

主要参考资料 ………………………………………… 466

第一章

学前教育评价概论

> **内容提要**
>
> 学习和从事学前教育评价，首先要正确理解学前教育评价的概念，明确其基本特征、类型、功能和原则等。本章详细论述了学前教育评价的概念、意义和特点，介绍了与学前教育评价有关的最新研究成果及其启示，阐明了学前教育评价与一些相关概念的关系和区别，总结了学前教育评价的基本类型与功能，还从多个角度论述了学前教育评价的发展趋势与特点。

> **学习目标**
>
> 1. 正确理解学前教育评价的概念、意义和特征。
> 2. 了解学前教育评价的类型及其功能。
> 3. 理解与区分学前教育评价与测量的含义。
> 4. 学习最新研究成果，讨论其对于当前评价实践的启示。

> **关键词**
>
> 学前教育评价　评价目标　评价类型

第一节 学前教育评价的概念

评价，即评定价值。就本质而言，评价是一种价值判断活动，是为判断事物的价值而系统地收集资料和分析资料的过程。教育评价，指对与教育活动有关的各种要素的实态检测，价值衡量，或价值判断。教育的价值由社会对教育的需要来决定。教育评价就是要通过系统地获取和分析有关教育现象或要素的量或质的资料，判断该教育现象或要素是否满足社会对教育的某种需要。教育是社会需要的一部分，教育评价活动是与社会需要相关联的必要的活动，是教育活动体系中不可缺少的重要组成部分。教育评价以教育目标为依据，运用科学有效的评价技术和手段，对与教育有关的各个方面和要素进行系统检测、分析、比较，并作出价值判断。教育评价通常涉及对人的行为进行衡量评估，因而是一个具有动态性、多变性和潜在性的领域，难度较大。衡量人或事物的价值，包含比较与评定两个方面。有效的比较需要确定参照物，即借以对照的标准体系；客观的评定需要在科学的方法、途径、手段的指导下进行。科学的教育评价是根据正确的教育价值观，运用科学的方法和适宜的途径，对教育活动的有关要素进行评价判断的过程。

学前教育评价是学前教育体系的重要组成部分，是对学前教育活动有关的各个方面和各种问题进行系统的检测和科学的价值判断的过程。学前教育是一种有目的的活动，教育活动是否针对目的、目标而实施，是否产生适宜的教育效果，是否能满足社会、家长和儿童的需求，是否反映了正确的教育价值观与儿童观，有没有达到预期的目标，能不能促进幼儿按照社会的要求而健康发展等，这一切都需要通过评价来获得答案。各种学前教育活动都应与一定的评价过程相联系。

一、学前教育评价的几个相关概念

学前教育评价与学前教育的目标息息相关，往往是一种目标导向性活动。评价活动中不可避免地要求对各种与教育有关的现象进行测量和分析，因而与特定的方法和技术相关联。学习和实践学前教育评价，必须掌握有关评价的理论知识和相应的评价方法和技术。以下阐述与学前教育评价有关的几个概念。

（一）评价与评估

评价与评估是两个意义相近的概念。一般而言，教育评估的概念常用于具有较高的广泛性、行政性或社会影响性等方面或项目，较多地运用模糊评判技术，以估量教育的某些特征，如学校或机构质量评估等。而教育评价则较多地强调根据教育目标和原则，采用较为严格的评价方法及技术对实际的教育过程及预期的效果给予价值上的判断，为改进教育教学提供信息或依据，或对被评价对象作出某种资格证明。尽管究其含义，二者的内涵略有差别，但在我国教育领域的实际运用中，并未对这两个概念加以严格区分，教育评价和教育评估常被当作同一概念，在相似的意义上被人们所使用。

由于教育评价的对象主要是教育方案、教育机构、教育政策、教育者和受教育者等涉及大量社会的、政治的、经济的、文化的和人的因素，复杂程度较高，所以，教育评价实际上只是属于一种对有关对象价值的估量和推测。真正按照严格精确的量化的价值判断过程来进行评价还有困难，目前还只能和必须用量化与质的评价相结合，客观量化资料与主观描述资料并用的手段来开展评价工作。所以，可以把教育评价看作一个总和的概念，泛指教育领域中各类与测量和价值判断有关的评定、考评和评估等活动（陈玉琨，1999）。

价值评价作为价值判断的过程，其特点与教育有关的价值特点密切相关。价值本身是一种哲学概念。价值是表明客体对主体特殊效用关系的概念，它是以主体的一定需要、意图、愿望、目标为准绳来衡量客体的存在、属性及其变化结果的。教育是一种社会现象。教育的价值毫无疑义地与一定的社会要求、目标及价值观相联系，所以，教育评价所涉及的有关教育价值判断，也就必然是主体性与客观性高度统一的活动，与评估的含义并无本质的区分。

既然教育评价和教育评估的概念并无严格的区分，本书下文中提到的评价和评估两个词也因此具有相似的含义。

（二）评价与测量

评价与测量是两个关系密切，而又相互区别的概念。

测量，是根据一定的标准，对人或事物的现状、属性和规律作出客观描述，并赋予某种数值以说明其特征的过程。测量作为一种事实描述，它的基本要求是客观性，要求如实地反映所测量对象的本来面目。例如，对幼儿的点数能力进行检测，根据每个幼儿的点数实际结果给出一个分值。评价，则是在进行系统调查和测量所获取的信息和数据基础上，根据评价者的需要或愿望，进行价值判断的过程。例如，对幼儿点数的测量得分与一定的年龄常模相比较，作出判断该幼儿处于正常或低于或高于正常发展水平的结论；或根据所收集到的某个幼儿园的各方面资料，对照某种质量标准体系，判断该幼儿园的教育质量的高低。在很多情况下，教育评价并非单纯地由所测量的客体所决定。这是因为，教育的价值是由教育活动满足主体需要的程度决定的，因而教育评价必然要受到评价者的教育价值观的制约。例如，不同的评价者在其教育观、儿童观、课程观等教育价值观念指导下，可制定出不同的关于高质量的幼儿园的评价标准，对同一所幼儿园的评价结论也因此可能有所不同。

测量的目的在于获得数据，是为了对人或事物的属性或行为现象进行客观描述，并区分客体在数量上的差异。因此，测量应当是一个尽可能客观的过程，在测量中，应该尽量避免或排除主观因素。客观性是衡量测量质量的最主要的标准。而评价的目的，则是要以测量所得到的客观描述作为基础，在一定的价值观的指导下，以评价主体的需要和目标为准绳来评判这些属性或实态的价值。因此，评价本身同时具有客观性和主观性两个基本属性，它超越了客观描述，而试图以评价者的价值观来确定事物或行为的价值。

学前教育评价必须包含测量过程。测量是评价过程中的重要手段之一，但仅仅进行测量却不能够称之为评价。

（三）评价与目标

任何目标指向性活动和意图计划性活动都离不开评价。学前教育正是这种目标指引下有计划的教育活动，其核心过程乃是为实现一定的教育目标而作用于学前教育的现实状态，或朝着教育目标所指定的方向去变革学前教育现状。如不进行评价，不能依据评价结果来分析当前的教育活动和将要开展的活动，就很难把握住通过这种活动所要达到的目标和所要实现的目的。所以，学前教育评价应以教育目标体系为依据，对学前教育实践活动的组织结构、运行情况及其效果等进行科学判定或估量，是从所要实现目标的观点出发去把握现实状态，作出某种判断。例如：依据学前教育目标，评估幼儿园教育的价值及其效果；依据管理目标，判断幼儿园行政管理工作的优劣；依据课程目标，衡量幼儿园保教工作的过程及其质量；依据幼儿教师的职责目标，评估幼儿教师的工作态度、能力和效率；依据幼儿发展目标，评价每个幼儿的发展现状；等等。

可见，目标体系从整体上把握着学前教育评价的方向，而在评价过程中，我们又可以不断地加深对目标的认识，并利用评价的调控机制，促进目标的达成。著名教育评价专家泰勒（Tyler，1949）的教育评价基本思想便可概括为"目标→教育过程→评价→目标"几者之间的连环关系，十分强调目标与评价在教育活动中的重要意义。目标决定了教育活动，而评价就是找出实际活动偏离目标的程度，以便通过一定的措施尽可能地接近目标（张振华，1991）。

教育目标通常是比较概括地表述出来的。例如，《幼儿园工作规程》所指出的幼儿园教育目标是："对幼儿实施体、智、德、美全面发展的教育，促进身心和谐发展"。要从这一目标出发，开展幼儿园教育评价，就需要对幼儿园教育目标进行多层面多维度的理解和分析，并在此基础上，提出一系列与其精神实质相适应的具体目标或标准。例如，从教育内容这一层面看幼儿园教育的目标是向幼儿提供体、智、德、美诸方面教育，并努力使这几个方面的教育内容融为一体，产生有效影响幼儿身心全面和谐发展的整体作用力。从这个角度出发，教育目标的导向作用表现在对幼儿园课程内容及其组织形式、方法、手段等内在规定性上，根据对这一层面的理解，幼儿园得以制定出不同层次的课程目标，如三年教育目标、各年龄班教育目标、学期教育目标，乃至主题和单元教育目标，或每个具体教育活动目标等。再如，从教育效果这一层面来看，幼儿园教育目标是激发幼儿的发展潜能，促进幼儿在身体和动作、语言与认知、社会能力与道德和习惯等方面达到尽可能充分、和谐的发展，为培养全面发展的一代新人奠定基础。从这一角度出发，教育目标的导向作用又表现在对幼儿园所培养的人才的质量规定性上。根据这一层面的理解，又可以制定相应的幼儿发展目标和标准。为促使课程目标、发展目标的达成，幼儿园还可以制定出相适应的管理目标、师资培养目标、教育研究目标、家长工作目标、环境建设目标等。幼儿园教育评价针对这一系列具体的目标而展开。因此，对与学前教育有关的目标体系加以正确的理解和适宜的分析，乃是学前教育评价工作的重要任务之一。

在开展评价工作时，不仅应有相应的目标体系作为准则参照，而且还要从评价工作的实际出发，从科学性、可行性方面考虑，制定具体的可操作的评价目标与标准体系，作为评价的直接参照与标尺。评价目标体系应符合教育目标、发展目标或与之有关的目标系列的精神与内涵实质，但它又可能并不等同于此类目标系列，而具有自身独特的存在形式。

对目标加以分析的过程，往往是指按照某种分类理论或某种分类依据，将比较概括的目标逐层逐级分解为比较具体的、细致的类别表述，形成梯状层次的系统性结构（见第四章图4-2）。一般而言，该过程应遵循分类学中的两个原则：详尽性与相互排斥性。详尽性原则要求，属于上位类中的每一个元素，都必须能够纳入某下位类的外延之中，不应有任何遗漏。互相排斥性原则要求，各类之间的外延应泾渭分明，互不相容，没有交叉和重叠。然而在对教育目标和与教育、心理相关的目标分析中，这些要求实际上很难完全达到，即使是举世闻名的布卢姆的教育目标分类理论，在这些方面也还存在着诸多的局限和不足（张振华，1991）。因而，在此类目标分析中，一方面，应努力遵循上述分类学的基本原则；另一方面，还可采用模糊分析方法和模糊聚类分析，对难以进行严格区分的类别，按照"大隶属度原则"加以归属。在对目标加以分析后制定评价指标体系时，有时从便于集中观测和操作的角度出发，还可以在深入研究分析的基础上，采取某种适宜的调整策略，使分类合理性较多地体现在对各项具体指标的内容界定之中，而不是单纯依赖于一般的具体学科的分类学概念意义上的分类。

（四）评价与研究

教育评价与教育研究紧密关联。评价以研究为基点，将评价过程与研究过程相结合，是当代教育评价的一个鲜明的特点和趋势。严格地说，每一项评价都必须同时是一个研究项目；作出评价结论的过程，也就是一个系统的针对一系列有关问题收集资料和分析研究的过程。不含研究过程的评价不能称作科学的评价；同样，任何一项教育研究中也必然含有评价的成分。例如：教育教学方法的研究中必然要测量和评价教育的效果；教育管理研究中也不可能缺少对管理工作有关方面的评价。评价与研究息息相关，密不可分。教育评价与教育研究的密切关系已经越来越受到关注。当代学前教育评价的实践日益趋向于以研究为基础，将评价过程与研究过程结合起来，使评价工作同时又是一个研究过程，根据系统地针对一系列有关问题收集资料和分析研究的过程，获取评价结果。

一般而言，评价过程和研究过程在很多方面和步骤上都有共同之处。然而，相对而言，教育研究的概念更为宽泛，教育评价只是教育研究中的一个组成部分。具有不同目的的各种不同类型的研究可能对研究对象的评价持有不同的内容针对性，采取不同的策略和方法。以评价为主要目的的研究，兼具研究和评价的双重特征，是教育研究中的一种类型。

教育评价与以探索新知识为目的的教育研究之间具有一定的区别（见表1-1）。首先，在目的的性质上，评价涉及更为广泛的现象内容，尤其关于过程和行为方面。其结果更具社会复杂性，与更多的社会因素相联系，更为关注整体效应。学前教育评价在自然的教育环境中进行，许多因素无法在控制下加以比较。因此，评价中应尽可能采取研究的态度和严格系统的考察和分析方式，同时又在必要时允许一定程度的及时调整计划以致自由探索。

表1-1 研究活动与评价活动的区别

活动内容	研究	评价
问题的选择	研究者的责任	由情景和需要而定
假设检验	通常经由统计检验	有时
价值判断	限于问题的选择	涉及各阶段
结果的重复获得	很可能	较少可能
资料收集	严格根据问题	受可能性影响大
有关变量的控制	高	低
结果的推断性	可能性高	通常较低

（资料来源：Payne, 1994）

教育评价研究涉及对两类不同知识的追求：①理解性知识，此类评价研究具有中立性，通常是严谨地比较保守地追求未知的科学性知识或规律性认识；②倡导性知识，此类评价研究的主要目的是利用评价资料来影响某项政策或服务项目的形成，通常由积极倡导者开展，用来证明与所倡导对象有关的论点或观点，因此常常是激进的、肯定的、自信的，主要强调已知的事实和知识。

这两类具有不同的追求的评价研究在一定程度上相互矛盾和抵触。当评价具有后者（即追求倡导性知识）的背景时，反思性思维往往受阻，只报告有利的结论而将不利的结果束之高阁，这种倾向将大大削弱一个领域的研究的健康发展。从科学的立场出发，客观和独立的知识才是我们所追求的科学的知识。所以，学前教育评价应当努力摆脱这种状况，积极地追求科学性和理解性知识。例如，学前课程评价应当超越对成功的课程方案的记载，而指向不断地发现不尽如人意的干预和计划，以便由更为有效的新的项目取而代之。评价者应报告所有的结果，包括正面与反面的结果，以便扬长避短，不断改进教育和课程。

二、学前教育评价的类型

学前教育评价是一个内容广泛的概念。从不同的角度，根据不同的特征分类，学前教育评价活动可以分为如下各种类型。

（一）根据评价方案目标的预定性和评价设计的系统性程度分类

1. 正式评价

按照经过预先严密设计的评价方案进行，围绕某些预定的评价问题，系统地收集资料，经深入细致的分析后作出价值判断结论。这种评价具有科学研究的性质，主要为政策性决策提供依据，或对学前儿童教育机构及课程作出全面的质量评估。

2. 非正式评价

与教育教学活动同时进行，目的在于了解教育对象，改进教育效果。例如，教师在日常教育工作中随时开展的各种形式的评价活动。

（二）根据受评对象的范围分类

1. 整体评价

对较大范围内的学前教育的现状进行综合性的整体评估。如对全国或某地区幼儿园教育质量的全面评估，或对某类学前教育机构的课程评价，以及对某幼儿教育机构各方面工作的全面评价与认证等。此类评价因对象范围广，所要测评的因素较多，进行综合性评价判断的难度较大。

2. 局部评价

对学前教育活动的个别方面，或对某机构内部的一部分对象的实态或价值作出判断。如幼儿园的园舍评估、管理工作评估、幼儿教师能力评估等。尽管是对某个局部现象或某个方面的评价，也应尽量作出较为全面的综合性考察与判断，但此类评价较之整体评价而言，相对地比较简单易行。

3. 单纯评价

对更为具体、微观的现象的某一方面进行评判，如园舍的卫生工作评估、幼儿动作发展评估、园长岗位职责评估、教师学历资格评估等。此类评价更为简单易行。

（三）根据评价的功能和运行时间分类

1. 诊断性评价

在教育活动之前进行预测性评价或"事实评价",目的在于了解对象的基本情况,并有效地发现问题,为制订教学计划或解决某些实际问题作准备。

2. 形成性评价

在教育过程中持续地进行,目的在于及时了解教育动态过程的成效,以便及时地作出反馈性调节,获取改进工作的依据,提高教育过程的质量。

3. 终结性评价

在完成某个阶段教育活动后进行,目的在于全面了解该教育活动的结果,对达成目标的程度作出总结性评鉴。终结性评价注重教育活动的结果,可能不涉及过程,主要是事后评估,主要向各类决策者提供信息。

(四) 根据评价参照体系分类

1. 常模参照评价

以个体的测量结果与同一团体的平均分数(常模)相比较,从而确定个体成绩在团体中的相对位置。常模是由标准化样本测试结果计算而来的标准量数,建立在样本来源的基础上,比较时也应当与该常模所依据的人群相宜。由于这种评价衡量的是个体的相对水平,因而又常被称为相对评价。

2. 标准参照评价

以某种能体现教育教学目标的标准为准绳,确定评价对象是否达到标准以及达到标准的程度。标准参照评价主要运用在对基本知识和技能的测量,适合用于形成性评价和诊断性评价过程。标准参照评价重视的是评价对象在既定标准方面的实际水平,而不是比较评价对象之间的相对位置。因此,标准参照评价又可算是一种绝对评价。

3. 相对评价

在某一类评价对象中选取一个或若干个作为基准,将该类对象逐一与基准相比较,判断是否达到基准所具备的特征及其程度。例如,将某个示范幼儿园的办园水平作为基准,把本地区同类幼儿园逐一与之比较,评价其达到基准的程度。或以某种团体标准(常模)为参照体系,将团体中每一个体的得分与团体得分标准相比较,判断个体得分在团体标准中的相对位置。在这种情况下，相对评价所依据的标准一般应在对包括被评对象的总体范围中抽取出的有代表性样本进行标准化测试后才能制定。

4. 绝对评价

以某种既定目标为参照，目的在于判断个体是否达到这些目标，而不受被评团体的影响与约束，忽略个体状况在团体中所处的位置。绝对评价中应重视稳定的绝对标准的合理性。

5. 个体内差异评价

把某类评价对象中的每一个个体的过去和现在相比较，或将同一评价对象的若干侧面相互比较。例如：把某幼儿园学期初和学期末的动作发展测试成绩相比较，评价其获得进步的程度；或将某幼儿园的各方面的工作达到某种标准的程度相比较，以考察其优点和不足之处。为了弥补个体内差异评价本身的弊端（如因不作个体之间比较，容易使被评者产生自我满足，不利于激励适宜的竞争机制等），故常与相对评价结合起来运用。

（五）根据收集与分析资料的方式分类

1. 质的评价

质的评价一般通过自然情景下的调查，或对各种口头的、书面的材料加以细致的分析，全面充分地提示和描述评价对象的各种特质，揭示其中的意义。

2. 量化评价

量化评价即采用直接量化的方式，对确实存在量化途径的评价指标进行量的描述，或经统计分析得出某些结论，借此评判其价值，以表明对象的某些特征。

3. 混合型评价

现代教育评价主张采用质和量化的方法相结合的评价方式，更为合理地把握教育有关现象的价值。量化评价主要是事实判断，而质的评价则主要是价值判断，二者的有机结合才能全面地揭示教育现象的本质。从某种意义上可以说，量化评价是质的评价之基础，而质的评价又是量化评价的出发点和结果。两者混合使用，有助于对评价对象作出更加全面的合理的评价结论。

（六）根据评价的主体分类

1. 内部评价

内部评价也称自我评价。被评价者通过自我认识与分析，对照某种标准，对自己的工作、学习状况与成就作出判断。由于被评者又是评价的主动参与者，可使评价过程成为自我认识与提高的途径，有利于改进工作，并接受评价结论。

2. 外部评价

外部评价也称他人评价。由有关方面人士组成的评价小组，或由专门人员实施评价，对被评者某方面的实态进行评价。例如，政府主管部门评价，社会中介机构评价等。

3. 内部与外部相结合的评价

由外部评价机构组织或发起，在自我评价的基础上，对评价对象的有关方面收集资料证据，进行认证或鉴定，并作出结论。全美幼教协会（National Association for the Education of Young Children，简称NAEYC）的"早期儿童教育机构认证评价体系"是此类评价的较为成熟的实例（详见第十三章"学前教育机构评价"）。

（七）其他分类方式

例如，根据受评儿童的特征分类，可以分为婴幼儿早期教育评价，残疾儿童教育评价，贫困儿童教育干预计划评价，弱智儿童教育项目评价，等等。根据学前教育的相关领域，可以分为学前儿童课程评价，社会性教育评价，认知能力教育评价，早期教育的投入与效益评价，等等。根据评价机构的经济性质，可以分为公共服务性评价和服务赢利性评价，等等。

学前教育事业的发展需要各种类型和形式的评价，各种类型评价活动均具有自身的重要性和职能，不能简单地以孰轻孰重论处。以上分类是相对的，只是为了更清楚、细致地认识各种评价活动的特征而已。对于同样一项评价活动，其所处的类别有时相互交叉和重叠，有时在不同目的驱使下又可以归入同一分类标准下的不同类别。例如：幼儿园质量评价在不同的目的下可以视为正式评价或非正式评价；教师对教育活动的日常评价可以同时归为非正式评价、自我评价、诊断性评价、相对评价；等等。

从教育实践的角度，按评价对象和内容分类，可分为质量评价、儿童发展评价、课程评价、教师评价等。

第二节　学前教育评价的意义和功能

一、学前教育评价的意义

20世纪后期以来，由于全球性社会经济领域的国际竞争的加剧，导致社会的贫富差距问题和对人才的争夺战等愈演愈烈。关于人脑发展和神经生理学的科学研究成果，也越来越明确地指出早期经验对人生未来的学习能力和各方面发展的重要作用。因此，世界各国政府纷纷把目光投向人才培养的起点，越来越重视早期教育的发展，并通过立法对学前教育加以评估和规范，以及通过制定公共政策对学前教育予以支持和资助。近年来各国幼儿教育的发展在很大程度上得益于各国政府采取的积极的发展和评估策略，以及各项新法规或标准的颁布。国家及政府乃是促进学前教育改革和发展的重要力量，政府采取的相关政策与评估策略，对各国学前教育发展具有极其重要的作用，尤其突出地表现在立法、经费资助、建立评价标准体系，以及师资培训等方面。

国际社会越来越关注教育公平和教育质量问题，这种关注在中国最新的政府文件中也已体现出来。2010年7月30日，备受关注的《国家中长期教育改革和发展规划纲要（2010—2020年）》正式发布，正式提出了大力发展学前教育并努力达成教育机会的公平。一个明显的全球趋势，是不断增加对早期教育的投资，尤其是针对不利儿童及其家庭的早期教育项目。美国、英国等发达国家，几十年来已经投入了大量的资金，不断地提前教育的资助年龄，逐渐把学前教育纳入公共教育或义务教育的体系，并启动了大量的针对低收入、残疾儿童、问题家庭儿童的早期教育项目。随之而来的，是这些资金投入后的功效问题。人们纷纷提出疑问，政府的这些早期教育项目的投资是否产生了预期的效果？是否值得进一步增加类似的投资？这些都涉及早期教育机构的运行质量的问题。因此，关于学前教育项目和早期教育机构质量的评价研究也将必然地越来越受到重视。

学前教育评价必须是学前教育决策的核心，教育决策必须以评价研究成果为依据，这就需要不断地进行评价研究和持续不断地改进评价研究。科学决策，或基于科学研究成果的决策，应是当代各国政府致力追求的目标。在美国，在资金的分配上，决策者们已经越来越趋向于以科学研究的结果来指导学前教育项目的增设或改革、扩展或收缩。因此评价的导向功能日益成为美国早期教育事业发展的关键。这一趋势将有益于把学前教育的领导管理、决策水平、评价工作和改革实践等多方面的发展纳入一个良性循环圈，大大加速学前教育事业优化发展。目前许多国家的政府都已经意识到并日益重视学前教育的评价问题，并开始加大投入地支持这一工作。

早期教育的质量问题已经吸引了越来越多公共决策者的注意力，各国政府都日益意识到投资早期教育对于一系列长期的社会性目标所带来的收益，美国和其他国家的研究也已发现投资高质量早期教育的多项经济效益。鉴于不同的社会环境与需求和管理体制，不同的国家和地区的政府正采取不同的策略和行动，积极建立有效的管理和评价机制，发展切实可行的质量评价标准，以规范早期教育的实践，改善幼儿发展的结果。

二、与学前教育评价有关的研究成果及其启示

（一）早期儿童环境的质量显著影响大脑结构的发展

脑结构是由数十亿跨越大脑不同区域的单个神经元之间的连接所组成的。这些连接使专门从事各种不同的大脑功能的神经元之间以闪电般的速度传送信息。科学家发现，儿童出生后的第一年里，是大脑发展最为迅速的"敏感期"。在此期间的早期经验决定了大脑结构发展的坚实或易损的程度。此时大脑中的反应回路对外部刺激处于最为开放的状态，无论是积极的还是

消极的刺激，都会导致非常重要的影响。在此关键时期内，孩子和成人之间的良好关系可有效地促进情绪和认知的发展，而长期的极端消极的人际关系则可能阻碍大脑的正常发展。例如，儿童出生后不久就被送进条件极差的忽视儿童的孤儿院，其大脑的发展显著地受阻甚至停滞（见图1-1）。

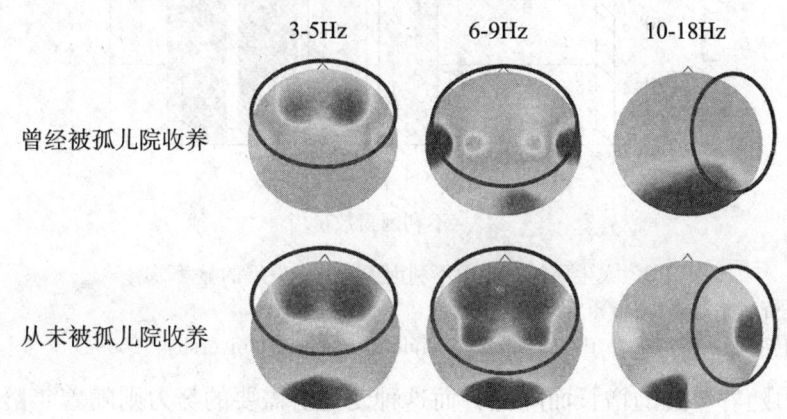

图1-1 极端忽视的环境使儿童脑力的发展受阻

（资料来源：C. A. Nelson，2008 Marshall，Fox，& the BEIP Core Group，2004

转引自：Center on the Developing Child at Harvard University，2009a）

大脑的活动可以用脑电脉冲（HZ）加以测量。上图中的深色部分表示活动频繁，左、中、右图表示大脑从事的不同类型的活动。从该图可见，在孤儿院里生活的孩子，其大脑活动的活跃程度比正常儿童显著降低。图1-2显示，在幼年时期，随着儿童生活环境中的不利因素数量的增加，儿童认知发展迟缓的概率也随之增加。

人生旅程的第一年，是大脑神经回路发展的关键期。在此期间大脑具有最大的可塑性和接受信息的能力。这也同时意味着，此时的大脑既面临大好的发展机会，同时也具有极大的脆弱性，对大脑的发育影响在一生中可谓最为重要。幼儿期早年，大脑的发展和损伤均相对比较容易。无论在形成更为强有力的大脑回路，还是介入此后的"修理"这些回路的能力，对于幼儿来说，所付出的努力都较少，而成效却相对较高。换言之，大脑对经验作出反

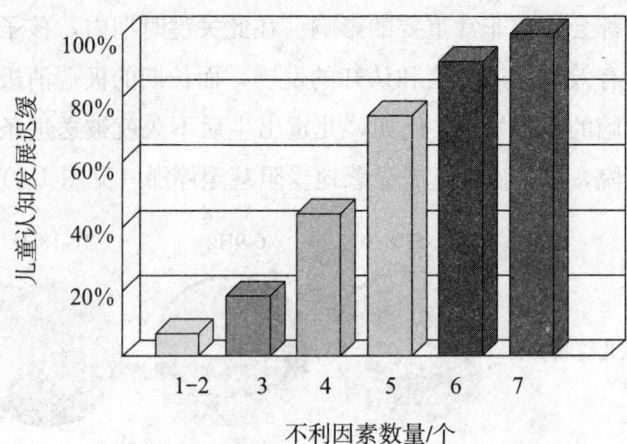

图 1-2 人生最初三年中不利因素对儿童发展的显著影响

（资料来源：Barth at al.，2008

转引自：Center on the Developing Child at Harvard University，2009a)

应的能力随着年龄的增长而降低，而这种变化所需要的努力则随着年龄的增长而提升（见图1-3）。

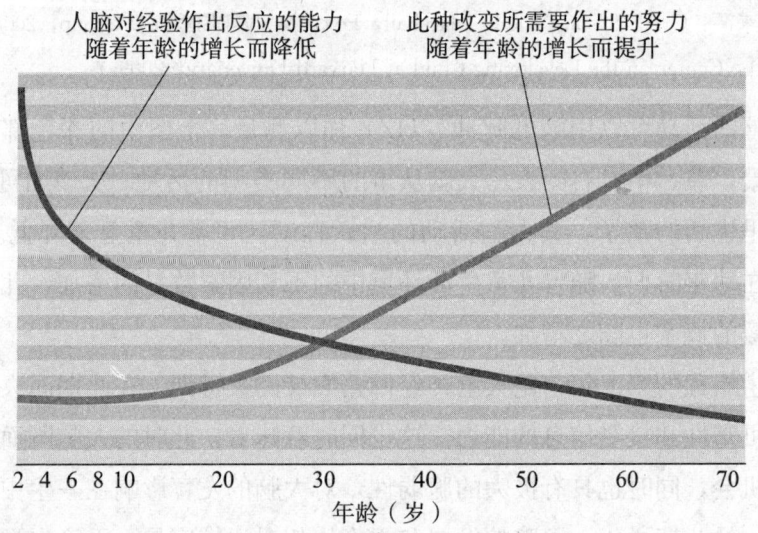

图 1-3 人脑的可塑性

（资料来源：LEVITT，2009

转引自：Center on the Developing Child at Harvard University，2009b)

大脑处于持续的发展之中，在人的一生中会不断地建立新的神经回路。然而幼年早期，则是建立大脑结构坚实基础的最好时机。因此，早期经验的质量对大脑的发展至关重要，而早期教育机构的质量，正是提高幼儿早期经验质量的重要保证。重视和加强早期教育机构评价，是提高机构质量的有效手段。

图1-4是目前幼儿教育界普遍引用的关于早期教育尤其是0~3岁教育与干预的科学根据。研究发现，大脑的建构是从下而上（从出生前开始）的。与特定功能相联系的大脑不同部位的神经联系，在儿童早期尤其第一年内快速增生，随即从最早形成的联系开始进行不断修理和删减。

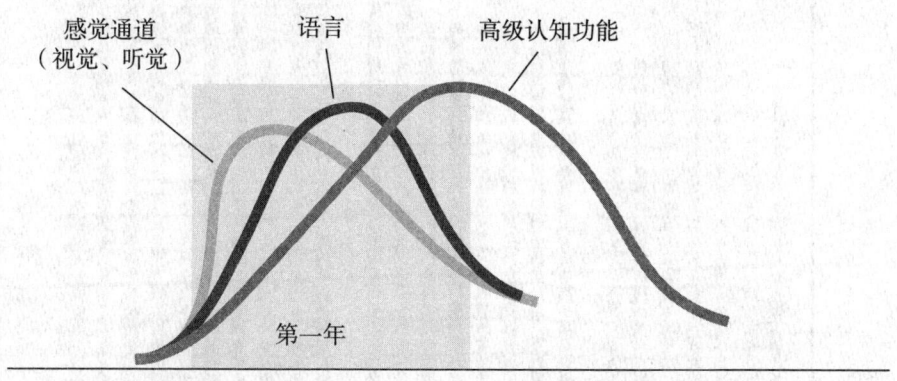

图1-4 儿童早期大脑神经联结建构的顺序
（资料来源：C. A. Nelson，2000
转引自：Center on the Developing Child at Harvard University，2007a)

大脑的建构是循序渐进的，从最简单的联结开始，逐步构建越来越复杂的联结。感觉通道（如视觉听觉）最先开通，然后是早期语言技能，再后来是较高级的认知功能。神经联结的形成和修删也根据预订的顺序发生，发生的时机由遗传决定，但经验可强化联结，从而决定特定的联结是否会被修删。因此大脑从来不是一块白板，每一种新技能都建立在先前已有的经验之上。

（二）恶性压力对大脑结构的影响

婴儿期和学步期是发展和强化大脑结构的重要时机，此时需要有责任的成人的支持，以及提供安全的环境供其探索。研究发现，处境不利儿童，会由于早期生活中的不良生活环境和消极人际关系所造成的恶性压力导致发展迟缓。具体而言，每 1000 名 2~5 岁处境不利美国儿童中有 75 人是由于受到一般性虐待遭此结果，有 98 人是由于父母吸毒。而母亲患严重产后忧郁症的儿童问题最严重，因为一出生就可能受虐待，可能有 130 人发展迟缓（见图 1-5）。

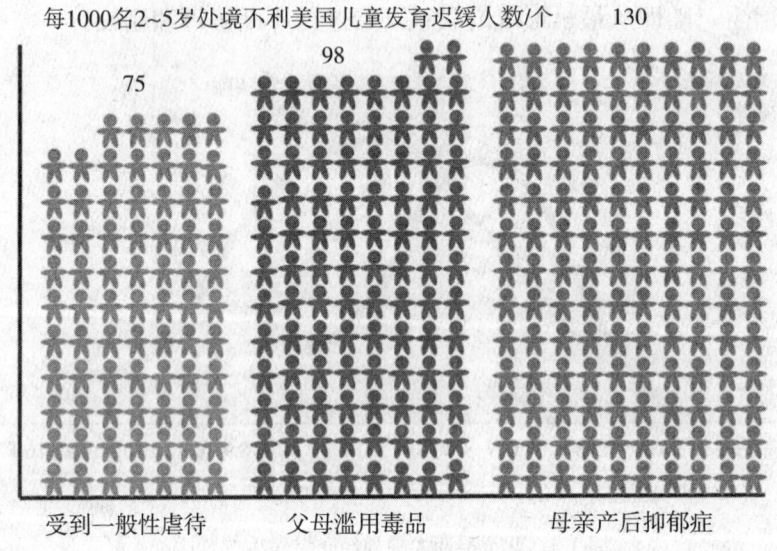

图 1-5　幼儿期恶性压力的来源与发育迟缓人数

（资料来源：Finkerhor et at.，2005　SAMHSA，2002　O-Har & swain，1996
转引自：Center on the Developing Child at Harvard University，2007b)

研究还发现，虽然儿童早期的不良生活环境导致的恶性压力可导致大脑结构的损伤，但良好的家庭或早教机构等儿童周围的环境，如稳定的负责任的抚养者，与儿童建立良好的支持性关系，就可以提供保护，在情绪情感和认知学习等方面提供支持，使压力减弱或得到缓冲，从而避免大脑结构的损伤。这些研究发现的重要意义在于，早期保育和教育机构的评价标准中必须充分强调幼儿与成人之间的关系性质和质量。

近年来神经生理学的研究进展为儿童大脑的功能发展提供了更为客观有力的依据。图1-6根据神经生理学的研究发现，描绘了经验如何通过产生和修删过程来塑造大脑的结构：神经连接的增生和修删是大脑正常健康发展的组成部分，大脑的结构基于从出生到成人的持续不断的增生和修删过程。早期儿童阶段大脑每秒可产生数百个新的突触，而后开始逐渐修删，使神经通道效率更高。该研究揭示，大脑的结构是因经验而引起的神经连接的增生和修删的结果。用则进，废则退。

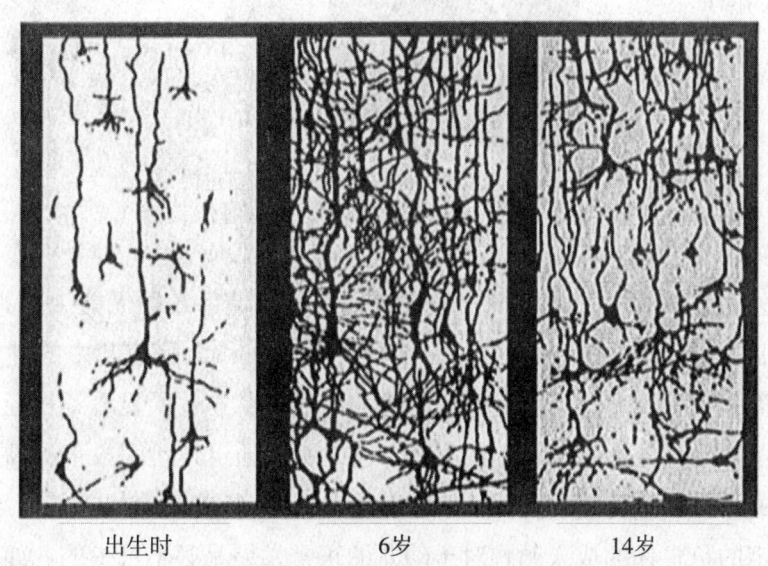

出生时　　　　　6岁　　　　　14岁

图1-6　早期经验塑造和改变大脑结构
（资料来源：Shore, R., 1997　Chugani, H. T. 图）

图1-7显示的也是神经生理学研究的发现，表现了恶性压力对发展中的大脑的摧残效应：儿童早期如果由于贫困，受忽视，或母亲患有严重忧郁症，反复地受虐待等，导致孩子体验长期得不到缓解的精神压力，便有可能造成大脑结构上的损伤。

科学家指出，良性的压力，即对不舒适经验产生的适度的短期的生理反应，有助于大脑的健康发展。而对于严重的长期不能缓解的恶性压力，如

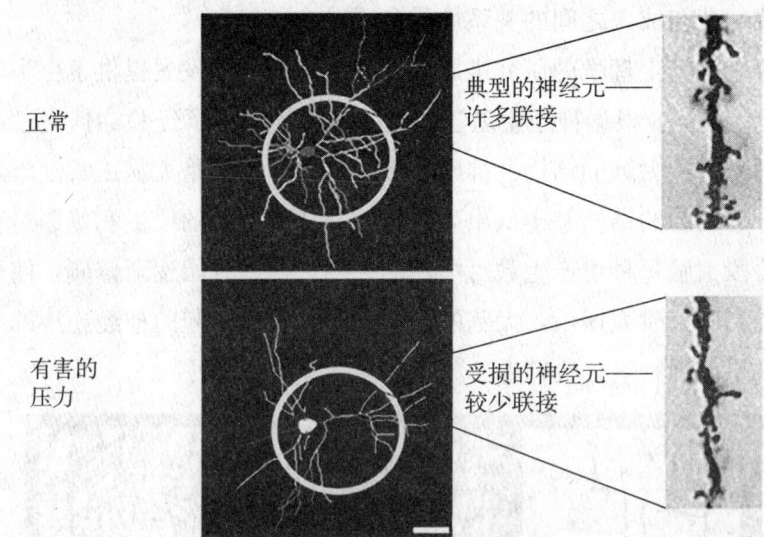

图 1-7 恶性压力摧残发展中的大脑建构
（资料来源：Radley et al.，2004 Bock et at.，2005
转引自：Center on the Developing Child at Harvard University，2007a）

果没有外力或成人的支持，则儿童自身的生理调节系统便无能为力。图1-7说明的是，人脑中主管认知学习的区域，海马回和大脑前叶中的神经元结构，上面是正常状态，下面是经历恶性压力后的状态，明显看到神经元之间的联系削减，导致大脑结构上的损伤。这说明了通过评价手段来提高早期不利儿童的干预服务质量的重要性。

　　稳定的负责任的成人照顾对于幼儿的正常发展是必不可少的，如果缺乏这种关系，就会严重地威胁到孩子的发展和福祉。健康的大脑结构依赖于适当的刺激输入，孩子用感觉器官感受外来的刺激，并对成人的照顾作出反应，这种关系为孩子各方面的发展建立了一个坚固的基础。如果成年人对孩子的反应是不可靠的，不恰当的，或者干脆忽视或缺乏反应，孩子大脑的开发架构可能会中断，随后其身体、心理和情绪健康都可能受到损害。孩子和成人之间持续地缺乏互动，便可能对孩子的健康发展产生"双重打击"：大脑没有得到积极的刺激需要，反而把身体的应激反应系统不恰当地激活，产生过量的对大脑发育有潜在危害的应激激素。

（三）早期环境影响儿童精神和心理健康

儿童发展的科学表明，健全的心理健康的基础在生命的早期就开始建构。儿童的早期体验，其中包括儿童与家长、监护人、亲属、老师，以及同伴之间的关系，对发育中的大脑具有重要的影响作用。这个发展过程受阻或中断，会影响孩子的学习能力和与他人交流的能力，甚至会产生终身的影响，引起许多相互关联的因素连锁反应，从而导致社会问题。健全的心理健康为稳定和支持人的其他方面发展，包括友谊的形成，应付逆境的能力，学业和工作的成功等，提供了重要基础。因此，从幼儿时期就应该关注精神健康问题，及时地早期识别产生问题的原因。

显著的心理健康问题，可以发生于人的发展的任何时期，包括幼儿期（见图1-8）。年幼的孩子可以显示出焦虑症、注意力缺陷/多动症、行为障碍、抑郁症、创伤后应激障碍和孤独症等方面的某些清晰的特点。这就是说，幼儿在对情感体验作出反应的方式和处理创伤性事件等方面，与年龄较大的儿童和成人有很大不同。因此，诊断幼儿时可能更加困难。

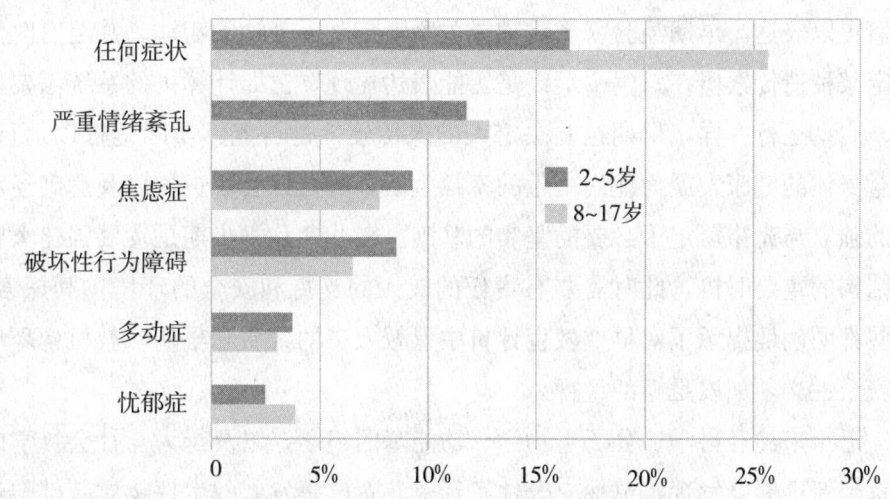

图1-8　心理健康问题在儿童、青少年早期所占百分比

（资料来源：Egger & Angold, 2006

转引自：Center on the Developing Child at Harvard University, 2012a)

认知、情感和社交能力在整个生命历程中相互交织。大脑是一个高度集成的器官，它的多种功能需要彼此协调。如果有害的压力削弱了大脑发育，便会导致学习、行为、生理和心理健康等各个方面的问题。面临压力是健康发展过程的重要组成部分。大脑应激反应的激活会产生广泛的生理反应，为机体处理所受到的压力的威胁作准备。然而，如果当这些反应长期处于显著的高位而得不到支持，没有人帮助他们冷静下来，则可能会损害神经连接的发展，特别是在专用于高级技能的大脑区域。当恶性应激反应连续出现，或者是由多个来源同时触发时，便可能对人的身体和精神产生累加性伤害，影响人一生的健康。童年时期的不良体验越多，导致发育迟缓和以后的健康问题，包括心脏疾病、糖尿病、药物滥用和抑郁症的可能性就越大。研究还表明，成人的帮助和支持性关系，可以防止或逆转恶性应激反应造成的破坏性影响。

心理健康损伤的发生，是由于孩子的遗传倾向及其与接触到的显著不利的环境相互作用的结果。研究表明：健康的发展取决于遗传基因在何时以及如何得以表达。早期经验就像启动或关闭遗传基因表达的钥匙，甚至有时能决定某种遗传素质在一生中最终是否能表达显现。正如计算机的系统需要软件来启动运行一样，早期经验决定人的遗传硬件是否能够实际地得以运行。儿童身体的健康发展为他们一生的幸福生活，履行社会职责，以及达到经济上的独立与充裕奠定了必要的坚实的基础。婴儿期和学步期是发展强化大脑的结构的重要时机，此时需要有责任的成人的支持和安全的环境供其探索。这些都明确地提示了对早期教育评价中保教人员的素质和早期保教机构环境的安全性必须加以足够的重视。

近年来神经科学、分子生物学、功能基因组学，以及行为与社会科学的一系列新进展新发现，更加充分地解释了儿童健康发展的生理物质基础与过程，证实了这种生物性物质基础的损伤可能对儿童各方面的发展造成摧残性打击，并且为如何有效地弥补这种损伤，减小消极影响从而力挽狂澜，让已经受到伤害的儿童早日回归到正常发展的轨道。以前作为早期教育理论假设的一些重要命题，如今得到了科学的发现和客观证据的有力的支持，使得早期教育的理论基础真正在科学的道路上大进了一步，具有更强大的说服力，也使幼儿教育评价在制定标准和指标时纳入有关的项目和操作指标有了更充分的理由。这些科学研究用客观的实证结果详细地解释了早期教育在人生早期的大脑发展和其他器官的发育生长中留下的物质痕迹，以及这些生物性物质痕迹对今后长期的生理和心理发展，包括认知、语言、社会技能等健康发展的重要影响力。这些研究还注重找出早期的生理生物过程中一些可以控制的，对未来人生的积极的和消极的影响方面，从而科学地指导早期教育和早期干预政策的制定以及对家庭与儿童的有效服务。这些都为早期教育评价提供了极其重要的科学依据，有助于我们逐步地改善以往主观制定评价标准的做法，使评价建立在真正科学的基础上。

（四）早期发展中消极因素的来源及影响途径

2010年8月，哈佛大学儿童发展中心发表《早期经验如何渗入身体：生物发展观》一文，描述了健康发展的基础和早期发展中消极因素的来源。该书认为，正面的积极的早期经验为儿童一生健康的发展奠定基础，而消极的早期经验则可以在客观的物质的生理的层面上从根本上削弱这种基础。

按照书中的观点，消极的早期经验来自三个方面：①儿童与家庭以及周围关系所构成的人际环境（不负责任的养育者，虐待、忽视、不理睬儿童需要等）；②儿童的物质性，安全性的物理和化学环境（缺乏玩具材料、游戏场所、可交往互动的人和物，有害气体，有毒物质如铅、汞、害虫，恐怖的人和物）；③营养（不适于年幼儿童的不健康食品，父母缺乏早期营养知识，不能有效干预早期营养不良或过度摄入某些营养物而导致的肥胖等）。这些与早期经验有关的环境因素与儿童自身的内部基因环境进行不断的交互作用，这些交互作用产生的生理生物痕迹（即大脑化学印记，导致大脑中神经连接结构的改变），有些可以追溯到胚胎阶段。这些大脑化学印记导致两种不同的结果：生理适应性或生理阻断性。

这个过程通过两个途径进行。第一是在人生早期敏感期内，积极的和消

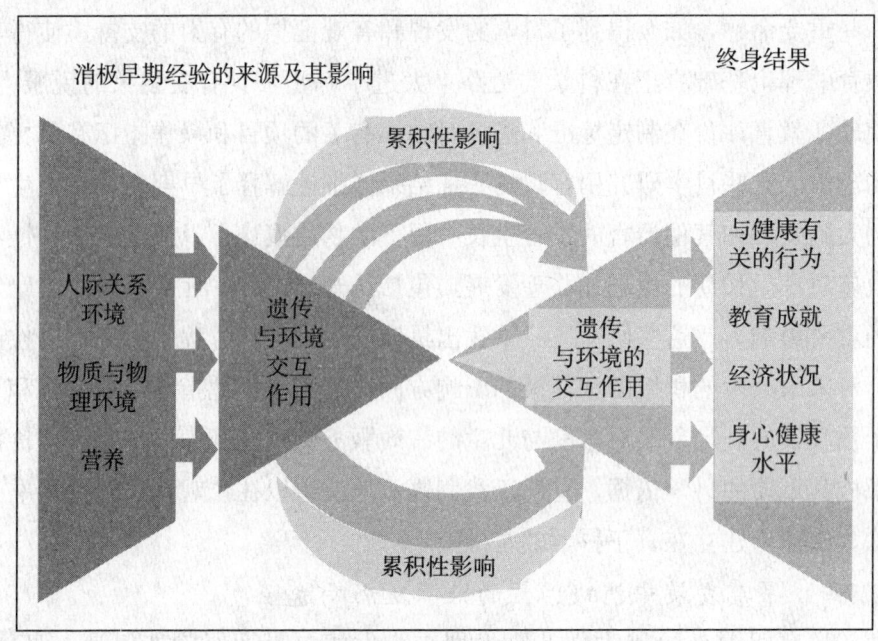

图 1-9 消极的早期经验的来源及其影响
（资料来源：Center on the Developing Child at Harvard University，2010）

极的经验导致大脑结构向不同的方向发展变化，造成未来发展的质量差异，产生生理适应性或生理阻断性。第二是累积性经验效应：反复的持续的消极经验得不到缓解，不断地损伤大脑结构使损伤不断累积和加剧。早期的消极经验如能及时纠正终止，便可显著地改善。生理适应性或生理阻断性继而影响成人阶段的发展结构，如有关健康行为，受教育水平，社会经济状况，以及身心健康水平（见图 1-9）。

这些研究证据再一次为早期教育评价和早期干预政策的必要性提供了科学的依据，也可视为我们以前常说的环境与基因交互作用过程的客观的可观察到的生物学机制。这个过程在人的一生中持续不断地进行，从而影响一生各方面的健康发展。如果早期经验是正面的积极的，生理系统便通常是健康的而且具有适应性。如果早期经验是反面的消极的，生理系统便会产生功能紊乱或生理阻断性，导致学习能力下降，适应性降低，疾病甚至残疾和寿命缩短。所以儿童早期生活经验中持续的正面的支持性关系环境极其重要，应作为早期教育实践与评价中的首要的关注点。正是出于这一科学依据,全美幼教协会(NAEYC)把"建立正面的支持性关系"作为机构评价标准的第一条。

(五)早期认知技能影响以后的学业

最新科学研究发现,人的某些认知功能,例如在大脑中保存、处理和排除不相干的信息,必要时改变思路等,就好比是繁忙的机场上的飞行控制系统,管理着几十架甚至上百架在不同跑道上的飞机的起飞和降落。在我们的大脑中,这种控制系统的机制是由一组认知技能构成的"执行性功能过程"(executive functioning),它可以帮助我们同时聚焦于来自不同方位的信息,并在必要时修正计划或思路。在人生早期构建此种功能机制的基础,是幼儿期儿童发展的最重要的挑战之一。有人采用一系列神经生理学测量工具,测试不同年龄阶段儿童的不同形式的执行性功能技能水平,结果如图1-10表明,与"执行性功能过程"有关的各种认知技能,在儿童出生之后很早就开始发展,在幼儿期3~5岁时达到发展高峰,此后保持持续的发展,在成年期之后开始逐渐减退。研究发现,儿童早期的这些认知功能,是未来学习和人际互动的调节器,并与他们以后的学业成就,以及社会性情感发展和道德发展,均具有密切的关系。

研究还发现,幼儿在"执行性功能过程"有关的技能方面具有非常显著的个体差异。例如,有些孩子无法集中注意或控制冲动,有的不能遵循指令,有的难以适应不同的环境等。幼儿期的这些重要的基本能力的发展,极大地影响儿童中期乃至青春期的认知发展。因此,在制定幼儿期发展和学习标准时,应注意纳入与这种认知"执行性功能过程"有关的内容。

以上最新科研成果的问世说明,儿童的早期生活经验为其一生的发展奠定重要的基础,而这种早期生活经验的质量,又将决定其今后发展的质量。这些结果揭示了学前教育评价的重要性和必要性。我们必须重视通过评价来鉴定和提升学前教育课程和机构的质量,从而改善儿童早期经验的质量。

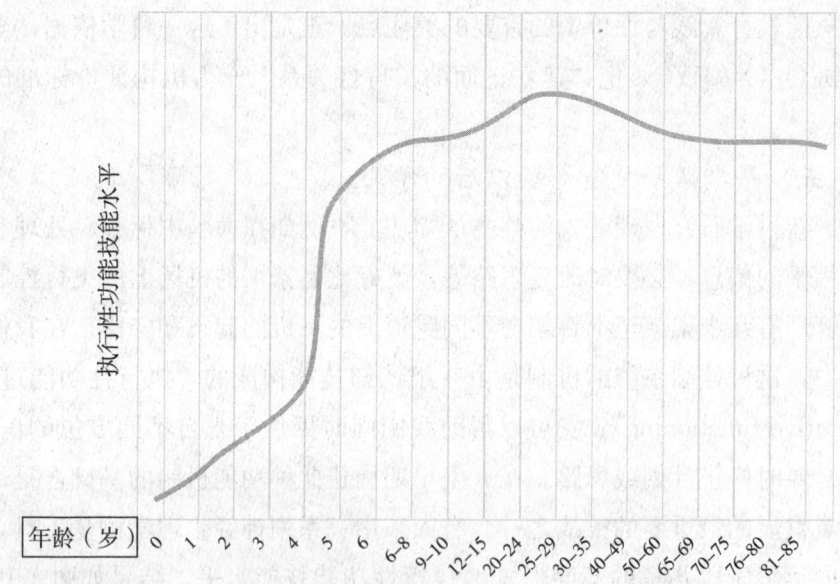

图 1-10 "执行性功能"技能水平在儿童期和青少年期的发展
（资料来源：Weintraub et al.
转引自：Center on the Developing Child at Harvard University，2012b)

三、学前教育评价的功能

学前教育评价是为了提高学前教育的质量与效果而采用的手段或过程，它本身就是一项系统工程，具有多元化功能，可以从多方面推动和促进学前教育的发展。

（一）鉴定功能

学前教育是在一定的教育目标指导下施行的。教育活动究竟是否已达到目标所提出的要求，需要通过评价来作出鉴定。学前教育评价的重要功能之一，就是检查和鉴定教育目标是否达成，或判断达到目标的程度。评价可以是全面的、综合性的，如对照目标，判断幼儿园的管理工作、教师工作、保教工作、家长工作、卫生保健工作以及幼儿发展等各方面达到目标的程度，为幼儿园的分级分类提供参考依据；也可以是单项性的，如鉴定托幼机构园舍建设的情况，为上级部门制定投资计划提供参照，或评价幼儿某方面的发展水平，便于因材施教。通过评价鉴定，可区分优劣，也可为实施合理的奖惩制度提供客观依据。

(二) 诊断功能

通过评价，可以及时发现与预定目标之间的差距和问题，明确努力方向，提高教育效果，对改善今后工作做到心中有数。改革往往起源于问题的发现，而评价，则是发现和诊断现存问题的重要而有效的手段。对于幼儿在体、智、德、美各方面的能力和实际发展状况的评价，也具有诊断意义，有助于根据评价，对幼儿作出各方面的不同程度的分类，既便于一般化教育教学计划制订，又便于个别化教育和辅导。

(三) 改进功能

学前教育评价最重要的功能，是促进改进功能。在评价过程中发现的不足和问题，可以及时地通过信息反馈，引起被评对象的注意，并根据评价标准采取改革措施，促进保教工作的改进。因此，学前教育评价既是改革的重要内容，又是改革的动力和尺度。学前教育评价的终极意义，在于向增加其价值的方向来改变现状。评价的改进功能揭示了评价与改革血脉相连的密切关系。任何有志于深化改革的学前教育部门，都应当重视评价功能的发挥。

(四) 激励功能

评价还可能引起一定的心理效果。通过严肃、认真、负责、有说服力的评价，尤其是适宜的评价与适宜的奖励制度相结合时，可使幼儿教育工作者在认识到自身的成绩和缺点的同时，引起改进工作的内在需要和动机，驱动内部活动，增强改善意识，调动积极性。幼儿教育事业的发展和保教工作质量的提高，很大程度上依赖于这种内在积极性的发掘。因此，学前教育评价的激励功能从另一个角度反映了评价对教育改革的强大推动力。

(五) 导向功能

学前教育评价所依据的目标或标准具有鲜明的方向性，就目前而言，它应是在《幼儿园工作规程》与《幼儿园管理条例》的目标和精神的引导下确立的。鉴于评价可能产生的激励作用，它会促使被评价对象追求肯定的评价结果，从而有意识地时常对照标准和目标，把教育工作引向正确的方向。可见评价具有十分可观的导向功能，对整个学前教育事业起到定向作用。

第三节 学前教育评价的起源与发展趋势

一、学前教育评价的起源和发展

学前教育评价是随着学前教育实践的发展和进步而产生和发展起来的，它起源于20世纪的儿童研究运动（Child Study Movement），随着测量学的快速发展和有关儿童的各项社会法规的推动而逐步发展与提高。关于儿童的研究发现，婴儿的发展可以看作是人类发展过程的缩影，从而激起了人们对儿童发展的科学研究及其方法的极大兴趣，霍尔（Stanley Hall）、杜威（John Dewey）、格塞尔（Arnold Gesell）、特尔曼（Terman）等人相继在儿童研究的方法、儿童的教育、发展的时间序列及智力测验等方面作出了各自的贡献（Wortham，2001）。20世纪50年代之后，美国社会开始关注不利家庭儿童学业成就，联邦政府开始投入大量资金开办针对低收入家庭儿童的各种早期教育干预课程。为了解此类课程的效果，评价研究和评价实施项目纷纷应运而生，为决策者提供政策依据，同时推动了对与此相关联的各种测量量表和评价工具的设计和研究。20世纪60年代后，美国社会又逐渐加强对缺陷儿童发展状况的关注，发布了一系列的法律法规，联邦和地方政府资助了大批缺陷儿童的早期干预项目，并相应地开展了对这些项目的目标达成程度和经济效益的评价，由此进一步推动了早期教育评价的持续发展。当前世界各国纷纷重视早期教育和人才战略，对早期教育及其评价的研究和实践的重视和投资必将日益增多。

各种类型各种形式的教育评价都是学前教育中不可缺少的重要活动。有些评价项目需要按照经过预先严密设计的评价方案进行，围绕某些预定的评价的问题，系统地收集资料，经深入细致的分析后作出有价值的判断结论。

这些评价活动具有科学研究的性质，主要为政策性决策提供依据。也有些评价活动是在教育教学活动中同时进行，目的在于了解具体教育对象的特征和发展，改进教育计划和教育效果。学前教育事业的发展需要多种评价活动的共同参与。例如，学前教育目标评价，幼儿园教育活动评价，学前教育机构评价，课程评价，教育的内容、形式、手段、方法、效果的评价，保教人员的教育观念和工作质量评价，幼儿园教育环境评价，早期教育的费用与效益评价，幼儿发展水平评价，处境不利儿童教育评价，乃至于儿童玩具教具评价，游戏评价等，都属于学前教育评价的范畴。近年来随着社会的信息化发展，与学前教育有关的公众媒介和信息网络也需要纳入评价的范围。

二、现代学前教育评价的发展趋势与特点

学前教育评价是伴随着学前教育的产生而产生，并随着学前教育的发展而发展的。世界范围内学前教育的改革和进展，推动着学前教育评价的演化。

美国的早期教育评价自20世纪60年代至今的五十多年里，经历了三个阶段。第一阶段为起始阶段，以开端计划（Head Start）教育项目和残疾儿童教育项目评价的问世为标志，强调行动起来，对评价予以关注，开展评价活动，尚未开始重视研究的价值。第二阶段是反思阶段，强调从理论上反思有关评价的重要问题、课程和机构的内容和目标、付出的努力和结果的关系等，开始广泛开展评价研究，寻找教育干预是否有效的证据。2000年，美国国家科学研究院医学所发表了一篇《从神经细胞到社会成员——儿童发展的科学》的研究报告（IOM，2000）。该报告综合分析了诸多领域的大量研究成果后指出，有效的早期教育的四个基本特征是：①个性化服务；②高质量课程；③具有适宜知识技能的教职员工；④家长与专业人员之间的良好关系。该报告象征着早期教育评价开始步入第三阶段，即关于早期教育是否有效的问题已经基本上有了肯定的回答，以后评价研究的重心是探讨导致差异的原因。可以说评价研究现在是真正地触及要害，开始系统地探讨与课程或

机构有效或无效的结果相关联的各种因素，如各类服务的特征，在何类儿童或家庭中，在何种环境情景条件下，产生怎样的影响，其付出的代价和回报如何，等等。

在我国，有关学前教育评价的理论和实践研究仍处于初级阶段。随着学前教育发展与改革的推进，传统的教育评价无论是评价的理念、评价的标准，还是评价方式和方法都面临着巨大的挑战，建立适合新形势的评价体系成为当务之急。为了适应日渐增长的改革和评价需求，我们应当坚持边实践、边研究的原则，重视吸收国外教育评价理论研究的新成果，同时认真总结我国的实践经验，进而上升为科学理论，以指导教育评价的实践活动，促进我国学前教育评价的理论研究和实践活动的发展。以下试述当代国内外学前教育评价的发展趋势与前沿特点，以便开阔视野，获得某些不无裨益的启示。

（一）评价涉及越来越多的相关领域

从20世纪40年代由泰勒领导的、美国进步主义教育联盟组织的"八年研究"标志着教育评价概念的诞生，并孕育出学前教育评价的胚胎以来，评价的含义和功能已发生质的变化。学前教育评价已从以往单纯注重对儿童的发展与学业成就进行评价，以及注重评价鉴定、选拔功能的发挥，发展到今天的重视对与学前教育活动有关的各个方面的评价，以及多元化评价功能的发挥。因此，当今学前教育评价的概念具有了更加广泛的含义。学前教育评价，既是学前教育改革活动的一部分，又是改革的推动力和尺度，因而也不可避免地涉及学前教育各个领域。目前许多国家的学前教育评价，不仅包括对学前教育目标体系或大纲的评价，对学前课程或机构的评价和鉴定，对教育过程、教育内容与教材、幼儿发展状况以及教师的资格、观念、工作能力和效果等的评价，还包括学前教育物质和心理环境评价，社会或公共教育体系、缺陷或弱智儿童教育、处境不利儿童的教育计划的评价，家庭开办的学前教育课程等非正式教育方式的评价，学前教育的费用投入及其效益的评价，乃至儿童玩具、电视节目、文学作品和文化用具等的教育价值评价，以及与学前教育相关的各种信息资料的评价，等等。可见评价已渗入与学前教育有关的所有领域，正对学前教育深入发展产生越来越重要的影响。

随着学前教育评价的对象和内容的广泛扩展和相互渗透，各种专业人员之间的跨领域跨专业相互配合与合作也日益普遍。教育学、社会学、心理学、医学、生理学、统计学、人类学、管理学、经济学、计算机学等学科的研究人员，乃至工程师、律师、会计师、行政管理人员等各行各业专业技术人员倾向于通过相互合作，取长补短，以多学科评价团队形式，共同完成要求综合性专业知识和能力的评价项目。例如，本书呈现的诸多评价项目实例，多涉及学前教育和其他领域的内容和人员。

近年来美国还出现一些全国性的网络型合作评价研究项目，旨在相互配合，共享信息资源和研究成果，以建构综合性早期教育系统。例如，由多个州参加的长期评价研究，各成员州各自进行相对独立的研究，由专门的教育评价机构或组织综合各州的发现和成果，写出全国性研究报告，等等。

（二）评价机构趋于多样化

评价涉及价值确认，往往会对评价对象（如学前机构的领导、教师、工作人员、家长以及幼儿和其他有关人员）产生社会价值、经济利益和心理上的种种影响，故需谨慎合理而为。目前，美国的学前教育评价主要由专门的教育评价或教育研究机构或学术团体与有关专家相结合的评估组织机构实施，具有非政府性和权威性，以保证评价的质量与有效性和可信性。例如，全美幼教协会和各州分会均设有专门的评价委员会，每年接受各地幼儿教育机构的评估申请，在缴纳一定的评估费用以后，在评价委员会指导下进行机构内部自评，再经评价委员会对自评报告加以评审，以及对机构作现场访问评审等之后，作出关于机构质量的评价结论，决定是否发给合格证书。这些结果已作为近年来托幼机构开业和家长选择托幼机构的有力依据。英国的教育主要由学术专家进行评价，政府较少干预。许多国家都设有各种独立经营的评估机构、研究机构或认证机构，凭借其专业人员和技术上的实力，科学严谨而又公正客观的评价立场和程序，逐步建立起在评价领域的信誉和权威。高等院校的专业研究人员也经常接受委托和资助，帮助设计并实施教育评价项目。例如，在美国，与教育有关的一切政策由各州政府制定。各州政府为了决策的需要，一般都会设立专门款项，通过竞争激烈的申报程序，选择受托机构，开展州政府所要求的教育计划或课程效果的评价研究。

我国的学前教育评价一般由教育行政部门承担，负责评价标准的制定和评价工作的实施。因而学前教育评价的功能局限于地方政府对学前教育机构的监督和领导，其实施依赖于当地教育行政部门的重视程度和执行水平。近年来，部分地方政府教育部门制定和颁布了本地区"托幼机构分级分类验收标准"或"优质幼儿园和示范幼儿园的验收标准"等，有组织有计划地实施验收，并采用评价结果与收费标准挂钩等手段，发挥评价的激励功能。然而，单纯由行政部门制定并实施的评价，一般难以达到组织和人员的专门化，而且缺乏有专门知识与技术的专家与研究人员参与，缺乏评价理论与方法技术的指导，因此在评价指标的适宜性、评价程序的严密性和评价结果的科学性与权威性方面，尚有待改善。学前教育评价如同其他教育领域的评价，是一种专业性、技术性很强的实践活动，它的科学实施必须由专门的机构来保障，否则就无法保证其科学性、有效性和可靠性。随着我国经济体制由计划经济向市场经济的转轨，学前教育事业的福利性质逐渐向市场化转化，"按质论价"的需求必然导致评价的参与。教育行政部门需要根据国家法规政策的要求，对各种类型的学前教育机构的运行和质量进行科学管理，也要求有大量专业化的评价机构和人员参与工作。借鉴国外的经验，改变评价机构单一的现状，充分发挥有权威性的专业研究机构及研究人员的专长和力量，可能是一种有意义的尝试。如上海市教育评估协会于2004年12月发布了《教育评估机构及专业人员认可办法》，试行对教育评估专业机构以及从事教育评估活动人员的能力和执业资格，依据一定的准则和标准进行资格评定并予以承认的活动。此外，我国的学前教育学术团体（如全国和各地的学前教育研究会）也开始为此作出积极努力，增强对评价工作的指导。我国学前教育评价的科学化进程将与稳定、理智、权威的评价组织机构化相联系，并将取决于各级教育部门、各级学术团体与专家和研究人员以及广大幼教工作者的共同努力。

（三）评价与研究相结合

学前教育评价研究已成为当代学前教育科学研究的重大领域之一。它已逐渐成为一门独立的学科或理论体系，具有自己独特的方法论原则和工具技术系统。对评价理论与方法加以系统的研究，可以为学前教育评价实践提供重要的指南。近年来，关于学前教育课程评价与方案评价，儿童发展的绝对评价与相对评价，教育活动的终结性评价与形成性评价等方面，均出现了多种理论框架或模式，以及对这些理论模式的特征评估、可行性考证和实验验证。评价的模式，即与某种目的相联系的评价过程的方法性思路或蓝图，揭示了该类评价的逻辑结构与价值取向。在研究的基础上，根据客观实际情况和评价目的，选择或创立适宜的评价模式，将大大提高评价工作的效率和质量，推动评价工作普遍而深入地开展。当前我国的学前教育评价，基本上处于实践先行的状况，对评价理论与方法的研究尚十分欠缺。固然，理论来源于实践，应当继续坚持评价实践的尝试，但同时决不能忽视理论与方法的指导作用。我们应当努力借鉴国内外评价理论、传统经验、相关学科的理论与经验，建构我国系统的、独立的学前教育评价理论和方法体系，兼顾理论研究与实际应用需要，在开展学前教育评价的工作中，做到有理论，有方法，有实施评价工作的参考模式，有对评价工作鉴定和提高性指导，努力使评价工作兼有学术和应用的双重价值。

此外，将评价工作本身作为一个研究过程，把评价和研究结合起来进行，是当代教育评价实践的一个越来越明显的重要特点。美英等发达国家经常结合教育实践或课程方案的实施，出于进一步的决策需要，投资立项研究，以获得可靠而有效的有价值的评价结论。此类评价研究往往要求由较高专业水平的研究人员或研究机构执行，以保证评价结果的科学性和准确性。

然而必须指出，作为研究项目的评价固然重要，但其他各种类型的教育评价活动同样是不可忽视的。在教育实践中，持续性地开展各种评价工作是改进教育质量和效果所必不可少的。

（四）评价方法技术的不断革新

评价与高效度、高信度的测量相关，是一项技术性很强的工作。科学的评价应当有一整套系统的程序和测量、分析技术，包括量化和质的资料的收集和分析，以及质的与量化相结合的混合型评价资料的收集和分析。近年来，教育测量与评价技术的迅猛发展，为学前教育评价提供了多方面的新方法、新手段。例如，近年来兴起的"三角测量法""多重参照测量"等，可克服以往单因素测量评估方式的局限，更好地揭示和判断多元化因素的学前教育现象的价值面貌。针对教育测量的间接性和不随意性特点，利用模糊数学理论建立起来的综合评判技术，为全面综合性地把握学前教育现象的实态提供了有力的工具。

在评价资料的收集和处理方面，由于计算机技术的普及和发展，涌现出许多研究项目和成果，以及可利用的程序软件，为实现评价资料的量化或质的分析奠定了高科技基础。例如，美国加州大学洛杉矶分校（UCLA）的电子工程专家和教育学院的学者们合作，正在创建一种电子幼儿园教室，将许多电子感应器安放在教室的各个部位及幼儿经常使用的物品（如图书、玩具、角色游戏的道具服装或帽子）中，并巧妙地在附近安装上微型摄像机和话筒，从而可以随时接收到幼儿的语言、所在方位、动作行踪、交往模式等信息，并可以与计算机连接，便利地传输信息资料（Sutton，2006）。这项研究成果将有助于为研究和评价幼儿的学习过程和幼儿之间的交互作用收集多方位的资料。与之配套的计算机软件程序已经由加州大学洛杉矶分校的一名计算机教授设计完成，并已经运用于该校的其他研究项目。

在评价的系统程序中，诸多涉及技术性的关口，如怎样形成评价的组织形式和调控各类人员在评价中的作用；如何设计评价指标系统和确定相应的权重系数集合；怎样避免评价中的错误来源，提高测评的效度与信度；如何有效地实施预评和再评价；如何综合性地评估评价工作的质量；如何适宜地撰写评价报告，向有关方面反馈信息；等等。近年来，国内外已有较多关于一般性教育评价技术的书籍和资料问世，作为教育评价的一个分支，学前教育评价可以从一般性教育评价技术中吸取大量的有用信息。然而，学前教育评价又有着自身独特的内容范畴和对象领域，对于许多方面的评价必然地不同于学校教育评价。在我国特有社会文化条件背景下的学前教育评价，也与国外存在着较大的差异。因此我们当前的任务，不仅要大量地学习和吸收国内外教育评价的先进技术，而且需要研究和探讨符合我国国情的学前教育评价技术体系。这关系到我国学前教育评价的科学化进程和对改革的推进程度，应当引起足够的重视。

（五）评价为决策提供依据

学前教育评价的最终目的，在于推动和改善学前教育改革的深入发展和保教质量的不断提高。要达到这一目的，需要通过评价的反馈机制，对学前教育的决策过程发生影响，从而借助行政决策的导向，影响学前教育的实践活动。可见，"评价—决策—实践"三者之间呈密切配合关系和动态循环状态。当代学前教育决策者与评价者都已越来越清晰地认识到这一点，并趋向于越来越密切地相互合作。许多国家的教育决策部门开始鼓励并支持有价值的评价项目，并把评价结果作为决策的重要依据。评价人员也因此受到鼓舞，努力使评价结果具有决策方面的科学化参考价值，力图更好地发挥评价的间接导向功能。例如，美国联邦政府为了准备制定新学期学前教育的政策，不惜耗费巨资，资助庞大的"家庭开端课程"（Home Start）和"跟进计划课程"（Follow Through）等学前教育项目的评价工作。同时还支持和鼓励"芝麻街"等儿童电视节目的评价项目，为改善电视影像等宣传媒介的教育作用提供依据。近年来，许多州政府也出资开展学前教育课程项目的评价研究，为继续改进项目服务质量提供科学依据。例如，密歇根州耗资8 490万美元委托高瞻（High/Scope）教育研究机构设计并实施长达五年的跟踪评价研究，以获取该州于1985年开始实行的针对所有处境不利4岁儿童的"学前儿童入学准备课程项目"的效果证据。

几十年来，美国联邦政府和地方政府在早期教育方面已经投入了大量资金，现在它们越来越意识到有必要系统地研究这种努力投入的效益，即从经济上和儿童的可持续发展上获得较大的效益，从而有意识地将资金直接投向高质量高效益的教育项目。许多研究者认为，早期教育不仅在教育学和社会学等方面具有深远的价值和意义，从经济学角度而言，也同样是一项具有长期优厚回报的投资。这项投资不仅能改善儿童的生活质量，而且对社会也将产生一系列的广泛的良性效益。因此，近年来开始有一些有关早期教育的经济效益问题的评价研究，对早期教育投资的支出和收益进行系统测评。这些研究结果反映出来的早期教育效益，如"投入1元，收益7元"等，虽然不能视为高度科学或可靠，但却有很强的说服力，被决策者接受并愿意支持。不过，研究者普遍认为，这方面的评价研究在方法上有许多方面还有待于改进（Belfield，2004），例如，必须想办法努力实施大规模的随机抽样设计，采用较为严格的方法和针对不同文化族群的测试工具，改进结果的科学性等。另外，目前此类评价研究的测试多集中在学业成绩方面，还需要进一步探讨影响儿童社会能力的各种因素。评价研究还开始关注教师的受教育水平和所获学位的高低是否与儿童的学习成就有关，从而为制定相应的教师资格政策提供依据。

评价必须是决策的核心，教育决策必须以评价研究成果为依据，这就需要不断地进行评价研究和持续不断地改进评价研究。科学决策，或基于科学研究成果的决策，是当代各国政府致力追求的目标。在资金的分配上，决策者们也越来越趋向于以科学研究的结果来指导学前教育项目的增设或改革、扩展或收缩。因此，评价的导向功能日益成为学前教育事业发展的关键。这一趋势将有益于把学前教育的领导管理、决策水平、评价工作与改革实践等多方面的发展纳入一个良性循环圈，大大加速学前教育事业优化发展。我国在这方面与发达国家的差距较大，有必要进行认真的反思和改进。

（六）发展性评价活动以及评价过程制度化

持续发展性教育评价制度是当代以发展为本，面向未来，强调合作和自我完善的新型的科学的评价制度。目前发展性教育评价制度已成为评价领域研究的热点，从评价理论和评价实践上都进行了一些探索。发展性教育评价把学前教育机构看作一个相对独立的实体和发展的主体，从其发展的自主性的角度评价机构的工作质量。这种评价理念的主要价值在于促进机构自主的发展。评价的依据是内在的，是由机构自身的发展水平状态规定的，是机构自身发展所处于的阶段所决定的，因此是处于机构"最近发展区"的，从而是"可接受的发展目标"。在评价的方式上，注重对机构进行现场的过程评估和对机构发展的水平进行质和量结合的评估。发展性评价的最终目的，是在机构内部形成一种持续进行的自我评价的机制，这种积极的自我评价机制正是机构自主发展机制的重要组成部分。

建立健全的评价制度，是当代学前教育评价研究者普遍关注的课题。将评价活动和评价过程制度化，无论对优化保教过程并检验其效果，还是对提高教育管理工作的科学化、民主化水平均具有重要的作用。制度化不仅要求规范化和操作常态化，还意味着评价的持续性和进行性，以及教育机构中评价文化的逐步形成。发达国家的教育机构较普遍使用某种评价标准体系和操作程序并实施评价制度。良性的评价制度应当防止评价程序的表面化和简单走过场。

我国学前教育评价目前存在着行政行为化倾向，使评价的功能局限于监督与管理，尚有待于向制度化和科学化方向转变。被评价对象在评价体系的机制中需要增加参与的力度，而并非只是被动地受评。合理科学的学前教育评价的制度化需要利用机构内部的自我评价和外部评价（如行政部门或其他评估机构）相结合的评价模式，克服诸如制度缺陷和利益冲突等问题，充分调动学前教育机构的积极性和创造性，重视和利用评价的发展性功能，逐步发展和建立起提高和改进自身质量的能力。只有这样，才能从根本上更好地发挥教育评价的导向、激励和调节与改善功能。评价活动的制度化还有待于培养和建立一支高素质高水平的评价队伍。教育评价具有较高的专业化水平要求。目前我国高校和中小学教育评价的研究和实践发展较快，但学前教育评价及其研究则发展相对缓慢，从事学前教育评价的人员在专业素质和数量上都无法适应和满足日益深化的学前教育改革与发展的迫切要求。有关人才培训机构包括高校和科研机构，必须密切配合，制定适宜的培养计划，并鼓励新生力量和年轻人才坚持边实践边研究的原则，在研究和改进学前教育评价体系的同时，培训各层次的评价工作人员。

（七）对评价工作的再评价

学前教育评价的实践和尝试，如果要向着不断进步的方向发展，还必须依靠对评价工作进行再评价这一矫正反馈系统的运行，不断地考察和判断评价工作的科学性、有效性和真实效果性，从而探索和完善评价的方法策略和技术，不断提高评价水平，充分发挥评价的功效。再评价应在评价过程中持续反复地进行，以便及时调整和改进评价工作。

在一些发达国家，常可发现一些对某具体评价项目加以评价的专门性论著以及论文，其中详细报告了评价项目的目的、对象、内容、方法程序或模式、资料处理方式和结论，并对之作出正确性、适当性、有用性、可行性等方面的评价。例如，在评价设计方面，可对如下问题作出判断：所设计的方案是否覆盖所有重要的方面；收集的评价资料是否与评价的问题密切相关，其有效性、可行性如何；必要时方案是否有调整的余地；在时间、经费、人员与资料来源方面的可行性；费用与回收效益如何；等等。在收集资料方面，对使用手段的适宜性，资料来源的多样性，资料的针对性、代表性、客观性和系统性，是否对研究者的主观偏见做出有效的控制等进行评价。此外，还可以对评价报告的及时性、全面性、客观性、准确性和可理解性，以及被评价对象的隐私权是否受到保护等加以评价。这种对评价活动的再评价不仅在微观上促进了评价水平的提高，使人认识到某具体评价项目的价值和改进方向，而且有助于从宏观上促进评价的发展，使整个领域的评价工作在总结经验和吸取教训的基础上，得以扬长避短，推陈出新，不断完善。

我国的学前教育评价工作目前对再评价的问题还不够重视，对正在进行尝试和业已完成的评价的价值状况还缺乏观察、剖析与判断，这将不利于评价的发展和提高，甚至还可以使评价的积极作用逐渐消退，导致评价流于形式或发展迟缓。当然，开展对评价工作的评价，需具有一定的前提条件，如具备一定的专门力量从事该项工作；开展再评价理论研究；以及探讨对评价工作加以价值判断的标准和方法。这些都是所要面临的崭新的课题。

（八）重视评价的动态过程和反馈与前馈作用

现代学前教育评价越来越强调对教育活动的过程评价，以及评价对整个学前教育复杂系统的动态调控机能。因此，评价的反馈作用已被人们所熟识，并有意识地启动它作为促进教育的杠杆。在此基础上，随着近年来系统科学的方法论深入评价领域并产生日益深远的影响，人们又开始重视控制论范畴的另一新概念——前馈作用。所谓前馈，即在系统输出之前，就根据预测的信息，采取相应的措施，以便把失误和偏差消灭在潜在状态。评价的前馈作用，主要体现在制定科学、合理、意义深远的前馈性评价指标体系上，以此作为评价的核心和评判实践工作的标准，再利用反馈机制促进这些前馈性指标的达成。可见前馈不等于反馈。反馈是在系统输出后才作出的反应，从而允许在此之前有一定的失误。众所周知，学前教育是具有十分明显的迟效性的复杂系统，如果单纯采取反馈措施，便难以避免某些无法挽回的重大失误，而育人工程原则上是不允许失误的。如果一系列重大教育失误在若干年内产生相当的影响以后，才由反馈意识到，则由此而对教育对象产生的不良作用只能成为历史遗憾。因此，面向未来的教育，必须同时注意发挥评价的反馈和前馈作用，认真、严肃而又科学合理地研究与确定评价指标体系，利用前馈和反馈的有机结合的控制机制，推动学前教育的发展沿着正确轨道前进。

思考与练习

1. 根据你的理解阐述学前教育评价的概念含义。
2. 简述评价与评估、测量、目标、研究等概念的区别与关系。
3. 选择一项具体的评价计划，说明可将之归入哪一种或哪几种评价类型并说明理由。

4. 如何才能较好地发挥学前教育评价的各项功能?

5. 你认为我国学前教育评价的现状与本章提及的哪些发展趋势相吻合或不相吻合?

第二章

学前教育评价的理论模式

内容提要

评价模式与评价类型是两个不同的概念，必须予以区分。教育实践的多样化决定了教育评价模式的多样化；不同的评价目的需要不同的评价模式。本章介绍学前教育评价的八种主要模式：鉴定性模式、目标获得性模式、CIPP 模式、外貌模式、无框架模式、目标游离模式、差距模式、应答模式，归纳出各种评价模式的理论基础、实施特点和优缺点，并讨论如何根据评价的目的和内容有针对性地选择适宜的模式。

学习目标

1. 了解各种评价模式的特点和用途。
2. 思考在各种特定情况下比较适宜采用何种评价模式。

关键词

评价模式　鉴定性模式　目标获得性模式　CIPP 模式　外貌模式　无框架模式　目标游离模式　差距模式　应答模式

评价模式与评价类型是两个不同的概念，必须予以区分。教育评价类型一般涉及被评价对象，如幼教机构、课程方案、教育过程、教育结果和所涉及的各类人员，例如，儿童、家长、教职员工等。无论被评价的对象是什么，其基本的评价过程都是相似的，只是针对不同的对象而收集不同的资料，采用不同的评价标准，得出相应的评价结论而已。评价模式与某种特定的评价过程相联系，是指在一定的评价理论观点指导下从事评价工作的一整套的程序和方法。教育评价模式反映了某种评价理论的成熟程度，是评价理论的具体表现形式。美国学者盖伊曾总结出27种不同的教育评价模式（Gay，1985），如里夫林的系统分析模式、泰勒的目标导向模式、斯塔费尔比姆和斯克里文的目标游离模式、艾斯塔的教育鉴赏与评论模式、列文的对手模式、斯塔克的应答式评价模式等。不同的模式适用于不同的目的和情境。

教育实践的丰富多样性决定了教育评价模式的多样化。教育是一种复杂的社会现象，包含各类不同的教育体系和各种层次的教育。现代教育评价已涉及教育各个层次的方方面面，要求有多种多样的评价模式以适应不同的需求，教育价值观的多元性也造成了对教育评价模式多样化的追求。不同的评价者对同一教育现象可能有不同的价值需要；不同的评价目的可能需要运用不同的评价模式。同时，人们的价值观也在不断地发展和变化，随着社会经济和科技的发展，人们对教育的追求也在不断改变。这一切都要求评价的方式和方法随之不断更新，淘汰陈旧的评价模式，创造新的更符合当时需求的评价模式。

本章介绍学前教育评价的八种主要模式并归纳各种评价模式的理论基础、实施特点和优缺点。评价者可根据评价的目的和内容，有针对性地选用适宜的模式。鉴于各国的国情不同，我国的教育体制和教育发展水平与其他国家具有很大的差异，因此我们不能照搬国外的模式，必须在引进、消化西方这些评价模式的同时，结合我国学前教育的实际情况，创立适合国情和地区情况的评价模式。

第一节 鉴定性评价模式

一、鉴定性评价简介

鉴定性评价,是由国家各级主管部门按已定标准,对各级各类学校或机构进行达标鉴定式评价的过程,是对学校或机构进行系统的、较大规模的评价活动。例如,全美幼教协会每年接受各地学前教育机构申请,并按一整套预定的标准和程序进行鉴定性评价,为合格者颁发证书。

鉴定性评价的主要目的在于对照标准,对课程或机构作出评判,找出不足之处。此类评价比较强调对与教育过程有关的各个环节,以及教学内容与资源提供等加以全面的评价。评价通常由一组专家对照标准作出判断,一般而言,标准是指满足合格机构的功能运转所应达到的最起码的水平(如教职员工的专业训练资历,图书资料的数量,师生比率等),标准应时常更新修正。

鉴定性评价通常需要周期性进行,如每4~7年进行一次。

二、鉴定性评价的过程与步骤

(一)机构或课程进行自我评价。被评机构或课程在内部开展自评,学习与对照评价部门颁布的标准与细则,对达到标准的情况作出自我鉴定。这些标准往往涉及教育观念和教育目标、课程特点、儿童的活动安排、教职员工情况、行政管理、督导机制、设备设置、宣传工具、服务项目等。

(二)由专家组成现场考察组,根据标准考察被评价对象自身评价的结果,观察机构运行实况,访谈领导班子、教职员工、儿童家长或其他有关人员,实地参观设备与资料等。现场访察后写出书面报告,如果认为被评单位有重要缺陷,则不予合格鉴定,督促其在一定的时限内对不足方面进行调整或改进。在一定时限内,该单位经再次自身评价,认为已有资格重新受评,则重复本步骤,直至获得合格鉴定。

该模式在学前教育评价的运用中，有时还借助社会其他部门对学前教育机构进行评价，如美国各州一般均要求在幼儿教育机构开办之前一定要先申请"社会服务部"的鉴定性评价，由当地消防部门负责监测机构的防火设置，由卫生部门负责鉴定卫生设施、厨房区域等，由教育资格鉴定部门负责考察教职员工的资格、房舍空间、玩具设备等。任何学前教育机构在未获得以上三个部门鉴定之前均不准开业。甚至于家庭开办日托（收6岁以下儿童）也必须获得类似合格证书才能开办。

三、鉴定性评价模式的优点

（一）要求被评价单位先行自我评价，可以激励机构的自身完善。

（二）评价标准一般能够顺利地得到贯彻和操作。

（三）现场考察与书面评价报告的间隔时间相对较短。

（四）可对多方面情况加以考察和评价。

四、鉴定性评价模式的局限

（一）用于专家评判的标准与机构实际工作效果之间缺乏必然的联系，即评价强调对教育过程的鉴定，而相对忽视了对教育效果（如儿童发展情况）作出评价。

（二）评价过程与结果难以重复验证。如由另一个现场考察组再独立进行一次评价，结论是否能与前一次相同？考察组成员之间的能力、资格、观点是否一致？如果这些问题不能得到满意的答复，可能影响评价结论的有效性。

（三）评价标准只是针对最低水平而言，因此，有可能使机构忽视对自身的高标准严格要求。

第二节 目标获得性评价模式

一、目标获得性评价模式简介

目标获得性评价模式的倡导人泰勒（Tyler，R.W.）是现代教育评价的主要创始人。20世纪30年代，他主持了著名的"八年研究"，和他的同事们一起设计并实施了关于进步主义教育和传统教育课程的评价方案。泰勒认为，考察儿童的学习和发展是评价课程效益和教师工作的最直接、最有效的手段。他主张针对课程的目标，采用标准参照测量来测查儿童的学习和发展结果，并强调针对不同儿童个体的发展，注重比较其起点水平和教育后水平之间的差距，而不是注重将其与所有其他儿童相比较。根据泰勒的课程理论和评价思想，在课程设计中最重要的工作是建立教育目标，课程成功与否取决于这些目标是否达成。因而，评价也就需要以目标为出发点收集资料，判断实际教育活动达到目标的程度，以确定课程之有效（Tyler，1949）。

目标获得性评价模式强调明确地阐述行为目标，并对这些目标加以系统测量，可见它强调对教育效果的考察，与鉴定性模式形成鲜明对照。用该模式进行的比较是在预定的目标（或标准）与结果之间的比较，而不是与其他课程作比较。该模式的创始人泰勒较为强调对课程各单元或总体学习结果的测量评价，但其后的其他倡导者则强调教育改革中更广泛的目的获得，主张对课程的结构的各个层面（教学、机构、行为等）加以评价和分析，而且在确定目标获得程度以后，还应有一个反馈过程，即根据评价结果考察和改善目标的适宜程度，产生新的目标，或通过信息反馈，促进实际工作尽可能地逼近目标，促进教育改革。

二、目标获得性评价的过程

用目标获得性评价模式进行课程评价时，必须把课程（或课程体系中各个单元或各主题）的目标具体化、明确化，用"行为术语"来界定之。也就是说，要规定具体的行为指标来反映课程（或单元、主题）目标。然后，寻找能显示这些目标达成程度的情境，或选择足以说明目标达成程度的具体行为标志项目，进行测量，收集资料，继而将收集到的资料与行为目标加以比较，以决定目标达成程度如何。以下举例说明目标获得性评价的具体步骤。

小班《我爱我的家》 主题教育评价

第一步：阐述主题目标并将目标分类。此例目标分为：

1. 了解家庭的大致结构，认识自己所生活的温暖的家。
2. 体验长辈对自己的关爱，增进对长辈的感情，学习感受和表达爱的情感。
3. 认识自己在家庭中的平等、独立地位，学习自我管理和自我控制。
4. 接触基本社交技巧，学做小主人和小客人。

第二步：将目标按行为定义，即将目标转变为可观察或测量的行为指标。例如：目标2的行为指标是：主动向家人问好与告别；知道别人在关心自己并能举例说明；知道父母下班回家后干些什么；帮助、参与、模仿家人做家务；家里有人休息、工作或学习时不吵闹；吃东西不能专挑大的好的。

第三步：选取评估这些目标的合适手段与情境。例如：根据主题的特色，采取家长问卷法，通过测查幼儿上述行为发展情况与水平评估该主题的价值。如上述行为指标例子便是该问卷中第4、6、7、8、11、12题的题目内容。

第四步：制定或选择测量工具。如：本例的问卷共有21题，每题均提供三种答案（如"经常，有时，从不"），根据与教育目标相符合程度分别评为+1，0，−1分。总分最高21分。

第五步：收集资料。本例的做法是：在主题活动开始之前召开家长会，说明教育目的和目标，并请家长根据孩子的当时情况填写一份行为问卷。主题活动结束后，再请家长填写与之前相同的问卷。此外，每个幼儿的家长，都以书信形式详细汇报幼儿的有关行为变化。

第六步：将收集到的资料与行为目标比较。本例对主题活动实施前后的两次测查得分进行差异显著性检验。主要的结果如下：

1. 全班平均总分显著提高，说明该主题教育目标达到，且主题活动的设计和实施也具可行性。

2. 每个幼儿的得分及家长汇报情况提示，大多数幼儿有较大进步，说明主题教育活动具有效益性。

3. 两次全班得分情况分布中标准差缩小，说明幼儿之间的差异减小，意味着通过有效的教育可一定程度地弥补幼儿的个性缺陷，补偿家庭环境或其他因素造成的困难，提示该主题活动的必要性。

第七步：获取改革或调整启示。上例评价结果显示，该主题4个目标的达成程度有差异。其中第2、3目标行为进步最显著，说明这些目标能力的培养在小班阶段进行是卓有成效的，与其相应的课程设计是有价值的。而目标1教育前后水平无甚变化，水平均较好，这说明此幼儿已有较好的发展，无须花太多的精力进行教育。至于目标4的变化不大，则可能是由于幼儿社交能力差异程度较大，而在小班阶段又不可能在短期内有显著发展所致，故可考虑予以适当调整，在中、大班继续作为培养目标。

该模式在学前教育领域已被许多人运用。人们较多地从课程设计的角度，而不是从评价本身的角度来考虑选用这一评价模式。例如，美国的"开端教育"和"跟进计划"课程的评价便显然采纳了目标获得性模式。我国目前也已有人正在从事此类评价研究。此模式注重行为目标的特点，对学前教育实践具有一定的推动意义。有些幼儿教育工作者对儿童发展结果的评价不够重视，也有些人对制定详细、可观测的行为目标尚不够理解，故对目标的制定缺乏系统性、科学层次性或代表性。例如，仅对某教材中的某些内容加以测定，仅注重完成教材指定的内容等。采取目标获得性模式进行评价，可促使教育者深入学习与掌握儿童发展的目标系列，从而可在清醒的认识引导下，指导与改进教育实际工作。

三、目标获得性评价模式的优点

（一）将评价视角集中于清晰的行为目标，并用前测决定儿童发展水平基线，用后测考察教育的效益，所获资料可供课程决策人员制定计划时参考，有助于促进教育教学的效果。

（二）能系统地考察既定目标与儿童实际发展之间的一致性，与系统分析法较为接近，且结构紧凑，故长期以来在教育评价中占有重要地位。

（三）具有详细、具体的测量标准，因而相对易于对目标达成程度作出评价。

（四）教育者在评价过程中起关键作用。例如，在使目标具体化与实施测量时，均以教师为主要成员。

四、目标获得性评价模式的局限

（一）强调行为目标（教育结果），而相对忽视了教育过程或前提条件，不能直接评价教育过程，以及任何并非与行为目标直接关联的现象或方面。

（二）鉴于教育活动本身固有的迟效性，许多教育结果需在教育后相当长的一段时间之后方可显现。因此，评价中有时难以及时地获取关于教育效果的信息。

（三）有些行为目标所标志的行为是难以直接地、轻易地或符合道德地、合法地观测到的，故不得不涉及对某些"替代"行为的考察，其测量的有效程度尚有待证实。

（四）往往缺乏对目标的价值判断方面的注意。有时为了便于测量，仅对一些易于测量的行为目标进行评估，而对诸如创造性等不易测量的东西，则常较少地列入被测行为目标。

第三节 CIPP 评价模式

一、CIPP 评价模式简介

CIPP 评价模式是指导各种教育评价项目的整合型理论框架。该模式的核心部分是对背景（context）、输入（input）、过程（process）、结果（product）四个部分的评价。CIPP 即由这四部分评价的英文名称的第一个字母组合而成。一般而言，分别回答"需要做什么""应该如何做""是否完成""成功与否"的问题，并分别为四类决策服务：计划决策、构建决策、执行决策、循环决策（见表 2-1）。

表 2-1 CIPP 模式中各类评价的作用及其效能核定

评价类型	评价的作用	
	决策	效能核定
评价背景	为计划决策服务，涉及选择目标，辨明潜在问题、迫切需要先解决的方面、未利用的资源和可能存在的机会	提供有关所选定计划被否决的意见和材料，提供关于问题、需要、资源和机会的文件，把它们与所选定的目标和被否决的目标相联系
输入评价	为构建决策服务，涉及形成达到目标的方案。为达到目标而设计、分析各种供选择的程序	为所选定（或被否决）的方案设计提供资料，联系已建立的目标，将各种供选择的方案设计之优缺点记录在案
过程评价	为执行决策服务，涉及实施所设定的方案，发起和控制方案的运行	提供方案执行情况的记录，包括决策过程途径，将方案实施过程中实际发生的活动记录在案。将它们相互联系起来，并与方案过程联系起来
结果评价	为循环决策服务，涉及分析方案结果和对它的反应，辨明与测量方案的结果	提供有关方案结果与循环决策的记录。将结果记录在案，并将之与改善决策、持续或终止决策相联系

（资料来源：Stufflebeam，1974）

CIPP 评价模式的创始人斯塔弗尔比姆（D. Stufflebeam）把评价定义为

"为判断决策所作出的描述、获取、提供有用信息的过程",或简言之"为决策提供信息的科学"(Stufflebeam,1974)。斯塔弗尔比姆强调,CIPP评价模式的独到之处在于为有不同努力方向的决策服务,旨在通过测评和报告指出被评对象的优点与成就,并同时呈示其不足和需要改进之处。CIPP模式的主导理念是,评价最重要的目的并非证实,而在于改进和提高。

二、CIPP评价的过程及其特点

CIPP评价模式可以被视为一种循环系统,一种不断收集和利用新信息的持续过程(见图2-1)。这些信息不仅影响未来的决策,而且还通过反馈重新考察已有决策的效益。

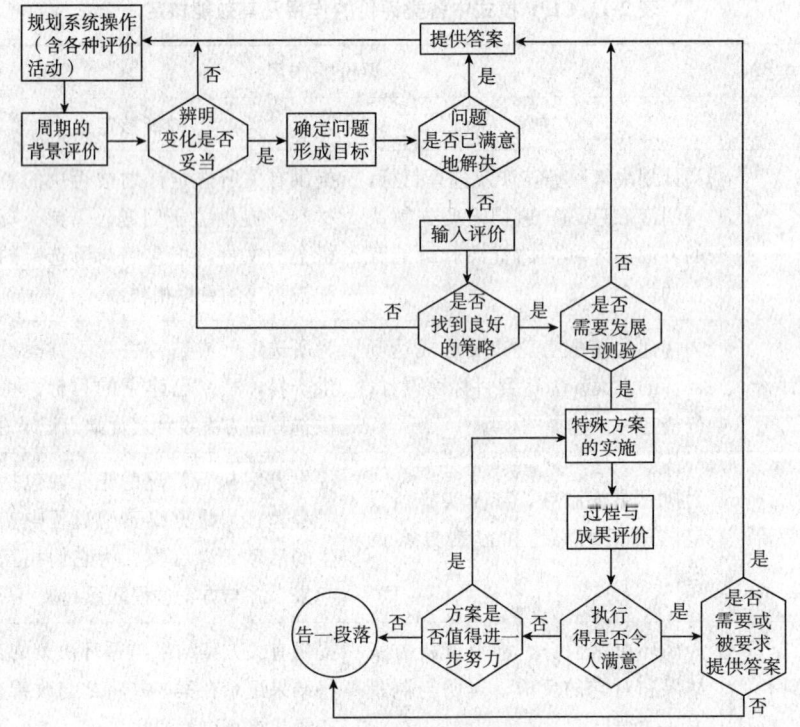

图2-1 CIPP评价流程图

(资料来源:张玉田等,1987)

评价既然是为决策服务的，评价者便应当首先了解作出决策的各种情境。斯塔弗尔比姆等人认为，教育上的决策一般有四种情境。第一种是平衡稳定的决策，即维持教育系统的决定，旨在提供质量管理的标准与方法，维护原教育方案的存在；第二种是连续增进的决策，即继续改革的决定，旨在小范围内改革现有的教育系统；第三种是更新的决策，即加强改革的决定，旨在大规模地实行改革，解决当前迫切需要改进的教育问题；第四种是近似变形的决策，即促进全面改革的决定，旨在完全地重建更为理想的教育系统，实行教育上的较为彻底的革命。在以上各种决策情境中，均应纳入评价的机能，在评价所提供的信息基础上，作出关于教育改革的决定。评价者应针对不同类型的决策情境，提供相应的、必需的、充分的信息资料。

（一）在 CIPP 各类评价中，均有三个大致相同的步骤。以背景评价为例，这三个步骤是：

1. 决定将要阐述哪些问题，来描述决策者所需要的信息。
2. 决定如何掌握所需信息，采用何种测量与分析技术获取信息。
3. 决定如何报告所获信息，从而向决策者提供高度有用性的信息。

斯塔弗尔比姆认为，一项好的评价，要求对评价本身也作出评价。因为评价本身可能含有偏见、技术性误差，执行困难和误用等。因此，对 CIPP 模式中各类评价过程与作用应作出效能核定。核定评价过程本身的价值，不仅可以改善持续进行的评价活动，而且可评估所完成的评价的优点。关于各类评价的作用的效能核定见表 2-1。

（二）对于 CIPP 评价模式最终的评价设计与评价报告，一般有三个评价标准。

1. 技术上适宜（具有效度、信度、信息的客观性）。
2. 有实用价值（针对性强、范围适宜、及时、重要、有推广意义）。
3. 费用效率高（所花费的人力、财力具有较高的效益）。

（三）CIPP 模式中的各类评价，均具有以下一般内容规定。

1. 在背景评价中，注意提供确定目标作为计划的依据，要求描述现在教育环境中已经具备的条件、尚需改进的条件、尚未满足的需要、未经利用的资源和机会,以及诊断出其中有关的难题。经比较教育系统的实际表现与预期表现,可确定现存教育系统的目标达成程度,发现教育系统实际运作结果与目标之差距,以此作为教育改革计划的依据。

2. 输入评价注重为如何运用资源以达成目标提供信息,包括对课程的材料、方法、程序、设备、人员、环境等加以分析,以便针对目标选择适宜的课程资源,设计方案与发展途径。在输入评价中常需考察如下问题:已确定的教育目标是否可行?哪些方法、策略有助于达到教育目标?各种方法策略的逻辑效用和实际效用如何?其理论假定是什么?教师是否能有效地运用这些方法与策略?需要多长时间的训练?人员配备、时间安排、执行情况的管理与监督问题能否妥善解决?这些策略有无负向作用或消极作用?如何对此作出评价?等等。

3. 过程评价应在计划和方案设计完毕并付诸实施时便开始进行,旨在提供定期的反馈。应当在方案正式实施前进行预测,以决定计划是否可行,并加以修正。在计划实施期间,及时提供有关过程运行状况的资料,以便形成有关的决定。记录所有教育过程,以便在教学后加以分析,找出问题与不足,进一步改进。

4. 成果评价的焦点在于了解教育系统所获取的效果。不仅在整个教育方案结束时进行,在方案的执行过程中也可实施。与目标获得性模式相似,成果评价应考察教育效果达到目标的程度,但在CIPP模式中,较少强调评价者的判断,而着重于向决策者提供信息,让决策者在评价提供信息的基础上,自己去形成重要的判断,并用于决策。

可见,评价者应当首先进行背景评价,以确定原有教育系统是否需要改变。其结果可能是维持不变,或使之平衡稳定,或需进行持续增进的或更新的改革。如需进行持续增进或更新的改革,则必须实施输入评价,为建构和设计改革方案作出有关的决定提供信息,继而执行方案并进行过程评价与成果评价。最终的结果或是接受该新的教育方案,或是终止或重新计划、组织该新方案，再进行以上过程的循环。

CIPP模式在学前教育课程设计与评价中具有极其重要的参考价值。它强调收集有关需要、资源、课程方案的选择等方面的信息，向决策者提供有用的信息，有利于制定课程计划，尤其适于制定新课程时选用。例如，某农村地区教育局领导可通过背景评价，确定向本地区儿童提供学前一年教育机会乃是当前的迫切需要，并诊查出已有某些资源存在并可供利用，以满足这种需要，进而决定要强调哪些特定的学前教育目标，然后，通过输入评价和教育专家的咨询，对几种可能达到已定目标的可供选择的（农村）学前一年课程进行研究、鉴定，最后选出认为最合适的一种。此后，根据经过过程评价与结果评价所获取的信息，该教育局领导便可作出关于执行的决策，同时也可由此重新评价所选定的课程计划。可见，CIPP模式在制定幼儿教育课程的过程中具有举足轻重的作用。

该模式对于学前教育课程研究和设计中的信息储存也十分有用。模式要求将课程研究或课程设计的四个阶段所获取的信息，与所作决策及其理由均一一记录在案。对这一要求的关注比起其他模式更为明显和强烈，体现了CIPP模式结合了其他学科领域（如人类学）的观点与研究方法。

CIPP模式强调对决策者提供信息的特点，使学前教育决策部门及其工作人员大大受益。无论是有经验者在作出新的决策时，还是缺乏经验者要了解情况以便作出相应的决策时，均可从中得到大量的信息。各幼儿园的决策者在希望使得未来决策建立在充分信息基础之上，或希望有充分理由以否定采用某种方案之时，也可以采用CIPP模式。我国教育体制正在发生巨大变革，中小学课程实行国家课程、地方课程和校本课程"三级课程、三级管理"的政策，对于教材则实行国家统一基本要求前提下的多样化政策，《幼儿园工作规程》也指出各地不宜采取"一刀切"课程。因而，利用评价工具辅助决策的要求将日益明显。

三、CIPP模式的优点

（一）使用范围广，综合性强，可在课程发展的任何阶段进行。

（二）对其四类评价过程均作了描述，形成系统的评价方法，可对决策提供持续往复的信息，并对先前决策的明显效应提供反馈。

（三）对行政决策人员具有广泛的服务性功能。

四、CIPP 模式的局限

（一）回避评价者的价值判断，显然只是提供信息，要求决策者根据所获资料作出判断，其最终的效能依赖于决策者的观念与水平。

（二）某些内容只能是描述性的，而非真正严格意义上的评价。

（三）如全面展开，则实施困难，费用较高。

五、CIPP 评价检核表

CIPP 评价模式自问世以来，已经历了多次修改完善的过程，目前已发展到第五个版本。第一版本（1966）强调过程与结果评价。第二版本（1967）增加了背景与输入评价，并强调目标的设立应以包括需要测定的背景评价为导向，而方案的制定应由输入背景为指南，包括对可替代性方案的测评。第三版本（1971）将四个核心部分的评价系统化，成为以改进为核心的框架系统。第四版本（1972）指出了如何运用于形成性和终结性评价。最新的第五版本（2002）进一步将模式框架操作化，并提供下列检核表（见表2-2），以帮助评价者将该模式运用于具有相对较长期目标的项目（Stufflebeam，2002）。

检核表包括 10 个部分。第 1 部分旨在指导评价者与要求评价方或被评者签订协议，并以此作为其他评价部分的指南。最后两个部分分别为元评价和综合性评价报告。元评价即对评价工作本身的评价，应贯穿于整个评价过程。元评价检核表提供必要的评价标准以保证评价的有效性。综合性评价报告检核表向评价者提供有用的启示，以便在整个评价过程中有效地纳入形成性评价的结果。中间的 7 个基本的评价部分，可以视具体评价项目的实际需要而选用其中的几个或全部，并可调整其顺序。检核表的左边部分向评价者提供参考标准，右边部分向被评对象或被评机构协助评价项目的开展时提供参考。

表 2-2 CIPP 评价检核表

评价者活动		要求评价方活动	
1. 签订协议：预先与要求评价方签订明确的协议，并根据需要及时修改调整			
O	清楚地理解所需进行的评价工作	O	向评价者了解评价内容、目的和报告对象
O	签订协议以保证获取正确的信息	O	了解评价者将如何收集哪些基本的评价信息
O	向评价对象说明一般所需采用的量化和质的分析方法，以便进行全面评估	O	在关于最重要的分析方法上与评价者达成一致
O	说明最终的评价报告的性质、内容和所需要的时间	O	确保最终的评价报告将能满足各种对象的需要
O	说明形成性评价报告的性质、内容和间隔时间	O	确保评价者的报告计划和日程与机构或课程的日程不相冲突
O	达成评价报告协议，以完善报告程序	O	确保报告过程合法并有效
O	说明需要评价对象哪些方面的配合与交流	O	确保评价计划与机构的计划协调一致
O	在评价时间表方面达成一致意见，并明确评价中个人的责任	O	明确各有关方面在评价中的作用和责任
O	在评价预算、交付日期与金额方面达成协议	O	确保评价预算的协议明晰，并能保证评价顺利完成
O	明确必要时复议、控制、修改或取消评价项目的措施	O	确保评价过程得以适宜地定期检查评议，并在需要时加以调整或取消
2. 背景评价：在确定的环境范围内检测需要与问题			
O	撰写和评估有关的背景信息，尤其是关于收益方的需求	O	利用背景评价的发现，选择和明确受益者
O	访谈项目领导，讨论其意见和需求，明确所需解决的问题	O	利用背景评价的发现，检查和修正评价目标，确保针对所要求的目标
O	访谈其他有关人员，获取更多意见和可能的问题	O	利用背景评价的发现，确保有效利用社区和其他有用的资源

续表

评价者活动		要求评价方活动	
O	评估项目的目标是否符合受益人的需要	O	在整个评价期间利用背景评价的发现,有效地确保收益者的需求
O	掌握和记录项目环境的资料,包括有关的计划、资源、需要和问题等	O	
O	每年,或在适宜时,向要求评价方提供及时更新的背景评价报告,以及对项目的目标和特征等的评估	O	
O	每年在为评价要求方提供的反馈讨论会上讨论背景评价的发现	O	
O	向要求评价方呈示最终的背景评价报告	O	
3. 输入评价:测评各种方案和策略及其运行计划和预算			
O	找出并考察现存的可用模式方案	O	利用输入评价的发现,确定既科学可靠又经济可行的方案
O	考察项目提出的策略是否符合需要并切实可行	O	利用输入评价的发现,确保方案可行并符合受益者的需要
O	评估项目的预算是否足以完成所需的工作	O	利用输入评价的发现,支持所需预算
O	根据现有的研究文献评估项目所采用的方案	O	利用输入评价的发现,培训工作人员
O	与其他方案相比较,评估所选方案的优点	O	利用输入评价的发现,支持所选方案的实施和运行
O	评估所选方案的运行计划之可行性与有效性	O	
O	向要求评价方提交初步的形成性评价报告	O	
O	在反馈会议上讨论报告初稿	O	
O	输入评价报告定稿,并完成向要求评价方提交的相关联的视觉辅助资料	O	
4. 过程评价:调控、记录和测评项目的活动			

续表

评价者活动		要求评价方活动
O 指定评价人员管理、观察、记录，并定期提供有关项目运行的情况	O	利用过程评价的发现，控制和改进工作
	O	利用过程评价的发现，控制和改进项目
O 在项目工作人员的协助下，保持对项目中的事件、问题、费用及其分配等均记录在案	O	利用过程评价的发现，保持对项目资料的记录和管理
O 定期访谈受益人、项目负责人和工作人员，获取有关项目运行的资料	O	利用过程评价的发现，保持对项目预算和经费的记录和管理
O 在反馈会议上呈示和讨论过程评价的报告初稿	O	利用过程评价的发现，向有关方面报告项目的运行情况
O 过程评价报告定稿，并完成向要求评价方提交的相关联的视觉辅助资料	O	

5. 影响力评价：评估项目的影响力

评价者活动		要求评价方活动
O 项目工作人员和评估咨询人员一起，编撰有关人员群体的通讯资料，注明其需要和所接受的服务	O	利用影响力评价的发现，确保项目向适宜的目标受益者提供服务
O 评估并判断接受服务的个人和群体是否与项目计划提供服务的对象一致	O	利用影响力评价的发现，明确项目是否向适宜对象提供了服务
O 定期访谈各类有关人员，获取他们对项目影响社区方面的意见	O	利用影响力评价的发现，判断项目对社区影响的程度
O 定期更新项目资料时，加入所获取的评价信息	O	利用影响力评价的发现，掌握项目的服务情况
O 决定项目对适宜受益者的影响程度	O	利用影响力评价的发现，确定项目在为各类对象服务方面的影响程度
O 测定项目对非适宜的受益者的影响程度	O	
O 初步形成影响力评价报告	O	

续表

评价者活动		要求评价方活动	
O	在反馈会议上呈示和讨论影响力评价的报告初稿	O	
O	影响力评价报告定稿，并完成向要求评价方提交的相关联的视觉直观资料	O	
6. 效益评价：评估结果的质量和显著性			
O	访谈重要的有关人员，获取他们对项目结果的正面和反面的评估意见	O	利用效益评价结果，估计项目对受益者的正面与负面效应
O	选择一些受益者进行深度个案评估	O	利用效益评价结果，估计项目对社区和环境的正面与负面效应
O	与项目工作人员联系，获取有关项目对受益者影响的范围、深度、质量等方面的书面证据	O	利用效益评价结果，鉴别与判断重要的负面效应
O	获取有关项目对社区的影响效果方面的资料	O	利用效益评价结果，考察项目计划和活动是否需要改变
O	了解项目的具体效益，并获取全面的，包括正面和反面的，以及计划中的和意料之外的效果的资料	O	利用效益评价结果，准备和发布项目的有效性报告
O	获取其他类似项目的有关性质、费用、成功度等的评价资料，以比较当前项目的效益	O	利用需求检测资料、效益评价结果，以及与相似项目的比较，评估项目的显著性意义
O	初步形成效益评价报告	O	
O	在反馈会议上呈示和讨论效益评价的报告初稿	O	
O	效益评价报告定稿，并完成同要求评价方提交的相关联的视觉直观资料	O	
O	及时更新效益评价资料，最终纳入总体评价报告	O	
7. 可持续性评价：检测项目效应可以成功地持续下去的程度			
O	访谈项目责任人和工作人员，获取他们对哪些成功的项目效应应持续的意见和看法	O	利用可持续性评价结果，确定工作人员和受益者是否希望项目持续下去

续表

	评价者活动		要求评价方活动
O	访谈项目的受益者，收集他们对于哪些成功的项目效应应持续下去的意见和看法	O	利用可持续性评价结果，确定是否有项目持续提供服务的需求
O	检阅项目费用、效益评价资料和受益者的需求，判断项目效应是否应当持续下去	O	利用可持续性评价结果，设定目标并计划项目的持续发展的活动
O	访谈项目受益者，收集他们对项目计划持续措施的看法和评判	O	利用可持续性评价结果，帮助确定项目持续所需分派的职责
O	考察计划、预算、人员安排和其他有关的信息，判断项目能够持续发展的可能性	O	利用可持续性评价结果，帮助计划项目持续发展所需的预算和费用
O	定期访问项目，以考察项目能够持续发展的程度	O	
O	在评价过程和最终的评价报告中纳入可持续性评价报告	O	
O	在反馈会议上讨论可持续性评价的发现和跟踪评价长期结果的需要	O	
O	定稿可持续性评价报告，递交给要求评价方	O	
8. 可推广性评价：评估项目可以成功地推广的程度			
O	在项目工作人员协助下，了解实际或潜在的项目应用者，记录对项目的询问者、来访者和运用者名单	O	利用可推广性评价的结果，考察散发项目信息的需要
O	对潜在应用者进行抽样调查，要求他们描述项目和关于评价结果的小结，判断项目对其所在环境的适宜性，判断项目的质量、显著性和可推广性，报告他们是否计划应用该项目	O	利用可推广性评价的结果，帮助确定项目评价的结果向何类对象发布
		O	利用可推广性评价的结果，帮助确定应发布哪些项目信息
O	访问并评价项目的推广情况	O	利用可推广性评价的结果，估计项目能在何种程度上加以推广
O	初步形成影响力评价报告	O	

续表

评价者活动		要求评价方活动	
O	在反馈会议上呈示和讨论影响力评价的报告初稿	O	
O	影响力评价报告定稿,并完成向要求评价方提交的相关联的、直观辅助资料	O	

9. 对评价过程的评价:判断评价过程是否始终保持良好的质量标准

O	与要求评价方达成一致意见,评价将在全国评价委员会制定的关于评价的运用、可行性和准确性等标准,以及其他双方认可的标准的指导下进行	O	查阅将用于指导评价过程的标准等文件
		O	考虑雇用独立评估者对评价过程进行评价
O	鼓励和支持要求评价方对评价计划、过程和报告做出独立的评价	O	对评价过程中与标准有差距的地方进行记录并保存
O	书面记录评价过程和结果,以便加以细致考察	O	提供信息和其他协助,帮助对评价过程进行评价
O	按照既定标准进行评价,以保证评价的质量和结果的有效性	O	提出问题以帮助评价过程按照既定标准和原则进行
O	定期地利用元评价的发现来加强评价工作的适宜性	O	在运用评价结果时,考虑到元评价的发现
O	评估评价过程达成标准的程度,并将评价结果作为附件纳入最终的评价报告	O	在最终的评价报告中纳入关于评价者达成评价标准所作的努力,以及对独立评价者评价结果的反应

10. 终结性评价报告:综合所有的评价发现和结果,全面提供有关评价的各方面的信息与基本结论

O	根据不同听取人的需求组织报告内容,例如,在同一报告中包含关于评价背景、实施、结果等部分的内容	O	提供帮助,确保报告能对所有的听取人有用
O	在项目背景部分,包括资助项目的不同组织、被评机构的起源,以及机构所处的环境等部分	O	提供帮助,确保项目背景报告使读者感兴趣

续表

	评价者活动		要求评价方活动
O	在项目实施部分,包括详细描述对主要的项目成分的计划、资助、人员配备、执行、活动等,尤其指出需要注意的事项,以便重复执行者可以有据可查	O	提供帮助,确保项目的实施报告部分详细而准确,帮助读者理解,以及便于重复项目活动
O	在项目结果部分,包括评价设计、评价结果(分为背景、输入、过程、影响力、效益、可持续性和可推广性评价结果),以及评价结论(分为项目长处与弱点、教训、基本成就、价值、显著性等),并联系评价目的、预算、受益人需求与类似的项目进行比较	O	利用项目评价的结果,保留关于项目成就、缺陷、与类似项目的比较、经验教训等资料
		O	将该终结性全面报告作为项目的历史资料和宣传资料
O	在每一部分末,加入照片和图表等直观地呈现报告内容	O	
O	作为对主要报告内容的补充,在报告中可以加入简洁有力并恰如其分的引语、说明、小结、致谢、评价者介绍,以及访谈计划、问卷题目、反馈会议的议程、现场评价程序手册等	O	

(资料来源:Stufflebeam,2002)

第四节 外貌评价模式

一、外貌模式简介

心理测量学家斯塔克(R. Stake)于 1967 年发表了《教育评价的外貌》一文,鼓励教育者考察评价的全貌,批评非正式评价(基于随机观察、主观判断、含蓄目标、直觉常模等)的缺点和不足,主张并倡导了教育评价的外貌模式(Stake,1967)。

斯塔克认为,若要适宜地评价与理解某教育机构课程等教育现象的价值,必须对之既作出详尽的描述,又进行适宜的判断。描述与判断各自具有其本身的价值,只有把二者结合起来,才能完成对机构或课程的全面和完整的评价。

外貌模式要求评价者注意收集三方面因素的资料。

(一)前提因素,即教育实施之前任何可能与教育结果有关的因素与条件,如儿童的年龄、知识经验、智力状况,机构的资源条件、师资条件,等等。

(二)过程因素,即教育过程中有关对象的活动、交往、相互作用等,如各类教育教学活动、游戏、作业、测验、交往,以及有关的人际关系(师生关系、同伴关系、上下级关系等)、人与物的关系(如儿童与材料的交互作用等),等等。此类因素是最具动态性的。

(三)结果因素,即教育所产生的影响,表现在儿童的学习效果、态度、动机水平、能力,以及课程的实施对于儿童的学习环境、设备材料等方面的影响作用。

以上三类因素的界限只是相对的。教育可视为许多由上述三类因素组成的系列,从而前一系列的结果因素也就成为后一系列的前提因素。某项具体评价应视当前教育运行的状况而决定其前提、过程与结果因素,并对之作出描述与判断。

在外貌模式中,描述与判断是两大组成部分或称两大矩阵,二者均应对上述三类因素进行考察(见图2-2)。在描述部分,应注意各类因素的描述意图与对这些因素的具体观察描述之间保持一定的逻辑联系,亦即观察应符合意图,应是吻合于一定意图或目的的有效观察。在判断部分,应针对与各类因素有关的标准,作出适宜的判断。

图 2-2 外貌模式的框架

二、外貌模式的运行过程

（一）获取矩阵表格资料。评价者首先通过各种途径掌握图 2-2 中的各种资料。

描述部分中的意图，代表课程设计者、执行者和参与者等的目标与目的。例如，设计者对不同年龄组儿童所制定的教育计划，执行者（教师）打算采用的教学方式或选定的教材内容，机构领导人员对儿童发展结果的预料，儿童对活动与结果的期望，等等。在这一项上，各类人员的意图应分别列出，如某类人员（如幼儿）阐述自己的意图或期望有困难，评价者应帮助他们把想法或愿望转化为意图资料。描述部分的观察，包括为达到评价目的而采用的任何形式的测查，评价者应该决定将对哪些前提、过程和结果因素进行观测。通常在评价中，评价者自行设计观察与测量的工具。

在判断部分，标准通常意指可供参照的行为标准，可分为绝对标准与相对标准两种。绝对标准即由专家或有关人员（教师、家长等）制定的，被视为理想的行为水平、环境状况，或与被评对象有关的理想特性等。专家的意见至少部分地建立在经验性知识的基础上。相对标准则是在把被评机构的特征、结果与其他另一些机构加以比较中得出来的，意在比较各机构的差异。本部分的判断，即考证某些标准是否达到。若在某一方面尚无标准存在，则评价者必须自行建立标准，若在某方面已有几种不同的标准，评价者应决定如何权衡并选择之。收集用于判断的资料时，可涉及各种技术方法，如观察、调查、Q 分类技术、语义区分等。最终将用各种方法收集来的信息汇总，作出全面综合性判断。

（二）对有关资料进行处理。评价者掌握了图 2-2 内相关资料之后，便应对此进行处理。

对描述部分的评价资料主要有两种处理方式：①指出前提、过程和结果三者之间可能存在的关系；②考察意图与观察之间的一致性。在课程设计阶段，就应在所期望的前提、过程与结果之间建立一系列逻辑联系，并以此为参照。考察实际观察中所发现的三者之间的实际关系是否与预期的一致。在对描述资料的处理中，还必须将意图与观察相对应的各格资料加以比较，以考察在评价过程中的观察是否针对了预期的意图。

判断过程是将从描述性评价资料中获得的结果与某种绝对标准，或与某（些）其他课程相比较得出的相对标准加以比较对照，然后由评价者对比较结果加以判断，或由有关人员（如教师、家长等）加以判断后由评价者集中和处理判断结果。最后，评价者写出书面报告，或针对不同听取者写出不同的报告。

为了说明以上评价模式的运行过程，以下举一简单的参考实例。

某学院附属幼儿园位于该院家属区马路对面，幼儿每天来园必须要过一条马路。大班下学期开始，为配合入学教育，计划开展一个安全教育主题活动："学会安全过马路"。根据课程计划，打算在一周内连续进行，每天半小时。为了完善和改进这一主题活动的效果，拟结合评价进行。评价者根据外貌模式所提供格式收集资料，并在描述和判断的基础上形成了评价结论（见表2-3）。

表2-3 "学会安全过马路"主题活动的实施与评价

		前提	过程	结果
描述	意图	主题活动前一周内，经无干扰观察，见半数以上幼儿不会先看红绿灯再过马路，个别提醒无效，故有必要开展该方面的教育活动	计划在一周内实施主题教育，拟请交通警察和医院工作人员来园讲课，并开展讨论	消灭任何在绿灯未亮时便过马路的现象
	观察	一周内共有8名幼儿因病或因故缺席，未参加活动，其余至少参加3次，大多数5次均参加	活动总持续时间为2.5小时，讨论热烈。交通警察的讲话引起幼儿极大兴趣。还放映了有关的录像片。医院因故未派人前来讲课	主题活动结束后一周内无干扰观察，全班共6人至少一次不看绿灯过马路，比活动前减少10人。且违规者中有半数为未参加活动者

续表

		前提	过程	结果
判断	标准	有少数幼儿缺席，但应为其补上任何错过的重要活动内容	讲课与讨论均应清楚，关键性规则应重复足够的次数，全体幼儿均能理解	所有幼儿均应遵守该项安全规则
	判断	教师经回顾性判断，认为活动内容重要，足以值得使缺席者补上这一课	教师认为，讨论与交通警察的发言及录像片效果均比较好。了解儿童意见后，教师感到还应带领幼儿实地练习，作为对该主题活动的有效补充	主任、教师、助手一致认为儿童的安全行为已经有了变化，并相信这种改进是主题活动产生的效果

评价结论与改进措施：
根据以上资料与信息，①可认为主题活动产生了一定的效果；②决定为缺课儿童和几位"闯红灯"者再次安排该次活动中的重要部分；③间断性地在路口实地管理儿童行为，并在不安全行为增加时重新开展该项活动（充实类似内容）。

显然，在上例中，每一格中有时会有几项内容。这类评价有助于改进教育实践活动及其效益，有助于澄清有关观点是否正确，是否具有教育上的价值。该模式较多地用于课程设计研究，同时，也适用于实施中的任何课程。如果课程设计者对于该类综合性评价中的各要素及其关系均予以审慎地考虑，则可大大提高建立一种完善的课程之可能性。

三、外貌模式的优点

（一）不仅考察结果，而且考察前提与过程。可较为完整系统地考察被评对象的全景，并考察描述资料与判断资料及其关系。

（二）坚持在作出判断时采用较明确的绝对或相对标准。

（三）运用范围较广，可运用于几乎所有的机构或课程，或用于各种类型的评价（如形成性评价、终结性评价等）。

（四）可针对不同的评价听取人的兴趣与需要，作出多种相应的评价报告。

四、外貌模式的局限

（一）缺乏收集各项观测资料的较为完善的方法，尤其在意图与判断方面。
（二）缺乏足以确定应将哪些标准和判断置于重要地位的方法。
（三）评价设计框架中的标准与判断之概念性分界不够清晰。
（四）覆盖面广，若全面推行，则具相当复杂程度，且可能耗资太多。

第五节　无框架评价模式

一、无框架模式的主要评价观点

无框架模式的代表人物是哲学家斯克里文（M. Scriven）。尽管其著作是以一系列观点的形式出现的，并未阐明正式的评价框架（故称无框架模式），但却强烈地影响着教育评价实践。

斯克里文将评价的目标与作用作了重要的区分。评价的目标，简而言之，即决定被评价对象的价值或优点，涉及为回答特定问题的判断。例如：判断某一课程与另一课程相比，是否能引导幼儿身心更好地发展；判断在学前教育机构中利用直观教具是否产生明显的良效；其中涉及课程或教具的价值。评价的作用在教育意义上则是多样化的。例如：为继续发展或改进某种课程而提供依据；为了改善教师的工作效益；为了计划添置适宜的设备；为决定如何对待某些行将发生的问题；等等（Scriven, 1973）。

斯克里文将评价分为形成性与终结性两类，这是对教育评价的重要贡献。形成性评价注重课程或机构的运行过程，决定其某些特征（如持久性、引起注意的能力、效率等）的价值，再将所获信息反馈到教育过程中去。它在课程的运行、发展过程中进行判断，并以判断的结果影响课程最终的性质。终结性评价则通常是在某一终结点或关键决策点上作关于课程的总结性判定。对于一个已发展成型的课程，有必要进行终结性评价，以决定该课程是否具有持续发展下去的价值。表2-4总结了两类评价的特征及其区别。

表2-4 形成性评价与终结性评价的区别

特征	形成性评价	终结性评价
主要目的	在发展过程中改善课程	判断课程的总体价值
运用时机	持续性进行，并反馈到发展循环中去	通常在课程完成时，或重要决策时
评价风格	严格、系统、诊断性	严格、系统、比较性（与标准比较）
一般评价者	本单位教职人员或本单位特有的咨询者	外部人员，非本单位参与者
评价结果的作用者	课程设计人员、教职员工、本单位其他人员	资助单位、主管单位、外部人员、家长

（资料来源：Goodwins等，1980）

斯克里文认为，教育评价应对目标适宜程度作出判断。如果课程目标本身不适宜，并不存在教育价值，则该目标的达成程度的好坏便毫无意义可言。因此，评价中应当包括对目标的评价，且最好在课程开始实施之前进行。

斯克里文的模式鼓励"比较性评价"。评价决策通常是在直接对两种类似机构或课程作出比较之后得出的。有人批评这种观点，指出比较性评价只能辨明两种课程孰优孰劣，而不能说明为何如此。斯克里文的反驳理由是：随意的解释并非评价的功能，而且，如果某课程的确更有成效，那么，即便不知为何有效，也仍可为人所选用。他主张用实验或准实验设计手段开展比较性研究，但又如实地指出，这种方法并非总可能实行，因而发展出一种操纵法，即首先观察某特别显著的现象，无论是正面的，还是反面的，然后提出两个问题：①该现象是由何原因引起的；②该原因是否已列入评价内容。斯克里文认为，评价者的任务是发现被评价课程与所观察的现象之间所发生的关系序列（即评价者所感兴趣的课程影响或效果）。如能发现完全的关系序列，则课程可以被视为引起所观察的现象可能的原因。评价者还应继续考察其他的关系序列，因为对于观察到的现象，可能会有多种可能的原因。这种方法是从人类学、历史学、探测学等其他学科中借鉴而来的，所获结果只是可能性的而非决定性的。在教育评价中，当不可能或不适宜采用实验方法时，这种模式不失为一种有用的补充。

斯克里文的无框架模式中还包含了教育评价中的其他重要程序，如"目标游离评价""无费用评价""评价系统清单"等，在教育评价领域具有较大的影响。

二、无框架模式的应用

在学前教育评价中，可运用斯克里文的观点对课程的目标、内容、方法、教师的工作、家园联系以及幼儿园长期效益等展开评价，并可采用形成性评价方式，将评价所获取的信息及时地反馈到幼儿教育工作人员的日常工作中，提供与直接有关的问题的及时解答，以便把教育工作引向更为理想的方向。以下简述此类形成性评价中某些内容与过程，供参考。

（一）在对课程目标的评价方面

1. 估测课程目标的合理性，以及预定的课程活动激励目标之达成的可能性程度。

2. 明确地把目标简述出来，并予以具体化和操作化，使之有可能被测量。

3. 从事预定的测量，并评估测量结果的适宜性，以决定目标是否达到。

（二）在对课程内容与教学方法的评价方面

1. 系统地改变教学内容，观察幼儿兴趣、选择、注意力持续情况与学习效果。

2. 系统地改变教学方法，估测各方法在幼儿注意力、学习效果等方面所产生的作用。

3. 记录一日生活部分片断中幼儿语言与发起活动的不同特点。

4. 观察在不同活动中，以及在用不同教学方法时，幼儿的注意力持续情况，决定这些活动和方法各自的吸引力程度，然后把具有较高吸引力的内容与较高吸引力的方法配合起来，检测其成效。

5. 定期测查有关目标方面幼儿的进步，并以此为据，修正目标或改变目标的阐述方式或程度。

（三）在对教职员工的评价方面

1. 帮助教师、职工建立自己的个人目标，并经常自我对照，定期讨论，以某种方式记录个人的进步，建立工作评估档案。

2. 要求每人坚持记工作日记，规定工作日记的记录内容，以便作为根据之一，决定个人工作的量与质，考察工作风格。

3. 以某种（些）方式让教职员工对本单位或本课程的政策、方案计划、方法等申述己见，并作记录，定期进行。记录教职员工参与本单位教育改革的程度和所提意见的趋势。

（四）在对幼儿园与家长联系的评价方面

1. 随机选择并通知家长参加幼儿园会议，报告本园工作情况，检查家长参加会议的人数与认真听会程度。

2. 以某些形式定期听取家长或家长委员会对幼儿园的意见，记录家长的意见并分析其趋势。

3. 随机选择家长参加影响其家庭教育的活动，评估此类活动对家长的激励程度及对幼儿的影响。

（五）在对幼儿园长期效益的评估方面

在对幼儿园长期效益的评估中，可跟踪研究本园毕业的幼儿入学以后的情况，在可能时采用"盲者"评定法，即在教师不了解幼儿入学前经验的情况下，作出关于其学校表现的评定。

三、无框架模式的优点

（一）坚持认为评价的目标与主要特征是决定价值或发现优点。

（二）强调对目标的评价，并认为是重要的一环。

（三）提出了一些有关评价的重要的概念及其区别，如形成性评价与终结性评价等。

（四）适用范围广泛，可用于各类教育和各类评价。

四、无框架模式的局限

（一）虽包括诸多的重要评价观点，但并未形成整体综合体系，只对单一的概念作了阐明。如果能形成整体并赋予一定的逻辑联系，将更有价值。

（二）缺乏一定的方法技术以执行某些概念，对有些概念只进行了论述，未提供实施方法。

第六节　目标游离评价模式

一、目标游离模式简介

目标游离模式是斯克里文提出的另一个评价程序，又称"无目标评价"（Scriven，1973）。一般的教育评价均以课程的目标为基点而展开，其中心工作是考察目标是否被达成。评价人员通常需首先与课程的执行人员交谈，了解由他们阐述的目标。这些被阐述的目标对于评价的性质与方向具有广泛的影响，因此，斯克里文认为，这种基于目标的评价，往往可能只注意目标的预期效果，而忽视了实际教育过程可能产生的各种非预期效果或副效应。为了改善这一现象，斯克里文提出了目标游离评价。在这种评价中，评价者将不再听取关于目标及达成情况的报告，而是去收集关于课程效果的信息，包括期望之中的和预料之外的效果信息，并对之加以评价。斯克里文认为，外来评价者越是较少地听取机构内部人员的阐述，便越能避免先入为主的印象偏见，也越能够专注地寻察课程或机构真正的效益。

目标游离评价模式的特点还在于，它并不仅仅考察人人都已知道的事实,而是更加注意那些人们通常忽视的方面,重视产生崭新的整体观念。因此,此类评价好似独自出猎的猎人,仔细搜索地面,寻找任何蛛丝马迹,在发现任何疑点时仔细考察之。如果评价完全基于目标,则好像是事先提供了一张标明主要线索的地图,若要在图外的密林里找到任何东西,便会显得极为艰巨。

该模式的出现曾引起广泛的反响,因而,斯克里文进一步阐明,目标游离或无目标评价并不是有目标评价的替代模式,而是一种有用的附加程序。所以,可在评价某一课程或机构时将两者结合使用。同时,斯克里文还阐明,提出无目标评价,并不意味着舍弃其早期提出的有关对目标进行评价的重要性,只是在有些时候,在某些情况下,无目标评价是十分有用的,且可用于形成性或终结性评价。

二、目标游离模式的应用

下面举例简单说明目标游离模式在学前教育评价中的运用。某幼儿园领导与教职员工认为本园的教育目标已基本达到,但未经外部人士评价,故拟进行一项目标游离式评价。他们邀请幼教界某权威人士、一位其他园的园主任、一位教师、一位家长以及一位教育心理专家组成评价小组。在对该园目标并不了解的情况下(未听取有关目标的汇报),评价人员用三天时间连续观察机构的运行情况,与儿童、家长、教职员工等谈话,审阅书面记录与材料,最后根据所掌握的全部资料,写出评价报告,向该幼儿园提供相当可观的有关该园工作情况的信息,不仅肯定某些预定目标的成效与影响,而且指出了一些其他的明显而未预料的积极或消极影响。

三、目标游离模式的优点

(一)与其他模式一起使用时,有助于克服其他基于目标的评价模式的缺点,例如,既定目标建立在错误的或不完全正确的假定之上,或在一段时间内目标已经有所变化,从而导致评价工作的指向不明确或不稳定,使评价结果难以说明课程或项目在当时的真正的目标之下运行的情况。

（二）有助于发现课程或教育项目在实际运行中的真实的目标指向，而不受其所宣称的试图达到的目标的制约。

（三）评价者是在不知晓课程或项目的目标的情况下观察和收集评价信息，如果课程或项目确实在按照其预订的目标运行的话，那么在外部评价人员的观察和调查等过程中，其指向目标的行为信息必将自然显现，更可以作为达成目标的客观证据。

（四）由于评价者并未被告知课程或项目的既定目标，便有可能更加仔细透彻地观察实际情况，从而掌握更为客观完整的信息，借此揭示课程或项目的实际目标。

四、目标游离模式的局限

（一）相对于其他模式而言，对评价者的要求更高，使用时更加依赖于评价者的专业能力和技能水平。

（二）由于评价者不知晓既定目标，使用不当时可能使评价工作陷入盲目性和主观性。

第七节 差距评价模式

一、差距模式简介

差距模式是由普罗佛斯（Provus）为评价学校课程而设计的。设计者认为，评价的主要目的是决定是否对某种课程加以改进，或继续实施，或要求终止（Provus，1971）。评价就是将课程标准与其实际运行状况相比较，分析两者间的差距，以便利用差距信息辨明课程之不足，并反馈到发展课程和作出决策之中，使课程得以改善的过程。

差距模式所指的标准，即课程方案制定者所明了方案的性质标志，包含三种主要成分：预期结果、先在因素、过程。预期结果即方案规定所应达到的目标，先在因素是指实现方案目标所需要的人员、设备、材料等条件，过程即为达到教育目标而开展的教育活动。

二、差距模式的评价过程

差距模式中，结合课程发展的评价工作分五个阶段进行。

第一阶段，课程定义与设计。该阶段应为课程设计标准，如教育的综合性，课程内部的一致性和系统性，现实可行性，与其他课程的可比性等。在界定课程定义、设计课程标准时，应发挥各类人员的团体功能，经设计者、评价者、研究者、专家、机构人员的共同讨论商定。此乃关键的一步，决定以下诸步骤的内容。

第二阶段，课程安置。执行课程计划，收集正在执行的方案的运行资料（包括所采纳的目标、先在因素与过程，并与设计好的标准对照，了解所执行课程方案与原计划的符合程度）。此阶段应特别注重过程因素的考察，尤其要判断教师是否按既定标准行事，其工作能否为达成预期目标而努力。一旦发现重要的不符，便需重新训练教师，或修改方案指导书，或修正标准，或终止执行。

第三阶段，中间目标评价。了解达到课程最终目标的某些中间（或过渡性）目标是否达成。例如，各学期、各年龄段，或各单元、主题，乃至某些教育活动、作业的目标是否达到预期的要求；儿童的行为是否按照预定的方式发生变化。通过此阶段的评价，进一步了解先在因素、过程因素与儿童学习与发展结果之间的关系，并利用评价信息，反馈性调整这些因素，使之更为合理化，并可能产生更佳的效果。

第四阶段，最终目标评价。考察课程方案所产生的实际结果，判断方案的最终目标是否达到。此阶段的评价应详细对照预定的方案标准，如儿童发展的标准、幼儿园管理工作的标准、教师工作的标准，进行全面的终结性考核。

第五阶段，成本效益分析。将目前完成的课程方案与其他相当的方案相比较，了解哪个方案最经济有效（费用较低而效果相仿）。

普罗佛斯认为，当课程发展到最后阶段时，可考虑采用实验设计来进行评价。但在此阶段之前，对于尚在发展之中的课程，采用实验的方法，却不适宜。或者说，条件尚不成熟。如果在课程发展早期、中期便能合理地运用评价，则能在它尚未成熟和稳定时，就宣告其无效，而不用等到最后，或能在发展过程中逐渐地估计到最终的成功程度。尽管这并非易事。

三、差距模式的优点

（一）差距模式有利于课程改革与发展，具有较高的运用价值。该类评价中要求各类人员的配合，适宜开展有效的形成性评价。许多幼教专业人员更愿意作为密切配合者，而不是完全独立的外部评价者。现实中也极少有专职的全日制评价人员，而多为兼职评价者。这种合作有利于课程有关人员及时发现问题，以便及时纠正。

（二）允许一定的自由度。操作目标与标准均为自定，可相对容易地作出改变。

（三）评价队伍的多元化。各类评价者相对独立，但与课程人员密切交往与配合，力求取得一致的意见，共同向决策者提供信息。

（四）提倡在各阶段作适宜性评估，且包括对费用效益的经济性作出评估（这是其他模式中没有的）。

四、差距模式的局限

（一）参与人员较多，有时难以形成共同见解，且费用开支较大。

（二）评价花费时间较多。

（三）自由度大，易产生标准的易变性和不适宜性，影响说服力。

（四）评价者与课程执行者关系过于密切，可能失去评价的客观性。

第八节 应答评价模式

一、应答模式简介

应答模式也由斯塔克提出（Stake，2001）。他认为，应答模式和外貌模式是互相有联系的，并提出可把外貌模式所要求的信息资料用于应答模式的背景之中。外貌模式重在值得评价者注意的信息（即内容结构）和评价中判断的重要作用上，而应答模式则强调把注意点集中在评价过程（即功能结构）和评价听取人的需求上。

斯塔克认为，预定式评价（根据预定的目标或标准，判断教育结果是否达到预期的要求）作为连贯地、系统地研究目标达成情况的评价方式，在把了解目标是否达到，承诺是否履行，假设是否被证实等作为主要任务时，是有用的也是适宜的。然而，当评价的主要目的是为实践者提供改革依据，诊断当前教育课程中的问题，或为评价听取人提供有关方案活动的信息以便作出某些决策时，预定式评价则往往缺乏有用性或被评价听取人认为缺乏合理性。如果报告不适宜，还有可能造成误解或忽略。因而，有必要提出应答模式作为备用的评价方式。

应答模式具有三方面特征：

（一）更直接地指向课程或方案的活动而非其内容；

（二）尽量满足评价听取人对信息的需求和兴趣；

（三）评价报告更能反映各类人员不同的价值观念。

二、应答模式的评价过程与工作内容

应答模式的评价工作程序一般如下：评价者制定一个观察与商谈计划，安排各类人员对课程的实施情况进行观察，在此基础上综合各类人员的观察结果，写出简明扼要的报告。然后，从中提取对评价听取人可能有价值的方面，广泛收集持不同观点的人对它的看法，并核实记录质量，考察资料的准

确性。继而听取有关权威人士对各种结果的意见，以及评价听取人对这些结果之间的关系的见解。以上工作均以非正规方式进行，并不断重复，记录活动与反应。评价者与评价听取人保持经常的、密切的、真实的信息交流。最后，根据评价者和评价委托人达成的协议，决定是否需要写出最终的书面评价报告。

可见，应答模式较多地依赖与各类人员的自然接触，把评价工作建立在以自然观察和反应方式评价事物的基础上，以牺牲某些测量上的正确性，来换取评价结果对于某些有关人员更多的有用性。评价者在明确评价目的的前提下，经仔细确定观察方案和收集各类人员的观察资料以后，才选择有价值的（尤其是评价听取人所需要的）评价问题和准则，选择第一步收集资料的手段。

应答模式把大量的评价努力付诸于对方案的观察，旨在从大量独立的、可信的信息源中收集足够量的、可有效说明方案现状的信息。评价中的观察计划并不分成若干步骤，因为自始至终，观察与反馈都占有重要的地位。图2-3表现了应答模式中评价人员涉及的主要工作内容，其中许多项目可能同时发生，其顺序也可彼此跨越与逆行。

斯塔克强调，评价者不应仅仅依赖自己的观察、判断和反应能力，还应当依靠一定数量的其他人的观察、判断和反应，选择有关教师、学生、领导、课程专家等，充分听取这些人的意见和见解，使获取的信息能最大程度地被评价听取人所理解。斯塔克还认为，应答模式虽然主要依赖观察活动收集资料，但如能使观测次数增加到一定的程度，而且配合多种人员和多种形式的观察，便可提高所获信息的重要性和可信性。应答模式评价报告应揭示教育经验的"多元现实性"。他坚持认为，解决教育问题，应依靠那些直接接触教育问题的人。从某种意义上可以说，评价正是为了能对这些问题作出有效的反应，而不仅仅是辨明或表述目标的完成情况。

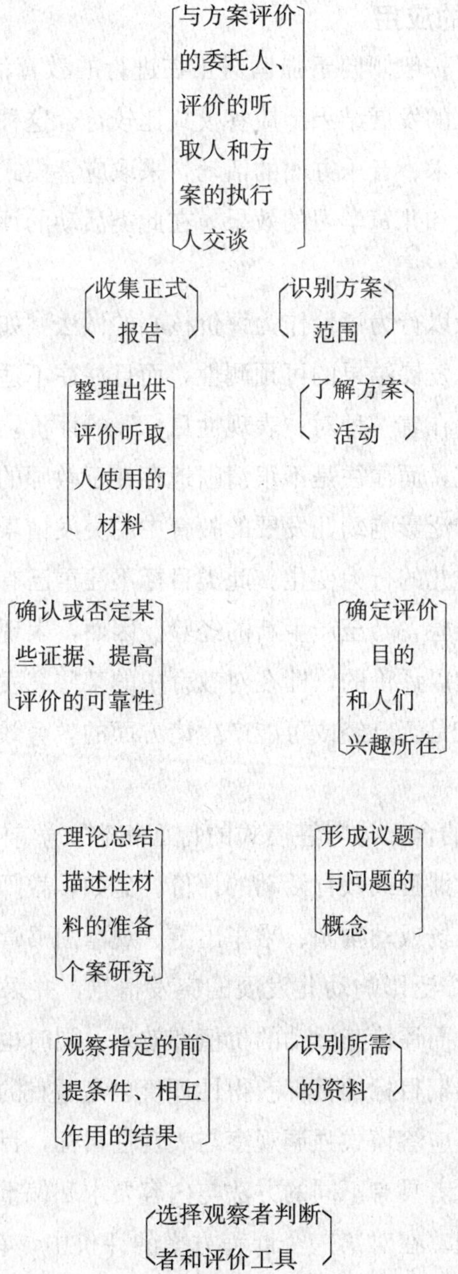

{与方案评价的委托人、评价的听取人和方案的执行人交谈

{收集正式报告   {识别方案范围

{整理出供评价听取人使用的材料   {了解方案活动

{确认或否定某些证据、提高评价的可靠性   {确定评价目的和人们兴趣所在

{理论总结描述性材料的准备个案研究   {形成议题与问题的概念

{观察指定的前提条件、相互作用的结果   {识别所需的资料

{选择观察者判断者和评价工具

图 2-3 应答模式中的工作内容

（资料来源：瞿葆奎，1989）

三、应答模式的应用

幼儿教育工作者一般倾向于强调对正在进行的教育活动过程进行考察，而不是仅仅测量幼儿的发展结果。应答模式比较符合这种需求。很多早期教育机构也比较注意美术、音乐方面的活动，采取应答模式，可以经观察深入了解这些活动的性质和儿童学习的效果。在此类活动的评价中，应答模式比其他模式更为有用。

有人提出，一般以行为评价作为评价核心的做法（如目标获得性模式），可能过高地估计幼儿发展结果的可预测性，而且往往不适用于对创造性结果的考察。实际上还存在着一种对"表现性目标"的评价，其结果不像行为目标那样可以预先规定，而往往是不很清晰地存在于教师的头脑中。用此类目标可辨识那些足以广泛影响幼儿发展的教育中的突发情景，评价者将之详细记录，而不是预料幼儿的行为变化。此类目标不注重已有经验的获取，而强调改善和提高那些经验，乃至产生新的经验。因而，表现性目标是继行为出现之后才能提出并加以评价的，即在对教育中的某些突发情景进行了观察与详细记录后，考察其是否已经或可能产生诸方面的教育效果，这与预期目标的评价不同。

"表现性目标"的含义与应答模式的特征相容。学前教育工作者可将两者结合起来，用于对课程或教育活动的评价。比如，教师可计划采取一系列活动方式（如参观农场或动物园、乘车出游、观摩图书管理员或护士的工作等），引起那些足以广泛影响幼儿发展的突发情景，并采用应答模式，观察与记录这些情景，从而评价其活动的价值和效果。同时也必须指出，在学前教育评价中，采用预期目标的目标获得性评价也是适宜的方法，关键在于应在适当的时机选用。应答模式强调观察与表现性目标，目标获得性模式强调测量与预期目标，二者具有不同的方法与内容要求和偏重，也具有不可替代的不同的价值与作用。在对某一个课程方案的评价中，有时可将二者并用，从不同的角度加以评价。

四、应答模式的优点

（一）可用性强，重视评价听取人的意见和方案有关人员的作用，并可向不同人员提供报告和信息，对改革有促进作用。

（二）可对某些难以精确测量，难以采用预定方式评价的方面进行评价。如适用于评价音乐、美术方面的教育教学活动，或评价结构性特点不明显的课程或活动。

（三）不受预定目标的限制，评价者经大量现状观察，可能发现方案的真实效果，包括预期效果和非预期效应。

（四）借鉴社会科学的其他领域的研究方法，如人类学的收集资料方法与报告方法。

五、应答模式的局限

（一）缺乏详细的方法与程序以指导观察过程，故可能导致操作中的模糊性。

（二）评价中具有相当的灵活性，难以控制评价者的主观意向和评价结果的客观性和可靠性。

（三）其应答特征有时可能使评价者过分被动地为评价听取人的需求服务，而削弱评价者自己的立场。

第九节　评价模式的选择

以上各评价模式均具有各自不同的强调方面和操作性特征，在学前教育评价中具有不同的参考价值。在评价实践中，根据现实条件与需求选择适宜的模式作为构思评价框架的参考，将对评价工作起一定的推动作用。在选择和利用各模式的过程中，应注意考虑以下方面的问题。

一、根据被评价单位的特征、评价的目的、评价者的条件，选择较为匹配的框架模式。

二、进一步了解和分析所选定的模式，参考更多的资料，尽可能在充分理解和剖析的基础上，参考与借鉴。

三、各模式均有优点与不足，评价中应根据需要，善于借鉴多种模式的优点，克服某一模式的局限。

四、模式仅提供思路框架，应在此基础上针对当前评价的特点与要求，进行具体的、详细的评价方案设计，并以此为实际评价工作的指南。

五、在评价实践中，执行某模式时，其优点不会自动呈现。评价者应对评价的意图、步骤、手段等进行审慎的逻辑分析，必要时采用预评过程。

六、参考模式框架时，应充分发挥评价者自身的创造力，在可能的情况下，对原有模式作必要的、合理的修改，使之趋于更加有用与可行。

思考与练习

1. 简述各种评价模式的含义、特征和用途。
2. 分别讨论各种评价模式的理论基础、实施特点和优缺点。
3. 举例说明在某种特定的评价目标之下，选用何种评价模式较为适宜，并说明为什么。
4. 选择评价模式时需要考虑哪些因素？为什么？

第三章

学前教育评价的基本过程与方法

内容提要

只有当评价能够按照科学、合理的程序，采用适宜的方法加以组织实施时，才能保证其有效性与可靠性。在不同类型的学前教育评价中，评价的具体组织形式、方法和内容各不相同，但一般而言，每一项评价都要经历计划、实施、结果三个阶段。然而针对不同的评价目的和内容，又必须选用不同的评价策略和方法。本章概述学前教育评价过程中各阶段的基本步骤，以及学前教育评价的基本方法，尤其对量化方法和质的方法加以详细的比较和分析，并介绍近年来普遍推崇的混合型评价研究设计。

学习目标

1. 了解和熟悉学前教育评价的基本过程、基本步骤和收集评价资料的基本方法。

2. 比较和区别学前教育评价常用的量化评价法和质的评价法。

关键词

评价的基本步骤　量化评价法　质的评价法　混合型评价

第一节　评价的基本过程与步骤

每一项评价都是一个回答问题、解决问题的过程。根据不同的目的，评价的过程内容和复杂程度可有所不同。例如，教师在日常教育工作中进行的对幼儿发展与进步的评价，基本上是在正确教育观指导下的，在一定的思想准备和材料准备的基础上进行的随机性评价。此类评价与预先计划好的系统的评价（如课程或机构评价）在很多方面有所不同。本章主要论述根据计划和方案从事的系统性的评价。对于教育活动中的评价，将在第十章中专门讨论。

科学合理的学前教育评价对学前教育的改革，提高保教工作的质量有着举足轻重的意义。然而，只有当评价能按照科学、合理的程序加以组织实施时，才能保证其有效性与可靠性。虽然在不同类型的学前教育评价中，评价的具体组织形式、内容和方法各不相同，但一般而言，每一项评价都要经历计划、实施和结果三个阶段。

首先，要明确界定需要评价的问题。包括背景分析和条件分析。这是使得评价具有针对性并能取得实效的关键所在。准备工作还包括设立项目，解决资金来源，确定评价项目主持人，选择和组织评价的实施工作人员班子等。评价主持人确定之后，需立即着手设计制订出详细的评价方案。

其次，评价的实施过程必须在评价方案的指引下进行。评价工作人员根据评价方案收集评价资料，包括从各种来源用各种方式手段获取原始资料，以及汇总、整理、检查和验证资料。细致周到的评价计划和准备，认真科学的资料收集过程，以获取有价值的评价资料，是进行下一阶段结果分析的必要前提条件。

最后，对评价资料以及评价过程加以深入分析，得出评价结果。评价结果不但包括对评价问题的解答，而且含有对评价本身质量的考察。评价的结论将建立在对评价资料分析的基础上，结合有关的教育与儿童发展理论和研究成果，以及评价中客观存在的局限性，作出综合性的价值判断。评价人必须根据客观的评价实施过程与结果撰写评价报告，并收集对项目或评价的反馈意见。

整个评价过程涉及许多的具体工作和步骤。以下论述一般学前教育评价中均可能包括的确定目的、设计方案、实施评价和结果处理等步骤，以及与之相关联的特定的工作内容（见图 3-1）。

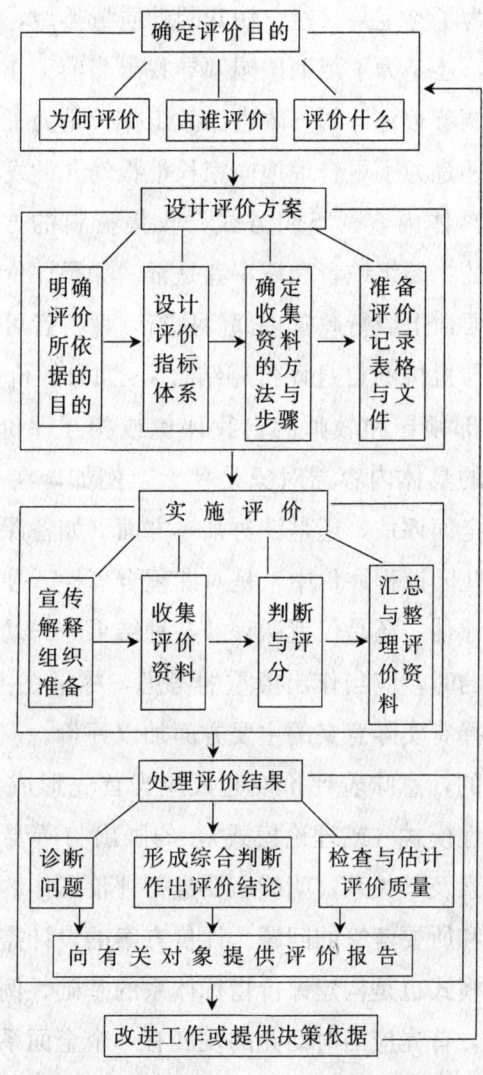

图 3-1 评价的一般步骤与主要工作内容

一、确定评价目的

每一项评价都以特定目的为出发点。评价过程中的一切活动和所付出的努力，都必须紧紧地围绕其目的，否则将导致精力财力浪费，或使评价达不到预期成效，反而产生某些负面影响。评价之前，必须首先明确评价的目的与性质，其中主要涉及三个方面的问题。①为何评价，当前评价的直接目的是什么。例如：是为了鉴定某（些）幼儿园的质量类型，判断它（们）是否已经达到某些标准，还是为了帮助该园领导找出当前工作中存在的问题与不足，根据评价信息调节教育计划，改进保教工作？是为了甄别工作特别优秀的教师以资鼓励，还是为了更合理地向家长汇报幼儿的发展情况？由于评价目的不同，评价的具体内容、组织方式、收集资料的方法会有较大差别。②由谁评价，评价的主要组织者和评审者是谁。如果评价的目的是鉴定机构质量，则评价将主要由上级行政管理部门执行，评价者可能是幼儿园以外的专门人员（或有时与机构的自身评价相结合）。如果评价是为了改进本单位的工作，则本园内部领导和教师的自我评价或相互评价将发挥主要作用。③评价什么，评价的具体内容与对象是什么。例如，在一项教师工作评价中，是对教师工作全面评估，还是针对某一方面（如备课情况或组织游戏情况）的评价？在幼儿园课程评价中，是对课程合理性、独特性、有效性等方面作出全面系统的评估，还是仅就课程的某种结果——幼儿发展状况作出评价？在决定评价目的时，应当作出慎重的考虑，尽量在主客观条件许可下，在可行的范围内选择有实际意义的主要方面加以评价。

确定评价的目的，意味着评价发起人应当首先形成自己的评价概念框架，建立一个概念性模式（或理论模式），勾画出与所要评价的对象或现象有关的主要成分元素及其关系，明确所要进行评价工作的真正含义，以及它所期望获得的信息和所要解答的问题。评价方案的设计需要基于这个概念性模式，这个概念性模式也是构建评价指标体系的基础。例如，要评价幼儿园中幼儿的发展状况，首先应当对幼儿的发展有一个全面系统的认识，并根据幼儿教育的目标，拟定出幼儿发展评价的概念性框架模式。该模式的一般性逻辑形式包括若干主要领域或方面，每个领域或方面又可分为若干成分，并与下一层次的若干元素相关（见图3-2）。概念性模式必须与评价所要回答的主要问题具有密切的内在联系，反映出评价者计划回答这些问题的思路和资料收集的内容方面。

二、设计评价方案

评价方案，即依据一定的评价目的和目标，对评价的内容、对象、范围、过程、方法和程序等加以计划和规范的书面文件，是整个评价工作的总体结构与工作计划，是评价工作的关键性指南。评价者应在充分酝酿和构思计划的基础上，对许多有关问题作出周密细致的考虑安排，制订出既科学合理又切实可行的评价方案，并以方案为指南，指导评价全过程。具体而言，评价方案的设计主要包括以下各项工作：①明确评价所依据的目标；②设计评价指标体系；③确定收集评价资料的方法和步骤；④准备评价记录表格与文件；⑤根据资料性质与特点选择处理和分析评价资料的方法。评价方案还应包括评价项目的人员配备、费用预算、完成各阶段任务的时间表等。本书第四章将对评价方案的内容和设计作进一步论述。

三、评价资料的收集

现代教育评价是以教育目标为依据，运用有效的评价技术和手段，对教育活动的过程和结果进行系统的测定、分析、比较，并给以价值判断的过程。教育评价的科学性和准确性与评价信息的收集和处理密切相关。评价信息收集得越充分，处理信息的手段越科学，评价的结果就越准确。所以，评价信息的质量是影响教育评价的信度和效度的关键因素。因此，教育评价中的信息的收集和处理是影响教育评价科学化的一个很重要的方面。对教育活动作出科学、准确的价值判断必须建立在充分的、准确的信息基础上。

在制订方案时就要考虑好选择评价方法和收集评价资料的工具。量化与质的评价相结合的混合型方法可使不同的方法和手段取长补短，应尽可能利

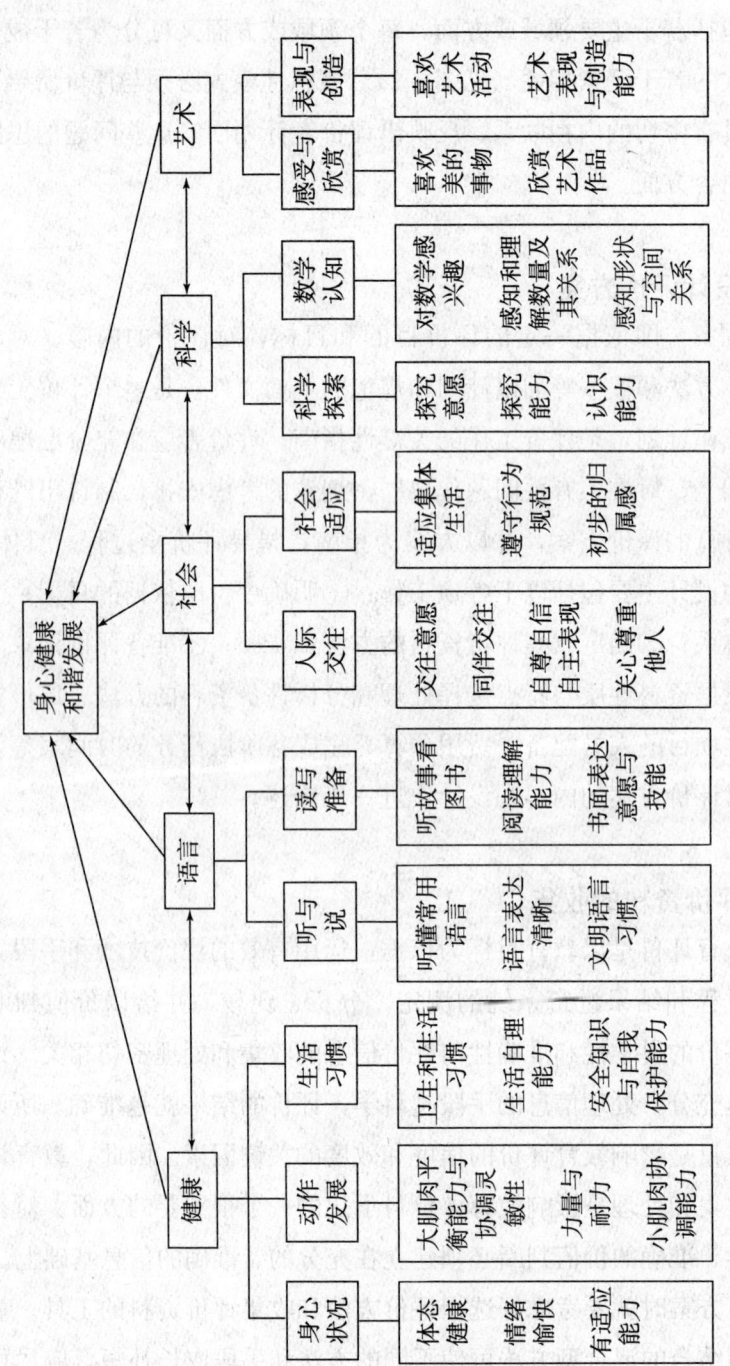

图3-2 幼儿发展目标框架分析示意图

用，但选择的方法必须适用于所要评价的问题。本书第五章详细论述各种收集评价资料的方法。

在收集评价资料之前，应作相应的组织准备，如确定资料采集人员，聘请有关专家作指导，或成立专门的评价委员会机构。评价者应向有关人员（如机构工作人员或家长等）进行宣传动员，解释评价的意义和目的，并指导人们正确地看待评价工作和结果。收集评价资料的工作应按已制订好的方案进行，并注意对足以影响准确地形成判断的各因素加以尽可能有效的控制。如规定评审人员的各项纪律，避免主观偏向，杜绝弄虚作假、提供不确切信息等不正之风。评价工作需对各项指标进行科学而简便的评分，一般应严格按照方案中规定的评分方式和要求，对照标准谨慎地执行评定或评分。在获得评价资料之后，应迅速而准确地汇总与整理资料，以便及时分析和处理评价结果。实施评价中的各项工作相辅相成，密切联系，其中任何一个环节的疏忽失误，都可能直接影响评价效果。因此，评价组织者应全面规划，统筹安排，以保证工作质量。

四、评价结果的处理

评价人员应在采用适宜的量化方法或质的评价方法，全面认真地分析全部资料之后，形成对评价对象的综合性判断意见，作出评价结论。例如：利用模糊数学的量化方法，对办园水平有关的逐级指标得分进行综合性评价之后，对某幼儿园所属的质量类型或等级作出鉴定；或根据体、智、德、美诸方面的测查得分，经标准分数转换，与某个团体的平均标准加以对照，对每个幼儿的发展状况在相应团体中所处的位置作出结论；等等。评价结果处理和结论的形成应以评价目的为根据，并应慎重而合理地检查与限定本次评价的效度与信度，以便修正结论或改善未来相似的评价方案。根据评价结论，还可分析与诊断当前学前教育工作中的问题与不足，把有关的重要信息纳入评价报告，反馈性地指导学前教育的改革决策，或有的放矢地调整教育计划进行个别教育，等等。关于评价资料的分析方法详见第六章。

五、向有关对象提供评价报告

作出评价结论之后,评价者要向评价听取人提供某种形式的书面报告或鉴定。例如,在对某地区学前教育机构质量进行全面评估以后,可向幼儿园提供评价结论报告,或对其办园情况作出某种量化或质的判断或鉴定,还可在及时总结该项评价结果的同时向幼儿园提出意见与建议,为改进该园保教质量,深化幼儿园改革工作提供决策依据。

评价者在制定评价方案时就应当确定主要报告对象,针对主要对象描述评价问题,确定结果的操作定义,推敲、斟酌及修改问题和操作定义。较早地确定评价报告所指向的对象是十分重要的。在方案定稿之前,可以有意识地充分征求这些对象的意见和建议,在此基础上对问题作出适宜的描述,也有助于这些对象理解评价的结果。评价对象中可能会有不同的需求,较早地与之接触交流有助于在评价中适当地纳入对这些需求的资料和结果。但有时这种交流会导致产生过多的问题,不可能全部在一次评价中解决。这时,需考虑以下标准加以筛选:①针对主要对象;②针对直接使用评价结果者;③目前能否获得有关资料;④对象是否会持续地感兴趣;⑤是否可操作;⑥人力、费用、时间等的允许范围。

撰写评价报告,可以参考表 3-1 所列的提纲。

表 3-1 评价报告撰写提纲

封面:被评价机构名称,实施评价地点,评价者,实施评价日期,报告日期。
1. 概要:评价内容,评价目的,主要结论与建议。
2. 背景:机构的由来与目的,或课程要素概述,如课程目标,课程内容的组织形式与结构,教育教学方式与方法,一日生活时间安排,教师与幼儿人数比例,课程参与人员的种类职责,等等;或以附件对课程作更详细的介绍。这些是该课程的背景资料,将这部分内容纳入评价报告中,旨在让评价听取人(如行政领导部门、其他幼儿园领导)大致全面地对该课程的概况有一定的了解。如若评价的结论为该课程有效,则便于让读者了解其具体运行特征,便于有效地推广。
3. 评价过程的描述:程序与步骤,测量内容与方式(包括测量工具的可靠性、有效性考察,抽样方法与步骤,收集数据资料的程序等)。
4. 结果:测量的结果(包含各种量化资料与质的记录的概述和总结)。

续表

5. 结果的分析与评论：根据某种标准对测量所获信息作出价值判断。
6. 费用与效益：预算方法，有关费用支出与所获效益。
7. 结论与建议：评价结论或鉴定，对机构改进工作的建议，或开展下一步评价的建议。

评价报告是表达和交流评价过程与结果的重要文件，应当付出必要的努力，尽量保证质量。表 3-2 为评价报告检核表，该表可在评价过程中用来检测评价报告的各组成部分的完成情况，为评价者提供形成性反馈信息，也可用来发现正在形成中的报告尚处于薄弱的部分，以便及时改进。当有多人合作撰写同一报告时，检核表可用来协调交流和调节每个人的工作进度。但是，该表的意图并非用作元评价的工具。根据评价的目的、对象、预算、期望和需要，不同的评价报告之间可能具有较大的差异。如果要用这个检核表来评价不同的评价报告，则需要对其中各部分及其项目加以必要的权重，以表现不同部分的相对重要程度，从而据此判断其价值。检核时在相应的分值上打√，如果某些项目与当前报告无联系，则在 0 上打√。

表 3-2　评价报告检核表

评价报告检核表 1=未涉及，2=部分涉及，3=完全涉及，0=无联系				
1. 封面（或扉页）	0	1	2	3
A. 报告题目简明准确，利于检索				
B. 标明作者及其单位				
C. 注明日期				
D. 从题目可辨明评价内容与对象				
E. 写出要求评价的机构和资助单位				
F. 封面文字内容版式适宜美观				
其他				
2. 评价报告概要	0	1	2	3
A. 项目简介				
B. 评价问题与目的				

续表

评价报告检核表 1＝未涉及，2＝部分涉及，3＝完全涉及，0＝无联系				
C. 评价方法与分析方式简述				
D. 主要发现之小结				
E. 评价结果的运用				
F. 建议				
其他				
3. 内容目录	0	1	2	3
A. 目录包括第一级和第二级标题				
B. 标题与页码标注正确				
C. 列出图表及附件				
D. 列出简缩符号及其说明				
E. 向所有参加工作的人员致谢				
F. 列出参考资料				
其他				
4. 项目简介与背景	0	1	2	3
A. 如未列入方法部分，则在此说明评价目的与评价问题				
B. 描述被评价的项目/课程/现象等（包括目标、历史背景等）				
C. 说明评价的目标群体和评价结果的听取对象				
D. 综述有关文献				
E. 概要陈述评价报告的结构				
其他				
5. 评价方法	0	1	2	3
A. 评价目的与评价问题（如未列入 4）				
B. 所采用的评价模式，以及为何采用该模式				
C. 评价设计，包括样本规模、收集资料的时间等				
D. 收集评价资料的方法，包括对工具的描述				
E. 说明资料与数据来源				
F. 评价方法的局限				

续表

评价报告检核表 1＝未涉及，2＝部分涉及，3＝完全涉及，0＝无联系				
其他				
6. 评价结果	0	1	2	3
A. 详细清晰并有条理地表述评价结果				
B. 图表易于理解，标志清楚				
C. 客观地讨论评价结果，纳入正反两方面的发现				
D. 论及所有的评价问题，或说明为何某问题无法作答				
E. 适宜地说明评价结果的有效性				
其他				
7. 结论与建议	0	1	2	3
A. 对各部分结果加以总结				
B. 讨论与解释评价结果				
C. 总结与结论适宜地反映所发现的结果				
D. 对评价对象作出评价判断结论，指出其优点与问题				
E. 根据评价发现提出改进建议				
其他				
8. 参考资料与附件	0	1	2	3
A. 正确运用适宜的格式				
B. 参考资料准确无误				
C. 报告中引用的所有资料都已列出				
D. 根据在文中出现的顺序列出所有的附件				
其他				

任何一项有价值的学前教育评价，都是一项复杂的系统工程，需要进行细致而周密的规划、实施和处理。在了解以上评价工作的一般过程的基础上，评价者应对每一步骤进行认真的设计和实施，才能达到预期的评价目的。

第二节 评价的基本方法

由于学前教育评价涉及学前教育的各个领域，对不同的评价目的和内容应该选用相应的评价策略和方法。评价方法有许多种类，根据不同的角度形成相对应的方法群，如绝对评价法和相对评价法，分解评价法和综合评价法，自我评价法和他人评价法，形成性评价法和终结性评价法，量化评价法和质的评价法，等等。上述的前几类均可视为基本结构性方法，对评价项目的对象、过程、时间等加以规定。而量化评价法和质的评价法则与评价资料的收集工作直接联系，故涉及任何一项评价。各类方法从不同的角度入手收集资料和作出相应的价值判断，并各有其优点和不足。现代教育评价的理念提倡使多种方法兼容并包，恰当地利用，取长补短。

一、绝对评价法和相对评价法

（一）绝对评价法

绝对评价法是指根据某种绝对客观标准，将评价对象的有关方面与标准进行比较。这种标准的确定并不照顾所有对象的整体状态，而是根据需要，由有经验的专业人员拟定指标集合。例如，某地区教育主管部门协同专家与有经验的教师，对照《幼儿园管理条例》与《幼儿园工作规程》精神，拟定本地区优质幼儿园的标准（尽管尚有大量幼儿园无法达到这一标准），用来对申请优质园资格的单位进行评判裁定，凡达到标准的均可授予"优质幼儿园"称号，表示它们已经达到某个绝对的标准。

（二）相对评价法

相对评价法则是根据被评价对象的整体状况来确定标准，然后把各个对象与这个标准进行比较，评价各对象达到这个标准的程度并排列位序。例如，对某市某类幼儿园进行随机抽样测试，根据测试结果，计算出各年龄段幼儿在某些方面发展水平的平均值。在随后的几年中，利用该平均值作为标准，衡量该市该类园幼儿在该方面的发展是处在平均值之上，还是之下，并可用标准分数来表示超过或未达标准的程度。由于标准受整体水平的制约，此种评价所用标准只适用于标准所来自的对象总体。如上例中，标准只适用于该市该类幼儿，这种相对评价的结果表示幼儿个体在整个类似幼儿群体中在某个方面发展上的相对位置，而并不表示其实际的绝对水平。有时，也可采取多种评价的方法，把被评价对象个体的过去与现在相比较，看其相对位置有何变化。在同类幼儿园范围内，还可以将各幼儿园的平均发展状况加以比较，以考察作为一个整体，某幼儿园的幼儿在某方面发展上在同类园幼儿中处于何种相对地位。

二、分解评价法和综合评价法

评价所考察的内容范围，可以是分解的，也可以是综合的。

（一）分解评价法

分解评价法即预先根据一定的评价观点，把要考察的内容分解为几个方面，分别加以测量和评定。例如，对幼儿健康、语言、社会、科学、艺术等方面的发展分别进行观察评价，评定各幼儿在各个方面的发展处于何种水平或何种相对地位。又如，对幼儿图画作品进行评价时，可根据构图、线条、色彩和创造力等方面分别加以评定，各评出一个等级。

（二）综合评价法

综合评价法则是对评价内容的整体状况进行评定。仍以幼儿图画作品评价为例，在质的综合评价中，评定者按照自己的丰富经验，在头脑里进行分析综合后，直接给出一般评语或一个等第，在量化评价中，则常采用模糊综合评判技术，把各方面的数量信息加以处理，作出综合性判断。

三、自我评价法与他人评价法

（一）自我评价法

自我评价法是由评价者对自己作出评价，实施评价的主体为评价者自己。在对幼儿园保教质量的评估或对教师工作进行评价时，常采用自我评价法，由本园职工和教师对自己的工作进行全面回顾、检查和反思。运用自我评价法时，最好能结合一些外界的客观参照标准或规定的标准进行，并注意加强指导，避免盲目主观性偏差。为提高评价的有效性，常把自我评价法与他人评价法结合起来使用。

（二）他人评价法

他人评价法是由外部人员与本单位其他人员对评价对象作出评判。例如，上级部门对幼儿园工作的评价，园领导对教师的评价，幼儿对教师的评价，家长对幼儿园的评价，等等。一般情况下，若能排除主观偏见和不正之风，他人评价比自我评价更客观、严格，但要花费较多的人力和时间，要进行大量的组织工作和资料整理、分析工作。近年来教育领域的评价倾向于把二者结合进行，先对照标准进行自我评价，再由他人客观地予以鉴定。

四、量化评价法和质的评价法

（一）量化评价法

简而言之，量化评价法是用数字表示评价标准或结果。量化评价的基础和不可或缺的组成部分是高质量的测量；量化评价是根据测量结果对被评对象的某些特征加以价值判定。量化评价方法经常需要事先建立假设并确定具有相关或因果关系的各种变量，然后使用某些经过检测的工具对这些变量进行测量和分析，从而验证预定的假设。

量化评价法以自然科学的方法论为依据，强调将各种教育现象进行数量考察。为了对现象进行客观公正的评价，强调评价者必须保持客观态度，以避免偏见。

量化评价主要采用观察、实验、调查、统计等方法收集有关教育现象的资料，强调测量及其结果的信度和效度，以及公平的抽样，借此来证明预定假设的成立与否，进而试图推论出一个可以推断到总体的适用的结论。量化评价要求具有一套完备的操作技术，包括抽样方法（如随机抽样、分层抽样、系统抽样、整群抽样)、资料收集方法(如问卷法、实验法等)、数字统计方法(如描述性统计、推断性统计)等,通过测量、计算和统计分析等过程,对所要评价的对象作出结论。

量化评价中有多种常用的数据处理方法,列举如下。

1. 采用加权求和法,把对象在各个单项指标上的得分综合为总分。加权求和法是指把对象在各项指标上的原始得分,与指标体系中相应指标权重(详见第四章)相乘,将各项权重的分数相加得到被评者的总分,然后利用总分作出评价判断,如评为优、良、中、差等不同的等级。

2. 把评价对象的原始分数转换为标准分数(也就是用原始分数与平均数之差,除以标准差所得的商),再与某个常模数值相对照,以标准差为单位来表示被评对象在团体中所处的相对位置。将原始分数转换为标准分数,还可以把不同测验中的得分放在一起加以比较,评定对象在各方面所处的地位。

3. 利用概率理论,对测量结果进行统计分析,用概括性数字,或描述性统计量(如平均数、标准差)等来表示分数的分布状况,并对不同群体对象的平均得分进行差异显著性检验(如 T 检验、Z 检验、卡方检验、方差分析、回归分析等),或对评价资料进行多因素多变量统计处理,比较多个对象的结果或寻找影响教育现象的原因,等等。

4. 利用模糊数学与模糊概率的理论,对本是模糊的评价指标进行模糊的综合分析评判。例如,在对教师工作进行综合评价时,要同时考察教师的教育态度与观念、备课、组织活动、处理日常纠纷、做好家长工作、个别辅导等方面的因素,这些因素往往很难精确地量化,具有相当程度的模糊性。如有若干人参与评价,每人的看法也不尽相同。因而采用模糊评判的方法,根据各个评定者给出的评分,使各项指标都得到一个个数列组合,成为一个模糊矩阵,然后,对各项指标赋予权重系数,形成一个模糊集,再经模糊矩阵运算和归一化处理,得出评价结果。这种评价方法在学前教育评价的许多方面均很有用处。

量化评价方法的优点是适合进行较大范围的调查和评价；可以通过一定的评价工具对假设进行检验；可以使用实验干预的方法对控制组和实验组进行对比评价；通过随机抽样可以获得有代表性的数据和评价结果；适合对事情的因果关系以及相关变量之间的关系进行研究。运用量化方法的重要前提是学习和掌握这些方法的原理、条件、运用时机与计算过程数据处理。运用合理的量化评价法所得出的结果一般比较客观精确和公正，所以在条件许可时应当尽可能利用之。

量化评价方法也有明显的缺点。比如：它只能对事物的一些比较表面的、可以量化的部分进行测量，难以获得具体的细节内容；只能对评价者事先预定的一些假设进行证实，很难了解当事人的视角和看法；评价结果只能代表抽样总体中的平均情况，不能兼顾特殊情况；等等。所以，量化评价法的运用也是有局限的，要避免在不适宜的情况下片面强调和勉强采用。

（二）质的评价法

相对于量化评价方法而言，质的评价法是社会科学及教育领域经常使用的方法。质的评价法一般是指在自然环境中，使用实地体验、开放型访谈、参与性与非参与性观察、深度访谈、文献分析、个案调查、行动研究等手段，对教育现象进行深入细致和长期的研究，然后对具体的描述性资料加以分析和归纳，从而对评价对象的某些特征作出某种价值判断。

为了适应不同的评价目标，近年来质的评价资料的收集方法日益多样化。比如，访谈不仅是一对一的访谈，还出现了三人组访谈、成对组访谈，或者多组访谈等方式。在线调查则是随着互联网的发展而兴起的一种新的质的评价方法。在网络聊天室进行的访谈，或者持续若干时间的电子邮件互动式访谈等，都得到日益广泛的应用。比如，要研究幼儿园年轻教师的职业价值观，建一个"聊天室"，在海阔天空地开聊同时进行访谈，其效果可能会比面对面的访谈更丰富有效。除此之外，多种方法还可以结合起来使用，例如，在小组座谈会之前或之后，使用现场观察法，或者把深度访谈、成对组访谈作为准备阶段放在小组访谈之前进行等。

质的评价法不通过数据的统计分析得出结论，大多是通过对所获得的描述性资料加以详细的分析，采用归纳法，使其逐步由具体向抽象转化，以至形成结论。质的评价法用文字描述作为各项指标的评价结果，或简单地用一个等第来表示对若干现象内容的评价结果。例如，评价某教师的工作能力时，质的评价的结果为："热爱儿童，工作态度好，组织活动能力强，能灵活地处理问题，注意对个别能力差的幼儿进行辅导，能有效地开展家长工作"，等等。或根据观察，将该教师的工作能力评为（甲、乙、丙、丁）等。质的评价结论是从收集到的许多不同的证据之间相互联系中产生的，是一个自下而上的过程。

质的评价法以人文主义、解释学、现象学等为理论依据，强调在当时当地收集真实、生动和详尽的第一手资料，从当事人的视角来理解行为的意义和对事物的看法，对评价对象的现实行为及其意义作出整体性的解释性理解。质的评价比较符合教育现象和教育学科的基本特点。教育评价涉及自然发生的不断发展变化过程中的广泛的社会现象和价值关系，具有很强的实践性和导向性。教育评价关注与教育活动有关的人的行为，以及情感、态度和价值观对教育行为的影响，在很多方面难以用数量来衡量。教育评价也不能只是对片断的、静态的、孤立的现象和结果进行考察，还应该对教育与发展过程中的各种变化进行跟踪，了解在自然情境下变化的状态和趋势。因此，如果运用恰当，质的评价法应能有意义地处理教育过程中难以用量化方法描述的因素或方面，可以发现和界定未知或模糊的问题和现象，从总体上把握评价对象的性质。

然而质的评价法的局限性也是显而易见的。虽然有些人认为质的分析操作起来相对容易，但实际上质的评价仍然要求评价者具备一定的经验和能力，掌握有关的方法和技术，通常需要经过特别的专业训练才能达到，否则将无法获取有效的结果。目前国内此类方法技术的有关培训较少，很多质的评价人员并未接受过任何专业化培训。质的评价法的主观性也明显存在，评价者的参与可能导致被评对象的角色和情感冲突，或者行为的改变。此外，质的评价法通常持续时间较长，需要大量的人力和资金投入，等等。

目前在教育研究和评价领域，质的评价研究呈现出快速发展的趋势，运用于越来越多的问题和方面。随着现代社会科技和信息技术的高速发展，质的评价方法越来越依赖于各种高科技辅助设备，如访谈专用的电脑记录软件，在访谈进行的同时，电脑可以逐字逐句地即时记录受访者的原话，与此同时对话语进行分类和编码。又如在访谈中使用单面镜、录音录像等设施和其他电脑辅助设备，采用计算机文字资料分析软件包等，从而使得调查结果和评价结果的分析变得易于理解和接受。此外，现代化的高效数据录入设备的应用，以及用电脑和录像的方式向参与评价的人员提供培训，使资料的收集和分析过程更为高效。可以预料，在质的评价领域，更直接更高效的优质软件和硬件设施将会得到更快、更广泛的应用。

近年来在质的评价法的运用中也出现了一些值得关注的问题。例如，单纯追求创新而人为地炮制所谓的新的名词术语，片面地认为使用人们不熟悉不理解的概念词汇便是高水平的新理论的体现。还有一些人急于求成，对需要深入探讨的问题采用蜻蜓点水式的工作作风，评价进程速度过快，未经脚踏实地的深入研究就草率作出结论。在有些跨国研究项目中，评价工作缺乏必要的有效协调，收集和分析资料时由于文化差异而导致较严重的误差，乃至不适宜的结论。对这些问题都应该仔细、认真地加以检查和改进。

五、混合型评价方法

上述各类评价方法有其各自的优点和弱点，因此，在教育评价中单独使用任何一种评价方法，都难以解释或回答所有的问题，因为它们各自只是从不同的侧面，用不同的方法对同一事物进行考察评价。同时，不同的评价方法并非相互排斥，而是互为补充、互相支持的。例如，质的评价方法可收集探索性、经验性资料为量化评价提供框架，而量化评价的结果又为进一步的质的评价创造条件，二者的结合有助于更全面深入地掌握被评对象的特质。所以，综合利用多种评价方法的混合型评价方法，现已受到当今世界的普遍关注和实施。混合型方法提倡种种方法之间取长补短，有利于促进教育评价本身的准确性、科学性和有效性。

所谓混合型评价方法，是指根据多视角、多元化的方法论，提倡理性主义和自然主义的结合，依据测评要素的性质选用多种评价方法和技术，在多种评价情境中的多种成员（包括评价对象和其他评价相关人员）中收集评价对象的相关信息，采用多种适宜的分析技术，然后综合各种价值主体的评价结果，分析和汇聚各个测评要素的评价信息，最后作出整体性评价结论。混合型评价方法旨在实现不同评价方法之间的整合和渗透，以期更为客观、公正和真实地反映评价对象的特征。

（一）合理性依据

混合型评价方法的科学性和合理性可以从理论和实践两个方面加以阐述。

1. 理论方面

（1）资料的价值的互补

采用量化和质的评价技术所收集的资料可以在广度与深度、推断性和特殊性方面相互补充。例如，使用量化的方法，对参与课程方案的家长进行问卷调查能获取有关此类家长有代表性的广泛的资料，并能在诸如性别、年龄等变量上作出量化的推断结论。然而，资料的有用性和可信性依赖于家长是否如实认真地或完整地填写问卷，以及他们对问卷问题的正确理解。另一方面，使用质的评价方法，如对各类家长分别召开聚焦人群座谈会，通过座谈可能会获取有关不同类型家庭的比较深入和真实的反应。但由于人数较少，这种聚焦人群座谈会技术的局限是难以将座谈会上得到的资料推断到更广泛的人群。针对以上两种方法的长处和不足，将二者结合起来使用，有助于使之取长补短，提高评价的有效性和可靠性。

（2）相对的科学严谨性

由于量化评价方法具有一定的标准，可以被重复，并可以用较为成熟的统计技术加以分析处理，所以用量化评价方法收集的资料通常被认为更具客观性和准确性。一般认为在需要作出决策性或终结性评价结论时适宜采用量化方法，而质的方法较为适用于形成性评价或与模糊性描述性结论相联系。然而近年来，教育评价者逐渐意识到这种观点过于简单化。量化评价者越来越多地发现其数据可能缺乏准确性和有效性，因为提供答案者可能并未正确理解问题本身的意思，或者，人们常会根据对过去事件的错误记忆作答。而另一方面，一些质的评价技术逐渐成熟起来，越来越能较好地处理和分析大量的描述性资料。同时，人们也越来越清楚地认识到，在不同文化不同情境中收集的研究资料，无论是质性还是量化的，都会在一定程度上受到评价者自身的观念的影响。所以无论采用何种方法都有利也有弊，采用混合型方法或模式，有利于使各种方法的优势互补，达成较高程度的相对的科学严谨性。

（3）多元化的基本哲学观

量化评价与质的评价在教育评价的基本哲学观上的区别在于对知识本质和获取知识方式的不同认识。量化评价的理论典范是科学主义和实证主义，认为社会现象是一种客观的存在，不受主观价值因素影响。主体和客体是两个截然分开的实体，主体可以通过使用一套既定的工具和方法程序获得对客体的认识，认识的真理性必须由经验来验证。而质的评价则是以反理性主义的哲学思潮为根基，认为不存在纯客观的社会现实，因此，一切知识都是由一定社会、政治环境中的具有一定传统、信念的观察者"建构"起来的。

量化的教育评价由于过分注重客观性、严谨性和精确性，而可能忽略了教育评价对象的主体感受和深层动机等深入的信息，有可能削弱丰富的教育教学活动的多样性和教学的艺术性，并可能挫伤被评者的积极性；而质的评价，则可能过分强调了主体观念而忽略科学的理性作用，影响评价的客观性和准确性。显然这两种教育评价方式都有其合理的一方面，但又都具有片面性。

持有极端的质的评价模式思维观念时，评价者就不会注意在研究开始时清晰地定义所要研究的问题和所要检验的假定，而往往在开放性地探索有关领域之后，才形成研究问题。而持有极端的量化模式思维观念的评价者，又可能局限于适合量化分析处理的数据资料，而忽视收集和分析深入细致的质的评价资料。

将二者有机结合的混合型模式，基于多视角、多元化的方法论，提倡理性主义和自然主义的结合，主观性和客观性的结合，认为只有有机地统合量化和质的两类知识和获取知识的过程，综合多种方法的优势，才能避免单一认识途径所持有的片面的视角和态度等，从而尽可能如实地反映客观对象的特征，为正确的认识提供更加有力的证据。

教育评价是以评价主体的认识为前提，从主体的目标为出发点，在尽可能客观地描述被评对象客体的基础上进行的一种价值判断，同时这种价值判断的主体需要通常也是客观存在的。可见教育评价中的主观性和客观性是相互交织同时并存的。这种特征标志着教育评价与一般认识过程的显著不同之处：一般认识的最终目的是在揭示客体的本来面目和自身发展的必然联系，因此必须尽可能地排除主体对客体的干扰作用，是主观接近客观的客体性认识的过程和结果。而教育评价则一方面是主体性认识的过程和结果，基于主体本身的需要和尺度，其目的在于掌握和评定教育对象是否符合主体所设定的目标或要求；另一方面，它又旨在为被评价对象提供信息或改进依据，从而可能在评价的基础上改善教育实践或促进教育对象各方面的发展，因此，在教育评价中同时反映了主体对客体的影响。可见，混合型方法所基于的多元化基本哲学观更吻合教育评价的特点，以此为依据才能较好地指导评价实践。

2. 实践方面

（1）满足对评价结果的不同需求

不同的听取对象对评价研究的结果有不同的要求。政府决策部门往往需要有量化的数据和统计分析的结果来支持决策。而教育实践者则更可能认为深入细致的描述性分析和关于质的结论报告，才更有助于改进教育工作。因此，针对不同的群体，呈示评价结果时应在报告方式与内容上作相应的调整,有针对性地、有根据地诠释评价的结果。教育评价实践一般涉及不同的听取对象,混合型评价方法有利于采用不同的方法技术收集和分析资料以及对结论作出不同层次的解释。

(2) 提高各类评价人员的技能水平

无论采用质的评价方法,还是量化的评价方法,均要求评价人员经过一定的培训,掌握有关的方法技术,并在相当程度的督导下进行,这样才能获取有价值的比较可靠的资料。在需要作大规模的复杂的调查资料的收集时,更要求由具有较高专业水平的评价人员精心设计与指导,以及系统的管理工作。因此,在评价过程中采用混合型方法,有利于发挥具有不同方法特长的专家的作用,对参与评价的各类人员进行培训与指导,提高各类评价参与人员的技能水平,从而改善评价工作的质量。

(3) 合理使用资源

各种方法所需要的费用难以估计与比较,要根据所需要的数据范围、广度、数量、质量标准,以及评价的信度、效度所要求的被试人数而定。一般而言,所获数据的有用性和质量价值,与所需要的费用成正比。使用混合型方法,有助于针对不同评价资料的特点,采用最适宜的资料收集与分析方法,在提高效率的同时,便于各类评价人员共享资源,降低预算和费用开支。

同样,资料的复杂性和质量的高低影响采集资料所需的时间。虽然科技的发展加速了量化资料的处理与分析,但编制高质量的量表和测试工具,使用较大的样本进行预测和分析等,都要花费大量的人力和时间。相对而言,质的评价方法可能需要更多时间,因为收集与分析通常交叉进行,而且在此过程中还可能产生和不断加入新的评价研究的问题。如果评价需要在一定的时间限制下进行,如必须在下一年度财政预算之前完成,便有可能在选用方法时造成困难,或不可能采用较为理想的方法。采用混合型方法,有针对性地选取较为适宜的时机和方式开展评价工作,可以使评价在程序设计和时间安排上更为合理。

综上所述，在开展评价时只要有可能，应尽可能采取混合型评价方法。教育评价一般都在比较复杂的社会环境中进行，这种复杂性不可忽视也无法避免，采用混合型评价方法，从多种角度收集资料，综合多种方法的优势，才能克服单一方法的缺陷，获取较为丰富全面的评价资料，有助于增强评价资料的有效性和可靠性。

（二）基本模式结构

典型的混合型评价设计（见图3-3），往往从焦点人群座谈会开始，通过讨论使评价研究者对所要评价的问题有更清晰的了解和认识，然后设计并收集量化资料，在数据资料分析结果的基础上（或同时），进一步采用质性方法采集更为深入细致的被评对象的资料并加以质的分析。最后，综合各种方法所获得的结果，对评价现象作出全面立体的诠释。

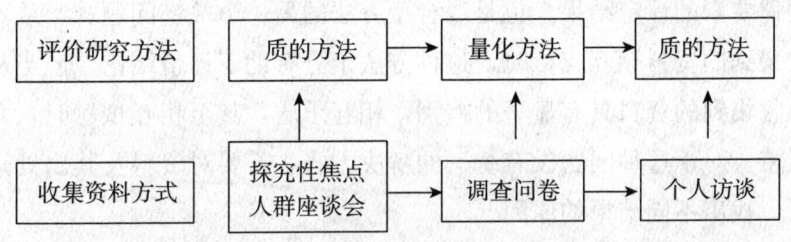

图3-3 混合型评价方法举例

（资料来源：Frechtling，1997）

以上模式结构可以有各种变式，例如：假定对某项不利儿童的早期教育评价项目，采用混合型评价方法收集资料。一方面采用标准化测量进行前/后测，经统计检验，表明该课程方案具有正面效果，能促进幼儿认知能力与学习能力的发展。另一方面获得观察、访谈和录像等描述性资料并加以质的分析，得到有关课程在教学情景、家长参与、亲子互动、社区参与、课外活动等方面的正面影响，这将大大增强结论的有效性和可信性。如果仅仅采用量化或质的评价方法的单一方式，将无法获取如此多方面的证据以构建有关课程的整体画面。

混合型评价方法是现代教育评价领域逐渐推崇的一种多角度、多层次、多侧面的评价方法。根据教育现象以及教育评价本身的性质和特点，此种评价方法具有普遍适用性。混合型评价方法的有用性还表现在可能使评价者在对已获资料分析的基础上，及时发现问题，调整或扩充资料的收集工作。混合型评价模式反映了当代量化与质的评价研究专家日益增进的对有效评价的基本认同，有助于改善评价结果的有效性与可靠性。

然而值得注意的是，混合型评价方法并不是简单的方法堆砌，而是遵循最优化原则，分析不同评价方法和技术的优势和局限，合理选用一种或多种评价方法对测评要素加以分析和评判。由于混合型评价方法实际上是一种系统的评价模式，对于使用者在评价方案的设计、人员的组织与组合、各种矛盾冲突与问题间的协调等方面，都有一定的要求，并存在一定的难度，需要评价者认真思考和妥善处理。此外，收集到的多角度评定信息如何汇聚整合为各测评要素的评定结果，也是混合型方法的另一个关键问题。当从不同资料源收集到的资料相互支持时，这种方法十分有助于评价结论。但当从不同资料源收集到的资料具有显著的差别，相互矛盾，甚至相互抵触时，则需要谨慎对待。对于这种问题没有统一的解决方式，需要对资料及其出处进行细致分析，找出不同结果的原因。

思考与练习

1. 陈述评价过程的一般步骤和过程，以及与各步骤有关的重要问题。
2. 举例说明如何适当地选用评价的基本方法。
3. 简述量化方法和质的评价方法的特征和各自的优缺点。
4. 使用混合型评价方法的优点是什么？查阅研究文献中运用混合型评价方法的实例，并分析和讨论这几种方法使用的环节和阶段，在评价中各自发挥了什么作用。

第四章

评价方案的设计

内容提要

评价方案是评价工作的关键性指南。只有在对方案作了充分酝酿、构思，对许多有关问题作了周密细致的考虑安排的基础上，评价才能达到预期的结果。评价方案在评价的各个阶段都具有指导意义。本章论述如何设计评价方案，描述评价方案的各项内容，介绍设计评价指标体系的基本方法。

学习目标

1. 认识评价方案的重要性。
2. 了解评价方案的设计要点。
3. 学会鉴别评价方案的优劣。

关键词

评价方案　概念性模式　目标框架　评价指标体系　权重　指标权重集

评价方案，是指整个评价工作的总体结构与工作计划，是评价工作的关键性指南，也是整个评价过程技术性较强的一环。任何一项认真的学前教育评价，都只有在对其方案作了充分酝酿、构思，对许多有关问题作了周密细致的考虑安排的基础上，才能达到预期的结果。编制科学合理的教育质量评价标准，首先，应当在适宜的教育价值观和儿童观的指导下进行，正确认识和处理一系列有关幼儿教育和儿童发展的问题。例如：保育和教育的关系，游戏和上课的关系，教师指导下的活动和幼儿自主活动的关系，幼儿园和家庭的关系，幼儿发展各领域之间的关系，教师与幼儿在教育过程中各自的角色和作用，师幼互动的合理方式，家园互动的合理方式，等等。其次，标准的设立应当具有充分的科学根据，建立在科学研究结论的基础上。在设计评价方案之前，应当深入彻底地研究已有的相关研究文献和资料，或从事专门的探索性研究，以获得有效的和可信的参照资料。评价方案的设计是一项复杂的系统的工作，需要一定的专门知识和专业经验，最好在专家的指导下进行。

设计优秀的评价方案对整个评价过程将有举足轻重的影响，在评价的各个阶段都具有指导意义，对提供有用的评价信息至关重要。假如收集的资料未能针对所要评价的问题从而不具有效性，或者未能采用适宜的技术手段而使得资料缺乏可信性，以及评价报告完成得不及时或难以理解，都将造成延误决策或错误结论的可能性。

第一节　评价方案的内容

无论何种类型的评价，一般均需要首先确定评价的概念性模式，决定评价所要回答的主要问题。然后将评价问题具体化和操作化，并定义可测定的评价结果。这些都是评价方案应当包含的内容。一般而言，评价方案除了要对评价项目的一般性工作计划，如评价项目的费用预算、人员配备、完成各阶段任务的时间表等作出明确的规定之外，还主要包括以下各项内容。

一、明确评价目的和评价问题

确立评价的目的，明确提出评价所要回答的问题，是评价工作的首要任务。在评价目的的指引下，与不同类型的评价所联系的评价问题也有所不同。下面以目标取向、过程取向和结果取向三种类型的评价为例，说明具体化的评价问题。

目标取向评价，即根据目标收集适宜的资料或证据，判断机构、课程等达成预定目标的程度。目标取向评价要回答的问题可包括：目标是如何建立的？提出目标的过程是否有效？在达成目标的过程中，目前已达到哪一步？根据目标的时间表，目标是否达到？如未达到，为什么？机构或课程人员是否有适宜的资格（如学历、专业训练、知识结构、设备等）？如何调整工作重心以达到目标？如何调整时间表以达到目标？是否有必要调整或增删目标？等等。

过程取向评价，即全面了解机构或课程运行状况，找出优点与不足，以便改进。适用于长期存在并不断变化改进的机构或课程，家长、教师、上级提出许多质疑时，以及向外界介绍机构或课程的运行状况等。幼教机构的过程取向评价常提出的评价问题是：确定教师、幼儿、家长的需求的基础是什么？为良好地运行，教职员工必须达到何种资格要求？如何对教职员工进行培训？幼儿的家庭为何选择本园？对本园家长的要求是什么？教师如何选择教材和方法？家长认为本园的优点和不足是什么？教师认为本园的优点和不足是什么？教师和家长的抱怨是什么？家长和教师对于改进工作的建议是什么？机构作出决策的依据是什么？等等。

结果取向评价，主要考察机构或课程是否达到预期的目标或结果，适用于比较成熟的机构或课程，或目的明确的课程计划等。家长、主管部门、投资部门往往重视结果，以调整其决定。结果可包括多方面的，如儿童发展、师资成长、教师和家长的观念与态度、教学技巧、办园条件、综合评估等级的提高，等等。此类评价的问题主要是：机构或课程的主要结果是什么，如何测量？如何根据目标选择主要指标？如何根据实际人力等资源确定其量度和广度？包括哪些"什么"和"为什么"的问题？选择哪些具有操作性的主要指标？如何处理相互联系的指标？取样范围和数量是多少？哪些变量可说明指标？怎样有效地获取可靠的信息资料？等等。

二、根据评价所依据的概念性模式建立目标框架

当前一般的幼儿园教育工作评价所依据的目标，应当是《幼儿园工作规程》（以下简称《规程》）和《幼儿园教育指导纲要（试行）》（以下简称《纲要》）所提出的保教工作的目标。某种幼儿园课程模式的评价所依据的目标，可以是该课程模式所提出的课程目标，但仍应符合《规程》和《纲要》的主要精神。

对于某项具体评价所依据的目标，应当进行深入细致的分析或解剖，将其逐步逐层地具体化，以便在此基础上有针对性地建立评价指标体系。例如，要评估幼儿园中幼儿的发展情况，首先应当对幼儿发展有一个系统全面的认识，并根据《规程》所提出的目标，对幼儿发展的总目标进行认真的分析，并将之逐步具体化，以此作为制定评价指标体系的依据。第三章图3-2"幼儿发展目标框架分析示意图"，就是在这种思想和方法指导下制定的3～6岁儿童发展指南框架图。

三、设计评价指标体系

所谓评价的指标体系，是指关于被评对象的各级因素的集合体，以及相应的权重系数集合与量化方法。指标体系是根据一定的评价准则，按照各准则之间的内在逻辑形式而构成的分级系统，包括反映其相对重要性的相应的权重。评价的指标可有不同的层级，如一级指标、二级指标、三级指标等，它们是有关的教育目标、机构目标或课程目标的具体化、分解化、行为化、操作化的形式。例如，根据幼儿园的办园目标，为了评价办园现状，需要设

立几个层次的多项具体指标及权重系数，使评价者可以根据各项指标的达成情况，作出综合性判别。指标系数的设计是一项技术性很强的工作，需要大量的专门化理论和知识与丰富的实践经验的有机结合。在本章下一节中，将详细讨论确定评价指标体系的原则、要求和方法。

四、确定收集评价资料的方法和步骤

收集评价资料有多种方法，如实地观察、填表调查、访问谈话、查阅文件、口头或书面汇报等。不同的方法各有其特点与作用，应根据评价的目的、内容等适当地选用。有时，可多种方法结合进行，并互相印证所获得资料的一致程度，提高评价的可靠性。在设计方案时就确定好方法与具体步骤，才能确保评价的实际过程按照评价的目的，有计划、有条不紊地进行下去。本书第五章将详述各类收集评价资料的方法与手段。

五、准备评价记录表格与文件

在设计方案时，应根据评价的指标体系及计划所采取的方法，制定出适宜可行的评价表格与文件，其中包括为各种对象（如评审专家、行政领导、教师或家长等）使用填写的表格及其详细的使用说明；访问谈话时的提问或汇报提纲；各分类资料的汇总表格；等等。在设计表格时，应当注意全面、合理、科学，尽量考虑周全，保证重要评价信息不至于遗漏，并力求精练、简明、统一，让使用者能方便、准确地使用。

六、制定资料分析计划

根据资料性质与特点选择处理和分析评价资料的方法。各种统计方法都对数据有一定的要求与限制，以及关于适用条件的理论假定。预先计划有助于保证资料可用性和结果的合理性。这部分工作通常与资料收集的方法和程序密切相关。

第二节　评价指标体系的制定

任何一项评价，都要有一个指标体系作为它直接的依据。确定适宜的指标体系，是评价工作中极为关键的部分。比如，学前教育机构的分类定级的指标体系（即定级因素）是指能够体现教育机构质量差异的社会、经济、物质、场地、人员等条件所构成的概念性结构，通常还包括对其中的各个因素所赋予的一定权重。在构建机构分等定级评价体系中，要充分考虑科学性、公平性、可行性和可操作性等原则。

一、指标体系的含义

在学前教育评价中，对评价对象作出的价值判断，是以反映学前教育各有关方面的发展和质量目标为准绳的。例如，对幼儿园管理工作的评价，要依据《幼儿园管理条例》（以下简称《条例》）中规定的管理目标；对幼儿发展的评价，应依据与我国的教育方针、培养目标以及与《规程》《3~6岁儿童学习与发展指南》中的目标要求相适应的幼儿发展目标；对幼儿园课程的评价，要依据课程的目标；等等。然而，这些目标的表述往往是概括的、抽象的、原则性的，很难直接用作评价依据。因此，有必要把它们转换成更加精细、具体、可通过实际观测而获得明确结论的内容。这样的转换过程，即是确定评价指标体系的过程。评价指标，就是把抽象、概括的目标具体化、行动化、操作化的产物。

评价的指标体系，包括一系列具体指标所组成的指标集合（或称评定因素集、评估要素集或评价标准集）以及相应的权重系数的集合（权重系数，即确定每一指标重要程度的数量标志）。在一个指标体系中，任何一项指标都不能反映全部的目标，而只反映目标的某一个方面或局部，只有把一群相互联系的指标系统化，组成某种结构体系，才能反映目标的整体。这里所说的系统化，就是把许多指标组成具有逻辑合理性的层次结构，并全面、综合地考虑和分配各层次、各项目的权重。

二、指标体系的作用

指标体系不仅可作为评价的直接依据，体现目标的实质性内容，而且具有更明显的导向作用，影响着目标能否切实达到。如果《条例》和《规程》中的目标内容能转化为各种相应的具体指标体系，则两个法规的贯彻落实将在更加深刻和现实的意义上得到保证。可见，指标并不是消极地制约目标，并不仅仅决定该评什么和不评什么，它还积极地影响着目标的实际意义，决定人们在贯彻目标过程中重视什么和忽视什么。因此科学地确定评价指标体系，不仅有利于评价工作本身，而且有利于推动学前教育的改革和发展。

三、确定指标体系的原则和要求

（一）分类科学，权重合理

评价指标必须充分地、科学地反映学前教育目标和管理目标。科学的指标体系要正确处理所要评价的因素的概念意义与其具体的可测性指标之间的逻辑关系。设计者在概念或特征的具体化过程中应始终保持高度的理智和警觉，因为指标越具体，其由抽象到具体之间的转换环节越多，越可能受到较大的干扰，从而削弱评价的效度。由于评价指标一般比较概括，其设定还要注意突出重点，针对被评因素的主要方面。评价指标体系是由一系列相互独立又紧密关联的指标组成的，各项指标之间必须保持相对的独立性，互不重叠，无因果关系，不能用多个指标反映同一个被评因素。如果指标相互重叠不独立，不仅会加大评价的工作量，降低评价的可行性，而且由于重复的指标被重复地评分，则实际上加大了某些因素的权重，影响评价结果的准确性。然而，指标的独立性是相对的，有时评价中需要用多个相关的指标测试对象的同一个属性。

指标体系中的因素分类或评价要素的提取，及其权重的确定，必须根据对目标的深刻理解与科学剖析，使之能全面、完整地再现目标的实质。指标体系中不应遗漏任何重要的指标和方面。分类时还应对各项指标规定明确的意义范畴，使它们互相区别，互相独立，互不矛盾和冲突。指标体系中的权重集合的合理程度也影响着评价的科学程度。一项指标的权重既表示它在指标集中的地位，又表示它与诸因素的关系。合理地分配权重是十分重要的任务。

权重是影响指标数值变动的一个重要因素。权重决定指标的结构，权重如变动，绝对指标值和平均数也随之变动。权重一般有两种表现形式，一是绝对数（频数），二是相对数（频率）。相对数是用绝对数计算出来的百分数表示的，又称比重。平均数的大小不仅取决于总体中各单位的标志值（变量值）的大小，而且取决于各标志值出现的次数（频数），由于各标志值出现的次数对其在平均数中的影响起着权衡轻重的作用，因此叫作权重。权重的权衡轻重作用体现在各组单位数占总体单位数的比重大小上，在计算平均数和指数上得到广泛的应用。

（二）定义具体，可测可比

评价指标是具体化的评价准则，为了减少实施中的主观臆断和误差，提高评价的信度，对评价指标应该尽可能明确具体地加以界定。每一项指标都应当用操作化的语言来明确定义，以便在评价中通过实际观测作出明确结论。尤其在涉及一些不可直接测量的抽象性指标（如政治思想、教育观念等）时，更应规定具体的可测性定义。

对评价指标作出具体的操作定义，实际上也就规定了评价的具体标准和相应尺度。这对于评价的实施过程极其重要。评价者在对评价对象作出判断时，需要有统一的标准和尺度，才能确保评价结果的可信程度，而且在同一标准尺度下对评价对象进行较为准确的比较和鉴定。不过，在将指标定义具体化的同时，必须时时考察分析该指标是否能真正反映出所要评价的特性的实质，即评价的效度问题。

（三）符合现实，切实可行

评价指标所蕴含的目标内容及其标准，必须符合我国学前教育机构的实际状况和水平；必须能够区分和鉴别评价对象在该指标方面的不同的达成程度。如果对于一项指标，几乎所有对象都无从达到或都已经达到，那么可以说，这项指标缺乏现实意义，不是一项好的指标。如果在实践中某些方面难以保证，就需要考虑寻求替代指标。如需推广，选择与指标所获资料性质相宜的量化方法就不能过于复杂。总之，建立指标体系时，应从客观出发，而不能单纯从主观臆想出发，搞脱离客观现实的指标和标准。

四、设计指标体系的方法和步骤

设计、完善指标体系的过程是一项技术性很强的工作。以下根据该项工作的步骤，简述设计指标体系的方法。

（一）在目标分析的基础上初步形成指标集

根据明确的评价目的，在深入领会与分析的基础上，对学前教育目标和管理目标等进行分解，这是形成评价指标体系的常用方法。鉴定学前教育现象的复杂性，有时需要借助若干中间环节，一层一层分解下去，把目标分为越来越精细的层次，最后落实到具体可观察的指标中去。

评价指标集的多层次结构一般呈金字塔型，其形式为若干个要素构成一个因素，若干个因素构成一个主因素，而若干个主因素组成评价目标（见图4-1）。

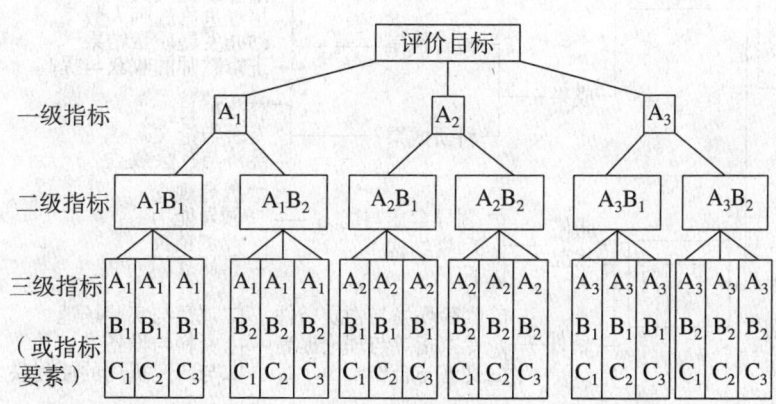

图4-1　评价指标集的多层次结构图

例如，要对某地区范围内的实验幼儿园的质量进行评估。假定该地区教育行政部门规定的高质量实验幼儿园的目标如下。

1. 能起导向、示范和培训作用，具有一定特色。

2. 教育和科研水平处于领先地位。

3. 园领导具有先进教育观念和较强的管理能力与从事科研的能力，富有开创精神；教师年龄、水平、专业资历结构合理，有较强的中青年教师骨干力量和良好园风。

4. 具有从事实验研究的良好环境与物质条件，有经常性的理论人员与专家的指导和良好的对外交流与合作基础。根据对上述目标的领会与分解，可以形成如下的层次结构，从而逐渐产生指标集（见图4-2）。

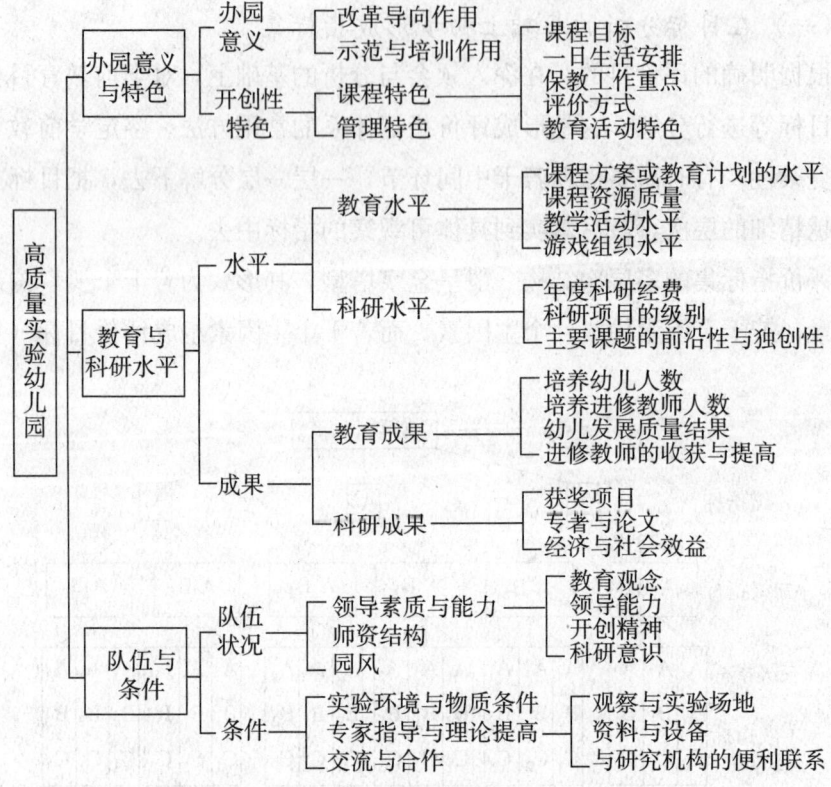

图 4-2　高质量实验幼儿园评价目标分层次结构图

在领会和分解目标的过程中，经常可以采用组织专家广泛征求意见，并经若干轮回的结果反馈，逐渐归纳的方式，寻求评价要素，并产生初步的指标集方案。同时，还应当注意收集并参阅与评价内容有关的文件资料，尤其是国家制定的法规、条例等指导性文件，重视理论与实践人员的相互协作、充分讨论、协商和酝酿，尽可能提高目标分解工作的科学性和效率。

（二）在合理性、可行性分析的基础上改善指标集

经目标分解形成初步的指标体系之后，应慎重而仔细地分析业已提出的各项指标的内涵，审查其是否具有相互独立性、整体完备性、结构合理性与可测性等必要的特点。

出于可行性方面的考虑，评价指标集中的要素数目不能过多，故应尽可能全面考虑要素的合理归属，要素间的有机联系和进行要素的筛选工作。一般而言，评价要素的组合与简化方法主要有以下几种。

1. 经验评估法

分批召集具有某方面知识和实践经验的人员，采取无记名方式，根据其经验来评估各要素在评价指标集中的重要程度。一般可采用等级式评定方式进行。经过几轮反馈，根据多数人员的经验和意见，逐步剔除对评价质量影响不大的某些次要因素，而将一致认为重要的、起关键作用的要素保留下来。如此对要素加以精简之后，再用类似的方法，调整要素的归属与组合关系。

2. 相关聚类法

采用百分制计分法，记录一定数量的被评对象在各指标要素项上的实评得分，然后计算出所有要素的两两相关系数，求得相关系数矩阵。在此基础上，可用三种方式进行要素聚类，其处理过程应当完全一致。

（1）t 检验法，其步骤如下。

① 根据被评对象人数所决定的自由度，考察各相关系数显著性水平（t 检验）。

② 在具有显著相关（如 $p \leqslant 0.01$ 或 $p \leqslant 0.05$）的各对要素中，分别剔

去其中任一要素,留下另一个要素。

③ 在剩下的要素所组成的新方案中,再根据相关程度,把关系比较密切的要素组合在一起,形成上一级指标。

④ 如此根据相关程度进行简化和组合之后,进一步分析并确认:所产生的因素的外延相当于组合中各要素外延总和;且所产生的因素内涵都具有组合中各要素的内涵。

(2) 加权平均法,其步骤如下。

① 把各要素视为各自独立的一类。

② 选择相关系数矩阵中相关值最大的两个要素,把它们归并为一个新类,并利用加权平均法公式,求出该新类与其他旧类(原有要素)之间的相关系数。构成新的相关系数矩阵,其中除了新类与旧类之间的相关程度会发生变化之外,旧类与旧类的相关值不变。

加权平均法公式如下:

$$\gamma_{xy} = \frac{n_a \cdot |\gamma_{xa}| + n_b |\gamma_{xb}|}{n_a + n_b}$$

其中:x = 旧类

y = 由 a 类与 b 类归并成的新类;

n_a = a 类所包含要素的个数;

n_b = b 类所包含要素的个数;

γ_{xa} = 旧类与 a 类的相关系数;

γ_{xb} = 旧类与 b 类的相关系数;

γ_{xy} = 旧类与新类的相关系数;

$|\gamma_{xa}|$ = γ_{xa} 的绝对值,$|\gamma_{xb}|$ = γ_{xb} 的绝对值。

③ 重复上一步骤,再将相关值最大的两个要素归并,计算出新的相关矩阵。

④ 如此循环往复,直至将所有的要素统统都归并为一个大类为止。

⑤ 画出聚类图。以上聚类过程可用聚类图(如图 4-3)形象地反映出来。

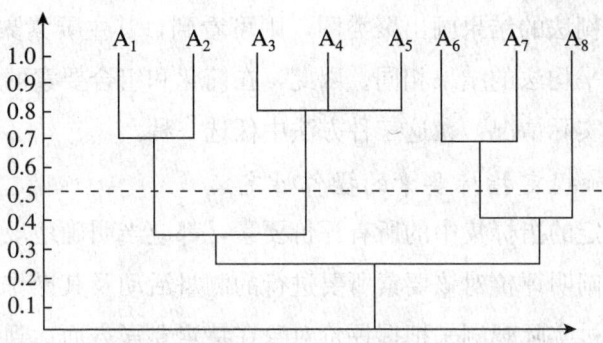

图 4-3 8 个要素（$A_1 \sim A_8$）的相关聚类图

图 4-3 中，纵轴上的数值表示不同的相关系数值。在划分类别之前，首先要规定分类临界值，再将相关值大于该数值的要素归并起来构成新的一类，把小于该数值的要素独立出来成为一类。每次被归并的两个要素用"⊔"形线连接，其两条纵线的长度由归并时的相关系数最大值决定，在纵轴上找到相应的位置后，用一平行线将它们连接起来。如图 4-3，在 0.5 处画一条虚线，表示取临界值等于 0.5。该虚线与多少条聚类线相交，所有的要素便可分为多少类。从图 4-3 中可见，若以 0.5 为临界值，则该 8 个要素可以组合成 4 个类，而若临界值为 0.3，则可组合为 2 个类，以此类推。临界值的确定应遵循评价的有关原则，根据实际情况，既要考虑科学性，又要保证可行性，不能一概而论。

（3）模糊法，其步骤如下。

① 将相关系数矩阵改写为模糊矩阵。该模糊矩阵是一个对称矩阵，其中对角线两侧数字完全对称相等，且经模糊运算自乘后仍然是一个对称矩阵。

② 进行模糊运算，将该模糊矩阵自乘。只需心算（先取小后取大）就可算出对角线上方相关数值，再根据其对称性直接写出对角线下方的数值便可。

③ 根据计算结果，按照加权平均法的方式，将相关值最大的各对要素归并，余下的与其他要素相关很小的独成一类。

如若将模糊法的结果画出聚类图，则可看到，其主要素聚类的结果与 t 检验法和加权平均法的结果相同。因此，在简化和组合要素的量化分析工作中，可以根据实际情况，在这三种方法中任选一种。

（三）明确规定指标要素的操作性定义

对已经拟定的指标集中的所有评价要素，都应当明确地规定其含义和达到的标准，并阐明评价对该要素所要进行的测量活动及其操作过程，以便在评价过程中通过实际观测来把握评价对象在特定要素方面达到标准的程度。

揭示指标要素的内涵，尽可能准确地用文字概括地将之表达出来，即规定评价要素的概念定义。在此基础上，对于采用适宜的测量手段，获取足以表明要素特征的对象资料，并与一定的标准相对照，以判断对象达到标准的程度等这一系列的过程与内容所构成的文字说明，就是指标要素的操作定义。一个完整、可行的指标体系，应当包括精心设计的合理评价要素标准与测量操作过程，即包括各项指标要素的操作性定义。

例如，在《幼儿发展评估手册》（南京师范大学与南京实验幼儿园，1993）指标体系中，对于"认识数量的实际含义"这一评价要素，可以规定如下操作定义（仅供参考）。

要素名称：认识数量的实际含义

要素含义：能进行 10 以内唱数、点数、数物匹配及数量守恒

测量方式：日常观察记录和个别测查

评分标准：（每达到一项得 1 分，最高得分为 6 分）

——会唱数 1～10。

——手口一致点数 1～10。

——掌握 10 以内的数列（出现数列卡片时，会填出数列中所缺少的数字）。

——能根据实物（或数字）取出相应的数字（或实物）。

——10 以内数字守恒。

——长度和体积守恒。

(四) 确定指标权重集

确定指标集之后，还应慎重地确定各项指标相应的权重。指标体系中各要素的权重，标志着该要素在整个指标系统中的重要程度。各要素的权重构成了指标体系的权重集，它表示诸因素的关系。权重集的科学性程度影响着评价工作的科学性程度，因此，确定权重是一项十分重要的工作。确定权重时一般可以采用专家咨询方法，请专家或有丰富经验的专业人员在其经验基础上为指标体系评定权重，再经过某种统计处理方法确定结果。具体方法有如下几种。

1. 归一化方法

首先经过专家或有经验人员反复研讨，确定由评价目标分解而成的若干子要素（如14个），然后请有关人员按规定的数量（如8个）选出自己认为重要的要素。再由设计者把获得票数最多的8个要素的票数归一化，以得到这些要素各自的权重，归一化的步骤如下。

（1）将前8个要素的票数相加求和。

（2）将每个要素的得票数与（1）求出的总和作比，并计算出比值。例如，（1）计算出的总票数是500，要素1得票为107，则$\frac{107}{500}=0.214$。计算结果为该要素的权重。

2. 特尔斐法

选择对所要咨询的问题有较深入的研究与了解，并具有该方面丰富的知识或经验的专家，以个别接触的方式接受咨询。组织者预先准备好咨询表（见表4-1），并对表中所列的各要素的含义以及判断等级的标准加以明确的说明，避免各专家对这些词语的理解差异而导致评定误差。第一轮咨询表收回之后，组织者须作整理统计。

（1）计算每一要素权重的平均估计值：

$$\overline{M}(W_i)=\frac{1}{n}\sum_{j=1}^{n}W_{ij}\ (其中\ i=1,2,\cdots,m);$$

其中 $W_{ij}=$ 第 j 个专家对第 i 个要素的权重估计值

(2) 计算每一个专家的估计值与平均估计值的偏差：

$$\Delta_{ij} = W_{ij} - \overline{M}(W_i)$$

然后，将结果反馈给参加者，使他们可以根据统计结果修改或坚持自己的观点和判断，作出第二轮咨询应答，对于 Δ_{ij} 偏差较大的专家，应建议其进一步论证，作出新的估计。如此经过若干次循环往复，让专家们充分反映各自的价值认识，并逐步取得一致意见，又不至于受到个别权威的制约，根据大多数专家的认识，来确定权重集。

3. 层次分析比较法

依次把指标分层结构中各层次上拟定的要素列出，请参加咨询的专家利用两两相比较的步骤，对这些要素的相对重要性程度逐一进行比较，并填写表 4-1。

表 4-1 权重咨询表

	要素 a_1	要素 a_2	要素 a_3
要素 a_1			
要素 a_2			
要素 a_3			

在进行比较和记录时，可采用两种方法：

(1) 以列的要素为基础，把它与行的要素逐一比较，只要认为列的要素比行的要素更为重要或两者同等重要，便在表中相应的格里打"√"，否则就空着不填。同一要素自身不作比较。例如，表4-2的填写人认为，要素 a_1 与 a_2 同等重要，而要素 a_3 则不如 a_1 和 a_2 重要。

表 4-2 权重咨询表（某专家填写）

	要素 a_1	要素 a_2	要素 a_3
要素 a_1		√	√
要素 a_2	√		√
要素 a_3			

用该方法进行咨询后，统计处理程序如下。

① 回收咨询表，统计出所有要素在对比中得"√"的总数，构造次数矩阵。例如，本例收回 30 张咨询表，统计结果见次数矩阵 A：

$$A = \begin{bmatrix} 1 & 30 & 6 \\ 19 & 1 & 11 \\ 29 & 25 & 1 \end{bmatrix}$$

矩阵 A 表明：根据 30 人在表 4-2 中打"√"的情况，判断 a_1 比 a_2 重要或相等的次数为 30，判断 a_1 比 a_3 重要或相等的次数为 6，判断 a_2 比 a_1 重要或相等的次数为 19，其余以此类推。

② 为了反映相互比较的两个要素的相对重要程度，把 A 中相比较的两要素次数归一化，得到相对应的比较矩阵 B：

$$B = \begin{bmatrix} 1 & 0.61 & 0.17 \\ 0.39 & 1 & 0.31 \\ 0.83 & 0.69 & 1 \end{bmatrix}$$

以上数字的计算：

$$\left. \begin{array}{l} 0.61 = 30 \div (30+19) \\ 0.39 = 19 \div (30+19) \end{array} \right\} a_1 \text{ 与 } a_2 \text{ 比较}$$

$$\left. \begin{array}{l} 0.31 = 11 \div (11+25) \\ 0.69 = 25 \div (11+25) \end{array} \right\} a_2 \text{ 与 } a_3 \text{ 比较}$$

$$\left. \begin{array}{l} 0.17 = 6 \div (6+29) \\ 0.83 = 29 \div (6+29) \end{array} \right\} a_1 \text{ 与 } a_3 \text{ 比较}$$

③ 比较矩阵 B 中的行元素（如 1，0.61，0.17）反映了同一个要素对不同要素比较的相对重要程度，而列元素（如 1，0.39，0.83）则反映了不同要素对同一要素比较的相对重要程度。因此，行元素之和将反映某一要素相对于总体的重要程度。然而，由于度量单位不同，无法将它们简单相加求和，所以要先对各列作归一化处理，得出判断矩阵 C：

$$C = \begin{bmatrix} 0.45 & 0.27 & 0.11 \\ 0.18 & 0.43 & 0.21 \\ 0.37 & 0.30 & 0.68 \end{bmatrix}$$

以上 $0.45 = 1 \div (1 + 0.39 + 0.83)$

$0.18 = 0.39 \div (1 + 0.39 + 0.83)$

$0.37 = 0.83 \div (1 + 0.39 + 0.83)$

$0.27 = 0.61 \div (0.61 + 1 + 0.69)$

$0.11 = 0.17 \div (0.17 + 0.31 + 1)$

其余以此类推。

④ 把判断矩阵 C 的各行要素分别相加，得向量 D：

$$D = \begin{bmatrix} 0.83 \\ 0.82 \\ 1.35 \end{bmatrix}$$

⑤ 把向量 D 经归一化处理，得向量 E：

$$E = \begin{bmatrix} 0.28 \\ 0.27 \\ 0.45 \end{bmatrix}$$

所得向量 E，便是所要求的权重向量。因此，要素 a_1 的权重为 0.28，要素 a_2 的权重为 0.27，要素 a_3 的权重为 0.45。

(2) 以列的要素为基础，把它与行的要素逐一作比较，要求参加咨询的专家对各要素作出较多层次的两两比较，按照表 4-3 提供的标度标准，在表 4-1 中的对应格中填写比较结果（1～9）。

例如，表 4-4 是某专家填写的咨询结果。该专家认为要素 a_2 和 a_3 同等重要，故其标度均为 1。要素 a_1 比 a_2 明显重要，故其标度为 5。反之，a_2 与 a_1 比，标度为 $\frac{1}{5}$。要素 a_3 比 a_1 的重要程度，介于明显重要和较显著重要之间，故标度为 6，而反过来，a_1 与 a_3 比，则标度为 $\frac{1}{6}$。

表 4-3 比较要素标准说明表

标度	定义	说明
1	同等重要	两者对目标的贡献同等重要
3	略为重要	根据经验,一要素比另一要素略为重要
5	明显重要	根据经验,一要素比另一要素明显重要
7	较显著重要	实践表明,一要素比另一要素较显著重要
9	极显著重要	可以断言,一要素具最显著的重要程度
2、4 6、8	相邻程度	其重要程度介于相邻程度之间
以上非零数字的倒数	若 a 与 b 比较时,判断 a 具有以上非零数字之一,则在 b 与 a 比较时,给予 b 的标度为具有相应非零数字的倒数。	

表 4-4 某专家咨询结果表

	a_1	a_2	a_3
a_1	1	5	1/6
a_2	1/5	1	1
a_3	6	1	1

根据该专家的咨询表结果,可构成其个人的比较矩阵:

$$B = \begin{bmatrix} 1 & 5 & \dfrac{1}{6} \\ \dfrac{1}{5} & 1 & 1 \\ 6 & 1 & 1 \end{bmatrix}$$

若有 30 个人参加咨询,即可构成 30 个比较矩阵。

依照上述(1)中的方法,对 B 的列元素进行归一化处理,得出每个人所记录的权重数。然后计算所有个人权重向量的平均值,即得出所求的权重向量。

（五）综合等级分值的制定

教育评价中常用综合等级分值来表示被评对象各主要方面的评价结果，因此，综合等级分值的制定也应当是指标体系设计工作中的一部分。综合等级分值的评定通常涉及三个步骤：定级因素权重的确定，定级因素作用分值的计算，以及定级因素总分值的计算。

1. 确定定级因素的权重

在多因素综合评定中，权重具有举足轻重的作用。根据计算时原始数据的来源不同，权重的确定方法大体可以分为主观赋权法和客观赋权法两大类。

主观赋权法主要是由专家根据经验主观判断而得到，如特尔菲法、因素成对比较法等。这些方法研究较早，也较为成熟，但是客观性较差。

客观赋权法的原始数据是由各指标在评价单位中的实际数据形成的，不依赖于人的主观判断，因而此类方法的客观性较强，如主成分分析法、离差最大化法、均方差权重法等。但在教育评价分等定级所选取的因素中，好多因素不能用量化的数字来表述，所以经常采用特尔菲法、层次分析法或因素成对比较法这些主观赋权法确定各种因素对机构质量级别的影响程度，即权重。可以通过多次主观赋权来提高其客观性。权重值与因素对机构质量影响的大小成正比，数值在 0~1 之间，各选定因素的权重值之和等于 1。

用特尔菲法确定权重时，可对各因素进行多轮次的专家打分，计算各因素权重平均值和离散度，通过方差运算，若专家打分的离散度满足 2 倍方差要求，可在各因素多轮专家打分的基础上确定因素权重值。

用因素成对比较法确定权重值，需对所选因素进行相对重要性两两比较后赋值。对比结果要符合 A 因素＞B 因素，B 因素＞C 因素，则 A 因素＞C 因素的关系；对因素所赋的值应在 0~1 范围内，同时两因素值之和等于 1。

此外还可选用层次分析法，对定级因素相对重要性进行判别，组成判断矩阵，计算权重值。因素相对重要性判别最好使用特尔菲法测定的数据，判断矩阵必须通过一致性检验；求算因素权重，可采用层次单排序计算。

2. 计算定级因素作用的分值

因素指标值与作用分的关系呈正相关，因素条件越好，作用分越高。根据因素自身条件的优劣等级，采用相对值法估算其作用分，按 0～100 分封闭区间赋分，取值范围为 0～100，最优分为 100。

3. 计算定级因素的总分值

定级因素总分值的计算可采用因素分值加权求和法，将单元各因素作用分值加权求和计算总分值。

（六）指标体系的定案成文

当设计者认为，已有的指标体系已达到一定的成熟程度时，便可以把它定案成文。在定稿以前，应注意以下两点：①指标体系常可用表格形式呈现，应力求使各层级指标的形式统一和整个体系的排列美观；②应尽可能纳入必不可少的重要信息，如权重系数、具体操作定义和评分标准等，增进指标体系的可理解性和便于操作性。

思考与练习

1. 简述评价方案的重要性。
2. 评价方案一般包括哪些主要内容？
3. 何为评价指标体系？其作用是什么？
4. 说明确定指标体系的原则与要求。
5. 描述设计指标体系的方法和步骤。
6. 理解并举例说明指标权重集的计算方法。

第五章

评价资料的收集

内容提要

确定评价方案之后，开始实施评价过程的首要工作是收集评价资料。学前教育评价的结果乃是依据评价过程中所收集到的评价资料作出的综合判断。因此，评价资料的全面性、正确性将直接影响到评价结果的可靠性和有效性。获得足够的客观有用的资料，必须依靠科学的收集方式。收集评价资料可采用多种方式。在学前教育评价中常用的方式主要有：观察记录、问卷调查、访问谈话、量表测查、自我报告、文件检阅等。本章将详细讨论收集评价资料过程中的各项工作和注意事项，以及主要的收集评价资料的方式方法及其技术要求和优缺点。

学习目标

1. 掌握获取全面有效的评价资料所应遵循的工作原则。
2. 了解获取全面有效的评价资料的各种具体方法及其特点。

关键词

资料的有效性和可靠性　观察记录　问卷调查　访问谈话
量表测查　自我报告　文件检阅　效度　信度

第一节 收集评价资料的过程与要求

确定评价方案之后,便可开始实施评价过程。首要的工作是收集评价资料。评价资料的收集是一项复杂而细致的工作,技术要求高,工作量大。若想事半功倍,用较少的人力、物力、财力去收集较大量的有效的系统的信息,首先必须明确评价目标,并根据评价目标选择适宜的资料收集方式。然后,必须做好资料收集的各项准备工作,包括制定资料收集工作的完成时间表,以及在材料准备、人员培训等各个环节做好合理的安排。

一、明确评价资料收集的目标

按照评价方案所规定的内容,以及评价指标体系中包含的各项指标,评价者应经过慎重的考虑和计划,对各项指标进行深入细致分析,决定收集评价资料的来源、对象、范围、数量和时间。明确评价资料收集目标的过程,也就是加深对评价指标理解的过程,可以统一材料收集人员的认识,使他们能够较为准确地把握各项评价指标实施的严格程度,使得不同人员收集的资料具有可比性。确定目标时必须注意:①收集的资料必须能切实反映事物的主要方面和特征,必要时注意收集具体事例和证据,避免忽略重要的评价信息;②尽可能明确详尽地规定操作定义,使资料项目既切中目的又便于观察记录,避免模棱两可;③根据指标特性,决定采用量化或质的资料方式,能用数量化处理的尽量收集数据,并尽可能采用质的说明和数据描述相结合的方式。

二、选择收集评价资料的方式

收集评价资料可采用多种方式。在学前教育评价中常用的方式主要有:观察记录、问卷调查、访问谈话、量表测查、自我报告和文件检阅等。

（一）观察记录

评价者依据指标体系中的各项指标,通过对被评对象在自然状态下的行为表现的实地观察来收集评价资料。这种观测方式可在基本不干扰正常教育教学活动的情况下进行，而且其结果较为可信。但自然观察或实地观察往往需要花费相当多的时间和精力，如果使用外来观察人员，还可能会给被评单位或个人的工作带来一定的影响。

（二）问卷调查

向评价对象或信息来源者发放调查问卷，要求他们书面回答调查表所提出的问题。这种获取信息的方式效率较高，可同时对许多人提出许多问题，取得多方面的大量信息。应答者在回答前也有充分的考虑时间，可以从容作答。为了提高信息的可靠性，经常采取匿名的方式。这种资料收集方式在了解情况和征求评价意见方面用得比较广泛。

（三）访问谈话

指两个或两个以上的人所进行的面对面的谈话，要求访谈对象回答的问题，通常是预先准备好的，但提问者可随意追问感兴趣的回答。因此，访谈具有较大的灵活性，可以根据访谈时的实际需要提出一些原先没有想到的问题，以弄清回答者表述不清的问题或查明某些事实背后的原因。但是，访谈很费时间，效率低，有时提问者的不恰当言行也会影响访谈对象的回答。

（四）量表测查

使用经过精心设计和严格考察的具有标准化程序的正式的测验量表，或具有一定局限性的非正式的测量工具，通过测验或测查获取一定的资料或数据。正式的测验或测查通常用于对儿童发展状况的诊断和筛选，非正式的测验或测查一般用于了解和改进日常的教育教学效果。对学前年龄阶段的幼儿使用的测验或测查需要考虑到幼儿的能力局限和反应特点。全面准确地了解幼儿的发展状况往往不能仅依赖于测验或测查，而需要综合经各种不同的途径和方式，从家长、教师、幼儿同伴等那里获取的资料，或通过对幼儿实际行为观察等收集的各方面的信息，作出全面评估。

（五）自我报告

由被评者对照评价标准及其要求，对本机构、本部门，或本人的有关情况，逐条检核后提交的自我评价报告。这种方式经常运用于对学前教育机构或教职员工的评价中。自我报告的使用不仅有助于获取第一手评价资料，而且体现了被评价者参评的权益，还可寻求对问题比较系统全面的资料。但自我评价中可能会出现不够客观或过分扬长避短的现象，评价者应采取一定的措施予以检核与监控，以保证评价资料的可靠性。

（六）文件检阅

根据评价方案的要求和指标系统的内容，对各种传媒方式，包括书面文字或报告、电子文件、机构档案、网络资料、儿童作品、教学方案、教学材料等进行系统全面检阅，并进行整理和归纳。常用于机构质量与管理、课程教材和人员的评价中。文件检阅方式比较易于操作，但必须在事先做许多必要的计划准备，如根据评价目的及需要确定资料的来源，选择切实有用的资料范围，并设计好相应的表格以便整理和归纳资料等。除了专门对研究文献评价之外，用于其他评价目的的文件检阅通常需和其他方式结合使用。

各种资料收集方式各有优缺点，选用时必须根据评价的目的和评价的实际情况作出综合性考虑，根据不同资料的特点、被评价者的特点和所要收集的具体内容，采用最合适的收集方式。在评价资料收集中，尽可能将多种资料收集方式结合使用，以便相互补充，提高评价资料的可靠性。此外，收集资料的详细程度，必须根据评价目的及评价资料可利用程度来决定。如果是形成性评价，仅对幼儿的发展水平作非正式评估，那么通过日常观察和测定所提供的评价资料往往就能满足要求。如果是终结性评价，要对幼儿的发展水平作出某种形式的鉴定，就不能仅依据一种测量所提供的数据，而应从多方面收集评价资料后，再据此作出慎重的判断。

三、准备收集评价资料的工具

实施评价前，必须做好相应的准备工作。这些工作包括设计和印制各种表格和问卷，准备相应的材料和工具，以供收集评价资料时使用。

学前教育评价中所涉及的各类表格、工具和问卷多种多样，有用于观察记录的,有作为检核评定的,也有用于意见调查的。有时用于某一方面的评价的表格也有好几种。如在评价幼儿健康和动作发展水平时用的表格至少有三种:规定评分标准及方法的"幼儿健康和动作发展评估表",用于记录每个幼儿各项评定结果的"观察记录表",对已经填好的观察记录表进行整理汇总的"评定结果汇总表"等。这些表格和问卷的选用主要取决于资料收集的目标和方式。在设计表格和问卷时,不仅要考虑如何尽可能广泛地收集评价信息,而且要计划如何处理和分析所收集到的资料,以便充分地利用所获得的评价信息。例如,构成问卷的题目,在选项的形式和计分方式上最好统一,便于在资料整理时,按照统一的标准计算统计值,并归入相应的资料汇总表,从而使各分量表或项目具有可比性,也便于检查和发现问题,及时调整,让这些信息能够最大限度地为评价工作服务。再则,可以鼓励评价者剔除表格或问卷中不必要的项目,增加一些需要详细了解的问题,以适合评价者的要求。

无论采取何种收集评价资料的方式,所设计或选用的收集资料的工具都应当具有尽可能高的效度和信度。效度是指所测得的特征与所要测量的特征之间的一致性;信度是指在多次测量中被测者对工具的反应保持一致的程度,或被测者对工具的不同部分的反应之间具有一致性。

在学前教育评价中,除了使用表格和问卷外,还常常辅以一些材料和工具。这些材料大多用于幼儿发展评价之中,如测评幼儿大肌肉动作时,可能需要一个10级以上的楼梯,作为障碍物的易拉罐、哨子;测评幼儿听觉时,需要提供铃鼓、木鱼、大鼓等乐器,或录有哭、笑、汽车鸣笛、动物叫等声音的录音带;等等。这些材料的使用较为简单,但种类多,数量大,评价前必须认真检查,以免遗漏。对于评价中有可能用到的比较复杂的工具,如录音、录像设备,则必须事前学会操作,多加演练,以免临场误事。

四、培训收集评价资料的人员

评价工作人员的选择和评价队伍的形成,应根据评价的目的、资料收集与分析工作的需求而定。评价工作人员必须有明确的职责分工并接受相应的培训。学前教育评价项目的主持人或专职评价人员必须经过学前教育专业和教育评价有关课程的学习,并有一定的实际评价工作的经验。学前教育机构的行政管理人员和教职员工等,既可能作为评价对象,也可能作为评价资料的收集者。他们对机构情况和儿童的特征具有一定程度的了解,但在行使评价工作职责之前,有必要经书面的、口头的或其他方式接受与特定评价工作有关的培训。

对资料收集人员的培训工作,首先是了解目的,明确任务,统一思想。资料收集人员必须清晰地理解并赞同评价的目的、目标、步骤和方法,在评价过程中自觉地协调一致地行动。通过培训,要使评价人员深入具体地了解资料收集方法的特点和注意事项,以及如何正确使用评价工具与表格,怎样客观地记录和合理地整理资料等,以便正确地履行资料收集的程序。在培训时,要使教师正确理解评价的意义和作用,摆正评价幼儿发展与评价教师工作之间的关系,认识到对幼儿发展的评价主要是为改进教育过程提供依据。也可辅以一些评价管理上的措施,把"能否客观地评价幼儿发展"作为评价教师工作态度的一项指标,幼儿园将在信任教师的前提下,不定期抽查教师对幼儿的观察与评价记录,看其对幼儿评定的客观性,这将作为评价教师工作质量的依据之一。最后再组织教师通过多次试评,在实践中正确地把握每项评价指标的宽严程度,使评价结果趋于客观、正确和可信。

第二节 常用的资料收集方法

一、问卷调查

问卷调查,即通过书面问答的形式,收集有关被评对象的个人行为和态度的一种评价资料收集方式。该方法比较简便易行,能在较短的时间内收集到许多被评者的较为广泛的资料,而且往往便于整理和统计分析。在学前教育评价中，问卷调查主要应用于幼儿教师和家长，了解他们对幼儿园各项工作的意见，以及幼儿的学习与发展进步的情况等。

问卷也可用于专家调查。这种方法是美国兰德公司在 20 世纪 60 年代首创，它开始是用于技术发展预测，以后推广用于其他领域，在国外广为流传。专家调查法即把调查表发给专家填写，然后收回加以整理，形成正式意见。如果专家们有不同意见，也可把这些不同意见整理后，再向专家征询，采用第二轮征询或第三轮征询。在采用该方法时选择专家十分重要，这些人必须精通专业，而且征询专家的人数不能太少，否则缺乏代表性。这种方法具有较多优点，可以依靠专家们的丰富知识和宝贵经验，评估有一定基础，而且专家们都不见面，可以充分发挥独立思考的作用，收集到各方面的意见。

问卷的设计和编制是一项技术要求较高的工作。题目的设计要针对调查的对象，所含问题的数量应当适宜。由于调查者与被调查者一般不直接进行言语交流，因此要获得较满意的调查结果，在问卷的设计与编制方面应付出特别的努力。这里主要论述针对教师和家长的问卷调查（陈社育，1994）。

（一）问卷题目的形式

问卷调查题目的形式各异，有问答题、填充题、选择题、排序题等。问答题和填充题的答题自由度较大，而选择题和排序题的答案则由问卷编制者提供，故而答题时的约束性较强。

1. 问答题

即被调查对象可以按照自己的想法自由作答。如调查家长对幼儿园保教工作的意见时，可用"你认为本幼儿园的保教工作在哪些方面有待改进"等问题。

2. 填充题

即要求调查对象在规定的地方或空格中填词或填数字的题目。如调查幼儿在家生活规律时用的题目："早上_____点_____分起床，晚上_____点_____分睡觉。"

3. 选择题

即调查对象只能在调查者列出的几个答案中选择出一个或几个答案的题

目。按照选择形式，又可将选择题分为：

（1）是否式，即只要求对象表示"是"或"否"的问题。如家长问卷中调查幼儿社会能力的一条项目："您的孩子是否喜欢大多数周围熟悉的人？是＿＿＿否＿＿＿。"

（2）菜单式，即列出一些并列的代表不同内容的备选项目。如："您认为孩子要有出息，最重要在于从小就能做到：①学习成绩优秀；②聪明伶俐；③品德良好；④劳动能力强；⑤善于和人交往；⑥有文艺特长；⑦有自信心；⑧其他＿＿＿。"

（3）等级式，即用一些等级词汇作为备选项目来表示调查对象的倾向或态度的题目。如："您的孩子回家抱怨小朋友对自己不友好吗？很少＿＿＿有时＿＿＿经常＿＿＿。"

4. 排序题

即让调查对象按一定依据给某种事物特性编排顺序的题目。例如，调查教师对幼儿园各项管理的满意程度，可出这道题："请您对本园下列各项管理按满意程度由满意到不满意排列：A. 园务管理；B. 教育教学；C. 卫生保健；D. 园舍建设；E. 师资培训。"

对于这4种题型的选项，必须根据题型的特点及调查目的和调查内容加以确定。一份问卷可以由同一类型的题组成，也可以由不同类型的题组成，一般来讲，对于问答题，由于作答较为费时，且结果也难处理，故在整个问卷中只用于那些很有必要深入了解或原来心中无数，需要摸底的方面。因此，一张问卷表中问答题最多只能有两三题。对于填充题，虽属于自由性答题，调查对象可以自由作答，但由于前面语句的限定作用，所填内容往往相对集中，因此也便于统计整理，且答题较快、简洁，一张问卷中可以出许多题目，用来广泛收集具体而琐碎的事实材料。但是，由于填充的答案不像选择题那样几选一，所以仍必须事先拟定一个归纳分类的方案。选择题形式多样，备选答案有限，解答简便、明确，便于统计处理，在目前的问卷调查中是最为广泛使用的一种形式，具有广泛的覆盖面，可以起到多道题的功效，了解到调查对象对几件事情的相对态度。但选择此种题型时，要求各选项务必穷尽，但又不能过多，一般不应超过6～8个项目。过多了，调查对象常常会在比较时顾此失彼，难以作出较客观的权衡。因此，在出题时对备选项目的归纳应当适当。一张问卷表中题型的选择，除了依据各题型的特点外，还必须考虑到下列四个因素：①调查对象的数目；②评价者所需信息的数量与类型；③评价者处理和解释信息的时间量；④评价者能够预测可能答案范围的程度。如果调查对象的数目多，评价者所需信息广，并且处理和解释信息的时间量有限，则应多用后三种题型。如果调查对象数目有限，而评价者不能很好地预测可能答案的范围的程度，则要适当多一些问答题。在目前的学前教育评价中，由于人们比较注重评价信息的时效性，一般一张问卷除少量问答题外，主要部分还是后三种题型。

（二）调查题目的编拟

采用问卷调查收集评价资料，完全依赖于语言文字传递信息，因此尤其要注意语言用词。有三点必须考虑。

1. 针对调查对象选用适宜的词汇

不同的调查对象群体对词汇意思的理解可能会有所不同。某些词语对某些特定的调查对象具有独特的含义，这些词语如用得适当，有时也能极好地表达问题的意思，用得不好，则常常会适得其反。因此，在出题前必须对调查对象的文化背景和文化水准有较为全面的了解。鉴于目前学前教育评价中的调查对象是幼儿教师和家长，文化程度参差不齐，一般来说，应使用简单明了的词语，避免专用术语和那些意思含混不清的词语或模棱两可的解释，多重否定可能造成理解含混而使答题者误解题意，应避免使用。

2. 问题的陈述方式必须有利于调查对象的回答

问题的表述方式直接影响到调查对象的回答，要获得满意的答题效果，必须为答题者提供方便，避免答题时出现左右为难的局面。为此，出题时需从三个方面去检查。一方面，检查一个句子或问题中是否包括了两个以上独立的含义，如有，则应将该题目分为两题。另一方面，检查选择题中所提供的备选项目是否包括所有可能的答案，如没有，则应在备选项目中增加一项"其他"。有些问卷表所述问题或态度，可能是某些答题者不甚熟悉或不感兴趣的，则应把"没有考虑过"作为一种选择。最后一方面，检查问题陈述中是否出现意义诱导，即对答案的暗示性或倾向性。这种暗示或倾向可能使得答题者所作的回答不是他们一贯所想的，而是被问到这个题目时因受到暗示而考虑到的。如有这种情况，应予以矫正。

3. 防止调查对象群体受到"社会认可效应"的影响

应答者往往希望自己的回答是可以接受的，能得到社会认可，而不愿意选择那些看起来就是违反社会规范或易于受到他人指责的答案，这种现象在目前的问卷调查中时有出现，其根源在于调查对象潜意识中所具有的自我保护意识。为避免社会认可效应影响某些问题的回答，往往必须改变问题的表述方式，将调查答题者本人的意见改为涉及"一般人"，或尽量使得题目或答案看起来是中性，而不明显违反社会规范，等等。所有的措施都是为了淡化回答者的防范心理，争取他们的合作，使得他们的回答真实可靠。

（三）调查问卷的配置和印刷

按照调查问卷编制结构的顺序，配置和印刷调查问卷时需要考虑以下几点。

1. 拟写指导语

指导语是用来解释问卷调查的目的和提供回答问题的指导方针，通常放在问卷的开头，并且言简意赅，文字亲切，如下例调查幼儿习惯的家长问卷指导语。

小朋友家长：

　　为了帮助教师进一步了解孩子的发展情况，以便对您的孩子加强个别指导，促进孩子全面发展，特请您抽空填写此份家长问卷。

　　我们希望能从您那里得到客观、真实的信息，从而有效地改善我们的教育计划和日常工作。请您打消顾虑，根据您在日常生活中对孩子的大量观察和印象积累，如实填写问卷。

> 我们将与您默契合作，促进孩子更好地发展。
>
> 谢谢您的合作。
>
> ×××幼儿园
>
> ××年×月×日

2. 决定实质性调查项目的数量和顺序

完成调查目的的实质性问题的编排工作，首先，需要决定调查项目的数量，这时一方面要考虑所列项目是否覆盖调查内容，是否有遗漏，另一方面还要考虑答卷时间。一般应控制在半小时以内，篇幅最多为16开的三四页。

其次，需要决定问题的排列顺序。问题的排列，一方面应该由易到难，使答题者一开始就感到顺手，愿意继续做下去；另一方面应将同一类型题目放在一起，以避免题型变换影响调查对象思维的连贯性和答题的速度，并且在各种题型的开始，除与上一种题型的间隔要清楚外，还要加上本种题型填答方式说明，以帮助调查对象完成答题。题型也应由简单到复杂进行排列，且在一份问卷中所选题型的种类不宜太多，应根据实际情况而定。

3. 设计问卷页面的外观，印制问卷

问卷的外观也是很重要的，它将直接影响到调查对象的填答意向。确保问卷页面美观，必须搞好问卷页面的设计和编辑。印刷字体的选择应有所区分，如对问卷中的指导语和各类型题目前面的说明可使用黑体，而对正文调查题目用仿宋体，可使得指导语和各部分说明显而易见，易被答卷者所重视，并且整份问卷显得层次清楚，结构分明。题目与备选答案的空间位置应相对靠近，防止答卷者因漏读而忽略某些备选答案。当使用问答题时，留作回答的空白的大小应适宜。除此以外还应注意格式整齐。如果题目放在左边，备选项放在右边，则应在各题间注意题目与题目，备选项与备选项的纵向对齐。

（四）问卷的使用与修订

一般而言，调查问卷需经若干次使用和修改，最后才形成一份成熟的问卷，作为评价中例行的调查工具。应通过试用来发现是否在题目的措辞上有歧义或含混不清之处，在选择题的备选项上是否有重复或有遗漏，调查对象对于某些问题是否不愿合作，以及问卷的篇幅和答卷的时间是否合适等，并针对问题加以改进。在试用时还应注意选择与正式调查对象特点相近的人，按照设计好的方案进行。当正式问卷印制好后，便可选择调查时间，分发问卷，组织调查。在学前教育评价中，调查对象主要是幼儿教师和家长，一般都应当面分发，可由评价者亲自组织调查对象集体答卷，并当场解释答题中的一些技术性问题，当场回收问卷。也可以让调查对象带回家填答，但应尽量要求几天内交齐，以保证回收率。

二、观察记录

观察记录，即通过感官或一定的仪器设备，有目的、有计划地观察儿童的行为表现，记录观察到的事实并加以分析、归纳和解释，以了解儿童各个方面的发展。

（一）观察法的使用范围及使用要求

观察法是测量与评价幼儿发展状况的最基本、最普遍，也是最重要的方法，特别适合幼儿教师和家长通过日常活动收集幼儿发展的有关信息，通过观察幼儿的行为，了解幼儿的身体发育和心理特征，及时发现幼儿可能存在的问题行为和心理障碍，为进一步教育和干预提供依据。例如，教师可以在幼儿的游戏和自由活动时间观察幼儿的创造性、语言能力、同伴关系、分享行为或攻击性行为等方面的表现。

观察法的优点是可以在儿童行为发生的当时，现场进行观察、记录，能够收集到比口头报告或问卷调查更及时、客观、全面、准确的资料。但是，观察法也有一定局限性。比如，观察资料的收集和解释在很大程度上受到观察者本人的知识能力水平等因素的影响，许多行为在观察时并不一定会发生，而且观察法的运用往往需要花费较多的人力和时间。

对幼儿发展的观察需要在明确的观察目的的指导下进行，观察者必须有一定的知识经验的准备,如对幼儿发展的年龄特征和规律有一定的认识,并具备记录、整理、分析和综合观察获取资料的能力。

对幼儿的观察应根据评价的目的和要求,采用不同的形式,如自然观察、情景观察和行为观察等。自然观察是在幼儿正常的生活和活动中自然地观察和记录幼儿的行为表现。这种观察形式不会干扰幼儿的行为,观察的结果能较真实地反映幼儿的行为表现,故而适宜教师和家长在日常活动中随时采用。情景观察,即根据观察目的设置某些条件或一定的情景,让幼儿在这个特定的情景中承担一定的角色或从事某些活动,观察该幼儿在这种情景条件中的行为表现。例如,问幼儿:"如果你把别人的东西弄坏了,你会做些什么?"这种观察所获取的幼儿行为表现的资料,是可以受到观察者的控制的,有的是可以重复验证的,可以用于具有科学研究性质的评价。

(二)观察结果的记录方式

对观察结果的记录方式应根据观察目的和观察方式而决定。本书为了便于说明,将诸多的观察记录方式大致分为四种类型:描述性记录,量化记录,标准参照观察方法,作品取样/档案文件法(见图5-1)。根据各种具体的观察记录方法的特点,都可以归结到这四种类型所组成的网络图中的相对象限中的特定的位置,例如,"频率计数"方法具有量化分析的特点,又可运用于综和分析儿童发展档案文件夹中的某些行为的出现频率,因此其位置可处于档案文件夹和量化记录二者之间。又如,"清单检测"方法中的项目可以依据标准参照量表选定,而有些项目的检测结果又可以辅之于描述性的记录,故其位置可处于标准参照方法和描述性方法之间。然而,此种归类方式只是相对的,根据各种方法的实际运用而具有一定的灵活性和动态性。例如,如果把"频率计数"法与"等级评定"法结合起来运用,对全班儿童在某特定时间内的某方面发展情况的等级评定加以频率计数,则此时"频率计数"法的位置便可处于量化记录和标准参照方法之间。因此,各种观察记录的方法可以也应当根据实际情况和需要结合起来加以运用。

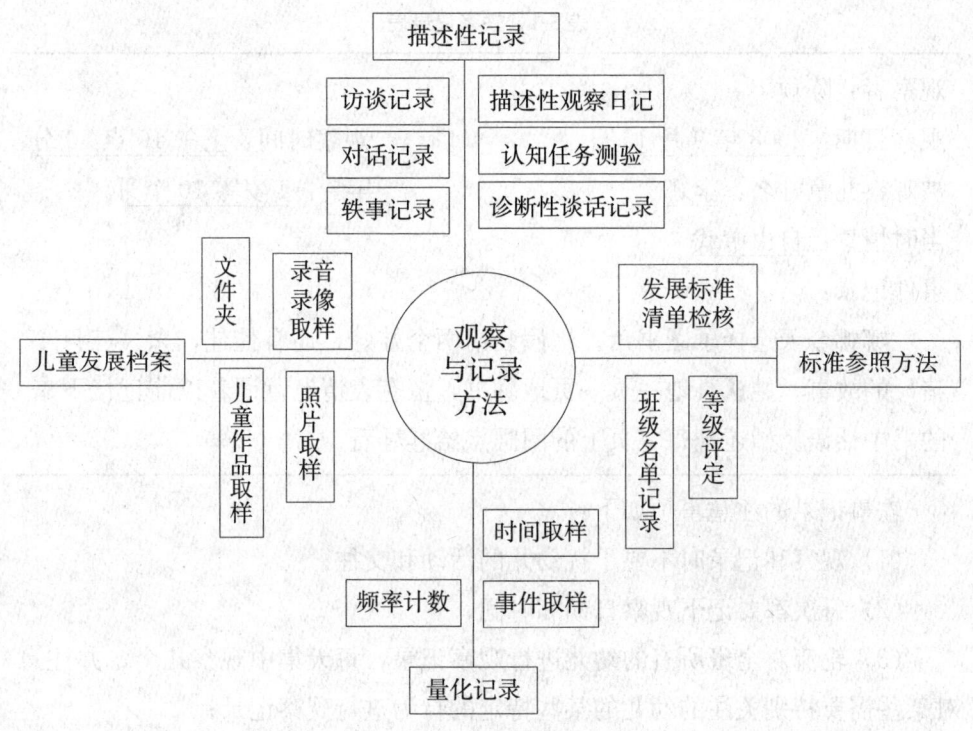

图 5-1　观察记录方法网络图

以下介绍如何使用图 5-1 所提及的部分观察方法来收集评价资料。

1. 轶事记录

轶事记录即教师在日常工作中随时记录并积累的，关于幼儿行为和技能表现的简单的事实记录。这种记录应当尽可能客观反映当时事件发生的真实情况，而且往往只需用短短几个句子。轶事记录的内容能帮助教师较为准确地了解和评价个体幼儿的发展与进步，针对性地为不同幼儿选择适宜的教育内容和活动提供启发，也可在期末或年终为幼儿进行终结性评估提供可靠的依据。教师应当在日常教育教学活动中时时留心，注意及时记录对不同的个体幼儿来说有意义的或具有里程碑意义的轶事。有时轶事记录也可以用较多的句子，比较详细地记录一个特定时间内幼儿的全部举止言谈。这种记录在分析幼儿的社会性情绪情感和交往技能方面特别有用。这种观察记录方式常用于评价分析幼儿的社会性情绪情感和交往技能方面的发展（参见表 5-1）。

表 5-1　轶事记录表

观察者：陈颖

观察日期：<u>2008 年 9 月 10 日</u>　　　　　观察时间：<u>上午 10 点 30 分</u>

被观察儿童姓名：<u>李娜</u>　　　　　　　　年龄：<u>4 岁零 10 个月</u>

当时情景：<u>自由游戏</u>

事件记录：

　　娜娜今天选择了图书角。她假装给两个娃娃，还有佳佳，念《三只小猪》的故事。她认真地一页一页地翻书，蛮有表情地背诵着以前记忆下来的书中话语。她还把每一页上的图画点给娃娃看。

轶事记录的注意事项如下：

（1）观察和记录时不要干扰幼儿的活动和交往；

（2）每次都要记下观察日期和时间；

（3）轮流对全班所有的幼儿进行观察记录，每天集中观察几个，并注意对某些需要特别关注的幼儿的某些特定的行为进行观察记录；

（4）在不同情境中对幼儿进行观察；

（5）客观地记录所发生的事实，将观察者的主观解释分开记录；

（6）为节省时间可采用缩写和符号，但事后应及时补详；

（7）观察中不将某个幼儿与其他幼儿相比较；

（8）让幼儿知道老师为什么有时会观察记录他们的表现；

（9）分门别类地妥善保管对每个幼儿的观察记录。

2. 观察日记

观察日记是具有较大灵活性的描述性记录，是指对所观察到的实际行为进行文字描述。观察者在一段时间里反复持续地记录幼儿的某种需要特别关注的行为，如反常的情绪、攻击性行为或发展里程碑行为等。记录的时间、情景和长度由观察者根据需要和可能性而定，没有内容和形式上的限制，具有较强的随意性和主观倾向性。观察日记常包括对当时的客观行为描述，观察者的想法和对情景及行为的说明与解释。

观察日记通常在日常生活中进行，往往用于对个别（或少数）对象的日常观察。使用这一方法要求观察者与观察对象之间具有较为密切的关系，例如能与幼儿经常接触的教师，幼儿的父母或其他家庭人员。由父母或亲属担任观察记录者时，由于亲子关系或亲属关系在情感上的特殊联系，这些观察者往往在观察记录中加入某些感情色彩或主观偏向，致使记录结果不够客观，因此在评价资料的收集过程中若采用此方法，须对记录者进行培训。

3. 清单检核

清单检核表由一组与年龄相宜的关于某方面学习和发展的项目组成，常涉及学习的内容范围或系列技能，用于具体的可观察到的行为表现、能力、态度、过程等，可以是标准化的也可以是由幼儿园或教师自己设计的。使用时只需根据幼儿是否达到所列的目标或指标，在有关的项目上打钩，简便易行。使用时可以根据教师对幼儿的日常观察与了解，由教师根据经验加以评定，也可以在必要时通过教师与幼儿的一对一谈话，确定幼儿对某些方面的具体的知识技能是否掌握或理解。同样的清单检核表可以对幼儿多次使用，以检核幼儿在这些项目上是否有进步，或发展进步的速率和时间表。

清单检核项目应根据课程目标或具体的学习活动的目标精心选择而定，检核项目的特征必须具体明确，易于观察，并便于让家长理解，便于和家长交流，但检核表不宜单独用作学年末的幼儿发展报告单。必要时教师可在项目旁边注释，以便以后解释。使用标准化的清单检核表，必须认真研读使用手册，严格把握各项目的定义标准和评定要求（参见表 5-2）。

表 5-2 了解幼儿关于书籍知识的清单检核表

观察记录者：_____

观察日期：_____　　　　记录时间：_____

幼儿姓名：_____　　　　幼儿年龄：_____

幼儿关于书籍的知识

幼儿知道：

☐ 每一本书都有名字、作者和插图

续表

☐书中的文字可以传达意思
☐插图也有意思,但是不能像字一样读出来
☐读书时应从左到右
☐有的字放在一起就成了有特别意义的词
☐有些字词(如书名、作者等)可以帮助人们谈论他们读的是什么书

适用于清单检核的项目举例:
(1) 语言和文学活动
① 聆听
能辨别周围环境中的各种声音
唱歌或用乐器奏出音乐
注意地听和说
饶有兴致地听(故事或音乐)
② 说话
发展与同伴和成人对话的能力
在小组内发言和在全班面前讲话
运用在文学活动中接触过的字词
提出问题和回答问题
运用逐渐复杂的句型
③ 阅读
知道书面文字和符号能传达意思
增加接受性和表达性词汇
熟悉图书的结构和特点
大声读书
逐渐理解故事的结构
逐步学习和提高认字技能
④ 写字

辨认字形

用纸和笔练习写数字和画画

在画上加字

通过画画表达自己的意思，并逐步过渡到写字

(2) 数学活动

① 数字

唱数：按顺序说出自然数 1~100 的标准排列

点数实物：口手一致地数到 20，并说出总数

目测数：一眼就能看出并报出 5 以内实物

比较数的多少：通过点数比较 10 以内实物，会用一样多、比……多（少）等词汇

加减：解决应用题等

组成与分解：归总与拆零。看到 2 个和 3 个两组实物，会很快说出总数 5

② 图形

认识常见形状：圆形、方形、长方形，以及任何尺寸或摆放方向的三角形

几何拼图：将各种图形拼放在轮廓图中（如七巧板等）

变形与对称：通过翻转等找出相同的或对称的形状

方位概念：用玩具代替室内家具等，摆出教室的模拟地图

③ 测量

通过对第三个物体的测量，比较其他两个物体的长度

4. 等级评定

与清单检核相似，但包含对所列项目达到目标的程度（以若干个等级来表示），而清单评定只表示达到或未达到。有时等级评定量表中还可以列出对指标的定义或解释，用来指导等级评定的实施。教师赋予幼儿发展的等级通常根据教师所积累的经验和对本班幼儿的总体了解而作出评定，与正式用

于幼儿发展的等级评定是有区别的，其性质是形成性评价，目的是发现幼儿的进步轨迹，或发现某些具体教育活动或内容的效果，以便改进教育计划。在对幼儿进行终结性评价或作出某种发展水平的结论时，必须综合其他各种信息来源的结果。表 5-3 是一例对婴幼儿认知技能进行日常观察的等级评定表。

表 5-3　婴幼儿认知技能日常观察等级评定表

观察者：_____　　　　　　日期：_____

婴幼儿姓名：_____　　　　年龄：_____

对婴幼儿的下列各项技能作等级评定

最低水平为 1，最高水平为 5，0 表示幼儿尚未出现该项技能

技能项目	技能水平
1. 自己解决问题	0　1　2　3　4　5
2. 在清楚的选项中能作出选择	0　1　2　3　4　5
3. 行动之前先有计划	0　1　2　3　4　5
4. 参与角色游戏	0　1　2　3　4　5
5. 执行简单指令	0　1　2　3　4　5
6. 会模仿不同动物的叫声	0　1　2　3　4　5
7. 看图书时正确翻书页	0　1　2　3　4　5
8. 自发地涂鸦	0　1　2　3　4　5
9. 能画出三个完整的图形（圆形、方形、三角形）	0　1　2　3　4　5
10. 用自己的名字称呼自己	0　1　2　3　4　5

等级评定还可用于幼儿的自我评价。幼儿的自我评价是自我意识发展的组成部分，在幼儿的自信心、情绪等社会性能力的发展中具有重要的作用。教师可以根据教育计划的进展，有目的地设计幼儿自我评价表，结合教师的其他观察方式，深入了解幼儿在有关方面的学习兴趣和进步。例如，可用彩色硬纸板作三个圆脸图，分别画上高兴的、中性的、难过的表情，向幼儿提出下列问题时，让他们选择一张圆脸图表示自己的回答。

(1) 当你一个人看一本书的时候，你感觉怎么样？
(2) 我要是请你说说你画的图画，你会感觉怎么样？
(3) 你早上起床时，知道今天要上幼儿园，你会感觉怎么样？
(4) 当老师对着全班读故事书时，你感觉怎么样？
(5) 当你一个人玩游戏的时候，你感觉怎么样？
(6) 当有人请你玩游戏的时候，你感觉怎么样？
(7) 我们要到教室外面玩游戏去了，这时你会感觉怎么样？
(8) 当我们在教室里唱歌的时候，你感觉怎么样？
(9) 如果老师要求你用纸和笔做算术题，你会感觉怎么样？
(10) 你愿意给全班小朋友讲故事吗？
(11) 教师评语：_____。

5. 取样观察

取样观察是指在一段时间内或在某种事件进行期间进行观察记录。有两种方式。一种是时间取样（如每10分钟或15分钟观察记录一次）；另一种是事件取样（如记录并统计幼儿从事某项活动如帮助别人的次数）。

(1) 时间取样，即在确定的时间内，按一定的时段观察预先确定好的行为，或按预先规定好的行为分类系统将行为归类。例如，每周三天，每天在自由游戏时间内，对每个幼儿轮流观察5分钟，持续6周。观察时，每隔半分钟为观察到的行为归类。成功地使用时间取样观察的关键在于预先设计好所要观察记录的行为的详细操作定义，以及系统的行为记录表格。观察者必须经过一定的培训，熟记操作定义和行为分类标准，以便迅速准确地对观察到的行为进行判断和记录。由于时间取样观察法要求作大量的研究、设计和准备工作，故可能使观察结果比较具有客观性和代表性，并可得到关于行为频率的资料，提供量化分析结果，有助于提高评价结果的科学性，常用于含有研究性质的评价项目。例如，中央教科所的六省市幼教机构教育评价研究（项宗萍等，1995）中采用30秒间隔时间抽样观察法，在每30秒的第一秒观察并记录下样本幼儿的活动内容、参与程度、伴随言语，以及直接交往幼儿数、直接交往成人数和社交背景等情况。如此连续观察记录 10 分钟，可得 20 个记录。对每个幼儿观察两个上午，每个上午观察两次，因此每人共获 80 个记录。

（2）事件取样，是预先选择和规定所要观察的行为或事件，观察时等候事件出现，再加以记录。事件取样与时间取样不同的是，事件取样不受时间间隔与时段的限制，只要事件一出现，便可记录，且可随事件的发展持续地记录。记录时，既可采用事先准备好的行为环境记录表格，也可做描述性写实记录，以便保留事件的完整性和连续性。因此，事件取样适用面较广，对于经常与幼儿相处的观察者更为有用。由于事件取样所观察到的现象可能在不同的情景下具有异质性，所以应注意记录和分析事件发生时的情景或背景。

例如，要对某幼儿攻击性行为进行教育干预，可以利用表5-4，在干预计划前后对该幼儿侵犯性行为事件进行观察记录，以便深入了解事件发生的特点和幼儿的行为特征，有的放矢地拟订计划加以教育干预。

表 5-4　对幼儿攻击性行为事件的观察记录表

姓名							
年龄							
发生背景							
时间	行为性质	行为对象	行为结果	持续时间	言语内容	动作内容
x 时 x 分						
x 点 x 分						
x 点 x 分						
x 点 x 分						
x 点 x 分						
x 点 x 分						

在对某种活动或事件进行连续观察和记录时，如果涉及的对象多，用语言记录比较困难，可用预先规定好的符号系统进行记录。记录者应事先熟记

这些符号,并经一段时间的练习后方可正式使用。使用时,手头应备有符号说明表,以免当时遗忘。在制定符号系统时,必须首先进行行为的分类,考虑好观察中可能出现的行为类型,或选定研究者特别感兴趣的特定行为作为观察记录的目标。然后,用不同的符号代表各具体行为。例如,要观察记录课堂中幼儿对教师的提问作出的反应,可参考表 5-5 中的行为类型及其符号系统,用于图 5-2 中。

表 5-5　幼儿对教师提问的反应符号系统

符号	行为或反应类型
A	幼儿举手
B	幼儿举手后被教师叫起
C	未举手而被教师叫起
D	幼儿提问
E	幼儿讲话未被教师注意
0	幼儿未作反应
1	幼儿作不适宜反应
2	幼儿作适宜反应
3	幼儿作良好反应
4	幼儿作极好反应
B_0	举手并被叫起时未作反应
C_0	未举手并被叫起时未作反应
B_1	举手并被叫起时作不适宜反应
C_1	未举手并被叫起时作不适宜反应
B_2	举手并被叫起时作适宜反应
C_2	未举手并被叫起时作适宜反应
B_3	举手并被叫起时作良好反应
C_3	未举手并被叫起时作良好反应
B_4	举手并被叫起时作极好反应
C_4	未举手并被叫起时作极好反应

(资料来源:王坚红,1993)

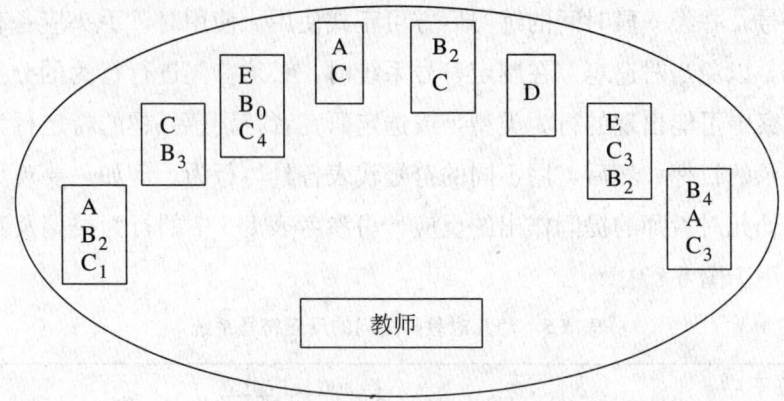

图 5-2　幼儿座位表编码观察记录图

用以上符号记录,迅速方便,一目了然。不仅可了解幼儿的反应行为,还可帮助教师了解自己组织教学活动时需要改进之处。如对某些个别幼儿需要加强注意;有的孩子在某方面需要额外帮助;等等。

有时还可采用经过严格研究制定出的用于记录观察结果的行为评定量表,例如 ASEBA 儿童行为直接观察评定表(ASEBA:Child Behavior Checklist-Direct Observation Form,DOF),是近年来运用较多的一种综合性的大型观察记录表。它包括 96 个项目,每个项目以 4 个等级记分,即"0"表示全无此种行为表现,"1"代表有一点,"2"代表比较明显,"3"代表非常明显。观察者观察每个儿童 10 分钟,每隔一分钟记录一次,结束后在 96 个项目的量表上评分。根据所记分数,可以提示儿童是否有多动、攻击性行为、社会退缩行为、社会适应不良等问题。

(三)各种观察记录工具的特点比较

观察记录工具各有利弊,不能简单地说哪一种最好。只有最适合于观察目的的工具才是最好的工具。表 5-6 总结了各种观察记录工具的优点和缺点。

表 5-6 各种观察记录工具的优缺点比较表

观察记录工具	优点	缺点
轶事记录	易于操作，只需纸和笔 不需正式训练 可以事后记录，家长也可做，可用于许多情景	观察信息的质量依赖于记录者的能力 可能记录的并非幼儿的典型行为 除非定期持续反复记录，否则提供的信息不全面
观察日记	可追踪幼儿的发展，发现其行为特征 提供幼儿的经验历史 不需正式训练 可以事后记录，家长也可做	可靠性取决于观察记录者 信息的系统性取决于观察记录者 要求一定的写作技能 难以避免观察者主观偏见
清单记录	易于操作，不需写作技能 不需判断程度，只需决定是或否 有时需培训，但通常不需 可用于多种用途和情景	资料的质量取决于工具本身的质量 有用性取决于工具的综合性 不提供频率资料 可能需要购买标准化工具
等级评定	能较好地测评技能 可用于多种用途和情景 可以事后记录 有时需专门培训，但经常不需 不需写作技能	依赖判断，难以避免主观偏见 资料的质量取决于工具本身的质量 信息的系统性取决于工具的综合性 可能倾向于避免两极，选择中点 可能需要购买标准化工具
取样观察	有时需正式训练 不需写作技能 有时可让家长和幼儿协作 可获得行为频率资料	会感到冗繁 观察者要有坚持性 可能需要购买标准化工具

三、量表测验

量表测验法，即通过有关儿童发展的测验量表，按照规定程序，通过测量的方法来收集儿童发展水平的数量化资料的一种方法。

（一）量表测验法的适用范围

量表测验法通常使用标准化的测验，将其得分与常模分数相比较，了解儿童的发展水平。

使用标准化测验的主要目的在于诊断与度量儿童是否处于正常发展水平，以便及时发现儿童的特殊才能以及确定儿童在发展中所存在的问题、缺陷或障碍。标准化测验是对儿童心理特质进行测量时所使用的工具，通常是由一组精心设计并获得信度和效度证据的测试题目或项目组成，其作用在于抽取一组标准化的行为样本，然后观察和分析被试者对这组行为样本的反应，从而作出推论和解释。标准化测验常模（norm）的适合性是重要考量。常模是一种供比较的标准量数，由标准化样本测试结果计算而来，它是标准化测验时用于比较和解释测验结果的参照分数标准。常模建立在样本来源的基础上，比较时也应当与该常模所依据的人群相宜。

智力测验是最常用的标准化测验。智力测验的结果，通常用心理年龄（Mentalage Age，简称 MA）和智力商数（Intelligence Quotient，简称 IQ）来表示。智商是心理年龄（MA）与实足年龄（Chronological Age，简称 CA）之比，因而也称为比率智商（Ratio IQ）。智商的计算公式是：智商＝心理年龄/实足年龄×100。由于智商是心理年龄除以实足年龄的得数，所以智商为 100 者，其智力相当于同年龄人的一般水平，属于中等智力。在一般人口中，智商呈正态分布，即中等水平的是大多数，两端的是少数。

适用于婴幼儿的诊断性测验有多种，有的能对儿童多方面发展状况进行测量和评估，有的则只限于对单一方面发展的测量。必须注意的是，使用标准化发展量表的主试者必须经过严格的专业训练，确保正确地执行操作程序，并适宜地对测验结果作出解释。此外，要对某一个儿童的发展状况作出全面评估，确定儿童问题行为和心理障碍的性质和程度，往往不能仅依赖于某一项测验，而需要综合各种诊断测验所获取的资料，以及通过与家长、教师和儿童本人的谈话，或通过对儿童实际行为观察等收集的各方面的信息，慎重地作出结论。

非认知性测验如对情感、个性或人格等方面的测验，常难以使用具有常模对照的标准化量表。人格评估常用的工具之一是投射测验。投射测验所采用的刺激是意义不明确的各种图形或墨迹，让被试在不受限制的情境中自由地作出反应，从分析反应的结果来推断其人格特征。所谓投射，指的是个体把自己的态度、愿望、情绪等投射于环境中的事物或他人的一种不自觉的过程，通过对外界事物的反应表达自己内心的感受。投射测验的理论依据是心理动力学。这种理论认为，个体的人格结构大部分处于潜意识中，通过明确的问题难以表达自身的感受，而在面对意义不明确的刺激，任其自由作出反应时，却常可使其隐藏在潜意识中的欲望、需求、态度和心理冲突流露出来。大部分投射测验尚未建立常模，往往都是依据心理学家和精神病医生的经验对测验结果加以解释，未经过特殊训练或没有丰富的经验，是很难掌握这种方法的。本书第七章介绍了部分用于幼儿的测验量表，供参阅。

（二）使用测验法评价幼儿的发展应注意的几个方面

1. 根据被试的特点选择合适的测验工具

由于幼儿在发展和能力上的局限，测验内容和形式、项目数量、测试时间等必须与他们的当前反应能力相适应。比如幼儿注意力持续时间短，小肌肉动作不够发达，不能阅读文字等。幼儿模仿性强，所以对幼儿的测验一般采用个别测验，不适合采用团体测验。选择测验时应从以下几个方面仔细阅读量表说明书，了解其内容，以便判断该测验是否符合当前需要。

（1）测验目的，所要测验的特征，以及测验的用途、适用范围等。

（2）测验设计，选择项目的依据和方式，量表的编制过程，测验情况与结果。

（3）测验量表是否具有较高的信度和效度。如果是标准化测验，还要考虑其常模所代表的样本总体是否符合当前评价的需要。

（4）测验操作指南，包括实施测验的具体步骤与方法、指导语、材料、时间，以及如何处理与解释测得的分数等。这些内容都应与测验目的吻合。

2. 标准化测验并非人人可用

标准化测验运用者必须经过严格的专门训练，才能恰当地实施测验，并解释测验的结果。对许多人来说，测验手册中的内容十分复杂和难以理解。例如，无法判断手册中提供的信度系数是否合适，建立常模所用的样本是否足够大，测验题目是否适宜于测验对象等。因此，测验必须在有经验人士的指导下使用。

3. 做好测验前的准备工作

测前准备包括熟悉测验程序和指导语，预备测验所需材料，选择适宜的测验地点和环境（一般应为被试日常学习生活的环境，应尽力排除外界干扰）。还要努力与被试建立良好的关系，取得被试的合作，保证测验的效果。

4. 严格实施测查

严格按照量表实施手册中的程序、指导语和时限进行测验，若无特殊情况，不能随意改变。测验时要解释清楚再开始，测验过程中应控制时间，注意幼儿的疲劳征兆，不能催促幼儿，要在幼儿感到舒适轻松、精力充沛时进行，中途要有一定的放松停顿。对有缺陷的幼儿，应考虑其适应性和需要，既允许其独特的反应，又保持正确的测试意图。

5. 合理理解表现与结果

幼儿在标准化测验中的表现只有以某种合理的方式与其他人的分数相比较时才能显示其意义。所测得的某个幼儿的原始分数必须转化为某种能与其他参加同一测验的幼儿的分数相比较的标准分数，并与由这种标准分数组成的常模相比较，以便了解幼儿在群体中所处的相对位置。测验的使用者必须对测验分数作出合理的、恰如其分的解释，不夸张或曲解所得分数的意义。

6. 与家长沟通和交流测查结果

家长有权利知道幼儿在幼儿园的测验结果。教师有责任向家长报告幼儿的测试分数并解释其含义，以及测验的局限性，允许家长有机会提出问题，并讨论测验结果和具体的项目。

7. 测验法应与其他方法配合使用

测验法的优点主要表现在测验量表的编制严谨，结果处理方便，有现成的常模，可以直接与之进行比较后作出结果判断。测验法的不足是使用灵活性差，对主试的要求较高，结果难以进行质的分析，被试成绩也可能受练习效应和测验经验的影响等。所以，测验法和其他方法一样，只是了解儿童发展的方法之一，应与其他方法配合使用。

四、访问谈话

（一）个别谈话

个别谈话，即通过与幼儿本人或幼儿的父母、抚养人或教师进行口头交谈，了解和收集评价对象的有关情况和行为表现资料的一种方法。

1. 谈话法的基本概念

谈话法在幼儿发展评估中具有重要的意义和作用。与幼儿的谈话过程是谈话者与幼儿相互影响、相互作用的过程。在谈话中，谈话者掌握谈话过程的主动权，积极影响幼儿，尽可能使谈话按照预定的计划开展。谈话法具有特定的研究目的和一整套的设计、编制和实施的原则，有时能挖掘到其他方法所不能获取的有价值的资料，可获得有关幼儿的更多、更有价值、更深层的发展方面的信息。与幼儿的父母、抚养人和教师的谈话也是获取有关幼儿发展和行为表现方面的信息，以及认识这些行为问题和心理障碍的性质和产生原因的一种简单而又普遍运用的方法。他们与幼儿接触最为密切，会首先注意到幼儿的问题行为和心理障碍。全面的、完整的幼儿发展评估过程一般都需要结合与家长或教师的交流，以获得有关幼儿的多方面资料。

与幼儿生活有关的人士进行关于幼儿发展状况的谈话可包括以下方面。

（1）了解母亲妊娠期的年龄、胎次、健康状况、病史、营养状况，母亲本人及其家庭对妊娠的态度、情绪状态、劳动强度以及在妊娠期妊娠反应的程度，是否有妊娠中毒症，是否患过糖尿病、结核、风疹或受其他病毒感染，是否接受过大量放射线照射，是否服用过镇静剂、安眠药或其他药物，等等。

（2）了解幼儿在出生时是足月还是早产或过期产，是顺产还是难产，产程的长短，是不是产钳分娩或剖腹产，婴儿出生时的体重是多少，以及在出生时有无窒息、惊厥、出血、黄疸、呼吸困难，等等。

（3）询问幼儿身体发育和心理发展的一些情况，例如，幼儿开始会抬头、翻身、独坐、站立、行走、控制大小便、出牙、发音、说话等的月龄，询问幼儿的早期营养状况、病史、生活习惯、亲子关系、与同伴间的关系以及以往的教养环境和状况（包括幼儿由谁抚养长大，幼儿以前所处的家庭、社会环境是否给予幼儿温暖和安全感），等等。

（4）询问在幼儿的父母和父母的同胞兄弟姐妹以及双亲的家族中有无各种心理障碍、酒精中毒、吸毒、自杀等情况的存在，询问三代直系血缘中有无近亲婚配的情况，等等。

（5）了解幼儿父母的年龄、职业、职务、学历、身体和心理的健康状况、个性，了解家庭各成员之间的相互关系和家庭气氛、家庭各成员在家庭日常生活中的角色和职责分工、父母对幼儿的教养态度和方式以及幼儿在家庭中所处的地位，了解家庭中的其他成员（包括祖父母、同胞兄弟姐妹或其他同住者）的年龄、文化程度、职业、个性特征、与幼儿接触的密切程度，等等。

（6）了解幼儿当前的行为表现以及行为问题和心理障碍的客观症状，以及与此有关的问题（包括这些问题和障碍是如何发生和逐渐形成的，是属于单一的问题，还是同时存在着多方面的问题，其中主要的问题是什么，家长和教师是以怎样的态度对待这些问题），等等。

2. 标准化谈话和非标准化谈话

根据评估的需要，谈话可分为标准化谈话和非标准化谈话两种。

标准化谈话是按照评估的要求，用固定的方式和程序，按照预先编制的谈话提纲提出问题，让谈话对象按照要求回答。标准化谈话能比较系统地获取评估所需要的资料，而且重点突出，节省谈话的时间。其不足之处是谈话过程缺乏灵活变通性，不利于情感交流和因势利导地深入挖掘进一步的信息。

非标准化谈话则比较灵活，不限定具体问题，只按照预定的谈话范围自由交谈，可以根据实际情况调节谈话的内容和方法，让谈话对象在较为轻松的状态下倾吐自己的观点、态度和情感，从而挖掘出对进一步评估具有价值的资料。在谈话过程中，谈话者还可以悉心观察谈话对象的姿态和表情，从中捕捉对进一步评估有用的非言语信息。非标准化谈话的缺点在于可能在谈话中缺乏重点和方向，容易出现顾此失彼的情况，所需要的时间也比较长。

在很多情况下，这两种方式的谈话可以结合运用，以发挥它们各自的长处，避免它们的不足之处。

3. 使用谈话法应注意的问题

（1）谈话前要明确谈话目的和熟悉谈话内容，了解幼儿的背景情况，选择好谈话的时间和地点，准备好谈话所需要的材料，如提纲或备忘录、记录纸和笔等。

（2）谈话开始之前应通过闲聊幼儿感兴趣的问题，设法营造自然轻松的交谈氛围，与幼儿建立一种合作友好的关系。

（3）与幼儿谈话时，谈话者应态度亲切自然，避免幼儿情绪紧张。谈话内容应是幼儿生活中所熟悉的，提问时使用的文句应简单易懂，但又针对谈话目的。

（4）可用录音机记录谈话全过程，事后再做笔录，但要注意现场做适当的笔记，把录音机无法记录的内容，如谈话对象的表情等非言语动作表现及时记录下来。

（5）与家长和教师谈话时，由于父母和教师对幼儿的认识、态度和要求有所不同，有时不能客观地、公正地反映有关幼儿的情况。比如父母往往会夸大或缩小幼儿的行为问题，或者忽视幼儿已经存在的较为严重的问题行为。因此，在谈话时，提出的问题应尽可能具有客观针对性，在分析谈话所获资料时，还应考虑谈话对象对幼儿的态度和期望程度，以及对象的个性特征,等等。

4. 谈话法的优点和缺点

谈话法的优点之一是不受读写能力的影响,适用于一切具有口头表达能力的不同文化程度的谈话对象,方便易行。但谈话法对谈话结果的分析受谈话者的个人主观影响较大,而且谈话的过程和谈话所得资料的分析都比较费时费力,谈话效果也受环境、时间和谈话对象特点等条件的限制。

(二)小组座谈

1. 焦点小组座谈会

焦点小组座谈会(Focus Group Discuss,简称FGD)是一种非常实用和有效的质的评价研究方法。它从所要研究的目标人群中慎重选择8~12人组成一个焦点小组,由一名经验丰富、训练有素的主持人以一种无结构的自然的形式负责组织讨论,从而获取被调查者对所要评价的现象或对象的感知及看法。

小组座谈会可以应用于需要知道一些概貌或者需要深入了解的研究课题的前期设计,其主要目的是获取有助于构造问卷的信息,或生成能够量化地进行检验的假设,或进一步解释量化分析的结果。通过与一组从调研者所要研究的目标对象中选择来的被调查者交谈,从而获取对一些相关问题的深入了解。这种方法常常可以从自由进行的小组讨论中得到一些意想不到的发现,是深入了解被调查者内心想法的极为有效的工具,常常能得到一般的问卷调查等方法所无法得到的信息,在教育研究和评价中越来越得到广泛应用。

成功的小组座谈会需要在三个方面把好关:一是做好座谈会的组织实施工作;二是需要一名专业主持人;三是要了解小组座谈的长处和缺点,掌握适当的分寸和时机,有效地扬长避短。

2. 小组座谈的组织实施工作

小组座谈通常由8~12人构成,人太少了动力不足;人太多了过于拥挤,不易组织成有凝聚力的、自然的讨论。参加者经过预先筛选,这些人必须对要讨论的问题有相当的经验或经历,其特征具有同质性,以避免在一些问题上发生相互摩擦和冲突。座谈环境是放松的、非正式的,时间长度一般最好在1.5～2小时,不超过3小时,使用录音带或录像带记录。为了特定的目的,有时候3～5人的小组座谈会或1小时的微型小组座谈会,也被认为是合适的研究方法,因为这也能体现质的研究中的基本互动,能解决问题并大大节省研究成本。此外,为那些由于太忙而不能参加座谈会的人在特殊时间安排的特殊形式的座谈会也逐渐得到应用,比如午餐座谈会、周末座谈会等得到了越来越多的应用。

由于一些先进设备,如音像传送技术或单向玻璃等的使用,当研究内容涉及敏感问题时,使得每个受访者都能够在小组中更加自然地参与讨论和投票表态。在这样的环境中,受访者可以专心致志地探讨自己的观点,研究者则可以仔细观测整个访谈过程,双方互不干扰。

拟定小组座谈会提纲是成功的小组讨论的重要一环。首先要明确评价项目的目标。在大多数情况下,座谈讨论的问题是预先定义好的,并在事前仔细地研究了问题的一般陈述及其具体的组成部分,列出了小组座谈的目标清单和主持人使用的详细提纲。座谈组织得好,就可以为后续的量化研究提供重要的理论假设,以及可以为此后的进一步质的研究提供基础。

有时一两次小组座谈会便可达到目的,但有时需要足够数量的组数,以便获取丰富的信息。小组座谈会的组数的设计通常需要考虑以下因素:①需要研究问题的性质;②研究对象的群体分类;③结果提交的时间;④研究经费。

3. 主持人的作用和素质

小组座谈会的调查效果在很大程度上取决于主持人的水平和能力。称职的、训练有素的焦点小组座谈会主持人的工作,具有极强的专业性。这种收集资料的方法建立在一种简单假设上,即被调查者将能够提供有价值的信息。然而要达到预期的效果,则是一项细致复杂的工作。主持人要努力去开启被调查者内心的那些有意识或无意识的东西,而不对整个过程施加过度的影响。一个成功的焦点小组座谈会有赖于参与者的互动交流,主持人必须很好地引导这些活动,鼓励参与并且保持谈话的持续性和目标性。主持人对于座谈会的成效起着关键的作用,但又要注意保持中立的态度。因此,主持人应具备熟练的技巧、经验和与所讨论内容有关的知识,从而可能深层次地探索他们的信念、感情、观点、态度以及对有关问题的动机、认识。主持人应当与参加者建立和睦友好的关系,使讨论不断深入进行。主持人还应具有熟练的交流技术,以及探索参加者的内心从而引出其深层看法的能力,创设宽松的、非正式的气氛,鼓励人们自由地、本能地发表评论。此外,主持人在分析和解释数据时也可能会起到中心作用。

小组座谈主持人应具备的基本素质可以总结为以下几点。

(1) 坚持主见而又和善友好,具备超脱的态度,训练有素,不偏不倚,有效地促成组员之间的必要的相互影响。

(2) 容许出现兴奋点转移或目的不集中的情况,但保持警觉性,并及时引导转入主题。

(3) 鼓励被调查者介入个人的热情。通过说明自己对问题的不完全理解,进而鼓励参加者更具体地阐述其看法。鼓励不发言的成员积极参与。

(4) 在讨论过程中出现混乱时,必须能够随机应变并及时改动原来的座谈提纲。

4. 小组座谈的优点与缺点

与其他数据收集方法相比,小组座谈会的方法有很多优点。例如,与一对一的访问谈话相比,由于多人参与,信息量较大,能加深理解以及获得较多的观点和看法,一个人的评论会启动其他参加者的一连串协同反应,容易激发灵感、产生想法。由于有多个参加者,会使人感到比较安全并愿意表达自己的观点和感情,因而能够较为准确地表达自己的看法。此外,小组座谈会结构灵活,其覆盖的主题及其深度方面都可以是灵活的,由于同一时间内同时访问了多个被调查者,因此可以较为快速地收集资料。然而,小组座谈会也有缺点。比如,小组座谈会是探索性的,但可能会被误用和滥用,将结果当作是结论性的来对待。调查结果的质量在很大程度上依赖主持人的技术。有时所获资料的无结构性，使得编码、分析和解释都很困难，而且结果对总体经常是没有代表性的，不能把小组座谈的结果当作是决策的唯一根据。

（三）深度访谈

深度访谈是一种无结构的、直接的、个人的访问，即在访问过程中，一个掌握高级技巧的访问员与一个被调查者深入访谈，以揭示对某一问题的潜在动机、信念、态度和感情。一次深度访谈可能要花 30~60 分钟甚至更多时间。例如，在了解幼儿教师对课程的看法时，访谈者可以鼓励受访者自由地谈论对幼教课程的看法和态度。访谈的方向根据受访者最初的反应以及访问员的刺探技术和受访者的回答来决定。

虽然访问研究人员事先有一个粗略的提纲并试图按提纲来访谈，但问题的具体措辞和顺序会受受访者反应的影响。为了获取有意义的反应并揭示其内在的问题联系，刺探技术是十分关键的。在进一步刺探时，常采用"你为什么这样说？""很有意思，你能再详细些说说吗？"或"你想再补充些什么吗？"等。比较常用的深度访谈技术主要有：①阶梯前进，即顺着一定的问题线探索，例如从教材的特点入手，一直到儿童对教材内容的反应的特点，使得研究者有机会了解受访者的思想脉络；②隐蔽问题，谈话将重点放在与个人深切相关的观念或价值观方面，属于深层的思维结果；③象征性分析，通过反面比较来分析对象的含义。要想知道"是什么"，先想办法知道"不是什么"这一逻辑反面。例如，在调查教育观时，其逻辑反面是：教育方法的不适用方面，不利于儿童发展的教育方法属性，以及对立的教育观点。

访问研究人员的作用对深度访谈的成功与否至关重要。访问员应当尽量表现得平易近人，超脱并客观，又有风度和人情味，从而让受访者感到放松，能够无所顾虑地表达己见。访问员还应当善于以提供信息的方式问话，设法在简单的"是"或"不是"的回答之后，引起进一步的解释。

深度访谈的优点在于能更深入地探索受访者的内心思想与看法，可以更自由地交换信息，刺探受访人的内心。但是深度访谈对访问研究人员要求较高，有技巧的访问员比较难找。调查的无结构也可能使得结果十分容易受访问员自身的影响，致使数据常常难以分析和解释。

深度访谈主要用于获取对问题的理解和深层了解的探索性研究，在以下这些特殊情况下更有效：①详细地刺探受访者的想法，或详细地了解复杂行为；②讨论一些保密的、敏感的或让人为难的话题；③由于某些社会准则，被调查者容易随着群体的反应而摇摆的情况下。

思考与练习

1. 收集评价资料之前必须做好哪些准备工作？为什么？
2. 本章所论及的各种收集评价资料的方法各有何优点和缺点？
3. 分小组选择适宜的课题设计一份调查问卷，并对照本章提及的要求加以评价。
4. 简述各种观察记录方式的特点，说明何时应采用何种方式。
5. 对幼儿进行量表测查应注意哪些问题？
6. 练习对自选对象做一次访问谈话，并交流体会，相互点评。

第六章

评价资料的分析

> **内容提要**
>
> 不同的资料分析方法对资料的收集方式和数据的性质特征等均有一定的要求。因此,评价资料的处理和分析方法必须在评价的设计阶段就开始计划。无论是质的评价还是量化评价,都应根据评价的目标来组织材料和选择方法。本章论述适用于学前教育评价的常用资料分析方法,着重介绍各种质的和量化方法的特点和适用范围等。由于这些方法尤其是量化分析的方法对使用者的知识经验要求较高,读者应在深入学习和掌握特定的具体使用方法后加以运用。

> **学习目标**
>
> 1. 理解各种常用的资料分析方法的特点及适用范围。
> 2. 了解分析评价资料之前应完成哪些必须的准备工作。
> 3. 练习使用几种基本的分析方法。

> **关键词**
>
> 资料的完整性和准确性　编码和汇总　量化分析　质的分析

第一节 评价资料的准备

在对评价资料进行分析之前,需要先做一些初步的整理和编码工作,使得原始资料尽量完整和准确,符合各种分析方法的基本要求。

一、初步核查和整理

评价资料收集之后,首先要对所收集的原始资料进行初步的核查和整理,去除或修正不正确或模棱两可的信息与资料,并把杂乱无章的原始资料整理成为易于处理和理解的形式。评价资料的核查,即对原始评价资料进行质量上和数量上的核实和查对,检查是否齐全、准确,是否有遗漏或缺失,内容上是否有矛盾或前后不符之处。根据核查结果,酌情催收或补齐必要的资料,修正或淘汰错误的资料,尽力保证资料的完整性、真实性和准确性。

二、资料的编码和汇总

在对资料进行核查和整理之后,便要对符合要求的原始资料进行登录,即把分散在大量的原始评价材料之中的信息进行编码和汇总,分门别类地登录到总结性表格中。对原始资料进行登录时,往往需要对资料加以判断并赋予一个等级数字或类别名称,视资料的性质进行量化或质的编码处理。量化的编码往往可得到有关特性的相对分值、频率或等级的数值,例如,对教师的课堂组织与管理儿童行为的能力所收集的描述性观察评价资料,可以采用总结性等级评定的方式进行编码,根据观察记录中对多次观察的描述性结果,判断该教师在该项目能力上的优劣程度,然后给该指标赋值,可分为3级、4级、5级,或更多等级。对于同样的观察资料,也可以在仔细阅读的基础上,从描述性记录中找出教师课堂组织与管理行为类别的例证,如"批评儿童""启发儿童找出答案""对儿童予以正面强化""对儿童表示亲近",而后再统计出这些类别在观察过程中的出现频率,登录在资料汇总表中。质的评价资料的编码方法详见本章第三节。

对资料的编码和汇总工作需要耐心和细心地对待，任何错误或出入都将严重影响评价结果的准确性和可靠性。因此，初步完成对资料的编码和汇总工作后应再由其他人进行复核，检查其是否符合要求，是否正确无误，对不合理之处应作相应的调整，对有争议之处进行认真讨论直至意见统一。

对评价资料的量化处理和质的分析均应由经过适当训练，具有相应知识经验和技能的人员执行，认真参照科学合理的方法与步骤进行。以下分别论述评价资料的量化处理和质的分析的有关问题。

第二节 评价资料的量化分析

一、量化分析的特征

量化分析是将原始数据转化为易于理解和解释的形式，并应用各种统计技术深入分析变量间的关系。比如，在对幼儿园家长的问卷调查中所获得的满意度资料的量化分析中，数据分析既包括对各满意度指标百分率变化的描述性统计分析，也包括运用较复杂的推断统计技术，确定不同的满意度指标对家长的整体满意度的重要性，和影响家长满意度的因素，以及不同群体家长的满意度之间的差异性等，最终在这些分析的基础上，确定幼儿园在改进教育和服务，提高家长满意度上应该采取的措施。用量化分析方法对评价资料作出具体的精确的合理的评价结论，往往可有效地提高评价结论的说服力。

根据资料的实际情况采用正确有效的数据分析方式，对结果的有效性和可靠性具有直接影响。评价资料的量化分析通常需要受到具体量化分析方法的理论假定的制约，许多参数统计推断方法都要求数据必须符合一定的应用条件。例如，各样本须是相互独立的随机样本，各样本来自正态分布总体，各总体方差相等即方差齐性等。当变量性质为非等距或非连续性时，基于参数分析的推断统计的方法不宜使用，在样本数量很小（如 $N<30$）时，往往只能采用非参数统计方法，等等。因此，量化分析应本着实事求是和细致谨慎的态度，按照科学方法的要求行事。

在量化分析的实际应用中，各种统计方法尤其是多元分析过程一般都需要借助计算机来完成。常用的统计软件包括 SAS（Statistical Analysis System）和 SPSS（Statistical Product and Service Solutions）等。SAS 统计软件是目前国际上应用最广泛的大型集成应用软件系统之一，可满足多学科多层次的需要，在我国也已广泛用于医学、心理学、财经、社会科学等一些从事数据管理和数据分析处理的领域中。自 20 世纪 90 年代以来，我国部分高等院校研究生和医学等专业的本科生教学中已陆续开设关于 SAS 统计软件及其应用的课程。国内也已出版了不少介绍 SAS 程序的编写及结果解释的书籍，供有关科研人员参考。SPSS 是另一个著名的综合性统计分析软件，具有完整的数据管理能力、统计制图能力和大量的常用统计分析功能。它的特点是操作界面友好，比较易于学习和使用；可以快速地读取并分析大量数据；运用详尽完整的分析技术来分析资料；可以迅速生成各类图形，使分析结果美化直观、清楚明了。在使用计算机软件进行统计分析时，正确理解各种统计程序的概念、原理和方法，从而正确选用统计程序和适宜的模式，是十分重要和必要的。

二、量化分析的结构方式

教育评价中的量化分析可以采用各种过程与内容的结构方式，如动态分析、平衡分析、结构分析、对比分析、多因素模糊评判分析、内容分析、多变量综合分析等。有时在同一项评价中，可以将多种结构方式结合起来使用。

（一）动态分析

动态分析又可称时间序列分析（time series analysis），是以现象所显现出来的数量特征为标准，根据现象发生的时间数列，判断被研究现象是否符合正常发展趋势的要求，检测其偏离正常发展趋势的原因，并对未来的发展趋势进行预测。动态分析法在观察现象发展变化的过程、趋势及其规律的基础上编制时间数列，计算相应的动态指标用以描述现象发展变化的特征，并在对现象变动规律性判断的基础上，测定其发展趋势和变动规律，并据此进行统计预测，为决策提供依据。编制时间数列是将教育现象的某一指标在不同时间上的数值，按时间先后排列形成数列，它由指标所属的时间和指标在某一时间的数值两个要素构成。对编制好的时间数列进行量化分析，计算动态比较指标和动态平均指标，以观察现象变化的大致过程和趋势。

（二）平衡分析

平衡分析是分析各个互相联系的因素之间，在数量上是否保持一定的合理的对应关系，有助于探讨因素间出现的不平衡状态、性质和原因，多用于关于教育费用投入与支出的评价研究。平衡分析中平衡表的指标体系必须包括收入与支出、来源与使用等对应平衡的指标。平衡分析的基本要求和特点是：平衡分析通过有联系指标数值的对等关系和各有关指标之间的联系，表现出全局平衡与局部平衡之间的联系。平衡分析法实例详见第八章"纽约州早期教育课程项目投入与效益评价"实例。

（三）结构分析

结构分析是在统计分组的基础上计算各组成部分所占比重，进而分析某一总体现象的内部结构特征、总体的性质、总体内部结构依时间推移而表现出的变化规律性。结构分析的基本表现形式，就是计算结构指标。结构指标即总体各个部分占总体的比重，因此，总体中各个部分的结构相对数之和等于100％。通过结构分析可以认识总体构成的特征，还可以揭示总体各个组成部分的变动趋势，研究总体结构变化过程，揭示现象总体由量变逐渐转化为质变的规律性。比如，某地区近五年来的私立幼儿园所占比重第一年占2％，第三年占7％，第五年占10％，表明教育结构逐步向多元化转变。结构分析也可以揭示现象之间的依存关系，如研究教育产品与费用的依存关系，说明使用规模越大的产品其费用越少。

（四）对比分析

对比分析是把现象或事物加以比较，通常是把两个相互联系的指标数据进行比较，从数量上展示和说明评价对象规模大小、水平高低、速度快慢，以及各种关系是否协调。在对比分析中，选择合适的对比标准是十分关键的，选择合适才能作出客观的评价，若选择不合适，则评价可能得出错误的结论。对比标准可以有时间标准、空间标准、经验标准、理论标准等。对比分析按说明的对象不同可分为单指标对比即简单评价，多指标对比即综合评价等。在进行对比分析时应掌握的主要原则是指标的可比性，包括指标的内涵和外延、时间范围、计算方法和总体性质等方面的可比性。

（五）多因素模糊评判分析

多因素模糊评判分析即通过隶属度表达人们对目标与因素之间关系的模糊性认识，用适当的模糊算法将这种认识量化并反映到结果的分类之中。使用多因素模糊评判分析时，首先应根据标准类别参数的指标确定各因素各类别对目标的隶属度，作为判别的度量，再结合要素的权重指数，采用适当的模糊算法，计算各指标的归属等级类别，作为评价的基础。多因素模糊评判分析还常用于处理和综合多位评定者对同一对象的评价结果，比单纯用平均数作为各位评定者的总体评定结果显得更为优越。该分析结构模式，非常适用于教育评价中的问题，目前在学前教育评价中也逐步得到运用。

（六）内容分析

内容分析即对于明显的传播内容，如书籍、杂志、报纸、电视节目、信件、照片、广告等，作客观而且有系统的分析处理，并加以量化描述。其基本做法是根据特定的概念框架，对内容样本中的信息进行分类记录和编码。首先要选择编码单位，即选择具体的观察和点数单位，制定出编码表。编码单位可以是分析单位，也可以不是分析单位，须视评价目的而定。按照编码表为编码单位赋予数值时，必须遵循互相排斥性和详尽性原则，使各种类别互不相交，而且所有相关的内容都应能够归进其中某个类别而不会无从归属。内容分析法的特征表现在明显、客观、系统、量化等四个方面,常用于分析书面文件和文字性材料,是"客观而系统地寻找文字信息的具体特征的各种技术手段的总称"(Payne,1994)。内容分析法包括从与评价目的和问题有关的资料中提取类别,建立归类规则,表明类的代表性,找出各类之间的关系,最后定义各个类型,并为各类定名。这种分析方法主要是找出类别或因素之间的关联性,并试图使之量化。内容分析是一种规范的方法,要求分析者根据预先确定的计划,采取一定的规则,按照一定的步骤进行,其主要目标通常是确定资料内容中某些项目的频数,或者确定某些类别在资料中所占的比例,等等。

（七）多变量综合分析

综合分析又称为多变量综合评价。随着统计分析方法的发展,评价对象越来越复杂,简单评价方法的局限性也越来越明显。有时需要用不同指标评价不同的对象,难以评价谁优谁劣。因此通过对实践活动的总结,逐步形成了一系列运用多个指标对多个参评单位进行评价的方法,称为多变量综合分析评价方法,或简称综合分析评价方法。其基本思想是将多个指标转化为一个能够反映综合情况的指标进行评价。如不同社会经济发展水平地区的幼儿教育事业的进程和幼教经费的扩充等,都可以应用这种方法。综合分析评价法的特点表现为:评价过程不是逐个指标顺次完成的,而是通过一些特殊方法将多个指标的评价同时完成的;在综合分析评价过程中,一般要根据指标的重要性进行加权处理,评价结果以指数或分值表示参评单位"综合状况"的排序。综合分析评价首先要确定综合分析评价指标体系,继而收集数据并确定指标体系中各指标的权数,然后汇总指标计算出综合分析评价指数或综合分析评价分值,最后根据评价指数或分值对参评单位进行排序,得出评价结论。

三、常用的评价数据统计方法

以下简单介绍学前教育评价中常用的数据统计分析方法。本节对这些统计分析方法的简单介绍侧重于基本概念的理解和各种方法的使用范围，以便正确地选用统计分析方法。深入了解和学习使用这些方法，必须通过专门的统计学教程。

（一）描述性统计

常用的描述性统计量主要包括描述性百分比、算术平均数和标准差等。

1. 描述性百分比

描述性百分比包括百分数与百分点。百分数是用100做分母的分数，既可以表示数量的增加，也可以表示数量的减少。百分数运用广泛，例如30％的家长对某幼儿园的评价是非常满意的，25％的人认为幼儿园的整体状况一般，等等。通过百分数的比较，可以了解各项满意度是否有了显著的变化。百分点是指不同时期以百分数形式表示的相对指标的变动幅度，与绝对的百分数是有区别的，使用时需要谨慎。

2. 算术平均数

算术平均数是表征数据集中趋势的一个统计指标。它是一组数据之和除以这组数据个数。比如在家长满意度调查中，通常由家长按从1～5的顺序给某种满意度指标打分，如果调查样本量为500人，则该满意度的算术平均数＝所有的得分之和/500。不同的家长样本对该满意度测查结果的算术平均数的高低，表明这些样本中家长的满意度的集中趋势程度的差别。平均数较高，说明满意度的集中趋势较高。算术平均数在统计学上的优点就是它较中数和众数更少受到随机因素影响，缺点是它更容易受到极端数值的影响。

3. 标准差

标准差（standard deviation）表示一组数值相对于平均数的离散程度。标准差较大说明大部分数值和其平均数之间差距较大，标准差较小则说明大部分数值较接近平均值。通常同时使用算术平均数和标准差，来描述数据的一般特征。

（二）相关分析

相关分析（correlation analysis）就是揭示两个或两个以上变量之间的

相关程度,以及用一定函数来表达现象相互关系的方法。相关关系有不同的种类。按相关的程度分,有相关和不相关。按相关的性质分,有正相关和负相关。正相关指的是两个因素的变动方向一致,负相关指的是两个因素变动的方向相反。按相关的形式分,有线性相关和非线性相关。编制相关矩阵表可以直观地显示现象之间的数量关系。经相关分析,还可以用相关图(如散点图)和相关曲线图直观形象地显示现象之间相关的性质和密切程度。

相关系数是测定变量之间相关密切程度和相关方向的代表性指标。参与相关分析的两个变量是对等的,不分自变量和因变量,都是随机变量。相关系数是介于$+1\sim-1$之间的数字,用正负号反映相关关系的方向,正号反映正相关,负号反映负相关。两个变量之间的相关系数值越大,表示两个变量之间线性相关程度越强。相关系数说明两个变量之间相关的方向和相关的密切程度,但不能说明两变量之间是否具有因果关系。

(三) 回归分析

回归分析(regression analysis)是对具有相关关系的两个或两个以上变量之间数量变化的一般关系进行测定,确定一个相应的数学表达式,以便从一个已知量来推测一个未知量,是进行估计预测的重要的方法。回归分析必须事先确定变量中自变量与因变量的地位,其中因变量一般是随机变量,而自变量是可控制的解释变量。回归分析只能用自变量来估计因变量,而不允许由因变量来推测自变量。

回归分析和相关分析是互相补充、密切联系的。使用时应首先根据相关分析表明现象的数量变化具有密切相关,进而作回归分析求其相关的具体形式。回归分析根据资料的不同性质采用不同的程序和模式。教育研究和评价中常用到包括一元或多元线性回归(liner regression)和逻辑回归(logistic regression)。线性回归适用于连续性因变量,而逻辑回归是指因变量为二级计分或二类评定的回归分析。此类变量在教育评价中经常遇到,如:性别(即男女二类),是否通过某项测验(及格和不及格二类)等。

(四) 聚类分析

聚类分析(cluster analysis)又称群分析,是根据"物以类聚"的道理,对评价研究对象或指标进行分类的一种多元统计分析方法。聚类分析即是将一批对象或变量，按照它们在性质上的亲疏程度进行分类。聚类分析的目标就是在相似的基础上将数据按各自的特性来进行合理的分类，使同一个类中的对象有较大的相似性，而不同类间的对象有较大的相异性。聚类分析依赖于对观测数据间的接近程度或相似程度的理解，定义不同的相似性量度可以产生不同的聚类结果。

聚类分析是根据事物本身的特性考察个体的一种方法，具有三个特征：①适用于没有先前经验知识或假设的分类，这时只要设定比较完善的分类变量，就可以通过聚类分析法得到较为科学合理的类别；②可以处理根据多个变量的分类，例如，要根据教育程度、家庭收入、年龄等多个指标对家长的育儿方式进行分类，通常比较复杂，而聚类分析法可以解决这类问题；③聚类分析法是一种探索性分析方法，能够分析事物的内在特点和规律，并根据相似性原则对事物进行分组，是数据挖掘中常用的一种技术。

根据分类对象的不同，聚类分析可分为样本聚类和变量聚类。聚类分析计算方法主要有分裂法（partitioning methods）、层次法（hierarchical methods）、基于密度的方法（density based methods）、基于网格的方法（grid based methods）、基于模型的方法（model based methods）等。聚类分析的计算过程比较复杂，但常用的统计软件包如 SAS/STAT 中均提供了多种聚类程序。

（五）判别分析

判别分析（discriminant analysis）是一种进行统计判别和分组的技术手段，其目的是根据已知分类的数据建立由数值指标构成的分类规则，然后把这样的规则应用到未知分类的样本去加以分类。判别分析是根据一定数量案例的一个分组变量和相应的其他多元变量的已知信息，或根据表明事物特点的变量值和它们所属的类求出判别函数，根据判别函数对未知所属类别的事物进行分类。例如，根据患有某种疾病的儿童和健康儿童的一些测试指标，就可以从这些指标发现两类儿童的区别，把这种区别表示为一个判别公式，然后对怀疑患有该疾病的儿童根据其测试指标用判别公式加以诊断。也可以记录大量与某类儿童的背景有关的不同变量的不同特征，然后进行判别分析，判断能够最好地判别不同类的儿童的各种特征群。

判别分析和聚类分析有相似的作用，都是要达到分类的目的。但它与聚类分析的不同之处在于，判别分析是已知分类然后总结出判别规则，需要在已知一系列反映事物特性的数值及其变量值的基础上进行，所以是一种有指导的分析。

判别分析的方法包括参数方法和非参数方法。参数方法假定每个类的观测来自正态分布总体，各类的分布的均值可以不同。非参数方法不要求知道各类所来自总体的分布，使用非参数方法估计每一类的分布密度，然后据此建立判别规则。

（六）方差分析

方差分析（analysis of variance，简称 ANOVA），又称变异数分析或 F 检验，是检验两个或多个样本均数间差异是否具有统计意义的一种方法。例如，几种教学方法在某种教学内容上的效果；家庭环境条件，父母教育方式等因素对儿童某方面发展结果的影响；不同食谱对儿童体重增长的影响；等等。这些都可以使用方差分析方法来解决。方差分析的基本原理是：不同处理组的均数间的差别基本来源于随机误差和实验条件。方差分析就是将一组资料的总变动量，根据可能造成变动的因素，分解成不同的部分，并且以假设检定的方法来判断这些因素是否确实能解释资料的变动。例如，如果想了解家庭环境（自变量）是否影响儿童学业成绩，我们可以观察在不同家庭环境下成长的儿童其学业表现（反应变量）如何。运用方差分析的方法，常常需要先作总体的 F 检验以了解自变量和反应变量之间的关系，若发现显著差异，只能说明多个样本总体均数不相等或不完全相等。若要得到各组均数间更详细的信息，应再作事后比较，进行多个样本均数的两两比较，以了解差异所在。应用方差分析对资料进行统计分析之前应注意其使用条件，包括：①可比性，资料中各组均数本身必须具有独特性和可比性；②正态性，必须假设样本来自的总体呈正态分布，对偏态分布的资料应考虑用对数变换、平方根变换、倒数变换等变量转换方法，将数据转变为正态或接近正态分布后再进行方差分析；③方差齐性，即组间总体方差无显著差异，否则则不适用方差分析。方差分析的基本步骤如下：①建立检验假设（H_0：多个样本总体均数相等；H_1：多个样本总体均数不相等或不完全相等；检验显著性水平一般为 0.05）；②计算检验统计量 F 值；③确定概率（P 值）并作出推断结果。

（七）因素分析

因素分析（factor analysis）是多元分析方法的一种，又称因子分析，是从大量的相关变量中抽取最基本的维度或因素并加以分析的一组统计方法的总称。在教育评价中往往需要对多个变量进行大量观测，收集大量数据以便进行分析，寻找规律。在多数情况下，许多变量之间可能存在一定的相关关系，因此有可能用比较少量的、互不关联的综合指标来反映存在于多个变量中的各类信息，这样就可以根据专业知识和指标所反映的独特含义，为这些少量的综合性指标命名。因素分析法可用来测定受多种因素影响的某种教育现象总变动中各个因素的影响方向和影响程度，既可以全面分析各因素对某一项指标的影响，又可以单独分析某个因素对该指标的影响，还可以检验某种假设结构的合理性，在现代教育评价中应用广泛。

因素分析的一般步骤是：首先根据样本观察数据计算每一对变量之间的相关系数，得到一个相关系数矩阵，然后根据这个相关系数矩阵，抽取出能够说明变量之间相关关系的基本维度或因素，并用某些数值指标（如因素负荷）来说明这些因素的可信度。所抽取的因素若能在一定程度上用来说明观察变量的假设结构，便可以通过综合与这些因素高度相关的观察变量的性质来解释所得因素的含义。因素分析的具体方法有多种，其中常用的是探索性因素分析（exploratory factor analysis）和验证性因素分析（confirmatory factor analysis）。探索性因素分析又称为主成分分析（principal component analysis），即将分散在一组变量上的信息集中到某几个综合指标（主成分）

上，以便利用主成分描述数据集内部结构，实际上也起着数据降维的作用。例如，为了揭示和比较中美两国幼儿教师在问卷中反映出来的课程观念的内在结构特征，2006年王坚红等对两国教师的问卷资料分别进行了主成分分析，得到了三个课程观主要成分，并根据其中项目的概念含义，将这三个主成分定名为综合性/社会文化课程、教师指导下的基本学习技能课程和儿童自主性课程，然后再据此加以分析比较和讨论。

探索性因素分析中因素的数量以及因素间的关系都是未知的，所以通常在没有理论前提或假设的情况下运用。验证性因素分析是依据一定的理论对潜在变量与观察变量间的关系作出合理的假设，并对这种假设进行统计检验的统计方法，是在对评价研究的问题有所了解的基础上进行的。验证性因素分析可以假设一部分因素的负荷和因素相关，进而估计剩下的那些未知参数，并进一步检验假设模型成立与否。借助统计软件，在验证性因素分析模型的基础上还可以进一步开展包含潜在变量的路径分析。

第三节 评价资料的质的分析

一、质的分析的特征

质的评价资料由现场观察或访谈记录等所获得的描述性文字材料或符号系统组成。质的资料的分析过程是一个对资料进行整理、选择、分类、描述、综合、归纳，从而用有意义的方式来组织信息和提取信息内涵的过程。其内在逻辑是归纳，即从具体到抽象，从特殊到一般。质的资料分析的基本过程包括初步浏览、熟悉信息内容、仔细研读并加以编码和分析概括等阶段。

对质的评价资料的分析基本上依赖于评价者的主观分析，因此，要验证的假设并非预先设定，而是从所获的信息中来。所以，质的资料的分析经常是包含在整个收集资料过程中，不断综合信息、持续进行的、循环往复的过程，是一个由下而上的归纳过程，通过对经验材料的分析和归纳，将经验证据与抽象概念相结合。虽然有时对质的资料的分析也应用频率、次数等数量化的表达，因而可用简单的描述性统计方法进行总结和描述，但不涉及深入的复杂的数据统计处理。

质的评价资料的分析根据扎根理论（grounded theory）的理念，将描述和理解作为基本的目标，在对大量的细节资料分析的基础上，组成一组相互联系的概念，由此对资料进行解释，从中识别某种价值模式。扎根理论认为，只有通过对资料的深入分析，才能逐步形成理论框架。这是一个归纳的过程，从下往上将资料不断地进行浓缩（陈向明，1999）。虽然质的资料往往是对较少数对象的很多方面进行描述，只体现行为或现象的个性特征，但任何共性都存在于个性之中，任何特殊性中必定也包含普遍性的因素。我们可以从多个不同的维度，对少数典型对象的详细资料加以分析和比较，来揭示不同对象在某种抽象概念上所具有的差别。所以，质的评价资料的分析结果也可用来概括和阐释与其相关联的理论意义和概念性结论。然而，质的资料主要是描述或归纳对象和现象的特征或性质，往往难以提供有力的证据来说明现象之间的因果关系，或推断各种变量之间的关系。

与量化资料的分析相比，质的分析往往需要花费更多的时间，涉及更大的工作量。学习和了解质的分析的有关方法和技术，有助于提高质的资料整理和分析的效率，并提高分析和评价结果的有效性和可靠性。

二、质的评价资料的整理和编码

质的评价资料的分析首先涉及对资料的整理，即对大量的杂乱无序的描述性细节资料加以整理和简化，使之既保持资料的丰富性特征，又便于进一步分析并归纳其价值意义。其过程常常意味着极大的工作量，主要包括分类、建档、编码等具体内容。

首先，将观察记录或访谈录音等资料全部如实地输入计算机，制成文本文件，以便随时调用、剪裁、复制、任意组织和处理。录入的文件应当与原始记录在内容、文字、时间、前后顺序、符号系统等方面完全一致。对于该原始文本一定要妥善保留,不作任何处理,而使用复制的备份文本来进行删改、编排、摘录等处理。美国近年来出现了许多专门用来处理质的资料的分析软件,例如 Nudist,Atlas.ti,Ethnography 等,大大提高了质的资料的分析能力和效率。在录入资料的同时,还要着手建立各种资料档案,如评价对象的社会背景和特征档案,以及资料来源档案等。这些也往往是资料分析中的相关素材。在资料录入完成之后,评价者要对由多种来源收集到的资料进行浏览,熟悉和了解资料的总体特征状况。然后,对资料进行编码,即进行简化和归类。编码是质的资料分析中的重要组成部分,必须在所要评价的问题的指导下进行。其作用是将原始资料进行简化浓缩,并组织成有意义的类别,从而摆脱原始细节的杂乱状态,使之表现出一定的可用于进一步加以分析的主题或概念,使评价者能方便迅速地进入所要寻找的部分,能在更为概括的层次上理解和解释资料。在对资料编码的过程中,评价者要反复地将资料进行编排和对比,直至意识到某种模式的出现为止。对于缺乏经验的人来说,编码并非易事,需要经过必要的培训才能胜任。施特劳斯(Strauss 等,1990)论述了三种主要的编码类型,即开放性编码、轴心式编码和选择式编码。

(一)开放式编码(open coding)

开放式编码一般用于对所收集的资料进行初步的整理和分析。分析者根据评价的目标和所要回答的问题先要初拟一些主题,作为初步编码的分类依据。然后带着这些主题阅读原始资料,同时在与特定主题相关的资料旁边做出标记,或是贴上一个标签,或是用醒目的红色文字注明。在阅读过程中会产生与评价问题有关的新的主题设想,或对原先初拟的主题加以修改。这样把资料初步阅览过后,便把大量零散混杂的资料逐步归入不同的类别。虽然此时的编码结果尚处于较低的概念层次,但由于这个初步的完整的编码体系的建立,分析者可以在此基础上厘清思路,有助于进行反复的深入的概念性思考,进一步探索、识别、组合、抛弃和扩充主题,以便发现全部的、完善的、有意义的主题空间。从事开放性编码工作，要求评价分析者持有开放的心态和创造的精神，以及恒久的耐心和清晰的思路，还必须尽量地控制个人的主观偏见和思维定势，以便根据原始资料本身的属性客观地加以分类编码。开放性编码仅关注资料本身，不断地将资料中呈现的各种主题分配编码标签，而暂时并不考虑各主题之间的联系。

（二）轴心式编码（axial coding）

轴心式编码通常在开放性编码所揭示的初步的主题的基础上，再次阅读资料，同时作进一步的概念性思考，产生新的观点或思路，并在分析过程中将主题根据其意义组织和连接起来，识别出可以作为轴心的关键性概念。因此，轴心式编码重在发现和建立类别之间的联系，例如时间关系、语义关系、逻辑关系、因果关系等。在轴心式编码过程中，分析者思考和寻找可以把类别聚合或分离的理由，思考如何按照某种时间顺序或空间位置，或按类别的关系密切的程度将它们进行组合，从而使具有核心意义的概念显现出来，并可能由此解析类别之间的联系。

（三）选择式编码（selective coding）

选择式编码即有目的地围绕几个核心概念，对资料进行阅览和分析，并搜集对于各类型及其关系的证据。在这个编码过程中，分析者选择、比较、查找可以说明主题的案例，以及各种主题与核心概念之间的差别，进行总体分析和归纳，并不断地对先前编码中的主题进行再组织，对多个不同的重要主题进行再分析，以识别最主要的核心主题，得出某些概括的模式。

在整理和编码评价资料的过程中，分析者应当及时记录思考过程中闪现的观点和创见，以及对资料的评论或阐释。对这些主观见解的分类撰写，应当与对客观资料的分拣编码区分开来，是对客观资料所组成的类别或主题的解释和讨论。

三、质的资料分析方式

质的评价资料的分析有多种具体方式，各种方式均可能涉及以上论及的各种编码方法，只是所基于的思路和侧重点有所不同。无论采用何种分析方式，评价者在评价报告中均应注意报告其分析和概括的过程，并列举例证，以说明评价资料与结论的密切关系，以及资料分析结果的有效性和可靠性等质量证据。

（一）现象学分析（phenomenological analysis）

现象学认为真正的认识是在意向与直观的动态统一中产生的，因此在对语言、符号和意义的理解与分析上，以心理体验活动为基本思维态度和思维方式，强调理论的统一和客观与观念的统一。现象学分析重视"整体"与"部分"的关系，对意识进行动态描述分析。现象学分析方式对于语言资料的分析，旨在理解由资料本身体现出来的现象的特征。评价分析者必须尽可能抑制自己的主观意念和对资料的解释，从而允许资料中关于评价问题的有意义的内容单元凸显出来。再把各种不同来源的资料中的意义单元整理归纳后形成相互联系，将互为关联的意义单元作为对有关评价问题的回答。

（二）分析性归纳（analytic induction）

教育评价中的分析性归纳，是指为了发展某种概念或观点，而对不同的教育现象之间的相似性加以系统考察。分析性归纳的目的在于不断地搜寻存在于广泛的类型之中的这些教育现象的相似性，直至再也无法找到新的线索为止，然后从所发现的特点中归纳出可以表明这些相似性的次级类型或概念。

分析性归纳还可用于根据某种理论，评价某种情景下的该理论对象（如课程）的适用性。根据特别的标准在特定的环境下获取案例资料，以检视理论，用找到的案例资料说明理论，直至不能找到新的案例为止。

（三）持续性比较分析（constant comparative analysis）

持续性比较分析，是在评价的过程中，不断地对资料进行多方面的比较分析，并根据分析结果逐步对资料归类和构思观点，直至形成评价结论。评价者在对所收集到的评价资料的不断比较分析的基础上，对所要回答的评价问题加以归类，并围绕重要的中心问题对不同的观点加以进一步分析，在综合资料的各种类别及其特征之后，逐步构成评价结论，然后在形成书面评价意见之后，再进一步比较分析，以完善观点或评价结论。可见，比较分析的方法始终贯穿于资料处理和达成结论的过程之中。

评价者通常在资料收集过程中持续性分析、归类，并根据分析过程中显现的类别及其相互作用关系提出假设，以指导下一步的比较分析。持续性比较分析的方法也可以通过理论抽样来指导资料的收集工作，确定资料源和收集资料的方法，在收集资料和分析资料的过程中记录理论观点和方法性构思。

（四）语句分析（discourse analysis）

语句分析的理论基础是扎根理论。扎根理论运用归纳的方式和系统化的程序，对现象加以分析整理和比较，旨在使得到的研究结果达到适切性、理解性、推断性和控制性。语句分析对各种不同语句的类型、意义、恰当性、修辞、语句或语义之间的联系等加以分析，了解被评价者的心理状态，及其与教育有关的观点和意见。语句分析往往涉及客观经验、事实判断、道德价值，以及对象的态度、取向、信念等方面的资料。

四、质的分析的具体策略或技术

（一）逐步接近法

逐步接近法，即通过反复不断地阅读资料，寻找各种证据，分析资料与主题的适应性，使得评价分析者逐步地从含糊杂乱的资料细节中梳理出较为明确的概括性的分析结果。在这个循环往复的过程中，评价者根据对资料的抽象和思考而创造出新的概念；或修正原有的主题或概念，使之更好地与证据相适合，提高对资料特征的揭示程度；或寻找新的证据以回答先前尚未解答的问题，从而使所提取的主题越来越接近准确地全面地概括客观证据，也使得所收集到的资料越来越能够有力地支持主题。

（二）例证说明法

例证说明法，即利用资料中的例证来说明主题或类别所指向的概念，是质的资料分析中运用最普遍的技术。评价者将所收集的资料中可以作为例证的内容提取并组织起来,集中地说明某个类别或主题的评价结论。例证说明法可以用个案说明问题,也可用多个不同的个案,平行说明某种结论的有效性。例如,从某个幼儿师范学校的课程资料中先归纳出某种技能的有效的培训模式,然后分别从不同幼儿师范学校的资料中提取例证,来共同说明这一培训模式的有用性。

(三) 比较分析法

通过比较质的资料中的各种不同的方面,如要素、频率、程度、结构、功能、过程、原因、结果等,发现资料中的相似性和差异性。对于相似性资料,进一步考察其之所以相似的原因,以及相似的行为模式的功能等。对于表现出差异性的资料,也可进一步将差别之处加以分类、比较和联系,探讨不同资料特征与特定的行为模式之间的关系、其差异的特征,以及造成差异的各种因素等。例如,通过收集、比较和分析各种类型幼儿园的管理方式和特征,归纳出当前我国幼教机构中所存在的某些管理模式,并在此基础上进一步考察这些模式在不同地区的幼儿园的适用规律。比较分析法可采用正面比较和排除的过程,即先找出不同个案所具有的共同结果特征,再针对这些个案,比较各种可能的原因特征,如果具有结果特征的个案并不具备某个原因特征,则这个原因特征便被排除,而其余的被所有个案共同具有的特征,便被视为结果的可能原因。比较分析法还可采用反证的过程,即先找出那些在许多特征方面十分相似,但在少数方面具有差异的一组个案,然后找出这些个案中所共有的某种结果及其原因特征,同时找出另一组在同样的方面具有不同结果的个案,将两组个案加以比较。如果发现那些具有不同结果的个案也同时不具有那个原因特征,则这个没有出现的原因特征,便可能是那个结果的原因。可见,比较分析法不仅从正面加以比较分析,还从反面的个案中获取信息,使得出的结论更为准确。

(四) 等级定性法

等级定性法是使用广泛的一种方法,带有很强的主观性,往往需要凭借分析者的经验和直觉，或者教育方案的标准，为教育或课程等的诸要素达到标准的程度定性分级，例如高、中、低三级。这种评级的定性分析方法通常要根据人们的经验和主观判断来确定等级，这种评估能否准确，在很大程度上取决于人们的知识经验和认识能力以及能否掌握一定信息资料并正确运用分析推理方法。

（五）过程分析法

过程分析法以时间顺序或事件的先后发展变化过程为标准，对质的资料进行描述。这种方法比较适用于概括和解释一系列变化发生和产生效益的过程。例如，通过对家访、谈话、观察记录等质的资料的分析，对一组儿童的攻击性行为的产生、发展和随着教育干预而发生的变化的过程，进行详细的描述，从中概括出此类行为变化的一般过程。有时还可将行为类别按变化过程中的前后顺序，组成树状结构或网状结构连接起来，形成某种流程图。

无论采用何种分析方法，对质的资料的分析都是一个自由度很大的开放性过程。在分析过程中，随时都可能对初步建立的分析框架、主题和类别，乃至所要回答的问题进行修改。对定性评价资料的解释依赖于评价者的已有经验和直觉，以及基于既存理论的主观见解，但必须尽量尊重客观资料中自然显现出来的特征，真实地再现被评对象的态度与观点。

第四节 评价结果的解释与运用

对评价资料进行了量化的或质的分析之后，应对分析的结果加以总结和解释，并得出评价结论。对结果的总结和解释可有不同的方式，如图解式、表格式、文字小结式和详细书面报告等。

一、解释评价结果的原则

无论用何种方式呈现评价结果，对结果的解释都必须遵循以下原则。

（一）实事求是地根据实际数据和资料作出解释，不夸大其词或盲目上纲。

（二）根据统计学的要求，合理地、有限制地对结果作出适宜的推断。

（三）针对评价结果呈示对象的特点，采用适当的措辞说明评价结果，不能一味地追求表面文字上的学术性而选用过于专业化的或令对象难以理解的术语。

（四）对评价结论的运用需要谨慎，考虑生态效应、社会效应和心理期待效应等。

二、解释评价结果的方式

（一）图解式

图解式，即根据评价资料的性质和分析的目的，选用直方图、圆形图、曲线图等方式直观地呈现评价结果。例如，需要比较各年龄幼儿对游戏的选择倾向性的频率，可选用直方图；要显示某种发展趋势，可采用曲线图；要想一目了然地呈现某幼儿园中教师的学历状况，则可选用圆形图。为清楚地区分不同的图解，须标明图号。图标一般放在图的下方，标题必须简明达意。如有必要对图中内容加注，图解的文字一般用较小的字放在图的下方。

（二）表格式

表格式，即在由线条分隔成的主栏和宾栏的表格结构中写上数字，加上标号和标题以说明表中内容。表格中的主栏一般纵列在左边，用来说明表格所要呈现的主要对象。宾栏一般横列在表的第一行，通常用来说明所属对象的有关指标或类别，每个指标或类别还可进一步再细分为若干个次级指标或次级类别。表格中的数据一般采用阿拉伯数字，必须准确无误，各纵列上的数字和小数点必须对齐位数，统一单位并在标题中说明。

（三）文字小结式

文字小结式，即用简明扼要的文字描述性地总结和概括评价的主要结果，力求让读者在短时间内较全面地了解评价研究的最重要的发现或结论。

（四）详细书面评价报告

有些比较正式的评价研究项目需要向要求评价方或资助评价者提供详细的书面评价报告，此类评价报告的撰写提纲与内容详见第三章表 3-1。

（五）在线评估及其报告

近年来有些早期教育或早期干预项目，设计出关于儿童发展某些方面的在线评估工具，由教师或家长在其网站上为班级或个体儿童注册登记后，输入有关儿童发展的各类评估信息。系统在对儿童的资料加以综合和分析之后，自动生成评估报告，并解释其含义。这种评价及其报告方式的优点是，教师和家长可以在儿童发展的动态过程中，反复地适时地评估儿童的发展动态，以便及时地调整对个体儿童的教育和干预实践方案。有关实例参见第七章第四节的报告五：学前儿童发展状况的在线测评。

思考与练习

1. 了解如何对评价资料进行初步的整理、编码和汇总。
2. 简述常用的量化分析方法及其要求。
3. 理解质的分析方法的特点和使用范围。
4. 针对某项具体评价项目的资料数据，讨论应采用何种适宜的方法加以分析，并尝试进行分析练习，讨论其结果。

第七章

学前儿童发展的测量与评价

内容提要

学前儿童发展的测量与评价是学前教育评价的重要内容。本章根据国家关于学前教育有关法规和政策的精神，阐述学前儿童发展测量与评价的目的、含义和原则，介绍主要的学前儿童常用测量量表及其使用范围和注意事项，并纳入可供借鉴的学前儿童发展测评体系以供参考。本章还详细论述报告学前儿童发展评价结果的方式并举例说明。

学习目标

1. 理解儿童发展测量与评估的意义及其区分。
2. 熟悉常用的儿童发展测量量表及其作用。
3. 从所提供的儿童发展指标体系案例中获取有益的实用启示。

关键词

测量量表　评估体系　结果显示

第一节 学前儿童发展的测量与评价概述

一、学前儿童发展测量与评价的含义

学前儿童发展的测量是为判断儿童发展状况而收集信息的过程，通常是通过测验或观察等手段获取学前儿童的身体、动作、认知、语言、情感、社会性等方面的发展状况的资料或数据。评价是在测量所收集到的信息的基础上，对照某种发展标准，对儿童的发展状况作出某种价值判断，比如，根据年龄常模判断儿童某方面的发展是否正常，或个体儿童某方面的发展在同龄儿童中所处的相对位置，或儿童是否发展到某种既定标准等。

《幼儿园工作规程》（以下简称《规程》）指出，幼儿园的任务是"……实施德、智、体、美等方面全面发展的教育，促进幼儿身心和谐发展"。要达到这一目标，必须在学前儿童的发展上下功夫。只有全面、清楚地了解学前儿童的发展状况，才有可能提供有针对性的教育，给予每一个学前儿童适宜的帮助，使学前儿童在原有的水平上得到发展。若要做到这一点，就必须对学前儿童进行系统的、有意识的观察和评价。所以，搞好学前儿童发展的测量与评价工作，乃是落实《规程》精神的必要条件与促进因素。

《幼儿园教育指导纲要（试行）》已是我国幼儿教育者熟知的重要的国家指导性文件，也是幼儿园的课程指南或课程标准。2012年，国家指导性文件《3—6岁儿童学习与发展指南》（以下简称《指南》）颁布。《指南》明确了教育者对不同年龄的儿童在各个领域的发展状况的期望，有助于教师更深入和清晰地了解儿童发展的内涵、儿童在各领域发展的行为表现方式、年龄特征以及教师与家长在这一发展中如何发挥作用等问题（周欣等，2012）。

《指南》是在联合国儿童基金会的推动和资助下，由国家教育部组织专家形成课题组经数年努力研制而成。近年来，很多国家，包括中国参与了联合国儿童基金会发起的"遍及全球"（Going Global Project）研究与发展项

目,通过制定明确的关于儿童学习与发展的评价标准来提高发展中国家的学前教育质量,为所有的儿童做好入小学的准备,同时解决发展中国家学前教育领域中缺乏合适的儿童评价工具和缺乏对儿童发展进行监控手段的问题。目前参与该项目的国家已增加到20个,虽然各国对儿童学习与发展标准的制订运用了大致相同的方法与过程,但其内涵都体现了各国自己的文化价值观、儿童观与教育观,并开发出适合本国使用的儿童发展的指标。

《指南》分五个领域(健康、语言、社会、科学、艺术)描述儿童的学习与发展,并提出儿童在各领域的发展目标和行为表现。每个领域由两个或三个子领域组成,如健康领域分为身体状况、动作发展、生活习惯与生活能力三个子领域。每个子领域分别列出若干目标,在每一个目标下都有"各年龄段典型表现"与相应的"教育建议"。《指南》已成为指导中国学前教育改革、提高早期教育质量、促进学龄前儿童健康发展的实践指南。

评价学前儿童的发展,其目的主要是:①收集有关课程或教育教学方法是否有效的证据;②鉴定学前儿童某些方面的发展是否正常,并说明其在某一团体中所处的相对位置;③提供能够用来促进学前儿童学习和发展的信息,改善教育活动。根据不同的目的,评价的方法、程序、手段和侧重点均有所不同。例如,针对前两种目的,一般需采用正式的或标准化的测量量表,经过较为严密的、统一的程序予以评分,然后对照某种相应的常模作出评价鉴定,或经统计检验获得结论。而第③种目的之下的学前儿童发展评价,则相对地比较灵活宽松,主要依靠教师在各种情景中通过各种观察途径来收集评价信息,旨在客观深入地了解学前儿童的发展现状及其不足之处,为调整教育计划与措施提供依据。

对学前儿童发展的测量与评价可以采用各种正式的或非正式的方法。正式方法一般是指标准化的测验,即由专家设计的一套试题,经由标准化的程序,对目标人群中的较大样本进行试测,并根据对所测结果的分析,制定出常模标准和测试指南以供使用者参照。正式方法常用于鉴别学前儿童的发展(如生长发育、动作、智力、语言等)的异常,旨在较为准确地识别问题所在，以便早期干预或治疗，成功地防止问题的扩大，避免或减低对日后发展的影响。非正式方法是指家长或教师在日常生活和游戏中对学前儿童的观测和评估。由于儿童在活动中的表现最能真实地体现其发展状况的实质，故而在自然的生活或游戏活动中对儿童的观察是不可忽视的极其有效的测量与评价方式。正式方法和非正式方法的结合运用应当受到重视。例如，父母或教师经观察和与其他同龄儿童比较，发现儿童的发展可能存在迟缓或超常现象，继而使用标准化测验可以确诊或证实其猜测，从而及时予以帮助，有利于充分开发儿童学习和发展的潜在可能性（Gullo，2005）。

正式的测量主要是指由专家经严谨的研究过程而编制的，通常具有标准化常模参照的测验量表，例如，中国儿童发展量表（CDCC），中国比奈智力测验等。测验即是向儿童呈现一系列问题或人物，根据儿童的回答或行为表现予以评分，根据测验所得的分数，我们可以依照某种标准，来判断儿童在所测量的方面的发展进度与质量。常模参照测量必须按照标准化的操作程序、时间和评分标准实施，以保证测验结果的准确。测量结果与常模相对照，表示受试者在被测方面的水平能力处于相似群体中的相对位置。正式测量还包括某些标准参照测量，比如幼儿园开展的基于课程的测量，收集儿童的作品获得其他关于发展的证据并加以分析，用一组随机抽取的同年龄儿童样本的资料作为对照，了解达到平均水平之上或之下的人数比例。再如检测个体儿童学年末期在被测方面的水平能力，并与该儿童在学年初期的水平能力相对照，即以儿童自身为标准，而不要求与其他人相比较。

非正式测量则指在日常教育情景中，由教育者编制并执行的，以了解教育对象和改进教学活动为目的对儿童发展的测量。非正式测量也是教育测量与评价中不可缺少的重要组成部分。非正式测量的形式可有多种，例如，教师在自然的游戏活动中观察学前儿童的行为，教师与家长谈话，幼儿园或教师编制的问卷调查表，用清单打钩法判断学前儿童是否出现或完成某些行为能力，以及根据教师对同龄儿童的经验或本班实际情况，对某些行为能力作等级评定，等等。

在正式的研究和评价项目中，关于儿童发展的等级判断必须基于详细而严格的操作定义，有时需辅之以测验的结果。在非正式或自然情景中的日常评价中，为了了解和记录儿童的发展情况，以便进一步计划和安排活动，常由教师综合经由各种方法和从多种途径获得的有关儿童的信息，包括家长提供的关于儿童的情况，对儿童某些方面的发展情况进行等级评定。教师应当在采用其他方法收集足够的信息之后，经过充分的分析和综合考量，再作出等级判断。等级判断的依据往往是教师所拥有的专业知识，结合教师所积累的关于同年龄儿童发展状况的经验所建立起的教师的判断标准。这个标准具有主观性，也许还有片面性和不准确性，所以对于评定结果的解释和公开使用要十分谨慎。

二、学前儿童发展测评的原则

本章所涉及的学前儿童发展与评价的对象包括 0~6 岁的婴幼儿。处于生命初期的婴幼儿在很多方面正快速成长，同时也极易受到损伤，应当注意保护。因此，在婴幼儿发展状况与水平的测量和评价中，有许多值得关注的问题。

（一）测评应使儿童受益，促进儿童的发展和学习

对婴幼儿的测量与评价，主要目的在于检查其发展是否正常，是否有迟缓现象，从而需要干预或协助。因此，测量本身是为了让儿童从中受益。儿童进入幼儿园或学前班后，往往需要通过测验来决定是否适合进入下一年龄班的课程，或是否进入小学学习，这是对儿童有好处的。有时测量的目的是评价机构的质量或效益，并不直接使儿童受益，要慎用。但如果是为了改进机构工作和课程的质量，也会间接使儿童受益。

（二）测评内容和方式应适宜于儿童的年龄

对于 3 岁前的婴幼儿，家长或主要抚育者是主要资料提供者，与孩子相处最多的父母对孩子的了解是我们理解婴幼儿发展真实特征的基本依据。随着年龄的增长，幼儿园大班儿童开始更多地能够理解自己知道什么，会做什么时，便更适合于某些测验，但家长的意见仍然至关重要。用于较年长儿童的测验不适用于年幼的婴幼儿。

（三）测评应运用多种方法，从多种来源获取有关儿童发展的信息资料

任何方法都有其局限性，都只能提供某一角度或某一方面的关于儿童的发展信息。单一的资料来源往往不足为凭，应充分重视在自然情景或游戏中观察儿童的真实行为和能力，重视向儿童的父母和其他主要抚养人了解儿童的发展情况。只有运用多种方法和多种信息来源，并从不同的视角看待儿童的发展，才能描绘儿童发展的多方位立体画面。对于婴幼儿，一次性观察是不够的，多次观察才能获取完整的信息，了解儿童学习与发展能力的全貌。

（四）测评应公平对待所有的儿童

测评应公平地对待每一位儿童，尤其对低能儿童或缺陷儿童的诊断，防止对测验分数的错误理解和解释，作出儿童是否需要接受特殊教育干预的决定。有些测验并非适合所有的儿童，例如，具有不同家庭背景，不同的社会经济、文化、语言背景的儿童对测验的适宜性不同，几乎所有的测验都需要使用语言，语言上的困难将使儿童无法表现其真实的能力发展水平。因此，测评时应当了解被测儿童的有关情况和特殊需要，采用多种方法策略，由多种途径收集信息，最大程度地克服这种局限。

（五）测量与评估应真实可靠

测量内容应来自儿童所熟悉的生活环境，是对儿童有意义的，反映儿童的真实生活经验。测评应注意覆盖儿童学习和发展的各个方面，包括身体发育与健康、动作能力、社会性与情绪、语言、认知和一般生活常识。测评应在儿童熟悉的自然情景中进行，以便儿童充分展示能力。纸笔测验在学前儿童中应该慎用。因此，测评应是以儿童为中心的，以儿童的背景为依据的，全面的、真实的、有效的。这样才能准确地测评儿童的发展和学习结果，并根据测评的结果进一步计划适合儿童兴趣和已有经验的学习课程。

第二节 学前儿童发展量表简介

一、新生儿/婴儿量表

对新生儿的测评常使用 Apgar 量表（Serunian & Broman，1975），在出生后 1 分钟和 5 分钟后实施，对新生儿的心率、呼吸能力、肌肉收缩力、身体颜色、反射机能等生理指标进行评估，每项得 0～2 分。通常认为总分 7～10 分为正常，5 分以下为发展困难，3 分以下标志新生儿处于紧急状态并危及生命。

另一项类似的测验《新生儿行为量表》（Neonatal Behavioral Assessment Scale, or NBAS; Brazelton，1995），通过行为检测，测量出生后第一个月内新生儿的气质差异、神经系统功能和新生儿的交互反应能力。如果检测时父母在场，还可以用来帮助父母理解新生儿的各种行为信号和技能，提高父母的育儿技能。还有对出生后更长一段时间内，如一个月至两岁期间的婴幼儿发展的测量量表，如《格塞尔发展量表》（Gesell，1991）用来筛选并诊断发展滞缓的婴儿，《贝利婴儿发展量表》（Bayley，1969）检测婴儿的智能，而不是一般性发展。这两个量表实施起来都比较费时，但能提供有关的诊断信息。

二、婴幼儿智能发育量表（0～3 岁）

《学前儿童智能发育量表》是中国科学院心理研究所范存仁等与中国儿童发展中心合作，并得到联合国儿童发展基金会的支持，从 1984 年开始研制，1988 年研制成功的 0～3 岁婴幼儿发育量表。本量表分为领域和行为两方面，用来评价感知敏锐性、注意分辨能力以及对外界作出反应的能力，早期获得物体恒常性、记忆、学习及回答问题的能力，早期概括化和分类能力，以及婴幼儿感知觉、注意、记忆和认识能力等。其语言量表着重在开始发音和语言交流的萌芽，从对声音的反应、发音到说完整句子，共 121 个项目，是从 200 多个项目中筛选出来的。运动量表是专门指能反应运动协调和技巧行为的发展，如对身体控制的程度、大肌肉协调、全身运动的发展以及手和手指的操作技巧的发展、用手取物能力的发展规律等，共有 61 个项目，是从 100 多个项目中筛选出来的。

三、中国儿童发展量表（3～6 岁）

《中国儿童发展量表（3～6 岁）》是在北京师范大学张厚粲教授主持下，由全国几十个医学、心理学研究机构协作编制。编制工作得到中国儿童发展中心的支持。自 1985 年开始，参考国内外有关研究成果，根据国内儿童发展状况进行深入细致地研究，常模团体 2 368 人，来源于全国六大行政区十八个城市（含四个近郊县），3～6 岁 12 个年龄组（5 岁前每隔三个月为一个年龄组，5 岁后半岁为一个年龄组）。男女各约一半，并考虑到家长的文化、职业的人口比例。测验项目有较理想的难度和较高的区分度，并具有较好的因子结构，能够较准确地鉴别我国 3～6 岁儿童的发展水平。量表还具有较高的信度与效度，其长度适中，内容形式多样，容易引起学前儿童参加测验的兴趣，便于施测。

该量表是评定学前儿童发展的诊断性量表，适合对我国 3～6 岁学前儿童的发育与智能发展作诊断性测验和评估。儿童发展量表的内容由语言、认知、社会认知以及动作四个方面构成。分为智力发展量表与运动发展量表两个部分。智力发展量表由 11 个项目 106 个题目构成，主要对学前儿童言语发展，注意、感知、记忆、想象以及判断推理能力与计算能力的发展，社会认知发展进行评价。测验用语言和操作两种材料进行。运动发展量表由 5 个项目构成，主要对学前儿童身体素质与动作发展进行评价。全部测验共 16 项分测验。具体内容为：看图命名（10 题），量词使用（8 题），看图补缺（10 题），语言理解（7 题），按例找图（10 题），袋中摸物（8 题），拼摆图形（12 题），数数算算（16 题），错误分析（6 题），社会常识（8 题），人物关系（11 题），以及单脚站立（测平衡力），立定跳远（测爆发力），左跳右跳（测动作的灵活性），蹲蹲站站（测耐久力），快捡小豆（测手眼的协调和灵敏性）。

四、韦克斯勒学前儿童智力量表（WPPSI）

韦氏智力量表，即韦克斯勒学前儿童智力量表（Wechsler Preschool and Primary Scale of Intelligence）是美国心理学家韦克斯勒（Wechsler）于1967年为评估学前儿童的智力发展水平而设计的，适用4~6.5岁儿童。我国的郭迪和龚耀先分别于1983年和1984年对该量表进行了修订，修订后的量表保持了原量表的可靠性和有效性，用于测量和评估中国学前儿童的智力发展。

韦克斯勒认为智力是由几种有效的智慧能力"聚集"而成。该量表包括11个分测验，分为言语测验和操作测验，可以分别测量个体的言语能力和操作能力。言语分量表包含的测验项目有：常识、理解问题、算术、发现两物的相似性和词汇等。操作分量表包含的测验项目有：整理图片、积木、图像组合、译码和迷津等。因此韦氏智力量表不仅能算出儿童在全量表上的离差智商，还能算出儿童在言语分量表、操作分量表上的离差智商。虽然言语智商和操作智商有很高的正相关（0.77~0.81），但这两种分量表测得的毕竟是不同的能力，有可能对儿童的智力结构的诸因素进行比较和分析。

五、中国比纳智力测验

比纳（A. Binet）是智力测验常模的首创者，他和同事西蒙（T. Simon）编制出世界上最早的智力测验量表：比纳—西蒙智力量表。斯坦福大学先后四次修订该量表，后称为斯坦福—比纳智力量表（Stanford-Binet Test of Intelligence）（郑日昌，1987）。该量表在我国自1924年以来由陆志韦和吴天敏共作了三次修订。吴天敏于1982年主持了第三次修订《中国比纳测验》。

该测验一共有51个项目，从易到难排列，每项代表四个月智龄，每岁三个项目，适用对象的年龄范围为3~18岁（最适宜范围为4~14岁的儿童),用离差智商评定智商。测验共分 17 个年龄组。自 3~14 岁,每一年龄组都有六个试题,一个备用题,每通过一个项目得分为两个月。例如,5 岁组题项包括在人像画上补笔,模仿折叠三角形,为皮球、帽子、火炉下定义,判断图形的异同,把两个三角形拼成一个长方形等。

六、儿童人格测查

罗夏测验(Rorshach Test)是一种常用的投射测验技术,适用于成人和儿童,用于诊断异常人格。罗夏测验由 10 张墨迹图构成,本身并不包含任何意义。主试者将这些墨迹图按顺序逐一地呈现在被试面前,要求被试讲出自己在图上所看到的事物,然后根据被试的报告和反应内容(如人、人的部分、性别、动物、动物制品、动物解剖、植物等),对其加以解释和联想,进行分析综合,并据此作出评估(Atkinson,1986)。

适用于儿童的其他投射测验还有儿童统觉测验(CAT)、绘人测验、填句测验、动态家庭画测验等。此类测验的理论依据是,儿童画不只是偶发的,而且是儿童人格的表现。研究儿童的绘画作品,就能确定绘画内容与儿童表现于社会行为的人格之间的关系,例如,儿童运用的色彩、涂色技术,构图大小及图形空间位置等都与儿童的人格特征有关。

测验时要求儿童先画一个人,画完后要求儿童再画一个与第一张画上人物性别不同的人,然后将两张人像画对照比较,分析画面各部位的比例,人像之间的异同及其他各项指标,借此评估儿童的内在心理冲突、焦虑和其他人格特征。必须强调的是,运用这些测验和对测验结果作出适当的解释,需要经过专门的严格训练,不能随便采用。

由于学前儿童还不具备对一些人格调查作出回答的各种能力,对学前儿童的人格调查往往是由父母作出回答的。沃特(Wirt,1977)编制了儿童人格调查(PIC),可用于 3~16 岁的儿童,由 590 个是否项目组成,联系到儿童行为、态度与家庭关系等各个方面,通过问卷,可以得出各种量表的分数值,为评估儿童的人格特征提供信息。

第三节 学前儿童发展评价指标体系举例

从事学前儿童发展的评价工作，首先必须建构或选用比较有效可靠的评价指标体系。学前儿童发展评价指标体系，应根据国家的学前儿童教育目标及与之相适应的儿童发展目标建构而成。以发展目标体系为参照，包含其中的各种要素，与发展目标的内涵相应，但在其结构的表现形式上，又要从观测和操作的需要出发，便于教师或评价者集中分类掌握，从而具有自身独特的存在形式。然而，无论对学前儿童发展的整体目标结构作出何种分解或归类，或对学前儿童发展的评价体系作出何种形式的调整，都势必体现出某些观点或设想。于是，不同的体系其框架的重要特征也会有所不同。评价指标体系的制定者应当在评价体系的说明中详细地予以阐释，帮助使用者在参考该体系时能够借以作出正确的判断和选择。

学前儿童发展评价指标体系是开展学前儿童发展评价工作的依据，评价体系所包含的指标、标准与方法等的科学性与合理性，关系到评价工作的质量和效果。教育行政部门和幼儿园的决策者，都应当为教师开展学前儿童发展评价工作提供尽可能科学、有效又实际可行的评价指标体系。在有条件的地方，可以组织力量根据当地的实际情况编制此类评价工具，这需要投入很多力量，并力求经过长时期反复考察验证和实践来确定。本章选择介绍几个国内外现存体系中的部分指标与标准，供参考选用。在使用别人编制的量表时，务必注意以下几方面问题。

第一，要对评价体系进行评估和选择。完整的评价体系应包括评价目的、评价指标的结构体系及其分类理由、涉及的主要教育观点、各得分项的定义和得分标准、收集评价信息的方式与途径等方面的内容，并作出详细的阐释与说明，为使用者提供评估该体系的依据。各幼儿园应该根据自身的需求和实际状况，对各种评价体系加以鉴定，从中选择较为合适的体系，或从几个体系中抽取合理成分修订为本园的评价体系试用版本。盲目而不加选择地使用任何评价体系，都是不科学的和不负责任的态度。

第二，应先学习，再运用。无论是使用新建立的评价体系，还是沿用他人编制的评价工具，都应该组织实施者先学习其精神实质，掌握主要观点和使用方法，在对评价项目及评判标准达到相当熟悉的程度的基础上，还应制定自己的评价工作计划及工作日程表。若不经学习，拿来就用，只能使评价工作处于盲目、混乱和无效的状况，或流于形式。

第三，要创造性地使用。借鉴别人的研究成果，还应当进行创造性的思考与大胆的创新。评价体系中有时会涉及大量的具体动作和活动内容，其设计构思经常旨在为教师提供启示或思路，所提供的观察情景实例及其记录表格，也是仅供参考，并非是唯一的观察途径或内容。教师可以结合自定的教育教学计划来选择和修改其中的内容，但任何修改都应当具有充分的理由，而不能随心所欲地进行。

以下介绍几种学前儿童发展评价案例，仅供参考。

一、3~6岁儿童学习与发展目标

为深入贯彻《国家中长期教育改革和发展规划纲要（2010—2020年）》和《国务院关于当前发展学前教育的若干意见》，帮助广大幼儿园教师和家长了解幼儿学习与发展的基本规律和特点，全面提高科学保教水平，教育部组织研究制定了《指南》，将幼儿的学习与发展分为健康、语言、社会、科学、艺术五个领域。每个领域按照幼儿学习与发展最基本、最重要的内容划分为若干方面。对每个方面提出了学习与发展目标，分别对3~4岁、4~5岁、5~6岁三个年龄段幼儿应该知道什么、能做什么，大致可以达到什么发展水平提出了合理期望。该文件可作为现阶段儿童发展与评估的指导性目标体系，为儿童发展评估实践奠定了基础。《指南》还在每个领域方面提出了教育建议，针对幼儿学习与发展目标，列举了一些能够有效帮助和促进幼儿学习与发展的教育途径与方法。《指南》体现了儿童发展评价的核心理念。

以下是《指南》中提出的五个领域的儿童发展与学习目标（见表7-1）。

表 7-1　3～6 岁儿童学习与发展目标

领域与目标	3～4 岁	4～5 岁	5～6 岁
一、健康			
（一）身心状况			
目标 1 具有健康的体态	1. 身高和体重适宜。 参考标准： 男孩： 身高 94.9～111.7 厘米 体重 12.7～21.2 公斤 女孩： 身高 94.1～111.3 厘米 体重 12.3～21.5 公斤 2. 在提醒下能自然坐直、站直。	1. 身高和体重适宜。 参考标准： 男孩： 身高 100.7～119.2 厘米 体重 14.1～24.2 公斤 女孩： 身高 99.9～118.9 厘米 体重 13.7～24.9 公斤 2. 在提醒下能保持正确的站、坐和行走姿势。	1. 身高和体重适宜。 参考标准： 男孩： 身高 106.1～125.8 厘米 体重 15.9～27.1 公斤 女孩： 身高 104.9～125.4 厘米 体重 15.3～27.8 公斤 2. 经常保持正确的站、坐和行走姿势。
目标 2 情绪安定愉快	1. 情绪比较稳定，很少因一点小事哭闹不止。 2. 有比较强烈的情绪反应时，能在成人的安抚下逐渐平静下来。	1. 经常保持愉快的情绪，不高兴时能较快缓解。 2. 有比较强烈的情绪反应时，能在成人的提醒下逐渐平静下来。 3. 愿意把自己的情绪告诉亲近的人，一起分享快乐或求得安慰。	1. 经常保持愉快的情绪。知道引起自己某种情绪的原因，并努力缓解。 2. 表达情绪的方式比较适度，不乱发脾气。 3. 能随着活动的需要转换情绪和注意。

续表

领域与目标	3~4 岁	4~5 岁	5~6 岁
目标 3 具有一定的适应能力	1. 能在较热或较冷的户外环境中活动。 2. 换新环境时情绪能较快稳定，睡眠、饮食基本正常。 3. 在帮助下能较快适应集体生活。	1. 能在较热或较冷的户外环境中连续活动半小时左右。 2. 换新环境时较少出现身体不适。 3. 能较快适应人际环境中发生的变化。如换了新老师能较快适应。	1. 能在较热或较冷的户外环境中连续活动半小时以上。 2. 天气变化时较少感冒，能适应车、船等交通工具造成的轻微颠簸。 3. 能较快融入新的人际关系环境。如换了新的幼儿园或班级能较快适应。

（二）动作发展

领域与目标	3~4 岁	4~5 岁	5~6 岁
目标 1 具有一定的平衡能力，动作协调、灵敏	1. 能沿地面直线或在较窄的低矮物体上走一段距离。 2. 能双脚灵活交替上下楼梯。 3. 能身体平稳地双脚连续向前跳。 4. 分散跑时能躲避他人的碰撞。 5. 能双手向上抛球。	1. 能在较窄的低矮物体上平稳地走一段距离。 2. 能以匍匐、膝盖悬空等多种方式钻爬。 3. 能助跑跨跳过一定距离，或助跑跨跳过一定高度的物体。 4. 能与他人玩追逐、躲闪跑的游戏。 5. 能连续自抛自接球。	1. 能在斜坡、荡桥和有一定间隔的物体上较平稳地行走。 2. 能以手脚并用的方式安全地爬攀登架、网等。 3. 能连续跳绳。 4. 能躲避他人滚过来的球或扔过来的沙包。 5. 能连续拍球。
目标 2 具有一定的力量和耐力	1. 能双手抓杠悬空吊起 10 秒左右。 2. 能单手将沙包向前投掷 2 米左右。 3. 能单脚连续向前跳 2 米左右。 4. 能快跑 15 米左右。 5. 能行走 1 公里左右（途中可适当停歇）。	1. 能双手抓杠悬空吊起 15 秒左右。 2. 能单手将沙包向前投掷 4 米左右。 3. 能单脚连续向前跳 5 米左右。 4. 能快跑 20 米左右。 5. 能连续行走 1.5 公里左右（途中可适当停歇）。	1. 能双手抓杠悬空吊起 20 秒左右。 2. 能单手将沙包向前投掷 5 米左右。 3. 能单脚连续向前跳 8 米左右。 4. 能快跑 25 米左右。 5. 能连续行走 1.5 公里以上（途中可适当停歇）。

续表

领域与目标	3～4岁	4～5岁	5～6岁
目标3 手的动作灵活协调	1. 能用笔涂涂画画。 2. 能熟练地用勺子吃饭。 3. 能用剪刀沿直线剪，边线基本吻合。	1. 能沿边线较直地画出简单图形，或能边线基本对齐地折纸。 2. 会用筷子吃饭。 3. 能沿轮廓线剪出由直线构成的简单图形，边线吻合。	1. 能根据需要画出图形，线条基本平滑。 2. 能熟练使用筷子。 3. 能沿轮廓线剪出由曲线构成的简单图形，边线吻合且平滑。 4. 能使用简单的劳动工具或用具。

(三) 生活习惯与生活能力

领域与目标	3～4岁	4～5岁	5～6岁
目标1 具有良好的生活与卫生习惯	1. 在提醒下，按时睡觉和起床，并能坚持午睡。 2. 喜欢参加体育活动。 3. 在引导下，不偏食、挑食。喜欢吃瓜果、蔬菜等新鲜食品。 4. 愿意饮用白开水，不贪喝饮料。 5. 不用脏手揉眼睛，连续看电视等不超过15分钟。 6. 在提醒下，每天早晚刷牙、饭前便后洗手。	1. 每天按时睡觉和起床，并能坚持午睡。 2. 喜欢参加体育活动。 3. 不偏食、挑食，不暴饮暴食。喜欢吃瓜果、蔬菜等新鲜食品。 4. 常喝白开水，不贪喝饮料。 5. 知道保护眼睛，不在光线过强或过暗的地方看书，连续看电视等不超过20分钟。 6. 每天早晚刷牙，饭前便后洗手，方法基本正确。	1. 养成每天按时睡觉和起床的习惯。 2. 能主动参加体育活动。 3. 吃东西时细嚼慢咽。 4. 主动饮用白开水，不贪喝饮料。 5. 主动保护眼睛，不在光线过强或过暗的地方看书，连续看电视等不超过30分钟。 6. 每天早晚主动刷牙，饭前便后主动洗手，方法正确。
目标2 具有基本的生活自理能力	1. 在帮助下能穿脱衣服或鞋袜。 2. 能将玩具和图书放回原处。	1. 能自己穿脱衣服、鞋袜、扣纽扣。 2. 能整理自己的物品。	1. 能知道根据冷热增减衣服。 2. 会自己系鞋带。 3. 能按类别整理好自己的物品。

续表

领域与目标	3~4 岁	4~5 岁	5~6 岁
目标 3 具备基本的安全知识和自我保护能力	1. 不吃陌生人给的东西，不跟陌生人走。 2. 在提醒下能注意安全，不做危险的事。 3. 在公共场所走失时，能向警察或有关人员说出自己和家长的名字、电话号码等简单信息。	1. 知道在公共场合不远离成人的视线单独活动。 2. 认识常见的安全标志，能遵守安全规则。 3. 运动时能主动躲避危险。 4. 知道简单的求助方式。	1. 未经大人允许不给陌生人开门。 2. 能自觉遵守基本的安全规则和交通规则。 3. 运动时能注意安全，不给他人造成危险。 4. 知道一些基本的防灾知识。

二、语言

（一）倾听和表达

领域与目标	3~4 岁	4~5 岁	5~6 岁
目标 1 认真听并能听懂常用语言	1. 别人对自己说话时能注意听并做出回应。 2. 能听懂日常会话。	1. 在群体中能有意识地听与自己有关的信息。 2. 能结合情景感受到不同语气、语调所表达的不同意思。 3. 方言地区和少数民族幼儿能基本听懂普通话。	1. 在集体中能注意听老师或其他人讲话。 2. 听不懂或有疑问时主动提问。 3. 能结合情境理解一些表示因果、假设等相对复杂的句子。
目标 2 愿意讲话并能清楚地表达	1. 愿意在熟悉的人面前说话，能大方地与人打招呼。 2. 基本会说本民族或本地区的语言。 3. 愿意表达自己的需要和想法，必要时能配以手势动作。 4. 能口齿清楚地说儿歌、童谣或复述简短的故事。	1. 愿意与他人交谈，喜欢谈论自己感兴趣的话题。 2. 会说本民族或本地区的语言，基本会说普通话。少数民族聚居地区幼儿会用普通话进行日常会话。 3. 能基本完整地讲述自己的所见、所闻和经历的事情。 4. 讲述比较连贯。	1. 愿意与他人讨论问题，敢在众人面前说话。 2. 会说本民族或本地区的语言和普通话，发音正确清晰。少数民族聚居地区幼儿基本会说普通话。 3. 能有序、连贯、清楚地讲述一件事情。 4. 讲述时能使用常见的形容词、同义词等，语言比较生动。

续表

领域与目标	3～4岁	4～5岁	5～6岁
目标3 具有文明的语言习惯	1. 与别人讲话时知道眼睛要看着对方。 2. 说话自然，声音大小适中。 3. 能在成人的提醒下使用恰当的礼貌用语。	1. 别人对自己讲话时能回应。 2. 能根据场合调节自己说话声音的大小。 3. 能主动使用礼貌用语，不说脏话、粗话。	1. 别人讲话时能积极主动地回应。 2. 能根据谈话对象和需要，调整说话的语气。 3. 懂得按次序轮流讲话，不随意打断别人。 4. 能依据所处情境使用恰当的语言。如在别人难过时会用恰当的语言表示安慰。

（二）阅读和书写准备

领域与目标	3～4岁	4～5岁	5～6岁
目标1 喜欢听故事，看图书	1. 主动要求成人讲故事、读图书。 2. 喜欢跟读韵律感强的儿歌、童谣。 3. 爱护图书，不乱撕、乱扔。	1. 经常反复看自己喜欢的图书。 2. 喜欢把听过的故事或看过的图书讲给别人听。 3. 对生活中常见的标识、符号感兴趣，知道它们表示一定的意义。	1. 专注地阅读图书。 2. 喜欢与他人一起谈论图书和故事的有关内容。 3. 对图书和生活情境中的文字符号感兴趣，知道文字表示一定的意义。
目标2 具有初步的阅读理解能力	1. 能听懂短小的儿歌或故事。 2. 会看画面，能根据画面说出图中有什么，发生了什么事等。 3. 能理解图书上的文字是和画面对应的，是用来表达画面意义的。	1. 能大体讲出所听故事的主要内容。 2. 能根据连续画面提供的信息，大致说出故事的情节。 3. 能随着作品的展开产生喜悦、担忧等相应的情绪反应，体会作品所表达的情绪情感。	1. 能说出所阅读的幼儿文学作品的主要内容。 2. 能根据故事的部分情节或图书画面的线索猜想故事情节的发展，或续编、创编故事。 3. 对看过的图书、听过的故事能说出自己的看法。 4. 能初步感受文学语言的美。

续表

领域与目标	3～4岁	4～5岁	5～6岁
目标3 具有书面表达的愿望和初步技能	1. 喜欢用涂涂画画表达一定的意思。	1. 愿意用图画和符号表达自己的愿望和想法。 2. 在成人提醒下，写写画画时姿势正确。	1. 愿意用图画和符号表现事物或故事。 2. 会正确书写自己的名字。 3. 写画时姿势正确。

三、社会

（一）人际交往

领域与目标	3～4岁	4～5岁	5～6岁
目标1 愿意与人交往	1. 愿意和小朋友一起游戏。 2. 愿意与熟悉的长辈一起活动。	1. 喜欢和小朋友一起游戏，有经常一起玩的小伙伴。 2. 喜欢和长辈交谈，有事愿意告诉长辈。	1. 有自己的好朋友，也喜欢结交新朋友。 2. 有问题愿意向别人请教。 3. 有高兴的或有趣的事愿意与大家分享。
目标2 能与同伴友好相处	1. 想加入同伴的游戏时，能友好地提出请求。 2. 在成人指导下，不争抢、不独霸玩具。 3. 与同伴发生冲突时，能听从成人的劝解。	1. 会运用介绍自己、交换玩具等简单技巧加入同伴游戏。 2. 对大家都喜欢的东西能轮流、分享。 3. 与同伴发生冲突时，能在他人帮助下和平解决。 4. 活动时愿意接受同伴的意见和建议。 5. 不欺负弱小。	1. 能想办法吸引同伴和自己一起游戏。 2. 活动时能与同伴分工合作，遇到困难能一起克服。 3. 与同伴发生冲突时能自己协商解决。 4. 知道别人的想法有时和自己不一样，能倾听和接受别人的意见，不能接受时会说明理由。 5. 不欺负别人，也不允许别人欺负自己。

续表

领域与目标	3~4 岁	4~5 岁	5~6 岁
目标3 具有自尊、自信、自主的表现	1. 能根据自己的兴趣选择游戏或其他活动。 2. 为自己的好行为或活动成果感到高兴。 3. 自己能做的事情愿意自己做。 4. 喜欢承担一些小任务。	1. 能按自己的想法进行游戏或其他活动。 2. 知道自己的一些优点和长处,并对此感到满意。 3. 自己的事情尽量自己做,不愿意依赖别人。 4. 敢于尝试有一定难度的活动和任务。	1. 能主动发起活动或在活动中出主意、想办法。 2. 做了好事或取得了成功后还想做得更好。 3. 自己的事情自己做,不会的愿意学。 4. 主动承担任务,遇到困难能够坚持而不轻易求助。 5. 与别人的看法不同时,敢于坚持自己的意见并说出理由。
目标4 关心尊重他人	1. 长辈讲话时能认真听,并能听从长辈的要求。 2. 身边的人生病或不开心时表示同情。 3. 在提醒下能做到不打扰别人。	1. 会用礼貌的方式向长辈表达自己的要求和想法。 2. 能注意到别人的情绪,并有关心、体贴的表现。 3. 知道父母的职业,能体会到父母为养育自己所付出的辛劳。	1. 能有礼貌地与人交往。 2. 能关注别人的情绪和需要,并能给予力所能及的帮助。 3. 尊重为大家提供服务的人,珍惜他们的劳动成果。 4. 接纳、尊重与自己的生活方式或习惯不同的人。

(二)社会适应

领域与目标	3~4 岁	4~5 岁	5~6 岁
目标1 喜欢并适应群体生活	1. 对群体活动有兴趣。 2. 对幼儿园的生活好奇,喜欢上幼儿园。	1. 愿意并主动参加群体活动。 2. 愿意与家长一起参加社区的一些群体活动。	1. 群体活动中积极、快乐。 2. 对小学生活有好奇和向往。

续表

领域与目标	3~4岁	4~5岁	5~6岁
目标2 遵守基本的行为规范	1. 在提醒下，能遵守游戏和公共场所的规则。 2. 知道不经允许不能拿别人的东西，借别人的东西要归还。 3. 在成人提醒下，爱护玩具和其他物品。	1. 感受规则的意义，并能基本遵守规则。 2. 不私自拿不属于自己的东西。 3. 知道说谎是不对的。 4. 知道接受了的任务要努力完成。 5. 在提醒下，能节约粮食、水电等。	1. 理解规则的意义，能与同伴协商制定游戏和活动规则。 2. 爱惜物品，用别人的东西时也知道爱护。 3. 做了错事敢于承认，不说谎。 4. 能认真负责地完成自己所接受的任务。 5. 爱护身边的环境，注意节约资源。
目标3 具有初步的归属感	1. 知道和自己一起生活的家庭成员及与自己的关系，体会到自己是家庭的一员。 2. 能感受到家庭生活的温暖，爱父母，亲近与信赖长辈。 3. 能说出自己家所在街道、小区（乡镇、村）的名称。 4. 认识国旗，知道国歌。	1. 喜欢自己所在的幼儿园和班级，积极参加集体活动。 2. 能说出自己家所在地的省、市、县（区）名称，知道当地有代表性的物产或景观。 3. 知道自己是中国人。 4. 奏国歌、升国旗时能自动站好。	1. 愿意为集体做事，为集体的成绩感到高兴。 2. 能感受到家乡的发展变化并为此感到高兴。 3. 知道自己的民族，知道中国是一个多民族的大家庭，各民族之间要互相尊重，团结友爱。 4. 知道国家一些重大成就，爱祖国，为自己是中国人感到自豪。

四、科学

（一）科学探究

目标1 亲近自然，喜欢探究	1. 喜欢接触大自然，对周围的很多事物和现象感兴趣。 2. 经常问各种问题，或好奇地摆弄物品。	1. 喜欢接触新事物，经常问一些与新事物有关的问题。 2. 常常动手动脑探索物体和材料，并乐在其中。	1. 对自己感兴趣的问题总是刨根问底。 2. 能经常动手动脑寻找问题的答案。 3. 探索中有所发现时感到兴奋和满足。

续表

领域与目标	3～4 岁	4～5 岁	5～6 岁
目标 2 具有初步的探究能力	1. 对感兴趣的事物能仔细观察，发现其明显特征。 2. 能用多种感官或动作去探索物体，关注动作所产生的结果。	1. 能对事物或现象进行观察比较，发现其相同与不同。 2. 能根据观察结果提出问题，并大胆猜测答案。 3. 能通过简单的调查收集信息。 4. 能用图画或其他符号进行记录。	1. 能通过观察、比较与分析，发现并描述不同种类物体的特征或某个事物前后的变化。 2. 能用一定的方法验证自己的猜测。 3. 在成人的帮助下能制订简单的调查计划并执行。 4. 能用数字、图画、图表或其他符号记录。 5. 探究中能与他人合作与交流。
目标 3 在探究中认识周围事物和现象	1. 认识常见的动植物，能注意并发现周围的动植物是多种多样的。 2. 能感知和发现物体和材料的软硬、光滑和粗糙等特性。 3. 能感知和体验天气对自己生活和活动的影响。 4. 初步了解和体会动植物和人们生活的关系。	1. 能感知和发现动植物的生长变化及其基本条件。 2. 能感知和发现常见材料的溶解、传热等性质或用途。 3. 能感知和发现简单物理现象，如物体形态或位置变化等。 4. 能感知和发现不同季节的特点，体验季节对动植物和人的影响。 5. 初步感知常用科技产品与自己生活的关系，知道科技产品有利也有弊。	1. 能察觉到动植物的外形特征、习性与生存环境的适应关系。 2. 能发现常见物体的结构与功能之间的关系。 3. 能探索并发现常见的物理现象产生的条件或影响因素，如影子、沉浮等。 4. 感知并了解季节变化的周期性，知道变化的顺序。 5. 初步了解人们的生活与自然环境的密切关系，知道尊重和珍惜生命，保护环境。

续表

领域与目标	3~4岁	4~5岁	5~6岁
（二）数学认知			
目标1 初步感知生活中数学的有用和有趣	1. 感知和发现周围物体的形状是多种多样的，对不同的形状感兴趣。 2. 体验和发现生活中很多地方都用到数。	1. 在指导下，感知和体会有些事物可以用形状来描述。 2. 在指导下，感知和体会有些事物可以用数来描述，对环境中各种数字的含义有进一步探究的兴趣。	1. 能发现事物简单的排列规律，并尝试创造新的排列规律。 2. 能发现生活中许多问题都可以用数学的方法来解决，体验解决问题的乐趣。
目标2 感知和理解数、量及数量关系	1. 能感知和区分物体的大小、多少、高矮长短等量方面的特点，并能用相应的词表示。 2. 能通过一一对应的方法比较两组物体的多少。 3. 能手口一致地点数5个以内的物体，并能说出总数。能按数取物。 4. 能用数词描述事物或动作。如我有4本图书。	1. 能感知和区分物体的粗细、厚薄、轻重等量方面的特点，并能用相应的词语描述。 2. 能通过数数比较两组物体的多少。 3. 能通过实际操作理解数与数之间的关系，如5比4多1，2和3合在一起是5。 4. 会用数词描述事物的排列顺序和位置。	1. 初步理解量的相对性。 2. 借助实际情景和操作（如合并或拿取）理解"加"和"减"的实际意义。 3. 能通过实物操作或其他方法进行10以内的加减运算。 4. 能用简单的记录表、统计图等表示简单的数量关系。
目标3 感知形状与空间关系	1. 能注意物体较明显的形状特征，并能用自己的语言描述。 2. 能感知物体基本的空间位置与方位，理解上下、前后、里外等方位词。	1. 能感知物体的形体结构特征，画出或拼搭出该物体的造型。 2. 能感知和发现常见几何图形的基本特征，并能进行分类。 3. 能使用上下、前后、里外、中间、旁边等方位词描述物体的位置和运动方向。	1. 能用常见的几何形体有创意地拼搭和画出物体的造型。 2. 能按语言指示或根据简单示意图正确取放物品。 3. 能辨别自己的左右。

续表

领域与目标	3～4岁	4～5岁	5～6岁
五、艺术			
(一) 感受与欣赏			
目标1 喜欢自然界与生活中美的事物	1. 喜欢观看花草树木、日月星空等大自然中美的事物。 2. 容易被自然界中的鸟鸣、风声、雨声等好听的声音所吸引。	1. 在欣赏自然界和生活环境中美的事物时，关注其色彩、形态等特征。 2. 喜欢倾听各种好听的声音，感知声音的高低、长短、强弱等变化。	1. 乐于收集美的物品或向别人介绍所发现的美的事物。 2. 乐于模仿自然界和生活环境中有特点的声音，并产生相应的联想。
目标2 喜欢欣赏多种多样的艺术形式和作品	1. 喜欢听音乐或观看舞蹈、戏剧等表演。 2. 乐于观看绘画、泥塑或其他艺术形式的作品。	1. 能够专心地观看自己喜欢的文艺演出或艺术品，有模仿和参与的愿望。 2. 欣赏艺术作品时会产生相应的联想和情绪反应。	1. 艺术欣赏时常常用表情、动作、语言等方式表达自己的理解。 2. 愿意和别人分享、交流自己喜爱的艺术作品和美感体验。
(二) 表现与创造			
目标1 喜欢进行艺术活动并大胆表现	1. 经常自哼自唱或模仿有趣的动作、表情和声调。 2. 经常涂涂画画、粘粘贴贴并乐在其中。	1. 经常唱唱跳跳，愿意参加歌唱、律动、舞蹈、表演等活动。 2. 喜欢用绘画、捏泥、手工制作等多种方式表现自己的所见所想。	1. 积极参加艺术活动，有自己比较喜欢的活动形式。 2. 能用多种工具、材料或不同的表现手法表达自己的感受和想象。 3. 艺术活动中能与他人相互配合，也能独立表现。

续表

领域与目标	3~4岁	4~5岁	5~6岁
目标2 具有初步的艺术表现与创造能力	1. 能模仿学唱短小歌曲。 2. 能跟随熟悉的音乐做身体动作。 3. 能用声音、动作、姿态模拟自然界的事物和生活情景。 4. 能用简单的线条和色彩大体画出自己想画的人或事物。	1. 能用自然的、音量适中的声音基本准确地唱歌。 2. 能通过即兴哼唱、即兴表演或给熟悉的歌曲编词来表达自己的心情。 3. 能用拍手、踏脚等身体动作或可敲击的物品敲打节拍和基本节奏。 4. 能运用绘画、手工制作等表现自己观察到或想象的事物。	1. 能用基本准确的节奏和音调唱歌。 2. 能用律动或简单的舞蹈动作表现自己的情绪或自然界的情景。 3. 能自编自演故事,并为表演选择和搭配简单的服饰、道具或布景。 4. 能用自己制作的美术作品布置环境、美化生活。

二、幼儿发展评估体系

幼儿发展评估体系是南京师范大学教育科学研究所与南京实验幼儿园合作研究的成果,其内容详见《幼儿发展评估手册》(南京师范大学,南京实验幼儿园,1993)。该幼儿发展评估体系的制定者在书中阐明了自己的评价目的与构思,说明了建构指标系统的过程、方法及其主要观点与理由,提供了有效性与可行性证据及评估结果的处理与解释方式,列出了评价指标及相应的操作要求,评分标准与记录表格等,可作为幼儿发展评价工作的系统性参考资料。该体系的指标及其标准参见图7-1,表7-2至表7-6。

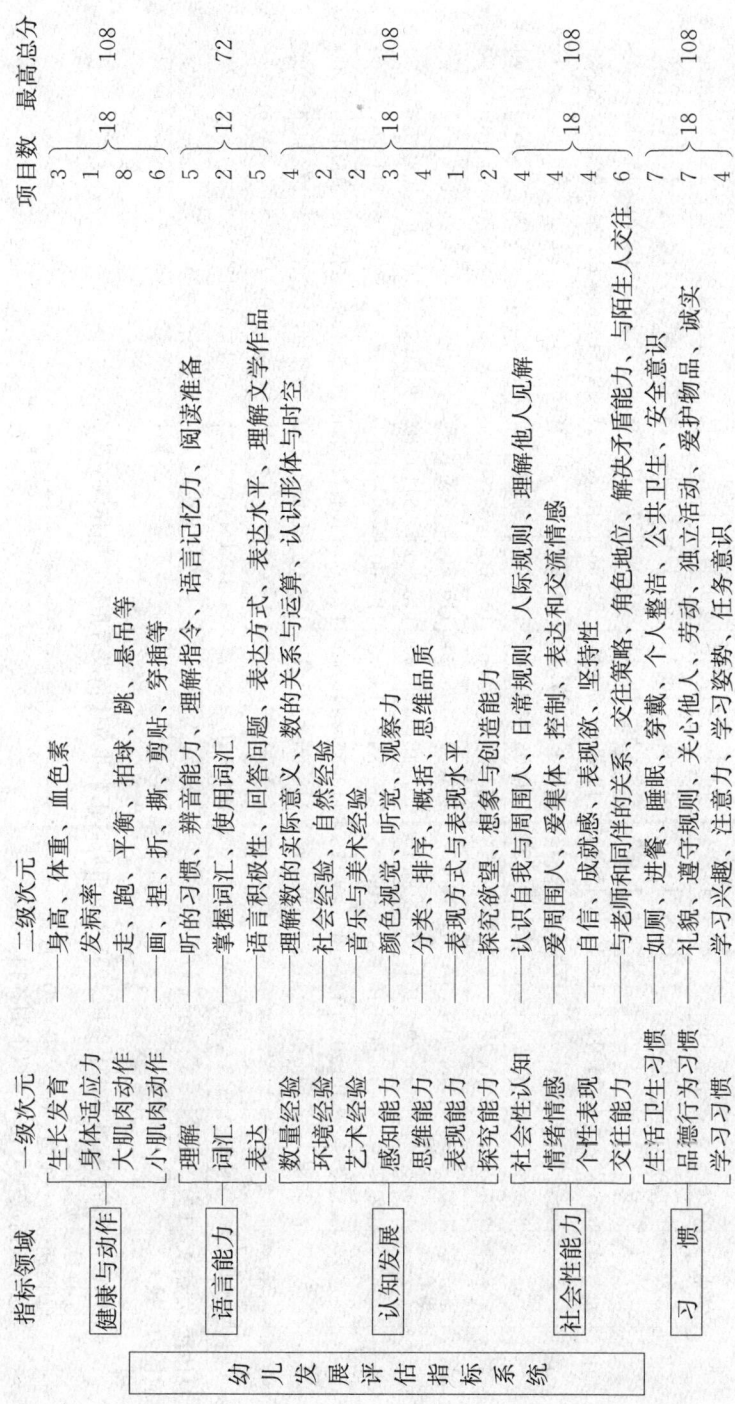

图7-1 幼儿发展评估指标系统示意图

表 7-2 幼儿健康和动作发展评估表

项目	内容	年龄	男						女					
			1	2	3	4	5	6	1	2	3	4	5	6
生长发育	体重*1 kg	3岁~	10.93	12.44	13.20	14.71	15.46	16.97	10.60	12.02	12.73	14.15	14.86	16.28
		3.5岁~	11.59	13.17	13.96	15.54	16.33	17.91	11.32	12.79	13.53	15.00	15.73	17.20
		4岁~	12.11	13.86	14.74	16.49	17.36	19.11	11.73	13.47	14.34	16.08	16.95	18.69
		4.5岁~	12.81	14.65	15.57	17.41	18.33	20.17	12.44	14.28	15.20	17.04	17.96	19.80
		5岁~	13.29	15.34	16.37	18.42	19.44	21.49	13.15	14.97	15.88	17.70	18.61	20.43
		5.5岁~	14.04	16.17	17.20	19.37	20.43	22.56	13.38	15.55	16.64	18.81	19.89	22.06
		6~7岁~	14.69	17.25	18.53	21.09	22.37	24.93	14.24	16.66	17.87	20.29	21.50	23.92
	身高*1 cm	3岁~	87.70	91.40	93.25	96.95	98.80	102.50	86.80	90.50	92.35	96.05	97.90	101.60
		3.5岁~	90.70	94.60	96.55	100.45	102.40	106.30	89.70	93.50	95.40	99.20	101.10	104.90
		4岁~	93.70	97.90	100.00	104.20	106.30	110.50	93.00	97.10	99.15	103.25	105.30	109.40
		4.5岁~	96.70	101.00	103.15	107.45	109.60	113.90	96.10	100.30	102.40	106.60	108.70	112.90
		5岁~	99.60	104.10	106.35	110.85	113.10	117.60	99.20	103.40	105.50	109.70	111.80	116.00
		5.5岁~	102.60	107.10	109.35	113.85	116.10	120.60	101.60	106.20	108.50	113.10	115.40	120.00
		6~7岁~	106.40	111.30	113.75	118.65	121.10	126.00	105.30	110.20	112.65	117.55	120.00	124.90
	血色素 (g·dL⁻¹)		1分	2分		3分		4分		5分		6分		
			7~8	8.1~9		9.1~10		10.1~11		11.1~13		>13.1		
	发病次数*2		1分	2分		3分		4分		5分		6分		
			5次	4次		3次		2次		1次		0次		
身体适应能力															

*1 体重和身高的标准基本上参照 1985 年 9 市城区正常儿童体格发育指标，略作调整改编。
*2 ①连续发烧 38 ℃以上。
②请病假 2 天以上（含 2 天）为 1 次。
③有龋齿或视力在 1.0 以下的各扣 1 分。

续表

项目	内容	方法	评分标准					
			1分	2分	3分	4分	5分	6分
大肌肉动作	走	日常观察	走时不够自然协调	上体正直、自然走	合一步一级地走楼梯	能沿曲线走过障碍物	能一队一队整齐地听信号走	走队形时能控速度保持前后距离
	跑	日常观察	跑时不够自然协调	两臂在体侧屈肘自然跑20米	上体稍前倾，屈肘手半握拳，在体侧前后摆动，用前脚掌着地跑	能听信号变速和改变方向跑	在没有障碍物的跑道上跑20米，不碰倒（碰动）障碍物	在集体跑步时能控制速度和步幅，保持和前面人的距离
	平衡	测试	在地上画的（宽20厘米长10米）平行线内走	在斜面上走上走下（高30厘米长20米）	在宽20厘米高30厘米的平衡木上走	在设有低障碍物的平衡木上走	在设有高障碍的平衡木上走	单脚站立小积木
	拍球	测试	单手连拍3下	单手连拍20下	左右手轮流拍20下	单手运球10米	单手运球20米	单手在直二线内运球20米
	连续跳	测试	双脚连续沿着地面上画的直线跳（长5米）	双脚连续跳过地面上画的方格（长5米）	单脚连续跳过间距较小的圆圈（长5米速度10秒）	单脚连续跳过地面上设置的障碍物（积木5×5×15）（长5米速度10秒）	左右脚分别在直线二边的圆圈内跨步连续跳（长10米速度10秒）	双脚连续跳过距离较大（80厘米）的圆圈（长10米速度8秒）

续表

项目	内容	方法	评分标准					
			1分	2分	3分	4分	5分	6分
大肌肉动作	5米来回跑	测试	5米来回跑（20米16秒）	5米来回跑（20米15秒）	5米来回跑（20米14秒）	5米来回跑（20米13秒）	5米来回跑（20米11～12秒）	5米来回跑（20米10秒）
	悬吊	测试	双手悬吊5秒	双手悬吊10秒	双手悬吊15秒	双手悬吊20秒	双手悬吊30秒	双手悬吊40秒
	连续走	日常观察	连续走10～15分钟	连续走15～20分钟	连续走20～25分钟	连续走25～30分钟	连续走30～40分钟	连续走40分钟以上
小肌肉动作	画	定期观测	用左右手握笔在纸上涂鸦	会用右手握笔在纸上涂画出一些形象	能用笔描出画好的直线	能用笔描出画好的圆圈，并在圆圈内均匀涂色	会完成点线画，并能有深浅地均匀涂色（15分钟完成）	摹拟画，要求对称精确地画出轮廓线，在线内有深浅地均匀着色（20分钟完成）
	捏	定期观测	任意捏	会用搓、团、压等方法做简单的物体	会用手指捏、拉长等方法塑造物体	会将泥分成几块，做出局部形状后连接成整体	会用整泥捏出有细小部分的物体	会用工具和辅助材料塑造出有精细部分的物体，要求做得光滑、各部分成比例
	折	定期观测	会对边折	会对角折和集中一角折	会四角向中心折	会折出双正方形后翻拉的方法，折出较复杂的物体	会折出双三角形后用翻、拉、吹等方法折出复杂的物体	会反复折和用组合的方法拼成较复杂的物体

续表

项目	内容	方法	1分	2分	3分	4分	5分	6分
小肌肉动作	撕	测试	会任意撕薄的纸	会按折痕撕5厘米长的纸条	会撕下扎好针眼直径5厘米的圆形	会按轮廓撕下较复杂的形状（轮廓先画好）	会折叠撕纸	会按样子目测撕出规定的形状
	剪贴	测试	会用剪刀任意剪，会用糨糊粘贴	会按虚线剪出3条5厘米长的纸条，将3条纸连成圈，套成链	会剪下印好的内径为3厘米、外径为4厘米圆环，能剪得光滑、精确	会剪贴简单的图形，剪贴整齐、光滑、干净	会沿着印好的较复杂的图形轮廓剪，剪得精确，贴得干净	能在规定的时间（30分钟）内按规定图样准确地剪贴
	穿插	日常观察	会用玻璃丝穿大木珠	会用绳穿小珠子	会用大的塑粒在一分钟内插30粒	会用小的塑粒在一分钟内插40粒	会用长50厘米玻璃丝在穿线板上穿出纹样，5分钟内穿完	会穿眼孔较大的针，会钉纽扣和缝直线

表 7-3 幼儿语言发展评估表

序号	项目	内容	方法	1	2	3	4	5	6
1	语言积极性	使用语言表达和交往的积极性	日常观察	一般用动作而不愿用语言反应	有时愿意用语言回答问题	有时愿意用语言表达和交往	一般愿意用语言表达和交往	经常愿意用语言表达和交往	积极主动地使用语言表达和交往
2	听的习惯	听语言时安静、专注程度	日常观察	不能安静地听别人说话	有时能安静地听自己感兴趣的内容	一般能安静地听自己感兴趣的内容	能按要求短时间专心地听	能按要求较长时间专心地听	能在需要时专注地听各种语言内容
3	辨音能力	区别和发出普通话语音的能力	测查	许多语音发得不清楚	能听懂普通话、大部分语音的发音基本清楚	基本能模仿普通话发音、个别语音的发音有困难	日常说话时，发音清晰正确	说普通话，并能注意声调	熟练地说普通话，并能区分普通话和一些方言语音
4	理解指令	理解指令的准确程度	情景观察	听不懂别人的要求	能听懂简单的指令	能理解简单双重指令	能理解较复杂的双重指令	能理解较简单的多重指令	能准确理解较复杂的多重指令
5	记忆力	记忆文学作品并保持一定时间的能力	定期观察	基本能记住简短的儿歌	能准确地记住一些儿歌	能记住简短故事的基本内容	能完整地记住一般故事的主要内容	基本记住较复杂故事的主要内容	能记住多种文学作品的内容，并保持较长时间
6	掌握语汇	掌握词的种类和数量	定期观察	掌握常用的名词、动词	掌握较多的名词、动词	掌握常用的形容词、量词	掌握较多的形容词、量词、代词等	掌握常用的反义词	掌握常用的近义词

续表

序号	项目	内容	方法	评分标准 1	2	3	4	5	6
7	词的使用	用词丰富和恰当的程度	日常观察	词汇贫乏，用词不恰当	用词有时不恰当，主要用名词和动词	用词基本恰当 会用3~4类词	用词比较恰当，词类较丰富	用词恰当且丰富	用词丰富且准确
8	回答问题	回答问题的针对性和反应水平	日常观察	答非所问	有时能针对问题回答	基本能针对问题回答	经常能针对问题回答	能针对问题回答并能简练达意	能准确、简练、完整地回答问题
9	表达方式	口语表达的句式	定期观察	用单个词表达	能用一句简单的话表达	能用较完整的单句表达	能用少量复句讲述	能用较多的完整复句讲述	能用多种句式讲述、符合逻辑
10	表达水平	表达意思清楚、准确、完整、连贯的程度	定期观察	常需用动作帮助表达意思	能用简单的语言基本表达意思	能用合适的语言表达意思	能清楚、适宜地表达意思	能准确连贯地表达意思	能流畅、准确、生动地表达
11	理解文学作品	理解和掌握文学作品的能力	日常观察	只知道作品中的一些角色	能理解简单的文学作品的主要情节	能理解简单的文学作品的内容、词句	能把文学作品的语言迁移到适宜的情景中	能理解文学作品中人、事间的关系和联系	能理解文学作品的主题思想和寓意
12	*阅读准备	对图书的阅读兴趣和理解水平	日常观察	有时对图书有兴趣	能按书的顺序阅读	能边看边讲述图书的内容	认识自己的名字	会写自己的名字	对汉字有兴趣

* 凡有此符号的项目在评分时每达到一条标准便得1分。

214 学前教育评价

表 7-4 幼儿认知发展评估表

序号	项目	内容	方法	评分标准 1	2	3	4	5	6
1	*数量的实际意义	10以内唱数、点数、数物匹配及数量守恒	日常观察及测查	会唱数1~10	手口一致点数1~10	掌握10以内的数列	10以内数物匹配	10以内数的守恒	较熟练地理解长度、体积、守恒
2	数的运算	10以内数的组成及加减	日常观察及测查	5以内数的组成	口算5以内的加减	口算7以内数的组成、加减	口算、笔算10以内数的组成、加减	口算10以内数的加减应用题	会较熟练地编、解10以内数的加减应用题
3	*认识几何形体	对几何形体的认识	测查	认识圆形、正方形	认识三角形、长方形	认识半圆形、梯形	认识椭圆形、菱形	认识正方体、长方体	认识圆柱体、圆锥体
4	*认识时空	具有初步的时间和空间概念	测查	知道早、中、晚,能区别上、下	知道今天、昨天、明天,能区别里外	知道一星期有7天,当天是星期几,能区别前后	知道月、日,能区别远、近	认识时钟的整点和半点,能以自我参照区分左右	认识时钟的分,能以相对参照区分左右
5	*认识社会	有关周围成人劳动和某些社会现象的经验	个别或小组谈话	知道1~2种幼儿园成人的劳动	知道经常接触的1~2种公共场所成人的劳动	知道3~4种不常接触的所同职业们的劳动	知道几种职业的劳动与人们的关系	了解1~2种常见社会生活现象的主要过程	了解3~4种常见社会现象的主要过程

续表

序号	项目	内容	方法	评分标准 1	2	3	4	5	6
6	*认识自然	关于周围事物的经验	个别或小组谈话	知道3种动物的主要特征	知道3种植物的主要特征	知道四季的主要特征	知道一些简单自然现象	知道几种常见事物的变化	知道一些常见事物的关系和联系
7	*音乐经验	音乐活动经验与表现能力	音乐活动中观察	不会按曲调唱歌,只会说歌,会跟随老师打节拍	能跟随伴奏唱简单歌曲,能初步感受雄壮有力的进行曲,并跟打2/4拍节奏	能跟唱伴奏准确地唱歌,能感受节奏明快的舞曲并能随音乐打2/4拍节奏	会听前奏,会唱前歌,伴奏唱歌,感受悠扬的乐曲,并能比较准地打3/4拍节奏	能在伴奏下有表情唱歌,区分雄壮有力和悠扬性质的乐曲,并能打出不同节奏	会无伴奏准确地唱歌,能区分活泼和抒情性质的乐曲,并能跟随音乐打出不同节奏
8	美术经验	美工活动经验与表现能力	美工活动中观察记录	会涂鸦	会用简单方法粗略地反映物体的主要特征	会用简单方法反映物体的基本特征	会选用2~3种材料形象反映物体特征(形状和颜色)	会选用多种材料比较细致地反映物体特征,内容丰富	能选择适宜材料和多种方法细致地反映特征、体特征、结构与布局合理
9	*颜色视觉	辨认颜色的能力	小组活动观察	能认识1种原色	能区别两三种原色(红、黄、蓝)	能区别一两种混合色	能区别3种混合色(如绿、棕、紫)	能区别1种不同色的2种深浅	能区别1种不同颜色的3种深浅

续表

序号	项目	内容	方法	评分标准 1	2	3	4	5	6
10	*听觉	听声音的能力	小组活动中观察	能辨别声音发出的方向	能辨别声音出的近远	能区别生活中常听到的几种声音（汽车鸣笛、哭、笑……）	能区别敲击不同质的物体发出的声音	能区别几种乐器声音	能区别声音的高低强弱
11	观察力	运用感官感知的能力	个别测查	不会观察，只能说出对象的名称	在提醒下会用感官观察，并说出一两个明显特征	会用个别感官观察，并能说出主要特征	能用部分感官比较细致地观察，说出某些细致特征	能用多种感官观察，说出细致特征	能经过观察和比较发现两种相似物体的各种细微差别
12	分类	按事物特征分类的能力	小组活动中观察	不会分类	会按1种特征分类	会按1种特征迅速分类	会按2种特征分类	会按2种特征迅速分类	会按2种以上特点分类
13	排序	能根据各种标准发现规律排序的能力	小组活动中观察	不会排序	会将5个长短差别比较明显的物体排序	会将5个大小差别比较明显的物体排序	会将10个差别较大的物体排序	会将10个差别细微的物体排序	能自己找出规律并按规律排序
14	概括	在对事物分析比较的基础上进行综合归纳的能力	日常个别或小组活动观测	不会概括，只能说出具体内容	能概括图片的部分大意	能基本概括图片大意	能基本概括故事内容	能精确概括图片大意	能精确概括故事内容

第七章 学前儿童发展的测量与评价

续表

序号	项目	内容	方法	评分标准 1	2	3	4	5	6
15	想象力创造力	在智力活动中想象的丰富程度与独创性	个别测查	常不会或不愿想象、想象内容贫乏	能根据实物想象（2个以上）	能根据实物想象（5个以上）	能根据符号想象（2个以上）	能根据符号想象（5个以上）	能创造性地抽象想象
16	思维品质	思维的灵活性、敏捷性	日常观察	不爱动脑筋，遇事经常无反应，或表示"不知道"，或听他人说、爱跟从他人做	有时能动脑筋，对感兴趣的事物爱说、爱动手，并能注意观察	常爱动脑筋，积极发表意见和参与活动	脑筋动得快，积极发表意见解	脑筋灵活，经常能想出一些别人想不到的办法	脑筋很灵活，能从各方面想出比较多办法，并能解决一些简单问题
17	探究欲望	兴趣的广泛性、探索欲及其强弱程度	小组活动中观察	缺乏求知欲，对新鲜事物常无动于衷	对个别事物感到好奇	经常对许多事物感到好奇	有时会提出"这是什么"的问题，并有尝试动作	常提出"为什么"的问题，经常有尝试动作	喜欢尝试，能用多种方法探索，并有所发现
18	表现力	用各种材料与手段表现自己的经验	小组活动中观察	不想或不会表现	只会用模仿表现简单对象	会用模仿表现较复杂对象	会用一两种材料和手段表现同一对象	会用多种材料和手段表现同一对象	会创造性地运用多种方法表现不同对象

* 凡有此符号的项目在评分时每达到一条标准便得一分。

表 7-5　幼儿社会能力评估表

序号	项目	内容	方法	评分标准 1	2	3	4	5	6
1	*认识自我和周围的人	知道自己和周围熟悉的人的某些特征	小组或个别谈话	知道任何2项	知道4项	知道6项	知道8项	知道10项	全知道
2	了解日常规则	知道日常集体活动和课堂的行为规范	小组或个别谈话	不知道	了解少部分规则（一两项）	了解大部分规则（三四项）	全面清楚地了解（五六项）	清楚了解，知道部分原因	清楚了解，且全面理解其原因
3	了解人际交往规则	知道在交往中应遵守哪些行为规则及其原因	小组或个别谈话	不知道	了解少部分规则（一两项）	了解大部分规则（三四项）	全面清楚地了解（五六项）	清楚了解，知道部分原因	清楚了解，且全面理解其原因
4	理解他人的见解	从别人的角度发出理解别人的一些看法或想法	小组或个别谈话、活动情景观测	完全以自我为中心，不能理解别人的看法，不注意别人会怎么想	基本上以自我为中心，偶尔注意到别人有不同的想法或想法	有时注意到别人的不同看法，但不能正确地理解	在老师的启发下，有时能理解别人的看法和见解	在老师的启发下，经常能理解别人的看法和见解	有时能从别人的角度去看待一些简单的问题
5	爱周围的人	热爱父母、老师、小朋友等	日常观察、父母问卷	对周围人不信任，对父母无安全依恋	仅依恋父母或主要抚育者，不愿接近别人	爱父母和家庭其他成员，有时愿接近其他人	爱父母、喜欢少数老师和小朋友	爱父母、爱多数老师和小伙伴	爱周围大多数自己所熟悉的人，并常会关心他们

续表

序号	项目	内容	方法	评分标准 1	2	3	4	5	6
6	爱集体	关心幼儿园、班级、小组的东西和荣誉	日常观察记录与家长问卷	不关心集体，不爱护集体的东西	在老师的发动或要求下，有时能关心班上的事，爱护班上的东西	在老师的发动或要求下，经常关心班级的事，爱护班级的东西	有时能主动关心班上的事，主动爱护班上的东西	经常能主动关心班上的事，主动爱护集体的东西、关心集体的荣誉	非常关心幼儿园、班级、小组的事，主动作贡献，关心并维护集体的荣誉
7	控制与表达情绪情感	控制自己的情绪，保持正常的心境，在不同情景下作出大致适宜的情绪反应	日常观察记录与家长问卷	经常性情绪过分压抑或焦虑	经常性情绪过分激动或兴奋	经常性情绪不稳定	一般情况下情绪稳定，但受情景、事件的影响而产生较大波动	一般能保持正常的心境，尚能控制自己的情绪	能保持正常心境，能在不同情景中作出大致适宜的情绪反应
8	与别人交流情感	识别他人情绪情感，作出适宜的反应，与别人谈心、互相关爱、互相安慰，与鼓励	日常观察记录与情景观察	不能识别他人情绪、情感，不与人交流情感	偶尔能识别他人情绪并作适宜反应	一般能识别他人情绪，并作适宜反应	能识别他人情感，有时能作适宜反应，有时主动发起与别人的交流，参与交流	有时主动发起与别人交流情感	经常主动发起与别人交流情感

续表

序号	项目	内容	方法	评分标准 1	2	3	4	5	6
9	自信感	自信能完成各种任务	任务情景观察及家长问卷	通常不自信，总认为自己完不成任务	偶尔自信能完成某些简单的任务	一般自信能完成较简单的任务	一般自信能完成老师交代的较多任务	经常自信能完成较多任务	自信能完成比较困难的任务（别人难以完成的）
10	成就感	对自己任务完成得好否感到在乎的程度	定期观察记录与家长问卷	无所谓	偶尔看重	有时看重	一般看重	经常看重	非常看重
11	自我表现	在集体面前发表意见，表现自己能力的欲望与行为	集体活动中观察与家长问卷	不想表现或不敢表现	在老师鼓励下，有时发表意见	在老师鼓励下，能经常发表意见	偶尔主动发表意见或显示自己的成果	有时主动发表意见或显示自己的成果	经常迫切要求发表意见或显示自己的成果
12	坚持性	坚持完成任务或达到目的	任务情景观察与家长问卷	经常不能坚持完成任务	经老师的再三鼓励，有时能坚持一定时间完成一般任务	在老师鼓励下，一般能坚持一定时间完成任务	在老师鼓励下，能坚持较长时间或克服一定困难完成任务	有时能自己主动地克服困难、坚持完成任务或达到某种目的	经常能主动克服困难，坚持完成任务或达到到某种目的

续表

序号	项目	内容	方法	评分标准 1	2	3	4	5	6
13	与老师交往	与老师交往的欲望及交往行为	定期观察记录与家长问卷	对老师冷淡，回避、不信任，不愿作反应	不主动发起交往，但对老师的交往愿作反应	有时想引起老师的注意，但往往方式不宜，难以得到正面反应	有时把自认为重要的事情主动告诉老师	经常把自认为重要的事情或想法主动告诉老师	有强烈的与老师交往的欲望，经常主动与老师交谈、交心，并得到正面反应
14	与同伴交往	与同伴交往的欲望及交往行为	日常观察与家长问卷	一向不愿与小朋友交往，总是独处	不主动与小朋友交往，但对别人的邀请有时愿作反应	很想与同伴一起玩，但不敢或不会主动发起，对别人的邀请十分乐意	有与同伴交往的欲望，经别人帮助或指点人会主动发起交往或结交朋友	交往欲望较强，有时会主动发起交往，能得到积极反应	交往欲望强烈，经常主动发起交往并得到积极反应
15	同伴地位	在同伴心目中的地位——被欢迎（正选择）或被拒绝（负选择）的程度	社会测量技术	被5人以上拒绝或无人欢迎	3~4人拒绝，至多1~2人欢迎；或1~2人拒绝，无人欢迎	1~2人拒绝，1~2人欢迎（或欢迎等人数被正负选择）	无人拒绝，1~2人欢迎，或3~4人欢迎，1~2人拒绝；或5人以上欢迎，3~4人拒绝	3~4人欢迎，无人拒绝，或5人以上欢迎，1~2人拒绝	被5人以上欢迎，且无人拒绝

续表

序号	项目	内容	方法	评分标准 1	2	3	4	5	6
16	交往策略	在交往中使用言语、动作或其他方式要求加入别人的活动并获取成功的能力	情景观测、日常观察与家长问卷	想不出办法，无法成功地加入别人的活动	有时尝试某些办法，但效果不好，常无法成功	能使用某种单一的策略获取成功	能使用少量不同方式获得成功	能尝试使用多种方式进行，常能成功	交往策略丰富，能根据不同情景选择有效的方法，常能成功
17	自己合理地解决矛盾冲突		日常观察与记录	不会或不愿自己解决，总需要老师出面解决	想自己解决，但结果往往不理想	偶尔会自行解决	一般会自行解决	经常自行解决	自己合理解决，且会帮助别人解决
18	与陌生人交往	与陌生人作言语或非言语交往	日常观察与家长问卷	怕羞、回避，不愿与生人交往	仅被动地回答简单的提问，不愿作更多交往	被要求时能作较多交往，但不主动发起	偶尔主动发起交往	有时主动发起交往	经常主动发起交往

﹡凡有此符号的项目在评分时每达到一条标准便得一分。

表 7-6 幼儿习惯评估表

序号	项目	内容	方法	评分标准 1	2	3	4	5	6
1	进餐	用匙和筷子自己进餐，并能保持餐具及桌面干净	日常观察及定期观察	自己用匙进餐，但常用手取食物	自己用匙进餐，基本吃得干净	能独自用匙进餐、不挑食，吃完自己的一份食物	用筷子吃饭、夹菜但吃不干净	正确使用筷子进餐，保持餐桌干净	进餐时能保持衣服干净，并在规定时间内完成
2	睡眠	独立安静地睡觉，无不良睡眠习惯	日常观察	在别人陪同下或抚摸某种物体方能入睡	需要别人督促方能入睡	基本上独自入睡，但有时需要别人提醒	会独立睡觉	较快入睡，醒后能安静休息	迅速入睡，醒后保持安静
3	如厕	需要自行如厕，正确处理大、小便	日常观察	大、小便常需要别人提醒、帮助	自己会大、小便，有时会将大、小便弄在身上	大、小便时会如厕，大便后会呼唤成人帮助	便后会自己擦，但有时擦不干净	便后自己擦，并能擦干净	正确使用手纸揩擦，并能将衣服整理好
4	穿戴衣服	会自己穿脱衣服、鞋袜，穿戴整齐	日常观察	会脱不解鞋带的鞋子	会脱袜子、鞋子	会穿鞋子、分清左右、会解扣子	会穿外衣、扣扣子	会穿套衫、会拉拉锁、穿戴整齐	会系鞋带、并系牢
5	个人卫生整洁	注意个人卫生，手洗脸、洗得干净、仪表整洁	日常观察	在成人帮助下将手洗干净	自己用肥皂洗手、洗得干净	餐前、便后洗手脏时自己洗手，并洗擦干净	会用手帕、手纸擦鼻涕	自己洗脸、拧毛巾、擦干净脸的各部分	经常保持服装仪表整洁

续表

序号	项目	内容	方法	1	2	3	4	5	6
6	注意公共卫生	会保持家庭、幼儿园及公共场所清洁卫生	日常观察、情景观察、家长调查	不会保持公共卫生	有时会随地吐痰、随手丢弃果皮	在提醒下将果皮纸屑丢入垃圾箱	能保持幼儿园及家庭清洁卫生，但不注意公共场所卫生	保持公共场所卫生、不随地吐痰丢弃杂物	养成公共卫生习惯、能参与幼儿园及家庭卫生打扫、收拾整理
7	*安全意识	知道要注意安全保护自己，不做危险的事	日常观察与家长调查	上下楼梯及行走时，不跑跳	不离开成人独自在大街上行走	小心使用剪刀、不玩火、小刀及玻璃等危险品	不触摸电灯、电扇、电源插座等	冬天会防冻、外出时戴帽子、围巾、手套等	夏天防暑、不长时间在阳光下活动、勤洗澡
8	礼貌行为	对人有礼貌、会使用礼貌用语	日常观察、情景观察	常有不礼貌行为和语言	在提醒下会礼貌地和别人打招呼	有时会用一些礼貌语言	会使用较多的礼貌语言	经常使用礼貌语言、行为较文明	习惯使用礼貌语言、行为文明
9	*关心他人	关心父母、同伴，帮助他们做事，解决困难	日常观察、情景观察、家庭调查	关心父母及自己亲近的人	关心老师及幼儿园工作人员	关心、帮助比自己年龄小的同伴	关心自己周围的同伴	关心、帮助同伴	关心、帮助有困难的人
10	遵守规则	遵守幼儿园学习、游戏、生活等规则	日常观察	不能遵守规则、常影响集体	需别人经常提醒，才能遵守	知道要遵守规则，但有时不能控制自己	基本能遵守规则，偶尔不遵守	较好地遵守规则	自觉地遵守各项规则

第七章　学前儿童发展的测量与评价

续表

序号	项目	内容	方法	评分标准 1	2	3	4	5	6
11	劳动习惯	会收拾玩具、擦桌椅，做值日生。有条理、能坚持	定期观察	很少参加劳动	在成人鼓励下会做擦桌椅等简单劳动	能参与擦桌椅、收拾玩具等劳动，但不能坚持做完	能完成成人交给的劳动任务，认真做值日生	认真参加集体劳动，并能坚持做完	积极主动参加劳动，做事有条理、劳动效果好
12	爱护物品	正确使用自己和幼儿园的玩具、图书、文具材料，并保管好	日常观察、情景观察	常损坏玩具、丢失用品，不会保管自己的物品	在帮助下能爱护使用自己喜欢的玩具、物品，不会保管自己的物品	基本能正确使用玩具、文具、图书，偶尔损坏玩具、图书	正确使用学习材料，不丢失、不浪费，基本会保管自己的物品	正确使用各种玩具、文具材料，保管自己的物品	十分爱护个人和集体物品，会随时收拾和整理、妥善放置
13	*诚实	不拿别人东西，有了错误能承认	日常观察、情景观察	不随便拿别人东西	拾到东西交给老师，还给别人	不说谎话	做错了事能承认	承认缺点并愿意改正	不肯着成人做不应该做的事
14	独立活动	会自己游戏、学习、劳动等	日常观察	各项活动需要成人陪同	经常需要别人陪同	有时能独自游戏、劳动，但持续时间短暂	基本能按要求独自活动，有时需成人陪同、帮助	喜欢独自活动，能独立完成任务	独立活动能力强，能自己解决日常生活中遇到的问题

续表

序号	项目	内容	方法	评分标准 1	2	3	4	5	6
15	学习兴趣	对各类学习的爱好和积极性	日常观察	对任何学习内容兴趣不高	对2类活动有兴趣	对3类活动有兴趣	对4类活动有兴趣	对5类活动有兴趣	对6类以上活动有兴趣
16	注意力	活动时能集中注意力,且时间较长	日常观察	任何时候注意力不易集中	在小组活动中注意力能坚持5分钟	在小组活动中注意力能坚持10分钟	在小组活动中注意力能坚持20分钟	在集体听故事或音乐、体育活动的整段时间内注意力集中	注意力集中时间长,坚持上完一节课,完成一个活动
17	任务意识	完成成人交给的任务	日常观察、情景观察	任务意识差,基本不能完成任务	能完成自己感兴趣的任务	在提醒和督促下完成部分任务	有任务意识,基本上能完成,但有时马虎或完成不及时	任务意识强,能认真按时完成任务	能积极克服困难去完成一定任务
18	学习姿势	坐、立、阅读、握笔、书写姿势正确	日常观察、定期测查	各种姿势均不正确	1项姿势正确	2项姿势正确	3项姿势正确	4项姿势正确	5项姿势均正确

* 凡有此符号的项目在评分时每达到一条标准便得1分。

《幼儿发展评估手册》使用说明：

1. 本量表适用于符合国家颁布的《幼儿园管理条例》规定要求的达标幼儿园，对小、中、大班幼儿在三年内的发展状况进行跟踪、观察、记录与评估。

2. 评估的实施者以本班教师为主，本园其他教师或员工可在必要时予以协助。本班教师在制订学期教育计划时，应将观察与评估工作纳入其中，结合平时的教育活动和游戏，合理安排情景观察与定期观察记录的时间，尽量利用平时计划内的教育教学活动机会进行观察记录。在期末评定幼儿各方面的总分时，应以"观察记录表"中的评估信息为主要依据，对照评估表中的标准作出基本评定。对于在记录表中仅有情景观察信息的项目，为避免情景观察结果受偶发事件、行为的影响而导致结论不准确的现象，还应参考"家长问卷"中提供的资料和教师的日常一般性观察印象，作出综合性判断和评定。控制教师在评估工作中的主观偏差的措施是：①系统培训；②不定期抽检核实教师评估结果的准确性；③把教师在评估工作中的认真负责态度和评定结果的客观程度纳入教师工作质量评估的指标。

3. 评价项目并不能涵盖全部的教育内容。教师既应了解评价体系及其标准与要求，并以此作为教育工作的反馈性导向，也应当明确，评价内容并非教育内容的全部，而只是其中的某些部分。从而，教师在重视对评价内容的教育教学的同时，决不能忽视课程规定的其他教育内容。本评估量表的某些知识经验的具体内容，也将可能在必要时根据具体情况与需要加以调整和修改。

4. 各领域发展评估表均附有若干工作用表。其中的"观察记录表"，旨在提供教师在对照各项标准作出评估判断时所需依据的所有信息，列出了诸多具体的可观察行为的细目。教师只需在观察基础上注明各项目是否已达到（在达到项右边的小格内填上日期）。该观察表可持续运用三年，每学期可记录两次，在每次记录小格的上方（观察记录栏下方），应由负责本次观测的教师签上自己的姓名。这样做一则为提高教师的责任心，从而认真谨慎地观察和记录；二则使领导或有关人员便于检查和复验教师观察结果的可靠性，考察教师在幼儿发展评估工作中的工作质量；三则便于在发现幼儿发展中的明显欠缺或问题时，领导、教师、家长可及时与特定教师联系，了解情况，以便更有效地采取个别帮助措施。

5. 本量表提供的观测情景设计旨在为教师提供启示或思路，以便举一反三，自己设计出类似作用的活动或情景，进行观察。使用量表及观察记录表时务须牢记一个原则：对幼儿的评估必须在多次观察所获信息的基础上作出判断，切忌在一次观察后便草率作结论，防止偶发事件或行为导致对幼儿的不公平评估。记录表中提供的观察设计仅供参考，并非说明是唯一的观察或是一成不变的活动。

6. 各分量表后所附的家长问卷项目可在实施中合并为一份，分为小、中、大班3个层次，经说明后向家长当面发放，即时回收。教师根据有关项目提供的信息，在相应的项目上给幼儿评分时作为参考依据。

7. 认知、语言、动作方面需专门测试的项目，如连续两次通过的，以后可以不再专门测试。习惯、社会能力方面的项目，均需在三年内作持续观察。

8. 有些标准是以累积计分方式计算得分的，尤其是某些知识经验方面的内容，并不一定体现发展上的层级性。在量表"评分标准"一项中，此类项目上均加了 * 记号，并以脚注说明。

9. 小班幼儿的初次评估于入园后一个月内完成。

10. 每学年作终结性评估两次，三年内共六次。

11. 本手册提供系统地观测幼儿发展的项目、标准与方法，使用时可根据各地情况选择其中的某些部分或全部，仅供参考。

三、婴幼儿社会能力发展评定量表

婴幼儿社会交往能力的发展可能是发现早期发展迟缓的最有效指标。有研究发现，低能儿童最普遍的症状是社会性交往能力发展滞后，或社会性能力低下（Wetherby & Prizant，1996）。在发现婴幼儿生理缺陷或疾病之前，语言发展的迟缓便可能作为该学前儿童发展不正常的第一个征兆,因为语言能力的缺乏将严重影响学前儿童其他方面的发展。

家长和教师是婴幼儿社会情绪与社会行为的主要评价者,他们与孩子的接触最多,最有发言权,也应当是对婴幼儿发展进行评价的主要执行者。对于婴幼儿社会性发展、社会情绪和行为能力的评价,应主要依靠与婴幼儿最接近、最熟悉的这些主要抚养者所作出的观察和评定。以下介绍可供家长或保教人员使用的 ASQ 婴幼儿评定量表(Ages & Stages Questionnaires: Social Emotional [ASQ: SE],Squires 等,2002)的部分内容项目及评分方法(见表 7-7 至表 7-10,图 7-2)。

表 7-7　婴幼儿社会情绪与行为量表指标定义

	婴幼儿社会情绪与行为能力测评指标
自我调节	儿童乐意或能够接受抚慰而停止吵闹,对生理需求和周围环境作出调节的能力
服从能力	儿童乐意或能够听从指令,并遵守规则
交流能力	儿童乐意或能够对言语作出反应,或主动发出言语或非言语信号以表达情绪情感和生理需要
适应能力	儿童能成功地适应或调节生理需要(如睡眠、饮食、大小便、寻求安全等)
自主能力	儿童乐意或能够产生自发行为,或不经指导就自己作出反应(如自己行走动作)
情绪情感	儿童乐意或能够表达自己的感受或对别人的同情
交际能力	儿童乐意或能够主动发起或回应父母、其他成人或同伴的社会性交往

表 7-8　27～30 月龄婴幼儿社会情绪评定表

	27～30 月龄社会情绪评定项目	经常	有时	少见或从不	有理由担心
1	你对孩子说话时,孩子会看着你	□	□	□	□
2	喜欢被人抱着,或被拥着睡觉	□	□	□	□
3	过分依恋主要抚育者	□	□	□	□

续表

	27～30月龄社会情绪评定项目	经常	有时	少见或从不	有理由担心
4	会对熟悉的人打招呼	□	□	□	□
5	孩子看起来很快乐	□	□	□	□
6	喜欢听故事和唱歌	□	□	□	□
7	对陌生人过分友好	□	□	□	□
8	显得比同龄儿童更活跃	□	□	□	□
9	在兴奋一阵过后能自己平静下来	□	□	□	□
10	长时间地哭闹、尖叫、发脾气	□	□	□	□
11	反复做某些事情不肯停止(摇摆、翻手、打转)	□	□	□	□
12	持续某种喜欢的活动至少三分钟(不含看电视)	□	□	□	□
13	做你叫他做的事	□	□	□	□
14	对周围的人和物(如玩具、食物等)感兴趣	□	□	□	□
15	发脾气15分钟后自己平静下来	□	□	□	□
16	吃饭问题,如难以吞咽、呕吐、吃非食物等	□	□	□	□
17	喜欢和家人一起吃饭	□	□	□	□
18	当你手指一样东西时,能向你指的方向看	□	□	□	□
19	24小时内睡眠至少8小时	□	□	□	□
20	用言语或体姿表达感受	□	□	□	□
21	遵行日常指令(如到桌前来,洗手等)	□	□	□	□
22	探索新环境(如公园、朋友家)时检查你是否在近旁	□	□	□	□
23	很容易地转换活动(如从游戏到吃饭)	□	□	□	□
24	自己会离开危险物(如火或开动的车)	□	□	□	□
25	故意损坏东西	□	□	□	□
26	故意伤害自己	□	□	□	□

续表

	27～30月龄社会情绪评定项目	经常	有时	少见或从不	有理由担心
27	在别的孩子旁边玩	□	□	□	□
28	尝试伤害其他孩子或成人、动物（如踢或咬）	□	□	□	□
29	有人认为孩子有行为问题	□	□	□	□
30	孩子在吃饭、睡眠、如厕方面是否有不正常	□	□	□	□

（资料来源：Bricker & Squires，1999）

表7-9 48月龄学前儿童发展评定表

	48月龄家长评定项目	达到	有时	尚未	得分
一	交往能力				
1	对于各种常用物品类型，能说出至少3个名称 如：食品、动物等	□	□	□	
2	能回答下列问题： 你饿了怎么办？ 你累了怎么办？ 如只能回答其中一个问题，则为"有时"	□	□	□	
3	能用言语描述常用物体 如：球是圆的，可以拍	□	□	□	
4	能用量词 如：我有两个娃娃	□	□	□	
5	不需手势提示，能执行三个互不关联的言语指令 如：拍手、走到门口、坐下	□	□	□	
6	说出完整的句子 如：我要到公园去玩，你也去吗？	□	□	□	
	交往能力总分				
二	大肌肉动作				
1	用双手接住球（离开1.3米远，可试两三次）	□	□	□	
2	自己从阶梯上滑梯，并滑下来	□	□	□	

续表

		48 月龄家长评定项目	达到	有时	尚未	得分
	3	站着把球从头顶上方投向 1.7 米远的另一人	□	□	□	
	4	左右脚分别单脚跳，并能保持平衡	□	□	□	
	5	立定跳远至 0.5 米远	□	□	□	
	6	不用扶手，单脚站立 5 秒并保持平衡	□	□	□	
		大肌肉动作总分				
三		小肌肉动作				
	1	能用六块拼图正确地组成图案	□	□	□	
	2	能用儿童剪刀剪直线，并把一张纸剪成两个半张	□	□	□	
	3	能用铅笔或蜡笔照样子画出以下形状： L＋10	□	□	□	
	4	能解开并扣上自己或娃娃衣服上的纽扣	□	□	□	
	5	能画出一个人的形状，至少包含下列之中的三个部分： 头、眼、鼻、嘴、颈、头发、身体、臂、手、腿、脚	□	□	□	
	6	在轮廓中涂色，不超出轮廓线半厘米	□	□	□	
		小肌肉动作总分				
四		认知能力				
	1	能按顺序复述三个数字，并做到一次性正确，如： 5，8，3；或 6，9，2	□	□	□	
	2	能在三个大小不同的圆中，按指令指出最小的一个	□	□	□	
	3	能理解方位词（下面、中间等）并执行指令，如：把书放在沙发底下，把球放在两把椅子中间等	□	□	□	
	4	说出五种物体的颜色，如：红、蓝、黄、黑、白等	□	□	□	
	5	会在角色游戏中假扮另一个人的角色，如：爸爸、妈妈、姐姐、弟弟、想象中的人或动物	□	□	□	
	6	按顺序自己口念数字，用手指数出五个物体	□	□	□	
		认知能力总分				

续表

		48月龄家长评定项目	达到	有时	尚未	得分
五		自我服务和社会性能力				
	1	自己盛饭或用勺从容器中往碗里装食物	□	□	□	
	2	能说出以下至少四个：姓名、年龄、性别、所在城市、家中电话号码	□	□	□	
	3	不用帮助，自己用肥皂洗脸洗手并用毛巾擦干	□	□	□	
	4	说出两个以上小朋友的姓名	□	□	□	
	5	不用帮助，能把牙膏挤在牙刷上并自己刷牙	□	□	□	
	6	不用帮助，自己穿衣服（成人可以帮助拉拉锁等）	□	□	□	
		自我服务和社会性能力总分				
六		总体发展印象	是	否		
	1	听力正常 如否，请解释：				
	2	说话能力与同龄儿童相仿 如否，请解释：				
	3	说的话能被人理解 如否，请解释：				
	4	走、跑、跳、攀爬等与同龄儿童相仿 如否，请解释：				
	5	父母亲是否有家庭听力缺陷历史 如是，请解释：				
	6	视力正常 如否，请解释：				
	7	过去几个月内曾生过病 如是，请解释：				
	8	其他值得关注的问题 如是，请解释：				

（资料来源：Mounts，1999）

评分方法：

1. 达到＝10 分，有时＝5 分，尚未＝0 分。
2. 计算各个领域的总分，填入以下表中。
3. 如果儿童各个领域得分超过表 7-10 标准分值，或超过图 7-2 中灰色图形部分，则说明该儿童该领域发展正常。如果得分落入灰色部分，则有必要请专业评估人员进行更为严格的评估。

表 7-10　各领域正常发展得分参考标准分值

	实际得分	标准分值/分
交往能力		39.1
大肌肉动作		32.9
小肌肉动作		30.0
认知能力		35.0
自我服务和社会性能力		23.4

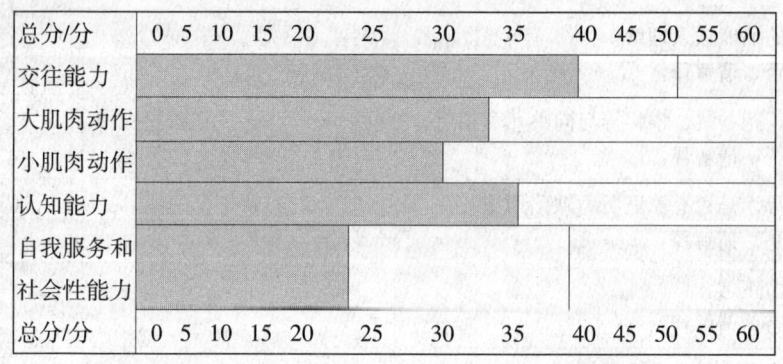

图 7-2　某幼儿各领域发展实测分（灰色阴影部分）在标准分数分布图上的位置

第四节　学前儿童发展评价结果的报告

对于幼儿发展评价的结果，可以采用各种不同的方式向有关人员报告。

一、幼儿发展情况报告单

将具体评价项目一一列出，分类排列，并在每一项目之后留有空间，供评价者作评定记录（通常为等级评定）。评定记录可以采用在印好的"优、良、中、差"或"好、中、差"等项上作记号，也可以在括号中填入所选定的等级，如表 7-11 所示。

表 7-11　幼儿发展情况报告单

学年度　　　　第　　学期　　　小班　　　组幼儿　　　学号	
甲、认知	表现水平
（一）音乐	
1. 能独自唱歌游戏	
2. 能区别各种声音	
3. 能做简单的律动	
4. 听到催眠曲会闭目静息	
（二）故事儿歌	
1. 喜欢听故事	
2. 能静静欣赏故事	
3. 不使用婴儿般的牙牙语	
4. 能朗诵简短的歌谣	
（三）常识	
1. 知道自己学校的名称	
2. 知道四肢五官的名称及作用	
3. 知道简单的家庭组织	
4. 知道自己的国籍和省籍	
（四）工作	
1. 能涂简单的填色画	
2. 能辨别红黄蓝等常见的颜色	

续表

学年度　　　　第　学期　　　小班　　　组幼儿　　　学号	
3. 能用安全剪刀剪东西	
4. 能尽量完成自己该做的工作	
5. 知道运用一般简单的工具	
（五）游戏	
1. 知道如何捉迷藏	
2. 能使用简单的游戏器具	
3. 参加游戏时输了不哭闹	
4. 独自找玩具去玩	
5. 自动找同伴去玩	
（六）数与字	
1. 能看懂自己的名字	
2. 能认识普通几何图形	
3. 能自 1 数到 10	
4. 能说出自己的年龄并能用手指作表示	
5. 能运用 10 以内的数字	
乙、生活技能表现水平	
1. 能自己洗手揩手	
2. 能自理大小便	
3. 知道擦拭鼻涕	
4. 能搬椅子	
5. 能自己穿脱衣服	
6. 教师指定的工作能按时做完	
丙、卫生习惯	
1. 常带手帕	

续表

学年度　　　第　学期　　小班　　组幼儿　　学号	
2. 手脸常常保持干净	
3. 指甲常常修剪	
4. 餐点以前和大小便以后知道洗手	
5. 不随地乱抛果皮纸屑	
丁、社交习惯	
1. 上学回家知道说"早""好""再见"	
2. 不说别人的坏话	
3. 受到别人的帮助时会说"谢谢"	
4. 遵守上学时间	
5. 小事情不哭不告状	
6. 不随便拿别人的东西	
7. 做错事愿意诚实地承认	
8. 不打人、不骂人	
9. 遇事虚心不与别人作无理的争辩	
10. 遇事能与别人合作	
戊、身体	

1. 身长	开学时	厘米	现在	厘米
2. 体重	开学时	千克	现在	千克
3. 体格		（强）	（中）	（弱）
评语				

注：做得最好的符号是（○）　做得次好的符号是（△）
　　做得不好的符号是（×）

园主任　　　　　　　　　　　　　　　　　　　　　级任教师

（摘自台湾《幼稚园托儿所行政》）

二、幼儿发展评价结果的图形显示

根据评价的结果，采用圆形或直方图等形式，形象直观地显示出幼儿的发展情况。使用时通常采用在图中相应位置填色的方式，用颜色来表示达到标准的情况。例如，图7-3表示幼儿在健康、语言、社会、科学、艺术方面的发展状况。把项目评价结果在相应的图中填上颜色，就能得到幼儿发展的整体映像。

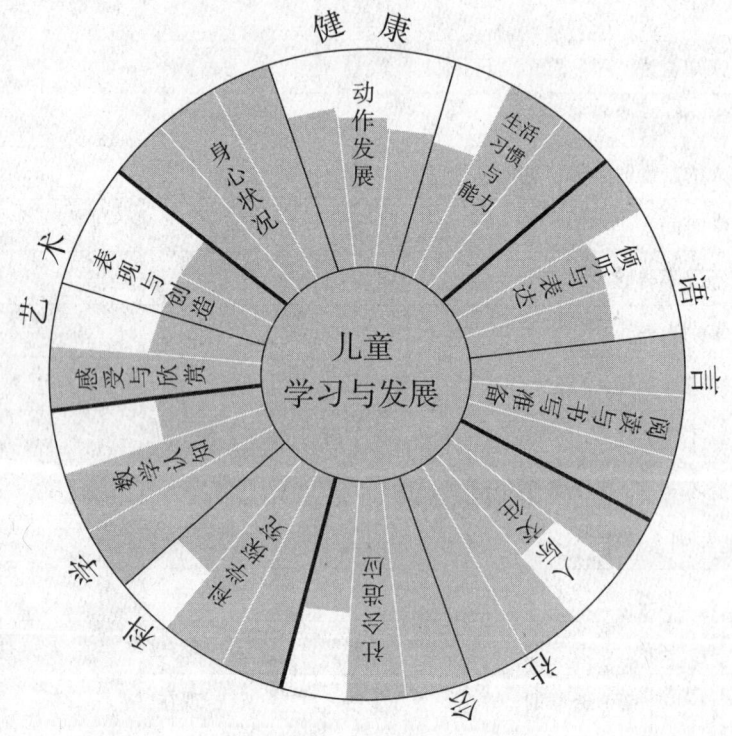

图7-3　幼儿整体发展圆形显示图

（资料来源：肖湘宁，2013）

圆形图有时也可用来表示幼儿在某一方面的发展状况。如图7-4表示幼儿智能与知识方面的发展。圆形图外围写的是条目名称，从圆心向外围展开的射线和由小到大的同心圆组成了从1-7的7个等级。使用时，评价者根据幼儿的评估结果在相应的等级涂上颜色，还可用另一种颜色记上班级（或幼儿园同龄幼儿）总体发展水平，便于了解幼儿个体各方面发展在总体中所处的位置。

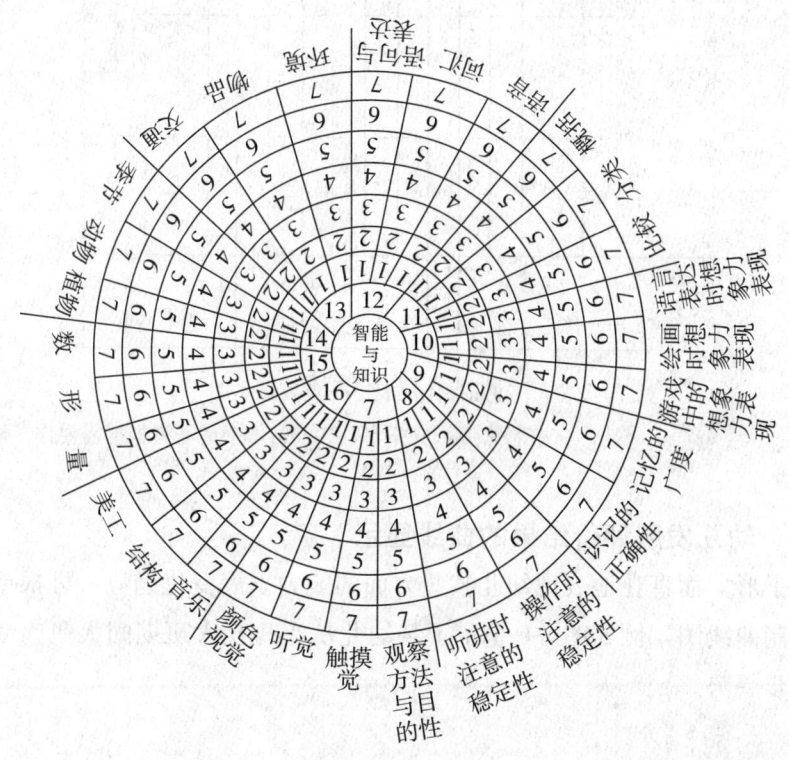

图 7-4　幼儿智能与知识评估结果圆形显示图

（资料来源：郑美玲，1991）

除了圆形图之外，也可用其他图形来呈示幼儿发展情况。例如图 7-5 是用来记录和报告幼儿在身体、社会性和认知等领域发展情况的直方图，每个幼儿每个领域一张图。使用时，教师根据评价项目的具体内容和等级差别，通过观察，对幼儿在该项目上的发展情况作出判断，如通过预定的标准，在图内相应的格内涂色，如未通过，则不涂色。

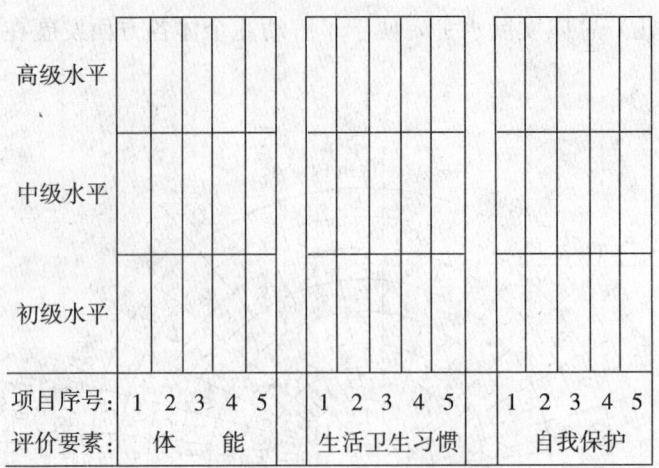

图 7-5　幼儿身体发展情况直方显示图

（资料来源：广州市，1993，本书编著者根据需要作了修改）

三、幼儿发展评价结果的曲线显示

为了形象而直观地表现幼儿某些方面的能力发展变化趋势，可根据评估资料绘制曲线图，例如图 7-6 呈示了某幼儿从小班至大班期间大肌肉动作发展的进步趋势。

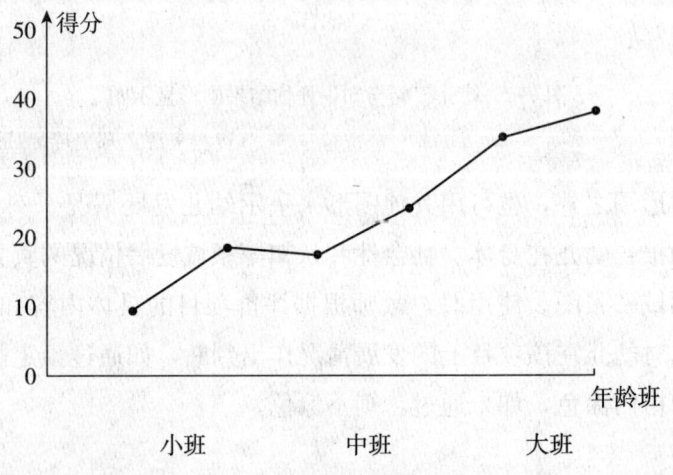

图 7-6　某幼儿大肌肉动作发展趋势曲线图

（资料来源：南京师范大学与南京实验幼儿园，1993）

此外，还可以采用统一的转换程序，把幼儿在各领域项目上的原始得分转化为 T 分数，将幼儿在各领域量表中的得分填入如图 7-7 所示的剖面图上，用线条连成曲线，以表现个体儿童不同方面的发展水平及其在团体中的位置。

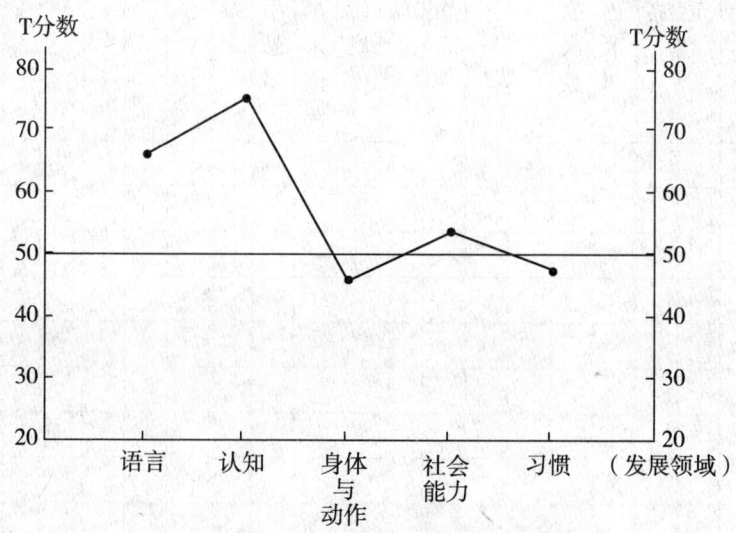

注：T 分数为 50 时，表示本园同龄幼儿的平均水平。

图 7-7　某幼儿发展状况评价剖面图

（资料来源：同图 7-6）

四、班级幼儿发展情况总结表

为了便于教师总结与分析班级幼儿发展的整体情况，并全面了解全班幼儿中需要特别注意和帮助的个体及发展方面，可制定如表 7-12、表 7-13 所示的总结性表格。表 7-12 呈现了全班幼儿在健康与动作发展方面各项目的评定结果；表 7-13 呈现了全班幼儿在健康与动作、语言、认知、社会能力、习惯等 5 个方面各一级次项目的评定结果。

表 7-12　班级幼儿健康和动作发展评定结果表

幼儿园 ____ 班（届） ____ 年 ____ 月 ____ 日　　记录人 _____

学号	姓名	成绩 项目 序号	1 体重	2 身高	3 血色素	4 发病次数	5 走	6 跑	7 平衡	8 拍球	9 连续跳	10 五米来回跑	11 双手悬吊	12 连续走	13 画	14 捏	15 折	16 撕	17 剪贴	18 穿插	总分

表 7-13 班级幼儿发展评估总结表

幼儿园 ___ 班（届）___ 年 ___ 月 ___ 日   记录人 _____

领域 项目 学号 姓名 成绩	健康与动作				语言				认知						社会能力				习惯			
	生长发育	身体适应力	大肌肉动作	小肌肉动作	总分	理解	词汇	表达	总分	数量经验	环境经验	艺术经验	感知能力	思维能力	表现能力	探究能力	总分	社会性认知	情绪情感	个性表现	交往能力	总分	生活卫生	品德行为	学习习惯	总分

五、学前儿童发展状况的在线测评

现代学前教育实践的发展必然伴随着科学技术的进展和运用。近年来,国内外一些早期教育的网站纷纷开辟学前儿童发展或早期教育效果的在线测评专栏,向早期教育工作者和家长们介绍相关的育儿测评知识,并提供专业的在线测评工具,以帮助了解儿童的发育和身心健康状况、所处的发展阶段及其特点以及教育活动建议等,帮助成人有针对性地选择或调整适宜的教养环境和方式,促进儿童健康发展。

此种在线测评,按照实施测评的方式可以分为两类。一类是由学前教育机构的教师加以实施的测评,教师根据对班级中儿童的日常观察,以及通过与家长交流了解儿童在家庭中的表现,对儿童的发展状况进行在线评估;另一类是由网站提供专业化标准及其说明,由儿童的主要监护人对孩子进行有目的的观察后,输入信息加以测评。在线测评网站通过收集信息并加以整理和筛选,系统根据专业人员预先编制的标准对所输入的信息加以处理和比较之后,自动得出评估结论,并在线即时提供评估报告。

在线测评提供了对成人的教养行为和对儿童的发展进行检测的工具,测评结果可以反映出某种问题倾向,以便调整教育教养行为,或及时向专业机构求助。但是对于此类检测的结果在应用时必须小心谨慎,如若要对儿童发展的某些缺陷方面作出精确的评估,必要时应当寻求专业化测评,由专业人员使用标准化测验进行施测,并对结果进行科学的阐释。

思考与练习

1. 说明学前儿童发展测量与评价的目的。
2. 阐述学前儿童发展测量与评价的原则。
3. 通过阅读和讨论,熟悉各种测量量表的用途、内容和方法。
4. 了解如何选择适宜的学前儿童发展评价工具。
5. 选择一个发展领域,学习编制一个简单易行的学前儿童发展评价工具。

第八章

学前教育课程评价

内容提要

学前教育课程是包含多方面因素的复杂系统。学前教育课程评价旨在根据学前教育课程的特点和组成要素,通过收集和分析比较系统全面的有关资料,科学地判断课程的价值和效益,揭示课程各个组成部分之间的关系,从而透视课程各方面的功能和价值,并获取改进课程的反馈。本章首先讨论学前教育课程评价的含义与作用,阐述各类型课程评价的功能和特征,以及学前教育课程评价的标准。然后论述学前教育课程评价的目的和原则,制订学前教育课程评价计划与实施方案的过程与方法,以及与课程评价有关的其他问题。本章还介绍学前教育课程评价的几个经典案例。

学习目标

1. 理解学前儿童课程评价的含义、目标及主要内容。
2. 学会根据不同的课程评价目标,选用适宜的评价方法。
3. 了解课程评价的设计和实施要点。

关键词

形成性课程评价　终结性课程评价　描述性课程模式　操作化模式框架

第一节　学前教育课程评价概述

一、学前教育课程评价的含义

课程评价，即采用系统的方法收集和分析有关课程的资料，并根据资料证据，回答一系列有关课程运行和效果的问题。课程评价是个较为复杂的过程，课程的管理者和工作人员必须正确理解课程评价的含义，适宜地运用评价的机制来评估、调整和改进课程。关于学前教育评价的一些基本概念，本书已在第一章中作过详细论述，这里仅讨论如何回答与课程目标直接有关的评价问题。

根据美国学者盖伊（Gay，1985）关于课程的理解，学前教育课程包括：①课程体系，即为实现预定教育目标而组织的全部教育活动的总和；②各科教育领域，如认知、语言、数学、艺术、社会等；③各种教育活动。可见，学前教育课程是一个含义广泛的概念，是一个包含多方面因素的复杂系统。学前教育课程评价就是针对学前教育课程的特点和组成要素，通过收集和分析比较系统全面的有关资料，科学地判断课程的价值和效益的过程。评价内容应该包括对课程目标、课程方案、教育内容、环境材料、学习效果等多方面的评价及对教育过程的实际运行状况的评价，如教育方法、教师和幼儿的关系及其交互作用的形式与性质、教育作用等。

当代课程评价的发展历程一直伴随着不同价值观的争鸣。例如，传统的评价观认为，评价的方法从性质上说是一种测量方法，课程评价就是通过测量儿童的行为来判断课程的成功或失败。然而，近年来，许多人对此持有异议，认为评价者的工作不仅是积累测量数据，还应当作出描述和判断，以适应教育和课程本身的复杂性和能动性。他们主张，在复杂的教育实际环境面前，"整齐"的结果并不能概括"不整齐"的现实，从而强调研究非典型结果和问题的重要性，提倡对课程作出明确的说明，而不仅是简单地加以测量。近年来的"新浪潮"评价观更是旗帜鲜明地批评了"旧式的产品检验式评价"。一些持有新观点的人还提出课程评价的五条标准：①揭示课程的意义；②检验课程的潜力；③评价所提出问题的带有根本性的广泛意义；④考虑评价的"条件性"；⑤解释课程及其实践在教育改革中的作用和变化。还有的观点认为，课程评价应与课程编制结合起来，打破编制与评价之间的理论区别，使两者合并为课程研究。持这种观点者认为，课程评价不一定由专业的评价人员进行，整体化的课程研究应要求课程的编制人和评价人的身份合一。"一个课程计划的负责人最重要的资格是具有评价研究知识……应当具有评价人同样的资格。"（诸平等，1989）。

可见学前教育课程评价这一概念具有极为丰富的内涵，是一个需要我们投入巨大精力去学习，去探索，去实践的广阔领域。

值得注意的另一点是：课程评价在于价值判断。课程评价只是试图描述或评估课程影响所引起的数量与程度之变化，并在某种程度上反馈性地影响所发生的变化，而不在于解释、分析引起这些变化的所有过程，也常无法回答课程有效或无效的原因。当然，评价所收集的资料可以提供线索，通过进一步研究与分析找出可能的原因。

学前教育课程评价涉及一定的教育观念、社会目标、价值体系、政治经济背景、文化传统，以及持不同观点的设计者、评价者、领导者、教师、家长等，加之课程本身内涵丰富、变量多、范围广，很多方面难以量化，多种因素关系交叉重叠，很难将课程的效果从众多的变量之间分离出来，这决定了课程评价的艰难性。在评价中，常可能面对逻辑上的困境和意见不一致的冲突，而且往往还要实行比其他研究中更大程度的方法上的折衷。

根据美国心理学会（1980）规定，课程评价标准应具有下列四个特征（Sanders，1994）：①正确性，即评价技术适宜，所获信息可靠；②有用性，即评价结果具有实用价值，能向各类对象提供丰富的信息，并对课程的发展、应用和推广有一定的影响作用；③合法性，即评价过程应符合社会道德准则，尊重机构或个人的权益；④可行性，即切实可行，费用适宜有效。后三个标准在设计评价方案时相对比较容易控制和调节，而第一个标准涉及整个评价结果的有效程度，对于学前课程的评价者来说，需要加以特别关注，也是最难以达到的。课程专家斯克里文（Scriven，1973）曾提出课程评价中达到准确性目标的难度。他认为，一般来说，课程评价应达成三类匹配：课程目的与课程内容之匹配；课程目的与评价内容之匹配；课程内容与评价内容之匹配。然而，对于相对正规的、严格的学校教育而言，学前教育课程的内容往往具有启蒙性、综合性、整体性和灵活性等特征，其效果也因此体现出较大程度的弥散性、渗透性和滞后性，往往需要通过精心设计的评价工具和长期的跟踪研究评价才能有效地揭示，故使这三类匹配均难以实现。这使得幼儿园课程评价的准确性从根本上受到局限。对于我们来说，这是十分棘手的问题。我们应该清醒地认识到所面临的现实困境，尽可能地追求科学评价的准确性。

课程目标有两类，即过程性目标和结果性目标。过程性目标涉及如何实施课程，包括接受课程的对象特征和人数、活动计划、师资培训等问题。结果性目标涉及预期达到的课程参与者将发生的某些结果。所谓参与者，是指课程可能影响的所有对象，如儿童、家长、社区、有关机构等。预期的结果可包含知识、观念、态度、行为、意识等。对结果性目标的评价，即对课程成功程度或达成预期结果的程度的评价。一项完整的课程评价不但需要对这两类目标及其问题均作出回答，而且应当在课程运行的过程中进行。这样做既可以及时辨识课程中出现的问题，并作出必要的适时的调整和变化，又可以保证课程的参与者能有机会提供评价所需的信息。

从事课程评价需要正确地理解和处理课程与评价之间的关系。第一，课程和评价之间在元素和结构上的平行或对等关系，即评价的内容结构与课程的元素（包括内容和方法等）及其结构的相对一致性。也就是说，评价应当准确地针对课程本身的各个组成部分，因此，这个关系有助于揭示课程评价的有效性。第二，评价和课程之间的相互影响和交互作用关系。一方面，评价工作必须受到课程目标和特征及其内容、方法等的制约，必须根据课程的性质和特征设计和实施；另一方面，课程又可通过评价获取反馈，从而使之改进和完善。这个关系表现了课程评价的调控作用和改善机制。重视和利用这两个关系，可大大提高课程评价的作用和价值。

在以往的课程评价中，人们往往重视对学前儿童的学习结果和发展情况的测量和评价，据此剖析课程目标的达成程度。这是课程评价的主要构成之一，但同样重要的应是将教育结构、内容、活动、过程等看作评判焦点。从这点看，课程评价与一般的教育评价是有区别的，后者把教育内容和活动作为定型看待，重在评价从事该内容活动后效果的质量。课程评价不仅对学前儿童的发展结果作出评价，还要对教与学的过程、活动组织形式、教学目标的适宜程度，以及师生互动的质量等作出评估，力求全面透视课程各方面的价值。

二、课程评价研究的历史沿革

美国是学前教育课程评价研究的发源地。纵观美国早期儿童课程评价的历史，可以帮助我们了解该领域研究的发展脉络，以及与之密切关联的人们对早期教育课程产生的效果的认识，从而为科学地制定早期儿童课程与评价标准提供十分有用的启示。

美国的早期教育课程评价及其研究起始于 20 世纪 60 年代末，其标志是 1969 年发表的第一个开端计划（Head Start）评价报告的问世。开端计划是第一个由联邦政府资助的处境不利儿童早教项目，有联邦法案的支持，起始于 1965 年，1981 年修订，2007 年 12 月又作重大修订。实施数年之后开始评价其效果（HFRP，2004）。首次开端计划早期教育项目的正式评价（Westinghouse，1969）的主要发现是：①仅参加暑期课程的儿童未见明显受益；②全年课程使儿童在进入小学一年级时在认知和语言方面显示进步优势，但到 2~3 年级时效果减退；③在参加教育项目的非洲裔儿童和贫困地区以及东南地区儿童中的进步较为明显。该项评价研究问世后受到许多质疑，批评其设计中的不足导致了许多偏见结果。例如：①对照组选取的儿童，其不利因素的程度比开端计划儿童低，因此，结果显示项目的效果不明显，可能是由于起点不一致，项目效益可能被低估；②评价的设计未考虑到对环境因素的控制，包括家庭的和学校的环境因素，从而导致不能确定项目的短期效益究竟是开端计划课程的真实效益，还是由于家庭或学校的环境因素的作用，使得开端计划效益无法长久持续；③此项评价没有评估开端计划在健康和营养方面的作用，以及家长参与对儿童在认知、社会、情绪等方面的作用，以及对家长本身产生的结果。

上述评价研究出台之后的大约十几年中，全美国范围内又有许多较小规模的开端计划评价报告出现，各有不同的侧重点，评价课程项目的各种不同方面的效果，评价设计上也各不相同，样本大小各异，采用不同的测量，得出各种各样的结论。这时显然需要进行必要的反思和总结，因此，一项元分析评价研究应运而生。所谓元分析，即是对以往的研究结果进行系统的量化分析，旨在综合地分析那些分散的研究结论，以便了解整体状况。这项元分析研究（McKey, et al., 1985）综合分析210篇关于开端计划的评价研究报告，发现开端计划儿童在认知测验、社会情感、健康状况等方面的分数有显著的进步，但缺乏长期效果。少量研究发现开端计划儿童入学后更可能升级，较少进入特殊教育班。此项研究还包括了开端计划在健康营养、社会情绪等方面的评价。此项评价还发现家长方面的效果有正有负，以及社区发展有正面影响作用。但是同时，此项研究也受到一些批评，如运用元分析方法，把各种运用不同设计技术方法的不同的评价项目混为一谈，有的有效，有的无效，有可能把开端计划整体效应抵消到最小化。但尽管如此，这项元分析评价研究的作用是肯定的，它开始激起人们不仅对早期教育评价结果的关注，而且对评价工作的本身，包括过程和方法等加以反思和探讨。

80年代中期美国还出现了许多其他的评价研究。此后的十多年里，美国的早期教育评价一方面得到了进一步的重视和发展，另一方面对早期教育项目评价报告的结果开展了广泛的激烈的争论。这些争论导致了人们对早期教育评价的一系列的反思，包括有关评价重要问题的理论探讨，如课程和机构的目标、内容和方法如何改进，付出的努力和结果之间的关系等。同时继续广泛开展评价和研究，力图通过评价寻找更加有说服力的关于早期教育效果的证据。到了90年代后期，一般而言人们比较接受和认可这样一个结论：高质量的早期教育课程能产生积极的效果，而低质量的效果就差。于是开始步入了下一阶段，探讨什么样的课程项目才是高质量的，才能有效地导致效果的差异。人们同时还反思探讨评价设计中需要改进的方面，例如：①多数评价只重视将测量到的学业分数作为早期教育项目是否有效的标准，而忽视了对生长环境、家庭因素、健康与营养、社会情感、家庭育儿方式等方面的测评，这些可能造成评价结果中的偏见，还可能使项目的执行过分强调认知和学业而忽视其他因素；②关于"短期效益""向平均数回归"等争议，需要开展长期跟踪评价研究，以揭示早期教育项目的长期效益（王坚红，2012）。

美国早期教育决策者与评价者都越来越重视早期儿童课程评价，开始鼓励并支持有价值的课程评价项目，并把评价结果作为课程决策的重要依据。美国联邦政府资助的开端计划影响力评价研究（U. S. Department of Health and Human Services，AFCF，Office of Planning, Research and Evaluation，2010）由教育部委托专门评价机构执行，历经多年的努力，已于2010年向国会提交最终评价报告。政府要求评价的实施者必须进行正式的因果关系评定，力求尽可能科学地说明项目的效应。近年来联邦政府还资助了另一项全国性项目——全国早期阅读项目评价，评价儿童的早期阅读准备的教育质量。

美国的许多州政府也出资开展学前教育课程项目的评价研究，为继续改进项目服务质量提供科学依据。例如，密歇根州耗资8 490万美元委托High/Scope教育研究机构设计并实施长达五年的跟踪评价研究，以获取该州于1985年开始实行的针对所有处境不利4岁儿童的"学前儿童入学准备课程项目"的效果证据。

三、学前教育课程评价的类型

一般而言，根据其功能与作用，学前教育课程评价可以分为以下几种不同的类型。

(一) 实验性课程评价

实验性课程评价是对已经成型或比较成熟的某种课程进行全面的评价,并与另一种或几种其他课程加以比较,以确定某种课程的价值和效果。由于教育课程的效果机制的复杂性,这种实验性评价需要高度的专业知识与经验以及大量人力、财力的投入,在获取有效性与可行性方面有较大的难度。

(二) 描述性课程评价

描述性课程评价在于改进正在发展阶段的课程,及时发现优缺点以便及时改进,在课程的发展过程中反复持续进行若干个"尝试—评价—重新设计"的循环往复过程;比较相互竞争的课程(由于不同课程各自的目标不同,故而对此种比较有所争论),为选择课程者提供更为有根据的决策依据;增进关于课程有效性的知识,弥补仅根据假设检验而作的评价研究的不足。

(三) 形成性课程评价

形成性课程评价是在新课程的发展过程中进行的,目的是调整和改进课程方案,影响课程形成,使之更为完善。一种新课程的建立,其方案、材料由探索、计划、发展、实施到定型、推广,往往要经历多年的反复研究,不断修正或改进的过程。贯穿这个发展过程的核心应当是评价。图8-1是课程发展简化模式图。需要注意的是:评价作为一种反馈—矫正程序,应该贯通于课程发展的每一个阶段,这样才能使课程的发展成为一种力求不断完善和扩大适应面的过程。从事成功的评价不仅标志着学前课程改革研究在质量上、科学性上的升华,而且将有助于课程模式本身趋于完善,有效实施与推广。评价在课程研究中的地位、功能与价值是不可忽视的。

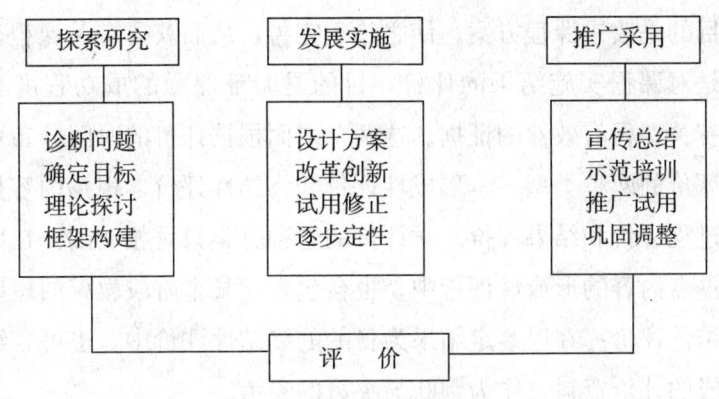

图 8-1 课程发展简化模式图

（四）终结性课程评价

终结性课程评价是对业已形成（有一定的稳固模式结构）的课程的评价，目的在于检核课程的特点与效益，为各级各类教育行政部门、教育决策部门提供有关是否值得推广的决策依据。此类课程评价有时又可称为验证性课程评价，往往以课程的支持理论为出发点，通过收集广泛全面的检测数据和各种相关资料，利用复杂的多变量分析技术，发现和建立与课程有关的各种变量间的因果关系，找出有关课程效益的可能原因，或课程的运行和生效机制。这种验证性课程评价有利于提供推广课程的理论依据和有效实施的原则，其中也应纳入形成性评价的成分，以便通过对课程效果的分析，不断地调整课程理论和实施效果。验证性课程评价在对具体课程项目的评价分析中通常采用六个标准（Reynolds，2005）：①发生顺序，即参与课程在先，检测结果在后；②效量，即当其他因素的影响保持恒定时，参与和效果之间的相关越高，其效果的真实可能性越高；③持续时间，即当其他因素的影响保持恒定时，参与课程的时间越长，就越有可能发现其与效果之间的关系；④特别适应性，即课程的效果在某种团体或情景，或某些特定的行为中表现特别明显；⑤推广性，即课程在其他参与者团体和其他时间情景中同样适用的程度；⑥因果关系，它是验证性评价的最高标准，即对课程所要达到的效果与行为发生原因之间的相对清晰的因果关系的解释。

因此，学前教育课程评价的重点反映在两个层面：一是课程发展过程中的评价，目的是改进课程方案，使之趋于完善，从而获得有关课程合理性的证据；二是对课程实施结果的评价，目的是验证课程的成功程度和推广价值，得到有关课程有效性的证据。这两个层面根据评价的时间分布可分别归结为课程评价的两种类型——形成性评价和终结性评价。根据内容指向，则可归结为过程评价和结果评价。对评价的这种分类只是相对的。在以课程发展过程为重点内容的形成性评价中，也会包含对某个阶段教育的短期效益作估计的终结性评价；在以鉴定结果为目的的终结性评价中，也可容纳课程中积累性形成的评价资料，作为判断与决策的参考。

四、学前教育课程评价的方法

关于课程评价的具体运行过程，有许多可供选择的模式和方法（详见第二章）。如泰勒的"目标获得模式"、斯塔克的"外貌模式"、普罗佛斯的"差距模式"、斯塔弗尔比姆等人的"CIPP评价模式"，以及对抗式评价、专家判断法、三角测量法等。当评价具有不同的目的、对象和内容时，我们应当在理想的观念和实际的条件之间作出适当的权衡，尤其在学前教育课程研究领域的知识水平尚未达到规律性认识时，应考虑各种模式用于当前情况的利弊，根据实际情况与需要，考虑选择相应的模式与方法。

课程评价就其收集资料的方法和对资料的分析处理技术而言，可分为量化评价和质的评价两种。量化评价来自于自然科学和心理学的实验传统，强调实证的求知方法，以评价结果为焦点，力求精确的测量资料，从客观的"旁观者"的角度考察和判断，强调可靠性和推断性。质的评价则来自社会学和人类学的传统，强调整体归纳的求知方法，以评价过程为焦点，把课程看作动态过程，从主观"当事者"的角度考察与判断，收集大量真实的自然观察的资料，提供丰富的描述，主要强调有效性而不强调推断性。显然这两种性质的评价各有利弊。只有将两者有机结合，兼收并蓄，使质量互补，交叉验证，才有可能大大提高评价的有效性与准确性。由于学前教育课程是与社会、文化等多种因素密切相关的复杂系统，学前教育课程评价不仅应包含以测量为基础的、科学的、理性的事实判断，而且应包含以哲学思考和逻辑论证为基础的人文主义的价值判断，从实践的、理论的不同维度和不同层次上，揭示课程的意义，说明课程的价值。

当前我国学前教育课程研究中的评价工作还面临一些技术性困难，首先是缺乏可靠的测量评价工具，可供选择的标准化测量工具更少。这使得我们的课程评价处于这样一对矛盾之中：现实可行的测量和与课程目标相关的有意义的方面往往无法统一。在此情况下，我们一方面应加强呼吁，请有关部门尽快组织力量，资助和支持有关项目的开展，制作或修订出一些可行的学前儿童发展与教育方面的测量评价表；另一方面又只能充分利用现有资源自编量表，在当前最大可能的程度上，追求测量的可靠性与有效性。

评价，从某种意义上可以说是一种比较。有比较才有鉴别，事物的价值往往通过比较而显示出来。设计评价的目的往往就是创建某种使观察到的差异能归之于课程效果的实际比较。当前我国学前教育界出现了许多不同的课程模式，各自的理论框架不同，强调的侧面各异，但由于均在我国全面发展的教育方针指导下，其课程目标中重叠的成分较多，均以促进幼儿身心全面和谐发展为总目标。因此，从某种角度上可以说，进行课程模式间的评价与比较是有一定意义的，同时也应注意比较课程的不同特点。课程评价中的比较，包括两层含义：其一，是指要测量与比较那些最能反映课程影响的变量方面，以此说明差异确由课程模式的变化而引起；其二，是指在至少两组对象和两种课程之间进行评价。

学前教育课程评价中同样存在着教育评价中普遍存在的样本误差问题。比如，在课程效果的评价方面，涉及并分析教育课程的效果的组间差异。一般而言，评价某种课程的效果常需采用对两组被试的学习效果的比较，一组参与课程，为实验组，另一组未经历课程，为控制组。然而，对于大多数儿童都参加的课程，如某种普遍性的学前教育课程，则难以找到可用于对比的控制组儿童。即使是课程只针对某一类儿童而非全体儿童，问题依然存在。参加课程的儿童与未参加课程的儿童之间可能存在样本之间的系统差异，选择让孩子参加的家长和选择不让孩子参加的家长之间，其家庭因素也可能存在样本之间的系统差异。因此，由于课程选择儿童，而家长选择课程，这种双向的选择使得进入课程和未进入课程的儿童之间存有区别，从而导致课程评价的难度。

此外，评价测量资料的统计处理是个极为复杂的问题。近年来国内外教育与心理领域有了长足的进展，出现了许多比较先进的方法与手段，尤其是多元分析方法，以及模糊综合判断技术的发展与普及，使过去教育研究与评价中许多无法处理的资料或问题得到某种程度的解决，增强了教育研究与评价结论的科学性。然而，在对课程评价资料的处理中往往必须使用的多元分析法等均计算复杂，需由比较可靠的计算机系统执行，而在我国学前教育界目前尚不具备这种条件。在这个问题上，我们的态度与策略是：一方面，在当前现有条件许可下，尽量采用切实可行而又适宜恰当的评价分析和统计手段，既实事求是，因陋就简，又严格谨慎，一丝不苟，并客观地限定结论的可靠程度与判断能力；另一方面，力争多方面支援，包括设备上的援助与技术上的咨询，使资料的处理工作尽量追求科学性和先进性。

五、学前教育课程评价的目的和原则

（一）课程评价的目的

课程评价的目的在于帮助完成以下任务。

1. 发现课程中的有效部分和不足之处。
2. 向提供资助者和主管部门或社区汇报课程的功效和效益。
3. 通过呈现有效性证据为发展课程募集更多的资金。
4. 通过寻找优点和缺点改进工作。
5. 提供有关针对具体对象的具体课程的知识信息。

尽管课程评价的功效显而易见，但课程项目的管理人员却常常不太情愿评价自己的课程，这通常是由于对评价过程的误解而致。例如：评价工作可能增加工作负担，占用人员和经费资源；评价过程过于复杂和困难，不知从

何下手；评价可能导致反面的消极的结果，影响课程的声誉；或认为评价只是主管部门的另一种管理控制的形式而已。这些误解阻碍评价工作的积极进展。

（二）课程评价的原则

课程评价应遵循以下基本原则，以使课程评价工作最大程度地发挥其积极的功效。

1. 在课程评价的计划阶段投入较多的时间和努力，根据明确的目的作出周密的计划。

2. 把评价纳入课程的发展和执行过程之中，利用评价的反馈机制改进课程的实施。

3. 机构或课程的主要负责人以身作则参加评价工作，虽然课程评价主要由外部人员执行。这样做可向其他工作人员显示评价的重要性，从而使所有的课程工作人员积极参与和配合，提高评价的效益。

4. 尽早让尽可能多的与课程有关的人员参与，可使评价计划和收集资料的工作顺利进展，减少问题和困难的发生。

5. 考虑课程评价工作负担的现实可行性，将评价努力集中于回答最关键的问题之上。

6. 注意到课程评价中可能涉及的民族、宗教等问题，尊重具有不同的文化水平、来自不同社区的参与者的有关背景，保护受评者和提供资料者的隐私。

第二节　学前教育课程评价的设计

一、课程评价的设计

课程评价是一项复杂的有计划的系统工程。要从事一项课程评价，首先要对评价作出认真的全面的规划和设计。课程评价方案的设计是从事课程评价的前导，一般应包括以下几个方面。

（一）明确地描述课程评价的目的及所要解答的问题

课程评价的目的，是在对评价的指导思想、价值取向、被评对象的特征和开展评价的主要客观条件等进行深入细致地分析的基础上提出的。每一项具体的课程评价均可能有不同的具体目的，在计划中应对评价目的加以清晰地阐明，作为整个评价过程的指南。在评价课程方案的质量与有效性时，基本的关键性问题是：在教育教学中发现什么规律或问题？应当如何运用新的知识？哪些方法或内容行不通？下一步该怎么办？

（二）阐明选择或建立适宜课程评价模式所作的考虑

所谓评价模式，即与一定评价目标相联系的评价理论性框架或总体指导体系。不同的评价模式具有各自不同的评价逻辑框架，强调不同的内容方面、操作方式和标准，可为设计评价方案提供有用的参考。目前，已存在各种学前教育课程评价的理论模式，如：鉴定课程目标是否达成的"目标鉴定性模式"；采取描述与判断并重的方式，根据所收集的前提因素（教师素质等先在条件）、过程因素（观念与态度转变过程中的活动）与结果因素（对当前教育所产生的影响），全面考察课程的"外貌模式"；强调把评价注意点集中在评价过程和评价对象对信息的需求上，并在报告中谈及不同评价观点的"应答模式"；等等（详见第二章）。不同的评价模式对课程评价具有不同的参考价值，应根据所选定的评价模式，计划制订评价的总体框架和所涉及的主要阶段和步骤。此外，计划中还应规定评价中所需采用的测量与分析工具，确定评价执行者团队，制订评价费用预算与支出计划，等等。

二、学前课程评价方案设计实例分析

以下通过两个课程评价的初步设计方案，以说明评价设计的具体内容。

（一）幼儿园综合教育课程系统评价的初步方案（王坚红，1989）

这是一例形成性评价与终结性评价相结合的幼儿园课程系统评价的初步计划。该评价计划拟对尚在发展中的"幼儿园综合教育课程"进行分阶段的评价工作。其中"合理性评价"（第一阶段）属于形成性评价，旨在通过评价使课程逐步趋于完善；"独特性评价"与"有效性评价"属于终结性评价，将在课程模式初步定型之后进行，目的在于获取课程特征与效益的资料，为其推广提供决策依据。

1. 评价总目标

（1）通过评价进一步修改课程方案，使之趋于完善定型。

（2）经过比较评价，辨明该课程模式与传统分科模式的区别所在。

（3）对课程效果加以全面评价，考察其推广价值。

2. 评价步骤

针对不同的目的，将采用不同的评价方法与过程，分3个阶段实施评价，分别指向以上3个评价目标。

第一阶段：课程结构合理性评价

作为研究过程中的评价，着重对各主题目标及其效果进行评估，采用"目标获得模式"旨在验证各主题目标的达成情况，以便进一步修改完善主题的设计，使之逐步定型。

综合教育课程结构的指导思想和实施原则主要是通过主题活动的形式在实践中得以落实的。主题活动是该课程模式的主要组成部分，主题活动的设计与实施是这一模式的重要特征所在。因此，正确评价这些主题设计的效益性和可行性，将有助于判断课程的优劣，从而最终对这一课程的结构模式作出全面的评估。

综合教育课程将学前儿童在幼儿园三年期间的教育活动分成由30多个主题构成的一系列小阶段，每一主题均由一个特定时期内的教育活动内容组成，提供某一方面的生活经验。为了达到形成性评价的目的，我们有必要分析每一主题的组成部分和目标获得情况，以此得到剖析整个课程合理性的累积性资料。同时，这些主题虽以分离的方式存在，但它们之间又可能在不同程度上互有联系，构成一个连续的教育过程，使得某一主题对另一些主题的学习会产生种种影响，从而有助于构成有效的整体的内容。例如：大班"小问号"主题便引申出后面的一系列活动（"有趣的植物""可爱的动物""神秘的天空""寒冷的冬天"等）；"现代化机器"引起"小小发明家"的发明热情；等等。因此，又需对各主题之间的纵向与横向关系作出评价。

（1）主题目标获得情况评价。

这部分评价工作将借鉴课程学者泰勒（R. W. Tyler）的"目标获得模式"的评价思想。根据泰勒的课程理论，在课程设计中最重要的工作就是建立教育目标，课程的成功与否取决于这些目标是否达成。因而，对课程的评价也就需要以目标为出发点收集资料，以确定课程之成效。采用该模式来评价主题目标获得情况，拟经以下7个步骤进行：①把主题的目标具体化、明确化；②规定具体的可观察的行为指标以反映主题目标；③决定测量的手段和情景；④选择或制定测量工具；⑤实施测量；⑥对测量结果作出事实判断与价值判断；⑦从评价结果中获取进一步改进主题，调整教育内容与方法等的启示。

（2）主题之间关系的评价。

关于各主题之间的横向、纵向关系问题，已在课程的发展研究中进行了多次评述，今后还将继续探讨与思考。这部分内容主要属于哲理与逻辑层面的思考与评价，故主要通过讨论和总结的方式进行。

第二阶段：课程结构独特性评价

作为对一种革新模式的评价，着重对课程模式的诸方面特色进行比较鉴别，兼具描述与判断的评价成分，旨在评价本课程模式与分科教育课程模式的区别程度。

综合教育课程模式究竟在多大程度上区别于分科模式，有必要通过评价进行比较和鉴别。对于这种区别程度评价，主要是为更有效地从事下一阶段的全面效果评价与模式间的比较提供必要性证据，以及在课程特色方面作出比较客观的评估。如果这一模式确实在较大程度上区别于分科模式，而且能阐明区别之具体所在，将有助于在课程有效性评价之后作出结论：效果可能是由于这些特色方面的变化引起的。如果两种模式间区别程度不大，则无论课程有效性评价结果如何,都将无法说明课程的影响作用问题。

在这一阶段的评价中,斯塔克的"外貌模式"观点将十分有用。斯塔克主张评价应兼具描述与判断双重成分,评价者不仅应当从与预定计划相应的观察中获取大量的关于课程方案的描述性资料,也应当设计系统的程序,客观地收集各种有关的"主观"判断,如专家、教师、家长、儿童的意见等,将这些资料与某种优良的标准比较(绝对比较),或与其他课程方案加以比较(相对比较),作出对整个课程方案或其各成分的价值判断。这种价值判断的结果可用数字表示(量化分析),也可用文字表示(质的分析),成为决策的依据。这一模式还强调,无论是描述还是判断,都需要收集三方面的资料:先在因素(教育实施前任何可能与结果有关的条件)、过程因素(教育过程中有关对象的活动、交往、相互作用等)、结果因素(教育所产生的影响),从而达到对课程内涵的全面认识与评估。

对于课程的独特性评价,将从多方面进行。具体内容框架参见表 8-1。

表 8-1　课程独特性评价框架

评价方面	指标项目	工具或方法
时间安排	每天各类活动占用时间 每周各类活动占用时间 每次各类活动占用时间 各过渡环节占用时间	①教师填写调查表 ②查阅园、班教学计划 ③现场观察与记录
教师情况	素质与专业训练程度 教育观念 教育态度 教育效果	①教师问卷 ②查阅教师档案 ③课堂观察
组织形式与教育方式	分组方式 集体教育方式 辅导方式 个别教育方式 内容组织方式	①随机化时间取样、录像观察 ②教师座谈 ③课程方案与教案分析

续表

评价方面	指标项目	工具或方法
师生关系与互动	交往性质 交往方向 交往频率 交往效果	①日常观察 ②时间取样、录像观察或系统记录表格 ③抽样谈话（儿童与教师）
教材内容与方法	各类教材数量 教材内容难度 教学方法原则 内容与方法的相宜度	①教材的书面分析 ②教材的专家评定 ③课堂观察 ④教师自省
家长参与情况	参与意识与态度 参与程度（时间、形式、作用） 与教师、幼儿园的关系 交流频率与反馈效果	家长问卷与座谈 教师调查 书面分析（家长来信与日记、幼儿园及班级经验总结材料）

注：1. 以上各方面均与传统分科模式加以比较，考察差异程度。

2. "工具或方法"中各项应同时进行，并注意评价各测量间的一致程度，以体现"多重参照点"原则。

3. 以上测量工具均为自编。

第三阶段：课程有效性评价

作为对初步定型的课程模式的评价，着重对课程实施结果的有效性进行评价，运用混合型评价方法多方面获取有关证据，旨在验证课程的成功程度和推广能力。

获取课程的合理性与独特性证据之后，还有必要进一步获得关于课程的有效性证据。这一阶段的评价内容与以上第二阶段的内容互有联系与重叠，因为课程有效性的标志应包括多方面的效益。由于在第二阶段已对众多方面的效果进行了评估与比较，故在作第三阶段的评价结论时，将利用上阶段某些有关的评估结果，而将本阶段的收集评价资料工作重点放在对学前儿童各方面的发展情况的测量与评估上（见表8-2）。

表 8-2　幼儿发展状况评价框架

评价方面	指标项目	工具或方法
健康与动作	生长发育 身体适应力 大肌肉动作 小肌肉动作	①常模参照体格测量 ②日常观察记录 ③动作测量 ④出勤记录
语言	听力与理解能力 词汇量及其运用 语言表达能力	①智力量表语言部分 ②自制测验 ③教师观察评定
认知	数量经验 环境经验 艺术经验 感知能力 思维能力 表现能力 探究能力	①韦克斯勒智力量表 ②自制量表个别测试 ③分组情景观测 ④教师评定
社会性能力	认识自我与周围人 认识日常社会性规则 情绪情感的表达、控制与交流 自信、成就感、坚持性、表现欲等个性特征 社会交往的能力与效果	①个别提问 ②情境观测 ③教师观察记录 ④家长问卷
习惯	日常生活卫生习惯 礼貌、诚实、助人等品德行为习惯 学习兴趣、姿势与学习习惯	①教师观察记录 ②家长问卷 ③现场观测
入学后发展状况 （1~3年级）	各科学习成绩 品德操行 学习态度与学习习惯 成功自信感，同学、师生关系 体格与健康	①查阅学生档案 ②教师评定 ③集体问卷 ④体检

（二）英格兰国定课程评价计划（卢美贵，2006）

英格兰地区的国定课程评价计划始于 1989 年，其关键阶段（key stage 1）

5～7岁国定标准评价于1991年夏天首度施测。国定课程评价的目的在于"提升教育水平",该评价系统的基础是以下三个重要理念(Mcpherson,1992):①教育和个别学童的学习进展有关,只有通过一个跨年龄的标准参照的评量系统才能充分地概念化儿童在学习过程中的进展;②教师必须根据等级来界定学习内涵,同时在这系统下有机会发展一个基于实践的学习理论;③通过教师的专业成长来提升学生的学习,并以学生的学习成果作为教师的绩效责任评价的指标。该国定课程评价系统在设计之初即计划结合各种评价的目的,包括:诊断性、形成性、总结性与评鉴性。

英格兰国定课程评价十余年来历经不断的修正。该评价体系于1991年开始推行后,各校教师纷纷彼此沟通与互动,进行专业性对话,共同讨论评价的标准,使得评价不再是一种直觉式的评价,而开始寻求证据或根据收集到的资料进行分析与评价,增强了教师的评价能力。英格兰官方认为国定课程与评价提高了学生的受教育水平。为了让社会大众,以及所有学前儿童家长了解幼儿入学,及小学一年级之初的学习起始行为的基本要求与评价内容,特制作倡导手册加以说明。以下简介其主要内容。

1. 基本学力测验的定义

从1988年9月开始,所有儿童入学都必须经过能力的评估。对大部分的学生而言,大约是在他们五岁进入国小附设预收班的时候进行基本学力测验。"基本学力测验"就是教师用来了解学生在入学之初学习需要的工具,教师将会评估儿童的认知、理解与行为能力,这就是所谓的"基本学力测验"。幼儿园的教师将会告诉家长更多有关儿童基本学力测验方面的信息。

2. 儿童基本学力测验的目的

测验的目的在于:①发现儿童的认知、理解与行为能力的表现,以便教师依照测验结果,根据学生个别需要规划教学内容;②协助学校评价与了解学生在入学之初的学习进展,有助于学校检核儿童是否达到学校为他们设定的学习标准。

3. 对儿童进行测验的时间

在儿童入学后七个星期之内进行基本学力测验。

4. 儿童基本学力测验的内容

学校可以选择不同的基本学力测验方案。然而，所有的方案都必须经过课程审定局（QCA）的审核与认可，而且所有的方案都必须包括以下内容：①语言与读写能力——重点在于发展幼儿的说、听、读、写能力；②数学——重点在于发展幼儿对数学理解与数学应用的能力；③个人与社会发展——重点在于发展幼儿与他人合作工作、游戏的能力。

5. 幼儿基本学力测验方案必须包括的其他内容

基本学力测验方案除包括以上内容以外，还应包括：①对世界的认知与理解——重点在于发展幼儿对生活环境、他人与物质形态的认知与理解；②身体的发展——重点在于发展幼儿对于身体动作控制、对空间觉察意识，以及掌握物体范围的能力；③创造力的发展——重点在于发展幼儿的想象力，以及表达自我情感与想法的能力。

第三节 学前儿童课程评价的实施

一、课程评价的实施计划

根据课程评价方案所规定的评价目的，还需要制订进一步的实施计划以规定评价的具体内容和方式，制订评价工作人员的分工和时间安排表，确定处理评价资料的方法和程序，设计出主要结果的统计图表，拟就未来评价报告的简要提纲。制订课程实施计划是确保进行严密组织及实施评价工作的重要一环。在制订评价实施计划时，应注意以下问题。

（一）要对每个具体的目标加以详细具体的操作定义，以避免资料收集工作中的误差和混乱

在收集资料之前，要写出收集资料的指导书或说明书，对每一个资料点

进行规定和说明。例如,对目标"增进幼儿的好奇心",资料点可能是一个月以内幼儿在家里或幼儿园游戏活动中主动发起新的探索活动的次数。对每一个资料点,要尽量包括可能的资料来源。与课程有关的资料来源包括:课程的所有类型的工作人员、课程的参与者、儿童、父母和家庭其他成员、社区有关机构和人员、外部专家、国家或地区资料库、机构的各种文件、课程参与人员的登记表、儿童健康检查表、儿童行为报告单和作业成果等。

为了决定何种资料来源最为适宜可行,评价人员必须回答以下问题:何种来源可能提供较为准确的信息?哪些来源比较节省开支和时间?收集工作是否可能对资料提供者造成过多的负担?等等。其中最为重要的是考虑资料的准确性。比如,要收集关于某种活动效果的评价资料,较为节省时间的方式是询问有关的工作人员的印象,但这种资料的准确性可能不如查阅有关活动对象结果的文字记载。不过这时还要了解关于结果的文字记载是否完整和全面。

资料的收集方法与手段有许多种(详见第五章),选用何种方法或手段必须取决于是否适宜于资料特点。例如,若要了解妨碍课程顺利实施的原因,较好的方法是征求课程有关人员的口头意见,或召开焦点人群座谈会;要收集家长的教育方式资料,则需通过观察和问卷。此外,收集资料的工具必须具有尽可能好的效度和信度。

(二)要针对评价目标,指明对评价结果的解释要点

对评价结果的分析和解释需要一定的专门知识经验和技术,如果课程内部人员中缺乏胜任者,则必须聘用外部专家。然而,课程内部人员仍然应当积极参与和配合,才能确保资料的分析和解释与评价的目标较好地吻合。这就如同建构楼房,一般人看楼房的建筑图纸时,只看到上面有线条、数字、箭头和符号等而已,但建筑师只要看到图纸,就能知道其所有的技术要求,就能知道如何把房屋建起来。所以人们往往雇用专业的建筑师来完成建房任务。但是,让建筑师从事建房并不意味着你就可以不闻不问了。你必须经常了解和确信建筑师造出的房子是否符合你的设计意图和其他要求,而不是凭

建筑师任意而为。

(三) 对评价资料的分析必须围绕评价所要回答的问题

对评价资料的分析可以有各种不同的方式（详见第六章），但都必须紧紧围绕评价所要回答的问题。例如，对于"课程实施的目标是否达到"这个问题，首先要详细描述课程的计划（计划做什么），整理和分析关于实施情况的资料（实际做了什么），然后对照目标，评判目标、计划与实施之间的一致程度。如果课程实施的目标未能达到，进一步分析资料以找出可能的原因。如果课程实施的目标基本达成，则可进一步根据资料总结出可能促进目标达成的因素。再如，针对"课程对象预期达到的目标是否达到"的问题，应分析课程对象在知识、行为、态度和意识等方面的变化，与预期目标相对照。如果预期的变化的确发生，则要分析和考察这些变化是否由课程而引起，以及是否有部分对象的变化比其他对象更为显著，及其可能的原因，如对象群体的特征、课程的内容和持续时间与强度或教师的因素等。

(四) 应尽量采用质的描述和量化分析相结合的方式，对课程实施的详细状况进行检视和评判

如果采用统计方法处理资料（如检验具有不同特征的对象的变化是否具有显著的差异，以及其变化是否按照预期的方向发生，或要检测课程参与者与未参与者之间的差别等），应首先理解统计程序的意义、用途和要求，以及如何正确地解释其结果。比如，在分析和评价课程的某种效果时，如果统计检验的结果并不显著，并不一定意味着有关的效果不存在，也许是某些调节变量或变量间的交互作用使然，因此课程只对某些对象有效而对另一些对象无效，或在某些情景条件下课程效益较为显著，而在另一些情景条件下则收效甚微。

(五) 拟定课程评价的实施总结报告提纲

课程评价的总结报告是一种重要的综合性文件。针对不同的对象，报告的侧重点可有所区别。例如，针对课程内部工作人员的评价总结报告，不一定要详细论述评价的模式和方法等，而主要报告评价的发现和结果，以便课

程工作人员了解其成功和不足之处，并据此改进工作。向资助单位或主管部门提交的报告，一般需要较为全面地总结评价的各个方面，提供主要的评价结果，还要详细讨论评价结果的意义及其与有关政策法规之间的关系。有时还可以根据评价结果，向有关部门或新闻媒体提交简单的非正式的或口头的评价总结报告。

无论针对何种读者对象，都要注意既报告显著的正面的结果，也报告课程评价中所获得的反面资料和结论。反面的或消极的结果可作为一种有益的反馈，对课程的改善和提高具有积极的促进作用。报告中也应提及那些并不显著但有意义的方面，以便日后的评价或研究可以对之作出进一步的探讨。

在课程评价实施计划的设计中，还应尽可能地确定在评价过程中如何有计划地积累评价过程本身的资料和不断有效地督促评价工作的科学性、客观性。形成性评价是在课程研究过程中，在课程发展的动态过程中进行的。因此，它更具有行动研究的性质，需要在研究和发展过程中不断地采用灵活多样的技术与方式来诊断问题或判断课程某一部分的价值。在评价实施计划的设计方面，它虽不像终结性课程评价那样要求整体上预先有严密的计划性，但在每一个具体的评价过程开始之前，也应有充分的考虑和计划，否则便无法获取有用的课程资料和可信的结论。

以下是一例课程评价实施计划的提纲（ACYF，2006）。

1. 课程评价的理论框架

（1）评价什么：课程模式的描述（关于课程对象的界定，干预目的，直接的、间接的和最终的结果）；课程实施的目标（描述性和操作性）；计划实施的内容；课程对象预期达到的目标；评价的背景；等等。

（2）课程评价所要回答的问题：课程实施的目标是否达到，如未达到，原因何在，哪些因素支持或影响了课程的实施；课程对象预期达到的目标是否达到，如未达到，原因何在，哪些因素支持或影响了课程的实施；教育对象的结果是否由于课程的某些特征而有所不同，哪些因素具有较大影响；结果是否由于儿童或教师的某些特征而有所不同，哪些因素影响较大。

(3) 评价的时间表：评价资料收集工作的开始与结束日期；评价的时间表设定的理由和方式。

2. 课程实施目标评价的过程与方法

(1) 目标的测量：目标的操作定义；测量目标是否达到所需的资料类型和数量；资料的来源（如机构、教师、家长、幼儿、社区、文件等）；收集评价资料的方法；收集评价资料的时间表；收集评价资料的手段（如观察、访谈、测验、查阅文件等）；如何分析评价资料并作出评价结论（如量化与质的分析、统计图表和假设检验等）。

(2) 对课程实施的每一个具体目标分别根据以上条目进行阐述。

3. 评价课程对象的结果

(1) 评价设计（如随机取样组间比较等）。

(2) 课程对象的结果测量：目标的操作定义；是否达到所需的资料类型和数量；收集评价资料的方法；收集评价资料的时间表；收集评价资料的手段（如观察、访谈、测验、查阅文件等）；如何分析评价资料并作出评价结论（如量化与质的分析、统计图表和假设检验等）。

(3) 对课程对象结果的每一个具体目标分别根据以上条目进行阐述。

4. 课程评价过程的管理与监控

(1) 对评价资料收集人员的培训。

(2) 对评价资料收集工作的质量控制手段。

(3) 资料收集与分析工作时间表（含评价报告的撰写和向有关人员提供反馈）。

二、课程评价实践中的其他问题

(一) 课程评价的费用

课程评价是一项复杂的工程，需要花费相当多的人力、财力。因此，课程评价的费用是一个必须考虑和认真计划的现实问题。评价的确需要经费和资源，然而只有通过评价才能了解课程的优劣和效益，因此，评价的费用理应是课程费用的一部分。评价的费用与一系列因素有关,如评价课程的哪些方面,涉及多少人员,哪些机构和服务,由谁执行评价,以及机构已有的经费和资源,等等。经济水平不同的地区对评价费用的需求和承受能力也会有所不同。

有时,课程的资助者会提出将一部分经费用于评价,通常为整个课程经费的15%~20%(ACYF,2006)。课程评价的费用也可有多种不同的水平,如较低费用水平的评价可能只收集课程参与者对课程是否满意的信息,但无法回答课程执行过程中的深层次问题,如是否达成预期目标,哪些方面需加以修改和完善,以及课程目标是否能成功保持,等等。增加一些费用,可能获取关于参与者在知识、态度、行为等方面的变化,以及课程运行过程中的信息,回答更多的问题。一般而言,通过较高费用水平的评价,可能全面系统地回答有关课程效果的发生过程和原因,以及课程的长期效益等问题。课程管理者应根据实际情况和条件,尽量利用已有的经费和资源。

(二)确定课程评价的执行者

课程评价需要一个团队的努力。评价团队的领导人负有全责,需要具备一定的评价知识和组织能力,并需要整个团队成员的通力协同合作。即使是聘请外部专业人员执行具体评价,也必须在评价负责人的指导和全体有关人员的协助下进行。

1. 课程评价团队的构成形式

(1)聘请外部评价人员(个人或机构)作为评价领导人,与课程内部人员相互配合开展评价。该形式的好处是:①与课程无关的外部评价者从事评价,结果可能更为客观;②专门的评价人员可能具有较高水平的评价知识、技术和经验;③可提供局外人士的观点和看法,以改进课程;④由有经验的评价人执行,评价工作可能有较高效率。其缺点是:①需要支付较高的费用;②可能对课程对象的特征和问题的理解不够确切。此外,选择此种团队构成形式并不意味着机构或课程的内部人员就不必过问。相反,他们仍需要做大量的工作,如向评价人介绍课程、课程对象、社区等,确保评价方案与课程目标相吻合并适合课程的接受者。此种形式需要支付聘用评价人的开支，虽然花费大，但与自己盲目摸索走弯路，或获取无用的资料与结论相比，可能最终的花费相对较少。

（2）在课程内部产生评价领导人，在课程其他人员和外部咨询人员的支持下开展评价。这种形式的优点是费用可能相对较少，而且更可能使评价与课程的目标相一致。其缺点是内部人员需花费大量的时间和精力，可能不如聘请外部评价专家来得划算。由于外部咨询人员所承担的责任有限，不会投入较多的注意和精力，使得评价质量可能不如第一种选择。

（3）在课程内部产生评价领导人，在课程其他人员和其他机构人员的支持下开展评价。这种做法的优点是可以充分利用内部人员的力量，最为节省开支，而且能锻炼和提高内部工作人员，积累经验，便于以后进一步开展评价工作。然而此种做法虽然可节省开支，但可能占用内部人员大量的时间和精力，且内部人员可能在设计和实施评价中缺乏足够的知识和经验，难以保证评价的质量，所以可能不如聘请外部评价专家。而且，向课程提供资助者可能会认为内部人员从事的评价结果不够客观。因此，在选用这种方案之前，应对内部人员的时间和相应的开支做出慎重的预算，并与聘用外部评价者相比较。

2. 选择和确定评价团队时需要考虑的问题

（1）课程提供资助者是否要求由外部人员评价。

（2）是否已持有评价预算和经费。

（3）机构和课程已有的资源和能力是否可能胜任评价。例如，以前是否成功地从事类似的评价，内部人员是否经过有关的培训，等等。

（4）是否已在课程实施过程中收集有关的可用于评价的资料。如果对所有问题的回答均是否定的，那么机构或课程目前尚不具备评价条件，必须筹集资金以便聘用外部专家作为评价人。如果对第一个问题的回答是肯定的，而对其他问题均为否定，则应选择第一种形式，即聘用外部评价专家。如果对第一个问题的回答是否定的，而对其他问题大多数为肯定，则可选择第三种形式,即利用内部人员力量从事评价。如果对第一个问题的回答是肯定的,而对其他问题的回答有些为肯定又有些为否定,则可选择第一种或者第二种形式。

3. 如果使用外部评价者,必须明确评价负责人和课程负责人各自的职责

(1) 评价负责人的职责

① 与课程内部人员共同制订评价计划和方案。

② 定期报告评价进程。

③ 培训评价工作人员。

④ 设计或选择评价工具。

⑤ 指导收集与分析资料的过程。

⑥ 撰写评价报告。

⑦ 参加与评价有关的各种会议。

⑧ 报告评价结果。

(2) 课程负责人的职责

① 在整个评价过程中,向评价者介绍和提供有关课程的各种情况和信息。

② 对评价工具的实施情况提出反馈意见。

③ 及时向评价者报告课程运行中所发生的变化。

④ 对评价报告的具体内容提出意见。

⑤ 协助解释评价结果。

⑥ 向全体课程人员报告评价的进展情况。

⑦ 监督评价工作的进程,管理评价文件与报告。

⑧ 确保课程人员配合评价资料的收集工作。

⑨ 协助解决评价工作中出现的问题。

⑩ 在评价的不同阶段向评价者了解评价工作开展的情况。

(三) 课程评价的准备工作

课程评价的准备工作涉及与评价有关的所有人员。在课程评价的准备阶

段，重视以下步骤，能为课程评价奠定坚实的基础。

1. 决定评价内容

课程涉及诸多方面的内容，评价其中的某些方面，还是加以全面的评价，这要视预算、人员和资源条件等而定。如果资源有限，宁可评价较少的方面，也不要缺乏基础的面面俱到，否则容易导致半途而废或草草收场。

有时提供资助的单位会明确规定评价内容，故而无从选择，只能照办。在计划和发展一项新的课程时，就应把评价内容纳入计划之中，并在进行过程中收集资料，这样既节省人力和物力，又有利于课程的发展。对于已经实施了一个阶段的课程，可以通过评价确认其效果或获取更多的资助。

2. 建立描述性课程模式

无论是对课程的全部，还是对其中的一个组成部分加以评价，均需明确阐述该课程的模式，即为评价提供一个课程的框架，描述课程在各个方面的特点。评价计划和方案将建立在对这个模式或框架的理解之上。这里所讨论的模式，主要是指课程的执行过程和课程对于参与者的效果。这种描述性课程模式由一系列关于课程效果的在逻辑上相互联系的陈述所组成。例如：建立在教育发展理论与研究基础上的关于课程对象的陈述，体现了课程的目的、组成部分等；关于课程的干预性目标，以及针对课程目标，具体采取哪些教育或干预措施，包括提供哪些服务，组织哪些活动，采用什么方法手段和材料；课程的直接结果，即期望课程对象（如家长和儿童）通过参与课程在知识、态度和行为上产生的变化；课程的调节性结果，即建立在直接结果基础上的变化，如通过课程活动让家长意识到自己的某些不当的育儿行为后，寻求帮助以改变现状，然后以不同的方式对待儿童，促使产生不同的儿童发展结果。

对课程模式的阐述对于课程负责人来说并不十分困难，而它却是评价的重要依据。评价者将根据这个描述性课程模式，建立一个可观测的操作化评价模式。

3. 形成可观测的操作化模式框架

对课程的执行过程和结果均需加以操作化处理，制定操作化定义，以指导资料的收集工作。例如，课程计划中所规定的服务和活动的持续时间和强度，课程执行的人员安排及其资格、培训和招聘，家长和儿童在一些具体方面发生变化的证据等。将描述性课程模式转变为可观测的操作化评价模式是课程评价中不可缺少的一步。

4. 关注评价背景

评价发生的背景可能影响课程本身和评价工作。这些背景可涉及机构、人员和参加者的特征，以及已往的有关评价的历史和资源。例如，课程是否为该机构运行的唯一课程，或机构如果执行过其他课程，这些课程之间的关系如何，将可能影响评价的目标和内容。课程人员在多大程度上可能参与评价工作，是否经过培训和准备，是否可以胜任评价资料的收集工作，对于评价的态度如何，之前有无消极的评价经验等，将可能影响评价团队的确定和经费的预算等。家长和儿童在开始时是否留下一定的特征性资料，如年龄、种族、家庭经济状况、文化水平等，如果差异较大，在收集资料时便必须考虑到这些特征。

三、课程评价实施及结果示例

以下介绍几个学前教育领域中课程评价的实例。这里着重论述这些评价的目的与背景、测量工具及其与评价目的之间的关系、测量结果和评价过程与结果的关系等，希望能为我国学前教育界开展系统的课程评价活动提供借鉴和参考。

（一）学前儿童入学准备课程项目的评价研究

1. 项目背景

面对现代日益加剧的学前一年课程（5岁儿童的课程，在美国称为"幼儿园"）的挑战，以及为帮助不利家庭（低收入或单亲家庭等）的儿童由于贫穷或其他原因可能造成的入学后学习困难的问题，美国各州纷纷发起并出资开办学前教育课程项目，主要目的是改善3~4岁儿童的入学准备能力

(school readiness)，使他们在基本概念和技能方面为入学打下良好的基础。此类课程的主要内容包括：认识颜色、形状、数字、字母、前阅读技能练习（如怎样翻书、看书、握笔），培养同伴交往能力、规则意识和怎样遵循规则，以及建立自信心等。各州的项目由州政府自行设计、资助并实施，有的向所有学前儿童开放，有的只向某类儿童提供。至 2005 年全国已有 40 个州实行此类学前教育课程项目，考察此类课程效果的评价研究也由此应运而生（Lamy，2005；Xiang & Schweinhart，2002）。

密歇根州的入学准备项目（Michigan School Readiness Program，简称 MSRP）针对所有不利家庭背景的（只要符合 25 个不利因素中的至少一个）4 岁儿童，自 1985 年起开始运行。全州每年有 2 万多名儿童参加设在公立小学和其他机构中的此类学前班，每班儿童不得超过 16 人，配备本科毕业且持有证书的教师一名和经过培训的助教一名。

这个学前教育的项目是否达到其预期的目标？为了回答这个问题，密歇根州政府教育署自 1995 年起，委托高瞻（High/Scope）教育研究机构设计并实施一项长期跟踪评价研究，以检测和评估项目的执行情况和有效程度。

2. 评价设计

研究周期：该项长期跟踪评价研究始于 1996 年，持续 5 年。

研究问题：

(1) MSRP 对儿童发展和入学准备有何贡献？

(2) MSRP 帮助家长对儿童的发展和入学准备作出什么贡献？

评价对象：

研究组：1995~1996 年参加 MSRP 课程，1996 年报名进入幼儿园的所有儿童。

对比组：1996 年报名进入幼儿园；未参加过 MSRP 或其他类似课程，但有少数儿童曾在日托中心（4%）或家庭日托（18%）接受过服务；根据家长在问卷表上自我报告的家庭经济收入，其家庭背景条件类似 MSRP 儿童。

对受评的两组儿童特征变量的统计分析表明,除了父亲的受教育程度以外,在其他所有的重要变量(年龄、性别、与父亲在一起生活、家庭人口、母亲受教育年限、家庭年收入)上,两组之间没有显著差异。两组儿童家庭的不利因素数量也基本相仿。因此,虽然不如随机取样或根据儿童发展水平的评价前测抽取的样本,但是该研究的两组被试的特征可以提供可能条件下的相对比较合理的对比基础。

3. 评价资料的收集

(1) 儿童发展结果

① 儿童观察记录量表——由教师对儿童发展的七个方面(主动性、社会关系、创造性、想象、音乐与动作、语言与文学、数理逻辑)进行观察和评定。该观察量表由高瞻制定,具有良好的观察者效度和信度指标。

② 入学准备等级评定量表(SRRS)——测量儿童进入小学学习的准备程度,包括主动性、出席率、对学习的兴趣、同伴关系、师生关系、与他人合作、完成作业、想象力与创造力、尝试不同方法,以及与年级相适应的合作技能、语言技能、数学技能、思维技能、社会情绪、动作能力等。从幼儿园起直至小学四年级,每年对被试儿童加以评定。幼儿园阶段只有11个项目,随着年级的升高,项目数跟着增加。五年研究期间该量表的信度保持在0.90以上,其与MEAP之间具有较高的相关。

③ 密歇根州学业水平测查量表(MEAP)——测试本州学生的数学和英语水平能力。

④ 学校成绩登记表——每年一次查阅有关特殊服务、升留级、出席率等资料。

(2) 家长结果

通过家长访谈,获取关于家长在学校或家里参与和儿童有关的活动,以及家长对孩子学业的期望等方面的资料。由高瞻工作人员执行,通常是打电话,从幼儿园至小学二年级每年一次。

(3) 家庭背景资料

家长在幼儿园填写"儿童与家庭背景问卷表",提供关于儿童家庭的社会经济情况和参加学前教育课程等方面的情况。

(4) 课程质量

采用"高瞻机构质量测评量表",由专门的评价工作人员对1995~1996年MSRP课程点检测并作出九个方面的评定,包括:课程观、服务对象、课程、学习环境、家长参与、经费来源、行政管理、教职员工、领导班子等。经统计,该项测评也具有经研究证实的较高的效度和信度。

4. 评价资料的分析

该项评价研究采用协方差分析(analysis of covariance)和逻辑回归分析(logistic regression)等多变量统计分析方法检验MSRP课程的效应。这两种统计方法都可以在估计其他变量作用的同时,区分MSRP的效应。因而,分析结果可说明,在对其他主要的儿童和家庭特征变量加以控制之后,参加MSRP的儿童是否获得相对于对比组儿童更好的结果。协方差分析方法处理连续性因变量(如COR和SRRS);逻辑回归分析中的因变量为二分变量或类型变量。

由于上述统计模式要求其中每个被试具备所有变量的有效数据,只要有一个变量上数据缺失,该被试的其他所有数据都要被去除。因此,大约有10%~25%的儿童由于某些变量的数据缺失而被排除。研究者对数据的缺失问题作了大量的详细分析,采用各种策略尽量减少数据流失,或使其影响作用降低至最小。例如,"父亲受教育程度"由于数据缺失过多而不能加入统计模式,但经检验,两组儿童在该变量上无显著差异,因此,该变量的流失并不会对结果产生较大的影响。

此外,该研究利用因素分析(factor analysis)对每年SRRS得分进行分析处理,以减少变量数目,将具有相似概念意义的项目集中为因素变量,从而提高评价资料的分析效率。

5. 主要评价结果

(1) 参加MSRP的儿童在幼儿园所有测试方面均显著优于未参加早期

教育课程的儿童,相对类似的处于不利环境但又未参加早期教育课程的儿童(对比组),幼儿园教师给予 MSRP 儿童较高的全面入学准备表现的等级评分。

(2) 对比组儿童在 3 年级时的留级率比 MSRP 儿童高出两倍;四年级时的阅读与数学成绩与 MSRP 儿童有显著差异。MSRP 儿童在幼儿园期间,其主动性、社会关系、创造性与想象力、音乐、动作、语言、文学等方面能力,以及一般性发展状况,均高于对比组。

(3) 与对比组儿童家长相比,MSRP 儿童的父母明显更多地参与和孩子学习有关的学校活动、学校的家长活动,以及教师与家长的交往。

(4) 开设 MSRP 课程点中,教师资格和课程质量相对最高的课程点,其儿童的成绩水平最高;经过早期教育专家指导的课程点,其儿童的成绩等级最高。

6. 评价结论

评价结果证明了 MSRP 课程在促进儿童发展,增强入学准备方面的总体效益(Xiang & Schweinhart, 2002)。对评价资料的全面分析还发现,课程的效益因不同的课程点而异,有些课程点效益显著,有些则不显著。评价结果解释在某些课程点上对课程安排、教师和教学观念方面加以改进的必要性。另外,儿童家庭的不利因素的数量也影响课程的效果。不利因素较多的儿童,其各领域成绩得分也较低。这说明在课程设计上需要考虑到这个问题。

研究者认为该评价研究的局限包括未能控制家长进入 MSRP 的动机,以及相关联的儿童发展水平或家长关于子女教育的信念观点。对此类因素的研究和控制要求投入更多的努力。

(二) 纽约州早期教育课程项目投入与效益评价

1. 评价目的与意义

贝尔菲尔德(Belfield, 2004)对美国纽约州一般性早期教育课程项目的投入与收效进行了评价。该项评价针对所有形式的学前教育机构课程,所以在覆盖范围上有较为广泛的代表意义。由于纽约州公立学校比率较高,特殊教育和留级率均高于全国水平,而且该州的费用率也比其他许多州高,如:每年每个留级生需花费 9 000～10 000＄,全国平均为 7 500＄;特殊教育每年每生的费用高达 14 400～20 919＄。所以纽约州在早期教育上的费用效益可能会高于全国平均量。对早期教育的投入与收益状况的评价可为政府和有关部门的继续投资提供决策依据。

2. 评价设计

该项评价采用费用与效益平衡表方法,估计了纽约州一般早期教育项目的中期效益(见表 8-3)。评价所涉及的早期教育费用包括儿童人数与人均投资费用,留级生和特殊生的额外费用,受教育者所需投资年限等,评价所涉及的效益包括:①减少特殊教育费用;②防止留级;③改进教育效益;④促进儿童的全面发展。

在对一般性含有早期教育的课程和一般性不含早期教育课程的机构预算进行比较时,采用较为谨慎的做法,即纳入敏感性分析,报告保守性和代表性两种计算模式的结果。真实的效益很可能落入二者之间,而不大可能低于这个间距。

贝尔菲尔德的评价研究基于以下假定:①早期教育项目或课程指的是各类高质量课程项目,例如 Perry Preschool 等;②费用指各级政府的投资总计,包括联邦政府、州政府和地方政府的投资;③所引用的其他文献中的研究结果是高质量的、可靠的。该评价对表 8-3 中每一项支出和效益的数值采用两步计算法:第一步,计算所有儿童参加学前教育项目后可获得的总效益程度,如降低特殊教育经费的百分数;第二步,计算进入项目的每个儿童的平均受益量,然后将两项数值相乘,得出项目的人均受益。

表 8-3 纽约州一般早期教育课程项目投资费用的中期效益评价

	幼儿园儿童		
	无早期教育	接受过各种类型的早期教育	
		保守性模式	代表性模式
进入幼儿园的儿童总数	240 180	240 180	240 180
幼儿园至12年级每生所需费用（美元）			
普通班非留级生	108 431	108 431	108 431
普通班留级生	114 420	114 420	114 420
特殊教育生	185 593	185 593	185 593
每生每类费用百分率（%）			
普通班非留级生	68.2	71.0	73.5
普通班留级生	16.5	15.0	13.0
特殊教育生	15.3	14.0	13.5
幼儿园至12年级总投资费用（百万美元）	29 120	28 856	28 729
费用的节省效益（百万美元）			
减少留级生费用		22.32	50.68
减少特殊教育生费用		241.02	340.26
因提高学习效益而减少的各类费用		291.20	436.80
费用的节省效益当前价值总数（百万美元）		554.54	827.74
费用的节省效益占总投资费用的百分率		1.90%	2.84%

注：PV＝当前价值，折算率＝3%。经济价值以2003年美元计算。

3. 评价结果

表 8-3 显示了纽约州每年 240 180 名儿童进入幼儿园时的预算和此后的效益状况,并对三种情况下的估算结果加以对比:①无早期教育;②有早期教育,用保守性模式计算;③有早期教育,用代表性模式计算。该研究假定 75% 儿童实际接受幼儿园教育,而 100% 将进入小学一年级。根据纽约州教育署的实际预算资料估计,每个儿童在此后的 12 年义务教育年限之内,将需要费用 108 431 美元。如果有一年留级,则需 114 420 美元,如再需要特殊教育服务,则费用增至 185 593 美元。

根据纽约州的实际数据,如果未经早期教育,240 180 名进入幼儿园的儿童中将有 68.2% 进入普通班,16.5% 进入普通班但有一年留级,15.3% 需要特殊教育服务。据此计算出当前货币价值 12 年内所需的费用预计为 291.2 亿美元。如若这些儿童接受了早期教育项目,那么,他们可能较少需要特殊教育服务,减少留级的可能性,而且更有可能提高学习能力和效率。保守性计算模式估算出 12 年之内所需的预算经费中,留级生费用将减少 9.25%,特殊教育费用减少 8.5%。假定由于提高学习能力而节省的开支占 1.5%,则结果是节省总开支的 1.9%~2.84%。从幼儿园到 12 年级,每一个年龄组平均节约总数为 5.5 亿~8.2 亿美元。

表 8-4 是加入了早期教育项目后费用的平衡表。预计早期教育项目的费用为每生每年 7 000 美元,如果 80% 儿童都能接受早期教育,则总的预算开支为 13.45 亿美元。仍然采用表 8-3 中期效益计算方法,去除早期教育的费用之后,还可以节省全部投资费用的 41.23%~61.54%。

表 8-4　纽约州一般早期教育项目的投资费用与效益平衡表

投资费用	效益或节省的开支
儿童总数:240 180 早期教育接受率:80% 每生每年费用:7 000 美元	短期效益: 对儿童、家庭和社会/经济

续表

投资费用	效益或节省的开支
当前价值总投资 1345.01（百万美元）	中期效益： 由学校系统提高效率而产生的效益 当前价值投资费用 554.54～827.74（百万美元） 节省费用占总投资费用的百分比 ＝41.23%～61.54%
	长期效益： 对儿童发展和社会/经济

该评价报告还论及良好的早期教育项目方案的长期效益，以及费用与学生成就之间的关系等问题。其评价计算表明，良好质量的早期教育项目可以节约基础教育阶段的费用。但是上述平衡表只计算了中期效益中关于学校和学业方面的效益，尚未加入短期效益和长期效益，也没加入中期效益中社会福利方面的效益。而且计算是十分保守的，计算过程中所有的假定都极为保守，显著地低于实际观测值。此外，关于提高学生的学习能力而形成的费用节支相对比较难以估测，因为迄今的评价研究尚无专门论述。这里主要预计的节支只是在教学费用上，包括教师的工资和学校的设施等，虽然实际上，其间并无直接的联系。鉴于所有这些因素或局限，至少目前，我们对此种评价的功能应有客观的认识，仅能作为向有关部门在早期教育项目政策或财政预算方面提供重要的参考性信息依据。在早期教育的费用效益评价领域，尚有许多问题有待研究，在研究方法上也有待改进，比如，必须想办法努力实施大规模的随机抽样设计，以提高评价研究结果的科学性和有效性。

（三）派瑞学前教育课程长期跟踪评价研究

派瑞学前课程评价研究（Perry Preschool Study）起始于1960年并延续至今，是由著名的高瞻教育研究机构设计并实施的一项长期跟踪实验性评价研究（Schweinhart 等，2001，2003，2005）。该评价研究是开创学前教育课程评价领域科学研究强有力地影响社会和教育政策的重要典范和里程碑，是迄今为止最有说服力和影响力的学前教育课程评价研究之一。

1. 评价目的

派瑞学前教育课程评价研究的目的是对高瞻教育研究机构的一项面向不利儿童的学前课程模式的实施及其效益加以全面的长期评估。这个课程模式是由 David Weikard 及其同事们发展起来的，针对低收入家庭儿童，其特点是由教师帮助儿童计划、执行和评议自己的教育活动，使这些儿童在正式入小学之前获取 1~2 年高质量的学前教育。该项评价在近 40 年之内跟踪评价 123 个出生于贫困家庭的非洲裔美国儿童的人生经历，对课程的效果进行了反复多次的重复验证，并对各种效果产生或未产生的环境条件、被试个人因素等作出考察，以判断课程效益的推广价值。

2. 评价设计

高瞻教育研究机构在 1962~1965 年，从当地学区中选取了 123 个生活在贫困家庭的 3 岁儿童，其父母都具有较低的受教育程度和职业水平的特点。经斯坦福—比奈智力测验，他们的智商分数均在 70~80。因此，这些儿童由于不利的环境条件和发展状况而具有较高的学业失败的可能性。每年秋季，研究者将合格的被试根据性别、智商分数、家庭经济状况等因素两两配对，然后随机分配其中的一半儿童进入高瞻开办的高质量学前教育课程，其余儿童作为对比组不接受学前教育课程。除了在课程开办的第一年，实验组儿童在 4 岁进入课程为时一年，其余均在 3 岁时进入课程，接受两年学前教育。这 123 个儿童来自 100 个家庭，所有的弟弟妹妹们均被分配在与其哥哥姐姐同一组中，以避免同一家庭中儿童被分在不同组内可能产生的交叉效应。有 2 个儿童从实验组转入对比组，因为其单亲妈妈在外工作，所以这两个孩子并未参加课程活动或家庭访问活动，因而实际上不能算作课程参与者。这样共有 58 名儿童被分在实验组，65 名儿童被分在对比组。该评价研究中随机分配的研究设计使得这批儿童的学前教育经验的差异有可能较好地解释他们此后多年之内的发展成果的组间差异的原因。所有的被试儿童均为非洲裔,与当地街区中的多数人群的种族特征一致,而且被试的族裔单一性可以消除研究设计中由于不同种族参与可能引起的差异性(Schweinhart,2005)。

每年在10月到次年的5月之间,20~25名实验组儿童参加学前教育课程,每周5天,每天上午两个半小时。该课程的4位教师每周一次登门访问儿童及其家长。高瞻的学前课程设计者根据皮亚杰的儿童发展理论,认为儿童是主动的学习者,通过他们自己计划、执行,然后检阅学习的结果,才能达到最好的学习效果。所以在该课程中,教师观察儿童游戏,支持和扩展儿童的适宜活动,在学习环境中安排兴趣活动区。教师在日常程序中安排儿童自己计划、实施和评阅自己的活动,并亲身参加孩子们的活动,提出适宜的问题以扩充儿童的计划,帮助儿童思考自己的活动。教师们采用儿童发展理论所提出的关键经验作为课程框架,开展课程活动,鼓励儿童通过游戏学习如何作出选择和解决问题,以及从事各种有利于智力、社会性能力和身体发展的各种活动。

在这些儿童3~11岁之间的每一年,以及14,15,19,27,40岁时,研究者收集了各方面的资料,包括被试的个人特征变量、从儿童期到成年期的测试结果、学校学习成绩、犯罪记录、社会经济成功度、个人发展资料和访谈记录等。研究者对这些资料进行分析并写出报告,现已出版了8本综合报告集,报告了被试在10岁、15岁、19岁、27岁和40岁时的结果。该项长期跟踪评价研究的被试流失率很低,所有的检测资料的缺失率只有5%。

3. 评价结果

该实验性评价研究发现,高质量的学前教育课程在不利儿童的人生道路上可产生重要的影响,包括教育成就、经济收益、防止犯罪、家庭关系和身体健康等多方面的效益。图8-2显示该长期跟踪评价研究关于课程结果的主要发现(Schweinhart等,2005)。

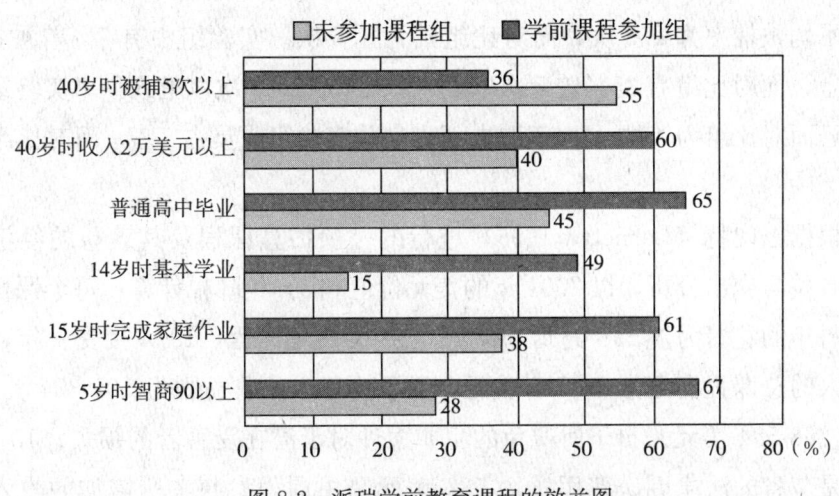

图 8-2 派瑞学前教育课程的效益图

在学业成就方面，当被试 27 岁时，实验组成员完成的学业水平显著高于对比组成员（$p<0.05$），其中有 71% 达到高中毕业或获得高中结业文凭，而对比组中只有 54% 达到。实验组女生的高中毕业率（84%）尤其显著高于对比组女生（35%），从而进一步验证了其他研究项目中曾显示的学前教育课程在这方面的效益。在该项评价研究期间，参与课程的被试在诸多学业测验中均优于对比组，例如：19 岁时的一般性阅读测验以及 27 岁时该测验中的一部分；14 岁时的学业成就测验及其阅读、语言、数学分测验；学前期直至 7 岁的入学准备测验，如智力测验和言语测验；等等。

在经济收益方面，29% 实验组成员在 27 岁时的月收入达到 2 000 美元以上，而对比组只有 7% 达此收入水平。性别差异表现在不同的方面：42% 实验组男生报告月收入高于 2 000 美元，而对比组男生中只有 6%；实验组女生有 80% 在 27 岁时有工作，而对比组女生只有 55% 在职。在 27 岁时，实验组成员中拥有自己的房子的比例（36%）显著高于对比组（13%）；拥有第二辆汽车的人数的比例（30%）也显著高于对比组（13%）。根据 27 岁时的访谈结果，80% 对比组成员收取社会福利资助，而实验组中只有 59% 获取成年人社会资助。

在预防犯罪方面，警察署和法院的各项记录显示，在 27 岁时，实验组成员平均被捕率为 2.3 次,而对比组则为 4.6 次。实验组中有 7% 曾被捕 5 次以上,而对比组有 35% 曾 5 次以上入狱。男生的 5 次以上入狱率实验组为 12%,而对比组为 49%;由于贩毒而入狱的实验组成员占 7%,而对比组则高达 25%。

根据巴内特(Barnett,1996)进行的一项估算课程及其效益的经济价值的收益与支出分析,以 2001 年的美元价值和 3% 年降幅计算,每个课程参与者每年的花费为 8 287 美元,有 45 人接受两年课程,13 人接受一年,平均每人的总课程支出为 14 716 美元,而平均每人的收益则为 105 324 美元。其中:68 584 美元来自于所避免的犯罪案件对于潜在受害者的损失;15 240 美元是节省的法律诉讼费用;10 537 美元是由课程参与者所增加的收入纳税;7 488 美元是节省的特殊教育费用;3 475 美元是节省的社会福利费用。收益率为 7.16,即 1 美元可得收益 7.16 美元。

因此,相比公共资源和私人投资的效益,这种高质量的学前教育课程可以视为一项特别优秀的经济投资。该评价项目最近对被试在 40 岁时的研究还包括课程参与者在健康、服刑和子女教育等方面的效果,指出派瑞学前教育课程每生投资 15 166 美元,对社会的经济回报为 258 888 美元,即每一美元投资可得回报 17.07 美元。

思考与练习

1. 全面理解和阐述学前教育课程评价的目的和功能。
2. 学前教育课程评价要遵循哪些原则?
3. 了解学前教育课程评价计划和实施方案的主要内容。
4. 仔细阅读评价案例,讨论其优点和局限。

第九章

幼儿园游戏评价

内容提要

游戏是最适合幼儿的需要，最符合其年龄特征的活动形式。作为幼儿园活动的重要组成部分，游戏是幼儿园教与学过程中不可或缺的方式，因而游戏评价也应当成为学前教育评价中一个重要的方面。本章首先论述游戏评价的内涵、目的和原则，继而讨论对幼儿园游戏条件创设的评价，再针对角色游戏、结构游戏、自主游戏和教学游戏等主要的游戏形式，论述游戏活动中幼儿行为的评价和游戏指导中教师行为的评价。

学习目标

1. 正确理解游戏评价的基本原则和目的。
2. 了解各类游戏评价的主要内容和方法。

关键词

游戏条件评价　游戏行为评价　游戏指导评价

第一节 游戏评价概述

一、游戏评价的内涵

游戏是幼儿最喜欢的活动,是幼儿自愿参加的轻松愉快的活动。有学者认为,游戏是游戏者能动地驾驭活动对象的主体性活动,它现实直观地表现为幼儿的主动性、独立性和创造性活动。幼儿活泼好动、好奇、好模仿,认识活动表现出具体性,无意注意力强,自制力弱,情绪作用大。游戏是最适合幼儿的需要、最符合其年龄特征的活动形式。通过游戏可以使幼儿的需要得到满足,并能进一步激发幼儿不断产生新的需要。游戏能促进幼儿情绪、社会性认知、语言和身体动作等方面的发展,游戏的作用已经被普遍承认,并且正得到越来越多的证实。

游戏评价泛指一切与游戏有关的评价活动,包括对游戏的环境、材料、内容、过程、结果的评价,以及对以游戏的方式进行的教和学的过程的指导,游戏中幼儿表现出的发展水平特征,以及幼儿的各类游戏活动的效果的评价,等等。

在幼儿园中,游戏的表现形态是多样的。有的是由幼儿自身发起并自主控制进程的游戏,如自发的扮演游戏、结构游戏和户外自由游戏;有的是幼儿自愿选择参与的,活动材料吸引人的,包含成人设计思考的区域游戏活动,如看图书、画画、拼图、下棋;还有的是成人预设的,成人和幼儿共同参与的,能带来愉悦的游戏,如音乐游戏、语言手指游戏等教学游戏。

游戏条件的评价包括是否有必需的场地、时间和材料,是否能合理发挥环境的潜在价值而对幼儿的游戏产生积极的影响。幼儿游戏行为评价包括评价幼儿在游戏中的情绪状况,社会性的表现,兴趣偏好,认知和经验水平,操作材料使用情况,语言和想象力的发展等。对教师游戏指导的评价包括考察教师是否能创设适宜的游戏环境,是否能对游戏进行有效的观察,是否能积极参与幼儿的游戏并给予适宜的指导，是否能有效激发幼儿与周围环境进行积极互动，促进其游戏水平的不断提高。

二、游戏评价的目的

（一）可以了解幼儿在游戏中积累了哪些经验以及存在的问题，能更细致地了解幼儿，更深刻地理解幼儿，便于及时反馈并改进教育策略。

（二）可以了解幼儿游戏的背景，为教师制订相关计划提供依据。

（三）能够及时了解游戏中幼儿的差异，为个别化教育提供依据。

（四）能把握教师对幼儿游戏活动的指导情况，包括游戏环境的创设、材料的提供、游戏中的师幼互动、教师的指导技能等。

（五）可以促使教师不断反思自己的儿童观、游戏观和教育观，提高游戏指导能力，加强游戏研究，促进教师的专业成长。

三、游戏评价的原则

（一）*发展性原则*

《幼儿园教育指导纲要（试行）》（以下简称《纲要》）指出："教育评价是促进每一个幼儿发展，提高教育质量的必要手段。"在评价的过程中，我们需要在了解幼儿原有发展水平的基础上，提供机会与条件，促进幼儿的游戏水平的提高，促进幼儿的身心和谐发展。

游戏是幼儿主动进行的活动，最能激发其积极主动参与，从而促进其发展的最有效的活动。这是因为幼儿游戏是以活动本身为目的的，幼儿的行为和活动是由直接动机所引起，而不是外在强加的。幼儿可以在没有外界压力的情形下，轻松愉快地做自己喜欢的事情，与环境积极互动和对话，发展认知能力，充分表现自我。游戏评价的目的在于了解幼儿的兴趣倾向、幼儿在游戏中体现的认知水平、社会性发展水平，从而发现游戏环境创设中的问题，改进指导方式，促进幼儿发展。

（二）*过程性原则*

《纲要》指出："幼儿的行为表现和发展变化具有重要的评价意义，教师应视之为重要的评价信息和改进工作的依据"。在游戏评价中，我们应当看重幼儿在游戏中所表现出的能力和倾向，而不能仅关注活动的结果。游戏往往不要求务必达到某一任务和目的，也没有严格的程序和方式，玩什么，怎么玩都可由幼儿自己决定，而且幼儿更满足于活动过程本身而不在乎其结果。因此，必须重视对游戏过程的评价。

（三）主体性原则

理解幼儿游戏的特征和游戏对于个体幼儿发展的特别意义，是幼教工作者教育观念中的重要组成部分。一般而言，幼儿的游戏具有以下特点：

1. 自主性

游戏是幼儿出于自己的兴趣和愿望，自由主动进行的活动。游戏是非强制的，被迫的活动就不再成为游戏了。在游戏中，幼儿能够成为主宰自己世界的主人，成为游戏的主人，可以降低焦虑感。因此，在游戏中，幼儿表现出极大的兴趣和积极性、主动性。

2. 愉悦性

游戏能让幼儿感到有趣，能产生愉快的情绪。在游戏中，幼儿充满了期待，希望能遇到各类有趣的事情，他们可以全身心地投入，而使自己处于最轻松、最自然的状态。

3. 虚拟性

游戏离不开幼儿的想象，通过假装的方式，幼儿把现实世界纳入到自己能控制和理解的世界中来。

4. 社会文化性

游戏是幼儿的生活写照，反映其知识经验，游戏中的主题、内容、情节、规则和行为方式均具有明显的社会文化特征。

5. 具体性

游戏中总是有着具体的实物材料，有具体的活动，实际的动作和具体的情节。幼儿正是在具体的游戏活动中认识和理解周围的世界和生活，从而获得身心协调发展的。

可见，主体性是幼儿游戏活动的本质特征。在活动中，幼儿是否感受到自主自愿，是否能体验到专注与投入，是否能产生积极愉悦的情绪体验应当被视为游戏判断的标准。此外，幼儿之间的个别差异非常大，在游戏中，幼儿的表现也是完全不同的。因此，我们需要在观察和评价中，注意收集大量的一手资料，从多个维度记录描述幼儿在游戏中的表现，使我们的评价更加符合幼儿的实际情况。

（四）整合性原则

在游戏中，我们需要对幼儿的身体动作、认知、情感和社会交往能力作多方面的考核，才能对幼儿有较全面和完整的了解。

第二节 游戏条件的评价

提供和创设适宜的游戏环境和条件是支持和促进幼儿游戏的关键点之一。幼儿园游戏条件是指幼儿园为幼儿游戏所提供的各种环境条件的总和，包括：①物质条件，即幼儿园各种人工或非人工的游戏空间、场地、材料和游戏时间等；②精神条件，即幼儿游戏中的人际交往和心理氛围，包括教师与幼儿之间、幼儿与幼儿之间的人际关系以及宽松、自由、平等、和谐的游戏氛围等（顾荣芳，2002）。评价幼儿园游戏的物质条件，可主要考察户外游戏场地的设置、室内游戏区的创设、幼儿游戏材料的提供和游戏时间的安排等方面。对幼儿园游戏精神条件的评价，主要考察幼儿园的游戏氛围的创设、人际关系和人际交往等方面的内容。

一、户外游戏场地的设置

户外游戏和户外场地对幼儿来说始终充满了诱惑。在幼儿园中，幼儿每日的户外活动时间不得少于2小时，寄宿制幼儿园不得少于3小时。户外游戏评价包括户外游戏时间、户外游戏场地面积、户外游戏场地质量、户外游戏场地的结构和户外游戏场地器械的设置等。

幼儿园户外游戏场地必须达到一定的标准。我国《托儿所、幼儿园建筑设计规范》中规定:"托儿所、幼儿园室外游戏场地应满足下列要求:必须设置各班专门的室外游戏场地,每班的游戏场地面积不应小于60平方米,各游戏场地之间应采取分割措施;应有全园共用的室外游戏场地。"在江苏省2004年颁布的《江苏省学前教育机构登记注册办法》中也规定了幼儿园设置的基本条件,其中提到:要有与幼儿园(班)规模相适应的室外活动场地,其中公用活动场地面积不少于生均3平方米,绿化面积不少于生均1平方米。具体评价项目和标准可参见表9-1。

表9-1 幼儿园户外游戏场地评价表

评价项目	评价标准	得分
场地面积	达标	3
	未达标,但已采取有效变通措施	2
	未达标,尚无有效变通措施	1
	无游戏场地	0
地面质量	沙土、土地并有一定草坪	2
	沙土、土地占60%以上,其余为水泥地	1
	全部为水泥地或煤渣地	0
设备器械	达标	2
	数量适宜	1
	数量极少/无	0
结构安排	有不同区域划分	1
	各区域合理安排	1
	各区域之间有过渡	1
	能满足幼儿不同需要	1
安全	地面上无危险物	1
	器械安装牢固	1
	设备功能完善	1
	设备适合幼儿身体和运动能力	1

续表

评价项目	评价标准	得分
其他	有绿化带 绿化带合理安排 有防雨棚或其他防雨设施	1 1 1

注：①前面3项只能选择一个分值，后3项可多项选择分值。

②最高得分为18分。

③以上"达标"标准请参见国家或地方有关部门制定的标准。

(资料来源：赵岭，1994)

二、室内游戏区的创设

一般来讲，室内游戏区域的面积应当满足幼儿的活动。在江苏省幼儿园设置的条件中规定：活动室的面积不得少于人均3平方米。

室内游戏区的数量应根据幼儿数量和年龄特点来定。室内游戏区一般包括积木区、美工区、扮演区、益智区、图书区、科学发现区和生活烹饪区等。幼儿可以根据自己的意愿，选择进入这些活动区，遵守活动区的约定，并在与环境互动的过程中发展自身的能力。根据班级的具体情况，教师也可鼓励幼儿自己设计安排自己感兴趣的其他游戏区，如照相馆、健身房等。具体评价项目和标准可参见表9-2。

表9-2 室内游戏区设置评价表

评价项目	评价标准	得分
占用面积	与室内面积之比 达50%以上 达70%以上 达80%以上	 1 2 3
活动区内容的丰富性 （不同区域的数量）	4个区 6～7个区 8个区以上	1 2 3

续表

评价项目	评价标准	得分
活动区内容的合理性 （活动区总体特征）	符合班级特征	2
	符合教育要求	2
活动区数量的适宜性 （班内人数与可使用面积之比）	数量适宜	2
	数量较适宜	1
活动区的外部结构	有区域划分但不明显	1
	有明显的区域划分	2
	区域安排合理	1
	有明显的交通要道，利于幼儿活动交往	1
	无教师观察上的死角	1
活动区的内部结构	材料与物品的设置有层次性、系统性	1
	材料与物品的设置便于幼儿取放及游戏开展	1
	具有暗示性	1
	有封闭，但程度不合适	1
	有适宜的封闭	2
	有相应的游戏心理气氛	2
活动区的安全、卫生	区内设施与材料与其空间大小相匹配	1
	区的性质与其所处的位置相匹配	1
	区内没有锐利、有毒、易破碎、易造成对幼儿身体伤害的物品	1
活动区利用率	每周使用 3 次以上	3
	每周使用 1~2 次	2
	幼儿自选人数多于 5 人	3
	幼儿自选人数 2~4 人	2

注：①根据实际情况选择分值，除 1，2，4 项外，可多项选择。
②最高得分为 33 分。

（资料来源：赵岭，1994，有改动）

三、游戏材料的提供

游戏材料是幼儿进行游戏活动的物质基础，是幼儿进行游戏必不可少的条件。适宜、安全、充足的游戏材料有助于幼儿游戏活动的开展和教师的教育引导。考察幼儿园的游戏材料主要看以下几个方面。

（一）游戏材料是否安全

要选择无污染的符合国家安全卫生标准的游戏材料。对低龄幼儿要考虑材料不能太小，以免幼儿误食。不要向幼儿提供塑料袋等材料，以免发生窒息。铁器类的材料要防止有尖角，防止生锈。对幼儿从家中收集来的废旧材料更要注意安全卫生。幼儿园的游戏材料要定期清洗消毒。

（二）游戏材料的数量是否足够

一定数量的游戏材料是幼儿正常进行游戏的基础。平时，教师要有充足的游戏材料储备，即在幼儿需要时，能提供足够材料。游戏材料的种类也要丰富，并符合各年龄段幼儿的需要。如可能，应多准备和提供一些富有本地区特色的游戏材料。

（三）游戏材料是否具有可操作性

游戏材料一定要能很好地激发幼儿和物品之间发生积极的互动。教师要引导幼儿尽可能多地发掘游戏材料的多种玩法，相互交流、相互启发。

四、游戏时间的安排

有了充足的游戏时间，幼儿才能真正地投入到游戏之中。一般来说，幼儿需要至少30分钟之后才能开始真正投入游戏，进展到更加复杂的游戏阶段。教师每天要安排3个小时的游戏时间供幼儿参加各类游戏活动，这其中应当包含大量的户外游戏时间。在游戏组织中，教师要尽可能减少一切不必要的环节，减少游戏时间的隐性浪费，把握好游戏活动的合理节奏，让幼儿能真正地参与游戏。

五、游戏的心理氛围

在游戏中，教师要注意营造支持幼儿游戏的心理氛围，通过尊重幼儿，关注幼儿的实际需要，给幼儿大量的尝试机会和体验成功的机会，让幼儿能轻松、自然、充满信心地参加游戏活动。

评价幼儿园游戏的心理氛围主要看以下几个方面：

（一）幼儿是否能安心进行游戏，在游戏时是否被干扰和指责；

（二）教师是否赞成幼儿的游戏，是否有赞许的眼光和鼓励性的语言；

（三）幼儿和教师之间是否能互相尊重，相互接纳，使每个幼儿都能感受到自己是集体的一份子，有被接纳的感觉；

（四）是否有良好欢乐的人际交往氛围和积极愉悦的活动。在机构中大家能够自由地表现自己的欢乐并相互感染，在充满情趣的活动中增进彼此的友情。

综上所述，幼儿园游戏条件和场地的具体评价项目可参见表 9-3 中的内容。

表 9-3　游戏条件和场地评价标准

鼓励幼儿游戏	吸引人的、容易接近
	开放的空间和令人放松的环境
	从户内到户外通行无阻
	有适合不同年龄的设备和设施
刺激幼儿的感官	在比例、亮度、质地和色彩上的变化和对比
	多功能的设备
	给幼儿多种经验
激发幼儿的好奇心	可以让幼儿自己加以变化的设备
	可以让幼儿进行实验和建构的材料
	植物和动物
满足幼儿基本的社会和身体方面的需要	给予幼儿舒适感
	设备和器械的尺寸适合幼儿的身材
	具有体能上的挑战性

续表

促进幼儿和环境之间的互动	能为幼儿的行为提供一定规范、摆放整齐的储藏室
	可供幼儿阅读、玩拼图或独处的半封闭空间
支持幼儿与其他幼儿的交往	各种不同的空间
	足够大的空间以避免冲突的发生
	能促进幼儿社会性交往的设备和设施
支持幼儿与成人的交往	易于保养和维护的设备设施
	足够大的和使用方便的储藏室
	方便教师观察监督的空间结构
	可供幼儿和成人休息的空间
丰富认知类型的幼儿游戏	功能性的、体能性的、大肌肉运动的、活动性的
	建构性的、创造性的
	扮演角色的、假装的、象征性的
	有组织的、规则性的游戏
丰富社会性类型的幼儿游戏	独自的、独处的、沉思性的
	平行的、肩并肩的
	合作性的相互关系
促进幼儿的社会性和认知发展	提供渐进的挑战性
	整合户内和户外的活动
	成人参与幼儿的游戏
	定期的成人和幼儿共同参与的制订计划
	游戏环境具有动态性，处于不断的变化之中

（资料来源：刘焱，2004，作者稍有改动）

第三节 游戏中幼儿行为的评价

对幼儿游戏有多种的分类方式。例如：瑞士心理学家皮亚杰把游戏分为练习性游戏、象征性游戏和规则游戏；奥地利心理学家彪勒（Bihler）以游戏活动中占优势的心理成分为依据把游戏分为四类，即机能游戏、想象游戏、美感或欣赏游戏以及制作游戏或结构性游戏（刘焱，2004）；日本的和田实把游戏分为经验游戏、模仿游戏和练习游戏；苏联教育学家依据游戏的教育功能把游戏分为两类，即创造性游戏（包括角色游戏、结构游戏和表演游戏）、有规则游戏（包括体育游戏、音乐游戏、智力游戏）（北京师范大学教育系、北京崇文区光明幼儿园自选游戏课题组，1996）；美国的帕顿（Parten，1932）以社会性发展为依据把游戏分为独自游戏、平行游戏、协同游戏和合作游戏，以及无所事事、旁观等两种非游戏行为；萨顿·史密斯（Brian Sutton Smith）以游戏活动功能为依据把游戏分为模仿游戏、探索游戏、检验游戏和造型游戏（刘焱，2004）。此外，加维（Garvey，1977）还根据游戏活动对象对游戏进行分类：以身体运动为材料的游戏、以物体为材料的游戏、以语言为材料的游戏、以社会生活为材料的游戏和以规则为材料的游戏。

在不同的游戏中，幼儿的表现和水平是有差异的，教师对不同类型游戏的指导也是不一样的。对于各种类型的游戏，均应根据游戏评价的原则和基本方法加以评价。以下就幼儿园最常见的几种游戏活动进行分析和评价。

一、幼儿角色游戏的评价

角色游戏是幼儿通过扮演角色，运用模仿和想象，创造性地反映现实生活的一种游戏。如娃娃家游戏、小医院游戏、理发店游戏和小吃店游戏等。此类游戏在幼儿园中更受低龄幼儿的喜爱。

对游戏中幼儿发展水平的评价，一般可以从游戏中幼儿的认知与技能、情感体验、社会性发展等几个方面进行考察，具体评价项目和等级可参见表9-4。

表 9-4　幼儿角色游戏评价表

评价项目	评价等级	评价方法	说明
游戏主题	1. 无主见，随大溜 2. 能听从教师的指令 3. 能模仿他人 4. 独立提出或与同伴商定游戏主题	观察游戏	详细记录幼儿行为，并举出典型事例
游戏情节	1. 情节简单、零星，无连续性 2. 情节内容一般 3. 情节有趣，内容丰富，有吸引力，具有内在的逻辑性与合理性	观察游戏	同上
游戏材料运用	1. 能运用物品材料 2. 会用替代物进行游戏 3. 运用材料组合或者自制替代物，以不断推动游戏的开展	观察游戏	同上
角色意识	1. 无角色意识 2. 有一定的角色意识，但不稳定 3. 角色意识稳定，并常有个性化的发挥	观察游戏	同上
语言能力	1. 语言表达能力弱 2. 有一定的语言表达能力 3. 有很好的语言表达能力，语言流畅自然	观察游戏	同上
社会性水平	1. 独自游戏多 2. 有一定的交往意识与技能 3. 能与他人合作进行游戏，富有热情和感染力	观察游戏	同上
参与程度	1. 缺乏参与的热情 2. 能参与游戏 3. 能积极参与游戏，富有热情和感染力	观察游戏	同上

续表

评价项目	评价等级	评价方法	说明
规则意识	1. 无规则意识 2. 有时能遵守规则 3. 有明确的规则意识，并尝试灵活变通规则，形成新的规则	观察游戏	同上

二、幼儿结构游戏的评价

结构游戏是幼儿通过操作各种结构材料，来构造物体的一种游戏活动，这些材料有专门设计生产的材料，如积木、积塑、胶粒、插片等；有自然材料，如沙子、泥土和石子等；有旧物品和半成品材料，如挂历、纸盒、塑料瓶等。对幼儿结构游戏的评价项目和等级可参见表9-5。

表9-5 幼儿结构游戏评价表

评价项目	评价等级	评价方法	说明
游戏主题的目的性	1. 无目的、无主题 2. 有一定的目的，但不稳定 3. 有明确的主题，并能坚持	观察游戏	详细记录幼儿行为，并举出典型事例
构建技能	1. 会简单地排列、拼接与堆高 2. 能根据材料特点进行构建，技能较熟练 3. 构建技能熟练，速度快，完成的建筑物结构匀称、协调、美观	观察游戏 分析作品	同上
专注程度	1. 缺乏兴趣，不专注 2. 有一定的兴趣，情绪较好，比较专注 3. 有浓厚兴趣，情绪积极，神情专注，能坚持到底	观察游戏	同上

续表

评价项目	评价等级	评价方法	说明
语言能力	1. 语言表达能力弱 2. 有一定的语言表达能力 3. 有很好的语言表达能力，语言流畅自然	观察游戏	同上
社会性水平	1. 无同伴交往 2. 有少量的同伴交往 3. 有很好的同伴交往能力	观察游戏	同上
规则意识	1. 无规则意识，常有破坏性行为 2. 有时能遵守规则 3. 有明确的规则意识，尝试灵活变通规则并形成新的规则	观察游戏	同上
参与程度	1. 缺乏参与的热情 2. 能参与游戏 3. 能积极参与游戏，富有热情和感染力	观察游戏	同上

三、幼儿自主游戏的评价

自主游戏指的是幼儿园情境下由幼儿自主选择参加的游戏类型，在游戏中幼儿可以自己决定玩什么、和谁玩、在哪里玩和怎样玩。这是一类自由程度很大的游戏。

对幼儿自主游戏的评价项目和等级可以参见表9-6。

表 9-6　幼儿自主游戏评价表

评价项目	评价等级	评价方法	说明
游戏的类型和主题	1. 无主见、随大溜 2. 有一定的选择意识 3. 能独立自主地确定游戏类型和主题	观察游戏	记录典型事件
游戏内容	1. 内容简单 2. 内容较丰富 3. 内容丰富，生动有趣	观察游戏	同上
问题解决	1. 能解决遇到的一些简单问题 2. 能较好地处理和解决遇到的问题 3. 能很好地解决遇到的问题	观察游戏	同上
个性发展	1. 参与意识弱，个性不鲜明 2. 参与意识较强，能较好地张扬个性 3. 积极参与，能张扬个性，有自己的风格	观察游戏	同上
规则意识	1. 无规则意识 2. 有时能遵守规则 3. 有明确的规则意识，能主动建立新规则	观察游戏	同上

四、幼儿教学游戏的评价

教学游戏通常是指教师组织、倡议和吸引幼儿积极参与的游戏，包括手指游戏、模仿操游戏、猜谜游戏、思维训练游戏、体育游戏和音乐游戏等，如小动物模仿操、手指游戏"五门开开"、音乐游戏"逛公园"和体育游戏"熊和石头人"等。此类游戏往往有较明确的规则，情节富有吸引力，并具有一定的教育意义。教学游戏的评价项目和等级可参见表 9-7。

表 9-7 幼儿教学游戏评价表

评价项目	评价等级	评价方法	说明
参与状况	1. 参与不积极 2. 参与较积极 3. 能积极主动地参与	观察游戏	记录典型事件
活动效果和完成情况	1. 活动效果一般 2. 活动效果较好 3. 活动效果好，能又好又快地完成活动	观察游戏	同上
情绪情感和社会性发展	1. 情绪不稳定，交往能力弱 2. 情绪较稳定，有较好的交往能力 3. 情绪稳定，有感染力，有良好的社会适应力和交往能力	观察游戏	同上
创造性思维发展	1. 创造性思维发展一般 2. 有较好的创新意识，会想出新的玩法 3. 有创新意识，能主动、创造性地开展活动，想出很多新玩法	观察游戏	同上
规则意识	1. 无规则意识 2. 有时能遵守规则 3. 有明确的规则意识，能倡议建立新规则	观察游戏	同上

第四节 游戏中教师指导行为的评价

一、对游戏活动组织的评价

游戏活动在幼儿园的一日生活中占有重要的地位，教师应当充分重视游戏的价值，合理组织好幼儿的游戏活动。教师营造出重视幼儿游戏的良好心理氛围，游戏在幼儿的一日活动中要有固定的时间段，在班级的一日活动时间表中，幼儿要能清楚地了解到什么时候自己可以去游戏。教师还要为幼儿的游戏提供充足的场地，丰富的游戏材料，组织安排各种类型的游戏，在幼儿游戏过程中给予必要和适当的指导，让幼儿在教师协助和同伴帮助之下获得更好的发展。具体评价项目和等级可参见表9-8。

表9-8 一日活动中幼儿游戏活动组织情况评价表

评价项目	评价等级	评价方法	说明
游戏的时间	1. 时间短 2. 时间较长，但不固定 3. 能根据活动时间表，确保幼儿每天都有固定的大量的游戏时间	观察游戏	
游戏的场地空间	1. 场地狭小 2. 场地较宽敞 3. 场地宽敞、安全、舒适，具有美感，适合幼儿参与	观察游戏	
游戏材料	1. 材料少，类别单一 2. 材料较丰富 3. 材料丰富，类型多样	观察游戏	

续表

评价项目	评价等级	评价方法	说明
游戏的类型	1. 类型单一 2. 类型较丰富,能考虑到幼儿的年龄特点 3. 类型多样,十分符合幼儿的年龄特征和个别需求	观察游戏	
教师的行为	1. 缺乏有效的指导 2. 有观察的意识,指导策略较为有效 3. 对幼儿进行准确的观察和详细的记录,教师的指导策略恰当有效	观察游戏	
幼儿的行为	1. 参与不积极,规则意识弱,问题解决能力不强 2. 参与较积极,有一定的规则意识,能尝试解决游戏中的问题 3. 能积极愉快地参与游戏,规则意识良好,敢于自我挑战,能主动地、创造性地解决游戏中的问题	观察游戏	

二、对教师游戏指导水平的评价

（一）角色游戏中教师指导行为的评价

角色游戏是幼儿非常喜欢的一类游戏。在角色扮演类的游戏中，幼儿能够充分表达自己的意愿，通过角色扮演，拥有大量的与游戏材料互动的机会，积累丰富的同伴交往经验，满足其获得成功、体验成功的愿望。角色游戏一般需有相应的角色环境，幼儿要有相应的角色背景知识、一定的假想能力、语言能力和人际交往技能。教师在幼儿进行此类活动时，可以在创设背景环境、丰富角色经验、提供帮助支持与有效引导解决游戏纠纷等方面发挥作用。此外，角色游戏是教师了解幼儿的一个重要窗口，在游戏中，教师可以通过观察幼儿的行为表现和自然地与幼儿交往对话而获得关于幼儿发展的大量一手资料，教师要对这些资料及时地进行相应的记录和整理。角色游戏的具体评价项目和等级可参见表 9-9。

表 9-9　角色游戏中教师指导水平评价表

评价项目	评价等级	评价方法	说明
游戏组织的目的性与计划性	1. 无计划，指导目标不明确 2. 有计划，但目标模糊，重点不突出 3. 计划完整，目标明确，重点突出	查阅教师游戏计划本和记录本	
游戏时间的安排	1. 时间安排不合理 2. 时间安排较合理，但是效率不高 3. 时间安排较合理，并能根据情况作灵活的调整	查看活动时间安排表，观察游戏	
游戏材料的准备	1. 游戏材料很少 2. 有较丰富的游戏材料，但针对性不够 3. 游戏材料类型多样、储备充足，摆放合理，符合本班幼儿的实际需要	观察游戏	
指导方式及效果	1. 无指导或指导方式单一，对促进幼儿的发展不起作用 2. 有一定的指导，但是干预时机把握得不够好，对幼儿游戏水平有一定了解，但指导效果一般 3. 指导方式多样，有针对性并能把握好时机，对幼儿游戏水平有深入具体了解，且指导效果好	观察教师的行为，教师的自我反思	可举例说明

（二）结构游戏中教师指导行为的评价

教师应当深刻理解结构游戏的特殊性和重要价值，在观察了解的基础上，充分了解游戏材料的特性，了解幼儿的年龄特点，对幼儿的结构游戏进行有针对性地指导。结构游戏同样需要教师在提供背景知识、介绍材料玩法、组织交流展示和进行积极评价等方面发挥积极作用。教师应当及时用多种方式记录幼儿在结构游戏中的表现和相应的游戏作品，以增进自身对游戏和幼儿的深入理解。结构游戏的具体评价项目和等级可参见表9-10。

表 9-10　结构游戏中教师指导水平评价表

评价项目	评价等级	评价方法	说明
对结构材料的了解	1. 不了解班级结构材料的数量及特点 2. 基本了解班级结构材料的数量及特点 3. 熟悉班级结构材料的数量及特点	实地调查	
对结构材料操作技能的了解	1. 不知道如何操作 2. 能操作，但不熟练 3. 完全了解掌握操作技能和方法	观察教师的操作	
对结构游戏阶段的把握	1. 不清楚幼儿处于结构游戏的何种阶段 2. 基本了解幼儿处于结构游戏的何种阶段 3. 完全了解幼儿处于结构游戏的何种阶段	实地调查	
指导策略和效果	1. 无指导或指导方法错误 2. 有一定指导，但效果一般 3. 能有针对性地进行指导，形式多样，效果良好	实地调查	

（三）自主游戏中教师指导行为的评价

从某种角度来讲，幼儿的游戏都应当具有自主性。而自主游戏是指在幼儿园中存在的幼儿自由度很大的一类游戏，在游戏中幼儿自主选择的权利相对较大,他们可决定游戏的主题、内容和开展的方式。

在自主游戏中,教师的指导行为应当更具有支持性和建设性,应当鼓励幼儿更为充分地发挥自主性和创造性。此外,通过对自主游戏中幼儿行为的观察,教师也可以更多地了解幼儿和理解幼儿,对他们的个性和游戏倾向有更多的认识。自主游戏的评价项目和等级可参见表 9-11。

表 9-11 自主游戏中教师指导水平评价表

评价项目	评价等级	评价方法	说明
对自主游戏目的和价值的认识	1. 不了解自主游戏的目的和价值 2. 对自主游戏的目的和价值有一定的认识,但表述模糊 3. 对自主游戏的目的和价值理解正确,并能说出自己的深刻见解	观察教师行为 教师访谈	
游戏时间和场地的安排	1. 时间和场地安排不适于自主游戏 2. 时间和场地安排较合理 3. 合理安排时间和场地,并能灵活地作必要的调整	观察游戏的时间和场地	
开放性游戏材料的准备	1. 游戏材料很少,且性能单一 2. 有较丰富的游戏材料 3. 游戏材料丰富,具有开放性,并能在幼儿需要时适当增减和调整	观察游戏材料的提供和使用情况	
对游戏中幼儿的观察和了解	1. 很少观察游戏中的幼儿 2. 有时观察幼儿,但缺乏计划和记录 3. 能长期坚持观察和记录,与幼儿有较深的沟通和互动,了解幼儿个性和游戏倾向	观察教师行为 教师访谈	可举例说明

续表

评价项目	评价等级	评价方法	说明
指导方式及效果	1. 指导方式单一，有不必要的干预 2. 有一般性指导，但缺少有效引导 3. 指导方式具有支持性和启发性，能有效引导幼儿提升自主性，指导效果良好	观察教师行为 教师自我反思	可举例说明

（四）教学游戏中教师指导行为的评价

教学游戏的目的性、计划性和规则性都相对较强，因此，教师需要提供较多有意识的指导。在教学游戏中教师往往发挥着组织者和协调者的作用，需要鼓励幼儿动脑筋探索，并不断总结和提高游戏水平。教学游戏往往需要反复进行，教师需要引导幼儿体味游戏中所蕴含的知识元素和社会性含义，分享游戏所带来的愉悦。教学游戏的评价项目和等级可参见表9-12。

表9-12　教学游戏中教师指导水平评价表

评价项目	评价等级	评价方法	说明
对自主游戏目的和意义的理解	1. 不明确教学游戏的目的 2. 基本了解游戏的目的与意义 3. 熟悉游戏，理解游戏的教学意义	教师访谈	
游戏中组织能力和感染力	1. 游戏过程混乱无序 2. 能有效组织游戏，但缺乏感召力 3. 能熟练组织游戏，运用较强感染力的语言与非语言指导	游戏中观察教师的行为	
与幼儿的互动情况和水平	1. 与幼儿缺少有效互动 2. 有一般性互动 3. 与幼儿有积极的互动和应答，效果良好	实地观察教师与幼儿的互动	

续表

评价项目	评价等级	评价方法	说明
对游戏的创造性发挥	1. 只要求简单模仿 2. 鼓励创造发挥，但效果一般 3. 能创造性地开发游戏过程，引导幼儿共同创造新游戏形式和内容，效果良好	实地观察 教师访谈	可举例说明

思考与练习

1. 简述幼儿园游戏评价的重要意义和原则。

2. 观察某幼儿园的园舍场地设施和玩教具，讨论其游戏条件的优势及不足，提供改进建议。

3. 试用本章提供的表格，观察与评价幼儿在游戏中的行为，并根据需要提出改进建议。

4. 自由结成小组，在不同游戏中观察与评价教师指导游戏的行为，分析和讨论评价结果。

第十章

幼儿园日常教育活动中的评价

内容提要

本章论述以改进日常教育工作为目的,在日常教育活动过程中开展的评价。此类评价所发生的环境是幼儿园的日常教育活动,评价对象是与教育活动有关的各种要素,包括教师、幼儿、家长、课程内容、日程安排、环境材料、人际互动等。本章重点论述教师对教育活动的反思性自我评价,以及教师在教育活动中采用各种方式对幼儿的日常观察记录和评价。本章还论述教师在日常观察评价中面临的挑战及其解决措施,并简明地阐述在日常教育活动中评价的其他方式,如教师设计的测验、幼儿个人档案和家长参与评价等。

学习目标

1. 理解幼儿园日常教育活动评价的特点与原则。
2. 了解教师在日常教育活动中反思性评价的主要内容。
3. 了解教育活动日常观察中的问题和解决措施。

关键词

日常教育活动　反思性自我评价

第一节　日常教育活动中评价的特点与原则

一、幼儿园日常教育活动中评价的特点

《幼儿园教育指导纲要（试行）》（以下简称《纲要》）所要求的幼儿园教育活动评价，是指教师在日常教育工作中进行的，运用幼儿发展知识、学前教育原理等专业知识于教育实践，分析问题、解决问题的过程。这种评价与专业研究人员按照经过严密预先设计的评价方案而施行的，旨在回答预定问题的评价研究不同，它既有目的性又有随机性，既要追求科学性又要体现灵活性，既要关注之前的计划又要重视之后的反思，既是为达到既定目标又是为改进具体目标。在评价方法上，这类评价活动也有其独特性。本章所论述的幼儿园教育活动评价，专门针对这类评价。

幼儿园教师只有客观地全面地了解幼儿的发展状况，才有可能提供每一个幼儿适宜的有针对性的有效的教育帮助，使幼儿在原有的水平上得到充分的发展。据调查发现，即使是比较有经验、负责任的幼儿园教师，在评价本班幼儿的发展时，仍会出现相当程度的偏差，主要表现在：①有过高评估幼儿发展水平的倾向；②对自己认为发展较好的幼儿倾向于过高评价，而对发展较差的幼儿倾向于过低评价。因此，要做到深入客观地了解幼儿，必须借助于系统的、有意识的、有准备的观察和评估。以改进教育活动为目的的评价是幼儿园日常工作的组成部分。现代称职的幼儿园教师的主要职责之一是观察记录并分析幼儿的发展，并对其作出有意义的判断，从而调整教育措施与内容，改进教育的效果。这种观察、记录、分析、判断的能力，是教师必备的基本能力的组成部分。在日常教育活动中开展评价工作，是教师在职培训与提高的有效途径，可使教师通过学习和实践，改善教育观念和认知结构，提高工作能力和教育效益。

对幼儿园的教育活动进行评价，应包括对教师的长期或短期教育计划和日程安排，有关健康、语言、社会、科学、艺术等各方面的教育内容的反

思，以及对与之相关联的日常活动和幼儿的学习和进步进行观察、分析、反思、综合。评价结果主要是为改进教育工作提供依据，以便有针对性地通过教育活动促进幼儿的学习和发展。由于这种评价内容广泛，而教师的职责和日常工作又十分繁琐，对教师来说无疑是极大的挑战。因此，必须采取各种措施减轻教师负担，才能使他们能够集中精力从事教育和评价。本章将提供各种知识、信息和工具，供读者参考。

二、幼儿园日常教育活动中评价应当遵循的原则

（一）以正确的观念与知识准备为前提

正确适宜地评价教育活动和幼儿的发展，必须建立在正确适宜的教育观念的基础上。教师关于幼儿教育的原则性指导思想或教育观念，体现了教师对于幼儿的发展与学习过程和特点的理解，对教师的日常教育行为起着关键性的指导作用，在选择教育内容、备课、实施教育计划和评价教育效果等教育教学各环节中，都可能发挥潜在而深刻的影响。教师观念还可能影响教育活动中的师生互动过程，进而影响幼儿的发展。因此，不同的教育观可能导致不同的教育效果，直接影响着教育目标的实现和幼儿园教育质量（王坚红等，2006）。同样，教师的教育观和儿童观也是教师评价教育活动结果的直接导向。幼儿园教师必须通过对幼儿教育有关的各项政策法规和幼儿教育专业知识的学习，不断端正和提高对科学的幼儿教育的认识，掌握有关学前教育评价的知识与技能，作好观念与知识技能等方面的准备。缺乏这些准备而从事的评价，将导致对教育活动和幼儿行为的误导。适宜的教育观可促使教师充分认可评价工作的重要性，因而产生强大的内在动机，使他们克服困难，想办法合理分配时间和精力去从事评价工作。这是成功地开展幼儿园教育活动评价的重要条件。幼儿园教育活动评价的主要依据是《纲要》所提出的教育目标、教育要求和指导要点。教师必须认真学习、理解，并熟记这些重要的原则性要点，才能够在实践中创造性地灵活应用。

（二）注重对幼儿日常实际行为的观察

幼儿园教育活动评价应结合日常教育工作，自然地伴随着整个教育过程

进行。评价工作可以采用各种方式,并由多种途径收集资料,尤其注意征求家长的意见,但其中最主要的内容,是对幼儿的学习与发展的日常观察和评估。对幼儿实际行为的观察应在日常活动中进行,并贯穿全年。学年初期,教师接受新班级时,第一件事就应当是了解每个幼儿的发展情况和水平,以及班级幼儿的整体特征和个别差异。幼儿发展的差异是客观存在的,而且各有特点。在不同的发展领域,幼儿之间乃至个体幼儿自身发展之间均有差别。教师应采用观察、项目清单、与幼儿家长谈话等方式,在第一个月之内尽可能进行测评与记录。这个发展水平的基线评价十分重要,是教师计划幼儿学习活动的起始点。在学期期间,教师应持续性地在全班、小组和自由游戏时观察并记录幼儿的进步或困难之处,并适时进行阶段性评估总结,并以此作为下一阶段教育计划的依据。阶段性总结时应对幼儿作文字评估,并注意收集幼儿的作品。教师可设计专门的小测验或谈话提纲,以检查幼儿对某些概念或技能的掌握情况,大班幼儿应有自我评价的机会,家长也应有机会参与评价,提出意见。学年末的总结不仅是对幼儿一年来的发展进步的考察,还为下一学年的班级教师提供信息。

(三)利用评价反思与改进教育

对教育活动的评价之主要目的是改进教育和课程,从而更有效地促进和优化幼儿的发展和学习。因此,如何充分利用评价的改进、激励和导向功能,提高教育的质量,是幼儿园教育工作者值得深入探讨的问题。作为幼儿园教育活动的评价主体,教师不仅要在日常教育中收集和分析评价资料,还要在评价结果的基础上,不断地进行反思和调整。如果没有后者,则失去了幼儿园教育活动评价的实质意义。

有利于调整和改进的幼儿园教育活动的评价重点应考察教育工作的以下方面:①教育活动是否建立在对本班幼儿实际了解的基础上;②教育活动的目标、内容、组织与实施方式,以及环境能否向幼儿提供有益的学习经验,有效地促进其符合目的地发展;③教育内容、方式、环境条件是否能调动幼儿学习的积极性,有利于他们主动学习和持续发展;④活动内容、方式是否能兼顾群体需要和个体差异，关注幼儿个体差异并尽量满足个体幼儿的需要，使每个幼儿都有进步和成功的体验；⑤教师的指导是否有利于幼儿进一步探索与思考，有利于扩展和整理幼儿的经验。对以上方面的考察和评价的主要落实点在于对幼儿的了解。幼儿的行为反应和发展变化是对教育工作最客观、直率、真实的评价，教师要关注幼儿的反应和变化，把它们看作重要的评价信息和改进工作的重要依据。

教育活动评价应以教师自评为主，同时发挥教师群体的智慧和合作精神，共同研究，共同提高。幼儿园还可以组织教师进行集体的定期交流和讨论，相互介绍经验和帮助解答问题。教师对教育活动的评价还可与幼儿园内部或外部的质量评价相结合，或与专业化评价研究相结合，使之相互促进，互相利用信息资源。

（四）对幼儿的发展状况作出评价结论时必须十分慎重

《纲要》指出，评价教育活动时，凡涉及对幼儿发展状况的评估，应该注意以下事项：①全面了解幼儿的发展状况，防止片面性，尤其要避免只重知识技能的掌握，忽略情感、社会性和实际能力的倾向；②应在日常活动与教育教学过程中，通过对幼儿的观察、谈话、幼儿作品分析，以及与其他工作人员和家长的交流等方式了解幼儿的发展和需要；③应承认和关注幼儿在经验、能力、兴趣、学习特点等方面的个体差异，避免用划一的标准评价不同的幼儿；④应以发展的眼光看待幼儿，既要了解幼儿的现有水平，又要关注其最近发展区。

第二节　教师的反思性自我评价

高质量的幼儿园教育要求教师在教育实践中持续性地加以调整和改进。在日常教育工作中不断地纳入自我反思过程，及时发现自己工作中的成功之处和需要改进的方面，这是不断提高教育效果和教育质量的关键因素之一。

美国著名学者波斯纳说过:"没有反思的经验是狭窄的经验,只有经过反思,经验方能上升到一定的理论高度,并对后续教学行为产生影响。"(王春燕,2005)。因此,现代幼儿教师应该学习反思性自我评价的方法,养成良好的自我反思习惯,这是教师专业成长道路上不可缺少的重要过程。

教师的反思性评价,即教师对自己的教育计划和教育行为的价值判断和分析。这种价值判断应根据教育目标和学前教育原理等专业知识和原则标准,以及在观察幼儿反应和教育活动效果的基础上进行。教师只有在日常教育实践中通过评价和分析,不断地反思和调整,才能更有效地解决实践中不断出现的实际问题,积累成功经验和吸取教训,使教育活动更具教育性、适宜性和有效性。除了教师本人的自我评价之外,幼儿园组织的教师的相互评价和集体讨论也有助于达到调整和改进教育活动的目的。

教师的反思性自我评价应当根据实际情况和需要进行,具有高度的灵活性和自由度。教师必须具备一定的自我动机才可能坚持实施反思性自我评价,幼儿园也可以各种形式鼓励和考察这种反思性评价活动的过程和结果。以下介绍与教师自我反思有关的思路或问题提示,以供选择参考。教师应利用这些问题,在适宜的教育观念的指导下,对照自己的工作实践,启发自己思考和反省以便改进工作,并不是为了单纯地给自己评分或评定等级。

一、教师反思性自我评价的一般思路或问题

(一)对《幼儿园工作规程》和《纲要》的理解程度如何?对主要的原则性观点是否已心中有数?还有哪些难以理解之处?(及时提出作为教师讨论会的话题,或寻求其他帮助)

(二)对所执行的课程的理论基础,要达到的目标,教育活动的内容、要求与方法的熟悉程度如何?在日常工作中是否能既准确又灵活地贯彻课程的要求?感觉哪些地方做得比以前好些,哪些方面还是不能得心应手?哪些方面有困难需要寻求帮助?

(三)在制订教育活动计划时,是否既考虑到本班幼儿的一般能力和兴

趣，又考虑到部分幼儿的特别需要？

（四）对班上的每个幼儿了解程度如何？是否有意识有计划地观察幼儿的学习和进步？

（五）最近的教育活动中，哪些最能激发幼儿的兴趣和探索欲望？为什么？如何进一步去做？

（六）最近的教育活动中，哪些活动幼儿似乎不太感兴趣，为什么？如何改进？

（七）在对幼儿的发展状况作出结论之前，是否全面系统地收集该幼儿的情况？（如向家长、同事、幼儿了解情况，作必要的检测或诊断等）

（八）是否与家长经常交流孩子的情况，注意与家长配合进行教育？

（九）最近哪些幼儿在某方面进步较大，如何进一步鼓励发扬？

（十）最近哪些幼儿在某方面显现问题，如何进一步帮助引导？

二、幼儿园各方面教育活动的反思问题

（一）环境和材料的提供

1. 各种活动角安排是否特点明显，动静交替，既利于教师观察，又便于幼儿活动？

2. 是否有幼儿仅仅反复重复单一的活动，或显得无所事事？

3. 是否有幼儿特别抵触与其他幼儿分享玩具，或破坏性使用玩具？

4. 是否有幼儿特别依赖成人的帮助，或不肯参与收拾？

5. 玩具教具是否放在幼儿可及的高度和位置，便于幼儿自己取放？

6. 各种常用的物品是否放在规定的便于取放的地方，并有图片标识？

7. 是否有专门的展示幼儿作品的地方，幼儿是否容易看到并经常观赏？

8. 教室布置是否与当前教育主题相联系？环境布置能否引起幼儿的兴趣？

9. 是否提供具有各种难度、各种质地的材料，供有不同需求的幼儿使用？

10. 能否保证所有玩具物品清洁无毒？

11. 是否对教育活动所需使用的科技产品（如电脑软件、学习机等）进行适宜性评估，并指导家长和幼儿正确使用？

（二）一日活动安排

1. 是否每天按规定的时间表活动？

2. 是否每天（只要天气许可）有足够时间的体力活动和户外活动？

3. 教育活动是否包括有结构的集体活动或小组活动，以及无结构的自由活动？

4. 除了教师发起并指导的活动外，是否有幼儿发起的活动经验？

5. 是否有家长参与的教育活动？

6. 幼儿是否有自由交往的机会？

7. 过渡环节是否有充分的时间进行收拾和准备下一个活动，但又没有过多等待？

8. 静坐上课的时间是否适宜于幼儿保持注意力？

9. 每天是否提供充足的时间让幼儿选择活动和自由游戏？

（三）教育活动的计划与实施

1. 是否提供机会让幼儿根据自己的兴趣开展探究活动？

2. 新的学习经验是否建立在幼儿的"最近发展区"水平和经验的基础上？

3. 活动的难度安排是否循序渐进？

4. 活动中是否根据幼儿的反应和其他实际情况及时调整计划？

5. 是否让幼儿充分利用感官和全身各部位的活动来获取知识经验？

6. 是否为幼儿提供机会让他们自己制订和改变计划，观察和探索事物？

7. 是否允许幼儿犯错误和有自己寻求解决问题的机会？

8. 是否了解班上每一个幼儿，尊重个体幼儿的需要和选择？

9. 是否允许足够的小组活动和自选活动时间？

10. 幼儿是否有机会用自己的方式（如美工、表演、讲故事、建构等）

表达自己的想法?

11. 是否通过观察了解幼儿的兴趣和需要,在此基础上加以引导?

12. 是否提出与教育活动有关的问题,鼓励幼儿思考和表达他们对这些问题的想法,并接受各种不同的答案,从而激励创造性思维?

13. 教师指导下的各种有意义的教育活动是否占有合适的比例?

14. 怎样评价幼儿的学习和进步?

15. 是否仅采用书面测验来确定幼儿的认知水平?

16. 是否通过重复练习来提高幼儿的数学能力?

17. 是否要求全班幼儿达到同一个标准?

18. 是否不仅评价幼儿的学习结果,而且关注幼儿的学习过程?

19. 鼓励幼儿之间的合作,还是相互竞争?

20. 对幼儿行为的管理方式主要是正面引导,转移注意力,提供其他的选择和行为范式,而不是单纯地说"不"。

21. 制定明确的易于幼儿理解的行为规范,在必要时向幼儿解释这些规则,并帮助他们做到自觉执行和自我控制。

(四)教育活动中幼儿的反应

1. 幼儿在学习活动中是否感到安全、自信、有兴趣,对活动保持热情?
2. 幼儿能不能专注于所从事的活动,并持续一定的时间?
3. 幼儿是否能为了共同的目标而相互合作?
4. 幼儿是否乐意尝试新的活动?
5. 幼儿能不能遵守必要的规则?
6. 幼儿能不能自己产生规则?
7. 幼儿是否对别的幼儿或教师提出建议和意见?
8. 幼儿乐意从事日常性活动吗?
9. 幼儿愿意接受并执行维护环境的任务(如收拾、喂小动物、给花浇水等)吗?

(五)教师与幼儿互动

1. 是否每天主动跟每一个幼儿有言语性交往,并鼓励幼儿跟教师说话?

2. 跟幼儿谈话时是否蹲下，与幼儿视线等高？

3. 是否及时地对幼儿的问题作出正面的回答？

4. 是否尊重每个幼儿的情感和意见，以鼓励和表扬为主？

5. 是否坚持一贯的行为规则，让幼儿清楚所允许的行为规范？

6. 是否鼓励幼儿合作友爱、互交朋友、相互关心和帮助，并接受不同意见？

7. 是否鼓励幼儿自己解决问题和冲突，鼓励他们完成挑战性任务？

8. 是否尽量找机会与幼儿个别谈话，或在小组里和他们交往？

9. 是否能公平地有策略地解决幼儿的纠纷？

10. 是否注意到有些幼儿不爱说话，所以有意识地给他们机会发言？

11. 如何对待有缺陷的、有疾病的或不利家庭的幼儿？

12. 能否建立相互信任的教师与幼儿的关系，提供机会让幼儿发泄情绪和焦虑，对教师表达个人的需求与情感？

（六）与家长合作

1. 是否热情地与家长打招呼？

2. 是否定期向家长报告幼儿的发展情况？

3. 是否鼓励家长在家里观察孩子的情况，并与家长交流？

4. 在学年期末，根据什么对幼儿的发展作出结论？

5. 是否向家长解释各种测验结果和分数的正确含义？

6. 是否定期让家长了解教育计划并寻求配合？

7. 是否经常征求并尊重家长的需求、意见与建议？

8. 是否充分利用家长资源，鼓励他们发挥经验和专长，丰富教育活动内容？

9. 家长是否愿意并积极参与幼儿园的活动？

10. 家长是否主动与教师联系，反映幼儿的情况和需要？

11. 是否有时抱怨家长干扰了幼儿园的正常教育活动？

12. 是否有家长提出不合理要求，是如何解决的？

13. 家长是否把教师视为专家,完全依赖教师教育孩子?

14. 家长是否对家长会没有兴趣,所以出席率不高?

(七)健康与安全

1. 是否帮助幼儿和家长克服分离时的情绪问题?

2. 是否经常和家长交流幼儿的情况,出示幼儿在园参与活动的照片等,让家长放心?

3. 是否提供机会鼓励幼儿在与同伴的交往中学习和发展自我意识,包括自我感觉和自我评价、表达情绪情感等?

4. 是否对幼儿进行健康卫生教育,如身体各部分功能、控制大小便、个人卫生、口腔卫生、洗手、安全、营养、锻炼、休息和睡眠、生病和吃药、紧急时拨打110等?

5. 是否以身作则,在健康卫生方面做幼儿的榜样?

6. 是否向家长了解幼儿的健康卫生生活习惯等信息?

7. 是否向家长提供必要的健康卫生知识,以便配合对幼儿的教育?

8. 为安全起见,是否在某些活动之前先征求家长同意?

9. 如何处理家长的抱怨、批评或建议?

10. 是否充分利用当地社区的健康卫生设施?

(八)游戏

1. 幼儿每天是否有充足的自由游戏时间?

2. 每天是否安排各种类型的游戏并提供丰富的材料?

3. 是否指定幼儿的游戏内容?幼儿能否自由地选择游戏?

4. 幼儿是否愿意并能够轮流玩喜欢的游戏?

5. 是否有些幼儿总是游手好闲,需要教师将之拉回到游戏中去?

6. 幼儿游戏时,教师是否仅仅旁观或看管而已?

7. 幼儿游戏时,教师是否积极参与或帮助幼儿进一步展开想象和拓展游戏,或对幼儿进行观察?

8. 是否每天记录每个幼儿参加了哪些游戏?

9. 幼儿游戏时，是否表现出自发的快乐和好奇？

10. 幼儿游戏时，是否表现出友好合作？

（九）建构活动

1. 如何利用积木等建构材料的大小、形状、质地等方面的特征，启发幼儿的学习？

2. 在幼儿使用积木建构时，是否鼓励他们说说有没有计划，想建构什么东西？

3. 是否采用问题的方式，激发幼儿动脑筋思考，产生新的玩法？

4. 是否鼓励和启发幼儿用语言讨论他们的作品？

5. 是否鼓励和引导幼儿互相合作？

6. 是否利用积木学习判断和比较距离、空间和大小，练习手眼协调？

7. 是否在建构活动中激发角色游戏欲望和主题？

（十）语言和阅读准备活动

1. 是否在教室里精心布置图书角，并设法定期更换图书？

2. 是否利用儿歌、故事等激发幼儿对文学作品的兴趣？

3. 是否教给幼儿如何读书，读书上的故事给他们听，把他们说的话写下来？

4. 是否跟幼儿讨论他们读过的书或听过的故事，并提出有关"谁""什么""怎么样""为什么"等问题？

5. 是否让幼儿在猜谜、填词、完成句子等游戏形式中学习阅读准备技能？

6. 是否在幼儿感兴趣的时候，让他们自己读书和写字？

7. 是否总是对幼儿发明的故事和文字表示赞赏？

8. 幼儿是否喜欢经常到班上的图书角去？

9. 是否采取各种方式鼓励幼儿的语言发展？例如：与幼儿商量而不仅仅是吩咐和指令；教幼儿学会倾听别人和作出回应，鼓励同伴间的言语交流；做幼儿的言语和表达方式的榜样，使用正确的语法、句型、习惯用语和礼貌用语；给幼儿读书上的故事；尊重和耐心倾听幼儿说话；等等。

(十一) 主题活动

1. 是否根据幼儿的兴趣和幼儿所熟悉的生活内容选择活动主题？
2. 在计划主题活动之前，是否广泛研究和收集有关的资料？
3. 在计划主题活动时，是否鼓励幼儿和家长参与？
4. 在计划主题活动时，是否考虑如何评价教与学两个方面的过程与效果？
5. 主题活动中是否纳入促进幼儿体智德美各个方面发展的活动内容？
6. 主题活动所需的材料是否适宜充分？
7. 教室环境和活动角的创设是否与主题活动密切相关？
8. 是否在主题活动中有计划地观察幼儿的参与情况和有关的反应？
9. 主题活动期间是否根据幼儿的兴趣、需要和能力及时调整计划？
10. 是否评价主题活动的效果以便于今后的改进？
11. 最近结束的主题活动中，哪些效果较好？哪些效果不好？为什么？
12. 作为教师，感觉这次的主题教育中自己在哪些方面有了进步？
13. 对同一个主题，下次再开展时将作何改进？

第三节　教育活动中的日常观察

日常观察是幼儿园教育活动评价最常用的重要方法。作为课程评价的一部分，教师在日常教育过程中应当随时观察幼儿对教育内容的反应，以及通过观察关注幼儿个体的发展状况。例如，教师在幼儿园活动中观察幼儿讲述前一天晚上在家里的情景时，幼儿的表情、语言和身体姿态等，都反映出丰富的关于幼儿发展的真实信息。幼儿园也应该鼓励和帮助家长对幼儿进行日常观察，并及时交流观察的结果。

一、日常观察评价法的用途

进行持续性的日常观察的理由有很多,主要包括:

(一)了解每一个幼儿的兴趣、需要、发展水平和技能,便于有针对性地教育引导。

(二)检测幼儿在动作、认知、社会能力和情绪等方面的阶段性发展进步。

(三)根据幼儿的活动特点和趋势,及时地调整户内户外环境设置,以提高利用率并满足幼儿的需求,同时避免浪费和闲置。

(四)有助于发现幼儿在身体和心理方面的特殊需求,并设法给予帮助。

(五)帮助教师和家长了解在何种情况下可能出现何种问题,从而有效地防止问题再发生。

(六)获得改进课程的信息,如:某个主题活动的内容或时间表是否应作调整或更换;从幼儿的表现判断某个活动对他们太难或过于容易;等等。

(七)得到教师与家长可以分享交流的幼儿信息,如详细的轶事记录和平时的作品等。这种分享和交流意味着幼儿园和家庭真正的合作伙伴关系,有助于极为有效地提高教育质量,促进幼儿发展。

二、教师日常观察的主要内容和注意事项

(一)教师日常观察的主要内容

1. 身体发育与动作能力

观察幼儿身体发育状况,例如:身高、体重、胸围等指标是否与同龄幼儿相仿;有没有明显的视觉、听觉、肢体以及动作等方面的缺陷;在日常体育活动中观察幼儿的动作协调性和灵活性是否处于该年龄阶段或该特定幼儿的正常水平。

2. 认知能力

正常的智力水平和认知能力是幼儿生活、学习和发展的基本条件之一,是他们与周围环境取得平衡和协调的重要保证。对幼儿认知能力发展的观

察，应结合幼儿的年龄和所处的家庭与文化背景，在日常生活中从幼儿对周围环境的好奇心和探究性，对基本的生活常识、社会常识和简单的数概念的理解程度，对各种事物的比较、分析和综合能力，以及想象力、创造力等方面进行观察。

3. 语言能力

语言的发展是幼儿发展的一个重要方面，语言能力不仅反映了幼儿说话和与他人交往的水平和能力，也折射出他们的认知能力、社会能力、情绪发展的水平和状况。对幼儿语言能力的观察包括幼儿的发音是否准确清晰，词汇量是否与年龄相宜，语句是否通顺流畅，是否喜欢与人交谈，等等。

4. 人际关系和交往能力

人际关系是社会适应的最主要方面，与交往能力息息相关。要注意观察幼儿与家人、教师、同伴以及陌生人的相互交往，特别是交往中的技能和态度，例如，是否合群，能否与同伴友好相处，等等。

5. 社会性情绪

观察幼儿的日常情绪状况，例如，情绪是否轻松愉快，消极情绪是否适度，有无抑郁、焦虑、恐惧或易怒的现象，情绪的协调性与稳定性如何，情感与内心体验是否一致，与外界环境是否协调，等等。

6. 行为习惯

观察幼儿的姿势、动作和日常行为是否有异常，有无多动不宁、吵闹不休或呆坐、呆立等问题，注意力是否集中，等等。

（二）教师在教育活动的日常观察中应注意的问题

1. 教师首先要经过一定的学习和培训，掌握基本的观察和记录技术。

2. 观察前必须作好充分的准备工作，写出一周内，或每月、每学期的观察计划，制作日常观察记录表格。

3. 由于观察在教育活动过程中进行，教师只能利用预先准备好的记录表格，以最简单的方式和最快的速度进行记录。为了避免遗忘，资料的分析整理工作必须在事后尽早地进行，最好在当天。

4. 对幼儿的观察应当在不同的时间、场合、情景下多次进行。幼儿在不同的时间、场合、情景下，对同样的要求或指令可能会有不同的行为和反应。

5. 对于观察所获得的信息，要及时地根据适当的知识和经验加以消化反思，并及时用作进一步的教育活动计划的依据。

6. 教师在教育活动中对幼儿的观察应当持续地进行，从而使教师对班级整体和个体幼儿的发展情况具有连续性的了解，在此基础上的循环往复，将有效地改进教育工作，促进幼儿的发展。

7. 认识到家庭在幼儿发展中的重要作用，将家长纳入日常观察的过程之中。家长可以各种形式协助对幼儿的观察和评价，也可由家长在家中进行观察记录，将结果加入幼儿个人档案（见本章第四节）。

（三）日常观察中教师面临的挑战

观察和记录幼儿的日常行为是高质量幼儿教育机构和高质量幼儿教育课程的重要组成部分。大多数教师至少在理论上同意日常观察的重要性和必要性。然而，在观察记录的实施过程中则会遇到许多实际问题的挑战，例如，时间和精力的局限，观察的准确性和客观性，等等。客观地认识和积极地解决这些问题，才能使观察和评价工作真正落到实处，避免流于形式。

1. 时间和精力的局限

尽管教师认识到观察和记录的重要性和必要性，但事实上，与日常工作中的其他任务相比，教师在有限的时间里，用于观察和记录的时间往往会让位于其他教学或管理方面的工作，从而导致教师无法实施细致的、持之以恒的或系统的观察和记录。

应对这一挑战的最好的办法是直接面对它。抱怨和强调难处不能解决问题，要告诫自己："不要找借口，要找办法"。具体策略包括：

（1）把观察和记录工作纳入课程计划和每周或每月的日程中。

（2）坚持每天抽出几分钟，轮流对幼儿进行观察，并养成习惯。

（3）适当安排保育员、自愿服务的家长或幼儿园行政人员在适宜的时间照料幼儿的活动，让教师有时间从事观察和记录。

（4）预先准备好观察记录的工具和表格，放在固定的容易拿到的地方，供随时方便取用。

（5）建议教师穿有较大口袋的服装，可带有方便实用的卡片，随时作简单记录。

（6）鼓励家长，甚至幼儿，协助某些观察。例如：指导家长对幼儿的某些行为作时间或事件抽样观察记录；请幼儿在每次进入各个活动区时，往一个瓶子里放一粒扣子；等等。

（7）定期检查和总结观察计划的执行情况，视其是否可行，并作必要的调整。

2. 观察者主观定势

教师本人的过去经历和已有经验会产生预先的定势，影响对特定幼儿的看法和观察中对行为的选择性，以及对行为的价值判断。在一般情况下，这是人常有的自然倾向，无可非议。然而，这种自然偏见的发生有一个前提，就是观察者在观察的时候并未有意识地控制自己的主观意向，而是任由本能的意念简单地朝向业已存在的定势方向发展，任其主宰自己的思维和行为。如果这时观察者具有足够清晰和强烈的控制意识，便可能会一定程度地抑制本能的惯性，而有意识地对目前的情景加以多方位的分析。这时，观察的内容和结果便可能得到不同的阐释。这是一个复杂的心理调节过程，教师可通过下列步骤提高这方面的能力。

（1）承认这是一个客观存在的问题。只有承认问题的存在，才能想办法去克服。

（2）通过自己的反思和相互的交流，剖析一些已发生的具体的主观臆断的例子。

（3）利用"旁观者清"的原理，教师相互交流和分析彼此的观察记录，指出问题。

（4）在理解问题实质的基础上，逐步纳入自觉的主观控制，采取具体的辅助措施。

（5）避免给幼儿及其家长的特点"贴标签"，无论是正面的还是反面的。

（6）列出曾对某些幼儿存在的主观偏见，在观察前提醒自己。

（7）经常检查和反省自己可能出现的偏见。

3. 观察的准确性和客观性

为提高观察的准确性和客观性，教师可以借鉴下列方式方法。

（1）计划在每个活动领域对每个幼儿的定期的轮流的观察日程表，从而保证观察对象和领域的全面性、系统性，避免仅仅对显露出问题的幼儿进行观察，或者忽视了某些活动领域。

（2）仅记录事实，或把事实与自己的想法清楚地分开写。

（3）尽可能完整地记录事件，以免以后对遗漏部分进行主观猜测。

（4）记录中尽量使用动词，精确描述行为本身。

（5）仅记录听到的和见到的客观事实，注意凡是未发生的就不记。

（6）使用客观描述性词汇，不用判断性词汇。

（7）按照事情发生的先后顺序记录，顺序对行为的分析解释颇具意义。

（四）日常观察的记录方式

幼儿教师的工作细致复杂，需要同时关注多方面多角度的信息，在瞬息多变的实际情景中随时捕捉观察时机和有针对性的有意义的信息，并及时地记录下来，这对于教师来说是一种极大的挑战，要求教师具备多方面的能力是很不容易的。因此，教师的日常观察必须采用适应与这种特殊情境的特殊的方法和策略，其中的关键部分是观察记录表格的设计。本书第五章详细论述了各种常用的观察记录方式及其表格设计，请参阅。

（五）观察结果的解释和运用

幼儿园教育活动中的日常观察在关于幼儿的决策中起着举足轻重的作用。然而，正确的决策有赖于对观察结果的正确解释。观察的有效性是指观察结果能准确客观地反映所要观察的事实或属性。观察的可靠性即指多次观察结果的一致。有效的和可靠的观察才能被有意义地加以运用。

1. 有助于提高观察结论的有效性和可靠性的措施

（1）对观察资料的解释应建立在对所收集到的所有的资料，包括家长提供的资料的综合分析的基础上，匆促行事和草率下结论将导致无效的结论，对幼儿和家庭不利。

（2）全部资料收集工作结束后，首先要对资料进行总体考察，寻找不同的观察结果之间的联系，分析其间是否显示一定的行为倾向，例如，沙沙（3岁）是否总是在下午妈妈来接她之前就会哭。

（3）在对资料间的联系和可能的行为倾向的分析基础上，作出有根据的推断。推断本身是一种主观的过程，但如果建立在对客观事实分析的基础上，便是具有一定客观性的逻辑推断。例如，教师观察到，丽丽（4岁）在喝水时不小心把杯子里的一些水泼在桌子上，她找到了一块抹布把水擦干。这时可作的逻辑推断是，丽丽已掌握了"清除自己弄脏的东西"这一项自我服务的技能。

（4）对观察结果作出结论，即在已有经验和有关知识的背景下，阐释观察到的事实的意义。观察记录和分析越客观，结论就越可靠。在解释结果时，应综合考虑以下几点：①观察结果是否能用某种教育学或心理学理论加以解释；②该幼儿以前是否有过类似的行为；③观察到的行为是不是同年龄阶段幼儿的典型行为；④观察到的行为是否与幼儿的家庭社会文化背景相联系。

2. 教师的日常观察结果可以运用的方面

（1）清楚地了解每个幼儿的具体需要和兴趣，为个性化教育提供根据。

（2）了解幼儿的各种技能水平发展状况，为不断修正课程方案提供依据。

（3）帮助发现何种教育教学方法对哪些幼儿更有效。

（4）帮助发现哪些活动最符合幼儿的兴趣，最能激发幼儿的探索欲望，或较能有效地促进幼儿在身体、动作、语言、认知、情绪、交往等方面的发展。

（5）提高教师有效关注幼儿行为细节的能力，从而改善教师与幼儿及其家长的沟通。

（6）更详细地回答家长关于幼儿的问题，并向家长显示教师对其幼儿的关心和负责任的态度。

第四节　日常教育活动中评价的其他方式

一、教师设计的测验

在日常教育教学过程中，教师经常可利用自己设计的测验来检查教学效果。幼儿园教师常用与教学内容相关的具体问题或口头提问方式进行此类测评，也可用游戏活动的方式进行。对于幼儿，纸笔的书面测验应慎用。

教师设计的测验从性质上而言，是一种标准参照测验。教师以某种能反映教育教学目标的标准为准绳设计测验题目，通过测验了解幼儿是否达到标准以及达到标准的程度，利用测验提供的反馈信息，及时地调整教育活动，改进教育效果。教师设计的测验主要运用在对基本知识和技能的测量，其运用价值依赖于所编制的测验题是否能充分地正确地体现教育活动的目标。由于很多教师实际上很难做到这一点，所以此类测验还不能算作严格意义上的标准参照评价，必须与其他评价方式结合起来使用。

二、儿童个人档案（child portfolios）

儿童档案评价是 20 世纪 80 年代后期兴起的新型教育评价方式之一，即由教师或家长有目的地观察、记录和收集能够代表幼儿在各个方面的学习与发展过程的作品或其他资料，并将这些资料进行分类建档，以此作为评价幼儿的学习和发展的证据，并作为教育决策的根据。由于在建立档案时，幼儿本人始终参与对入选材料的选择和评价，因此，档案内还包含了幼儿的自我认识和自我评价的证据。这种档案评价是一种持续进行的评量，其重要价值在于它可以在一定程度上弥补标准化评价的缺失，是全面地真实地评价幼儿发展和学习的一个重要方法。

教师应该每学期为每个幼儿准备一个文件袋，收集有关的各种资料。例如，教师对幼儿的观察记录，各种测试结果，教师的文字评语，与幼儿有关的轶事纪录、照片、图片等。日常教育教学中幼儿的各种作业作品，如书写的数字、图画，创作结果的电脑打印件，各种建构结果和游戏照片，幼儿在智力活动中提出的问题，听过或读过的书名单，与幼儿的谈话记录，幼儿自述的特别经历和故事的录音，幼儿园录制的主题活动、表演、郊游的录像，都可以收入儿童档案袋。

教师和幼儿一起选择入档作品，这本身也是一种自我认识的教育活动，显示幼儿在发展学习过程中的努力和参与，并显示幼儿的进步、成就与潜能。教师可有意识地定期地安排活动，让幼儿对自己的作品加以评价，选择可加入档案袋的东西。家长也可贡献出在家里收集的资料加入儿童个人档案袋。要注意每隔2~3周就加入一些资料，并在每件资料上注明日期。应收集所有发展领域方面的资料，以提供丰富的证据，显示幼儿在各个不同的方面的发展和学习的进步，全面准确地反映儿童的学习与发展的全貌。

儿童个人档案中的作品等不仅可以帮助评定幼儿的进步和表现情况，指出幼儿的优点和值得关注的事项，还可以在学期末以简明方式向家长报告，与幼儿和家长一起分享，了解和庆贺幼儿的发展与进步。教师可以通过对儿童个人档案内容的查阅，获取信息和启示以便改进教育计划，安排适宜活动，针对个体差异进行教育。儿童个人档案袋的材料还可以在幼儿升班时向新的教师提供全面客观地了解幼儿的宝贵资料。

在每个儿童个人档案中，一般还应包括一个发展检核表，教师在一年中必须对每个儿童做两三次检核，并在发展检核表和儿童作品集的基础上，作出鉴定性评价报告。发展检核表可以向教师提供一个观察或收集信息的框架结构，以及依据国家课程标准与儿童发展知识而制定指标。因此，教师必须熟悉发展检核表的内容，有系统地、持续地观察并记录幼儿的各项表现，再根据这些记录作出初步的评定，以便在学期末或学年末再作总结性评定。

有效地使用这一方法需要一段时间的实践和练习。一旦养成习惯和积累了经验，教师将能在自然的教育过程中收集到丰富的可靠而生动的发展证据。儿童个人档案是幼儿园的重要资料，应当妥善保存，以免混淆和丢失。

三、家长参评

幼儿在家庭中的生活和表现可能会与在幼儿园里有所不同。不同家庭背景的幼儿，在家里的生活经验会有很大的差别。了解幼儿在家里的行为表现，有助于及时发现和识别幼儿发展中值得立即关注和干预的问题，也有助于幼儿园和家庭密切配合，共同有效地进行教育，开发幼儿的发展潜力。

家园联系的方法多样。例如，幼儿园家长会，家长开放日，家长志愿者，定期或不定期的新闻简报，用信件通报幼儿园或班级的有关事宜，幼儿园家庭联系册，班级教师家长见面会，幼儿园拍的活动录像片、录音带、照片，教师与家长的日常交流，互通电话或电子邮件，幼儿发展报告单等。各种形式的目的都是让教师和家长共同了解幼儿，以便相互合作，改进教育，促进幼儿各方面的发展。

教师可以创造性地建立和使用家园联系册。联系册可以定期让家长阅读和填写，针对当前的需要，以及在某个时期主要集中在某个发展方面和教育主题填写，也可以根据家长和教师各自的需要随时地自由地交流意见。另外，联系册是经由书面的方式与家庭保持联系，不能完全替代教师和家长在幼儿园的日常交谈与必要的电话交流，以及每学期例行的教师和家长正式见面会。

教师应当在需要时主动地向家长报告幼儿的情况并寻求合作。教师也应当鼓励家长及时与教师交流有关幼儿在学习与发展中的问题和意见。每学期的教师和家长见面会是教师获取幼儿各方面发展信息，并解答有关幼儿行为表现问题的极好机会，教师应充分利用这个机会。对幼儿的终结性评价应充分纳入家长所提供的信息。

幼儿园应当鼓励家长在家里观察孩子的情况，并与教师及时交流信息。

以下介绍几种帮助家长对幼儿进行观察和评价的常用方式。这些只是一些可供参考和提供启发的例子，教师应当根据本园本班幼儿的实际情况和需要，向家长提供有针对性的评价指南。

（一）家长评价指南举例：带着问题观察。

1. 社会情绪发展

你的孩子常和别的孩子一起玩吗？

玩的时候是否很开心很投入？

他能不能遵守游戏规则？

他平时是否对各种活动感兴趣并富有热情？

他愿意和别的孩子分享玩具吗？

他和小朋友轮流玩吗？

他在不高兴的时候会怎么样？

他是否遵从成人的指令？

2. 身体动作发展

你的孩子每天的活动量如何？

他经常跑跳攀爬吗？

他喜欢踢球或游泳吗？

他经常用笔涂鸦，或搭积木、穿珠子吗？

他会使用剪刀吗？

他是否会控制自己动作的适宜性和活动量？

他平时是否总是显得很活跃，还是总是显得比较怠倦？

他在家里的胃口、饮食和睡眠情况如何？

他会自己吃饭、穿脱衣服、洗手或洗澡吗？

3. 认知发展

你的孩子是否经常问"为什么"的问题？

他喜欢和别人用言语交谈吗？

他能解释自己的动作行为吗？

他喜欢画画或写字吗？
他喜欢专心地读书吗？
他经常要求你讲故事吗？
遇到问题时，他怎样解决？
他会认或会写自己的名字吗？知道自己的性别和年龄吗？
他能说出多少颜色/形状/动物/用具等的名称？
他会给别人讲故事吗？
他数数能数到多少？会玩数字游戏吗？
他能说出听过的故事的大意吗？
他能说出家里的电话号码和地址吗？
他能理解"空""满""深""浅"等概念吗？

4. 情绪情感

孩子平时一般显得快乐轻松还是闷闷不乐？
孩子通常在什么情景中感到特别快乐或不开心？
在高兴时孩子会有什么样的反应？
在不高兴时孩子会有什么样的反应？
孩子一般会告诉你他感到高兴的事吗？
孩子一般会告诉你他感到不高兴的事吗？
孩子能否察觉别人的高兴或不高兴的情绪？
孩子如何对待别人的高兴或不高兴的情绪？
孩子是否经常在情绪上表现激烈波动（极度亢奋或极度消沉）？
如果孩子经常情绪不稳定，是否请医生鉴定诊断？

5. 亲子互动

你经常和孩子一起玩游戏吗？
孩子玩积木时，你是否鼓励他说说他的计划和成果，并和他讨论？
孩子活动有困难时，你怎么帮助他？
孩子有高兴的事情，会告诉你吗？你怎么反应？

孩子有不高兴的事情，会告诉你吗？你怎么反应？

一般而言，你总是满足孩子的要求吗？

你对孩子提出行为规则吗？孩子做不到时你怎么办？

你和孩子谈心吗？孩子信任你吗？

孩子帮你做事吗？

(二) 家长评价指南举例：关注孩子的发育指标。

年龄	平均体重增长	定期检测
新生儿	3.2~3.3 kg（出生体重）	
0~1 个月	0.5~1.5 kg	1 次/月
2~3 个月	0.9~1.25 kg/月	1 次/月
4~6 个月	0.45~0.75 kg/月	1 次/月
7~12 个月	0.22~0.37 kg/月	1 次/2 月
1~2 岁	2~2.5 kg/年	1 次/3 月
2~6 岁	2.0 kg/年	1 次/6 月
6~10 岁	2.0 kg/年	1 次/年

年龄	平均身高增长	
新生儿	50 cm（出生身长）	
0~3 个月	3.5 cm/月	
3~6 个月	2.0 cm/月	
7~12 个月	1.0~1.5 cm/月	
1~2 岁	10~12 cm/月	
2 岁~青春期前	5~8 cm/年	

年龄	平均头围增长
新生儿	34 cm（出生头围）
0～1个月	2.8 cm/月
1～2个月	1.9 cm/月
2～3个月	1.4 cm/月
3～6个月	3.0 cm/3个月
7～9个月	2.0 cm/3个月
10～12个月	1.5 cm/3个月
0～1岁	13 cm/年
1～2岁	2 cm/年
2～3岁	1 cm/年

（三）家长评价指南举例：交往能力和技能检核评定（记录孩子何时达到）。

1. 不惧怕陌生环境，能很快适应新环境。
2. 必要时，能克制自己的感情。
3. 有独立能力，不喜欢依赖别人。
4. 与小伙伴相处和谐，能在各项活动和游戏中合作成功。
5. 善于和乐于帮助他人，并能谦让。
6. 能理解成人的意图，并能按成人的意愿去办事。同时还能提出自己的观点和建议。
7. 有组织能力，在游戏和学习中能起到"小领袖"的带头作用，并为伙伴们所喜爱。
8. 在公开场合，能聪明、机智、不卑不亢地表达自己的想法和建议。
9. 热情开朗，与人交往中充满尊重和信任。

(四)家长评价指南举例:介绍基本动作的发展性含义,了解培养与观察时的重点。(资料来源:《幼儿健康与动作发展》)

1. 走

走是幼儿发展过程中最重要的基本技能之一,是大肌肉动作发展的一个重要方面。走不仅为幼儿其他动作的发展奠定了基础,而且能迅速扩展幼儿的探索空间,为其他方面的发展开辟道路。在整个学前时期,幼儿走的动作一直在不断发展。三岁以后,幼儿走路时全身的紧张状况已经基本消除,但还不够协调和自然;四五岁时,动作的协调性提高;五六岁后,能够自然、轻松地走路,并根据需要自如地控制走的节奏和方向。锻炼幼儿走的动作可以促进幼儿神经系统的发育。

成人通过观察幼儿走路姿势可以及时发现幼儿的健康状态,例如,生病或体弱幼儿,走路时常常无精打采。良好的走路姿势不仅是身体健康发展的一个标志,也是反映人的性格与精神状态的一个重要方面,例如,走路时低头或东张西望,摇摇晃晃或弯腰躬背常常被视为不良的习惯。在日常生活中,成人应多提供机会让幼儿进行走步锻炼,同时注意纠正幼儿的走路姿势。

2. 跑

跑是走的动作的延伸,与走不同的是,跑的动作速度快,由单脚支撑与腾空交替形成周期。完成跑的动作需要有足够的腿部力量(蹬地)、平衡能力(维持着地及腾空时的身体姿势)和动作的协调能力(躯干与四肢的协调),因此,跑的动作的发展,反映了幼儿多种身体机能的提高。跑是婴幼儿最常见的动作之一,即使走路尚未稳健的孩子,也在积极地尝试跑。三岁前,孩子跑步时还左右摇晃,身体僵直,双臂紧绷;三四岁的幼儿跑的动作开始平稳,但速度较慢,且不能快速跑或改变方向跑;五六岁时,幼儿跑步动作基本成熟,不但速度提高,而且能够自如地控制速度和方向。

锻炼幼儿跑的动作有利于增强幼儿腿部肌肉力量,提高幼儿身体的平衡能力和身体动作的协调性,并为幼儿其他动作,如跳跃等动作的发展奠定基础。跑的动作的成熟与发展使幼儿的活动能力提高，为其参与多种体育活动和游戏活动提供了条件。跑步对增强幼儿的体质具有重要意义，跑步时幼儿的能量消耗上升，呼吸和血液循环加快，因此，可以锻炼幼儿的心血管系统和呼吸系统。此外，跑步还有助于幼儿中枢神经系统功能的完善，提高幼儿对环境的适应能力。

3. 跳

幼儿两岁时出现跳的动作，但三岁后动作还不够协调；四岁时，幼儿上下肢的配合逐渐协调，落地时能缓冲；五六岁时幼儿可以掌握各种跳跃动作的技能，动作的灵活性、协调性有了很大提高。幼儿双脚向前跳的能力（立定跳远），是幼儿跳跃动作的一种。立定跳远需要幼儿有较强的腿部肌肉力量（蹬地）、身体活动的协调能力和身体的平衡能力。跳的动作要求幼儿身体腾空，在空中保持身体平衡，并做好落地时的缓冲动作。与走和跑相比，跳的动作更难，需要更多的技能。

通过有目的、有计划的体育活动锻炼幼儿的跳跃能力，可以提高幼儿大脑皮质运动中枢的发展水平和功能，促进身体动作的协调，使幼儿四肢骨骼的发育更加坚固，腿部肌肉更有弹性。

4. 平衡

平衡是幼儿进行各种活动和保持身体姿势所必需的重要因素，是幼儿进行走、跑、跳等大肌肉运动的基础。在学前期，幼儿的平衡能力是逐渐发展的，其趋势是从保持一种身体姿势到做各种动作和采取各种姿势时都能保持稳定。幼儿平衡能力的发展有赖于大脑皮层功能的完善、兴奋和抑制过程平衡的完善，以及视觉、前庭器官的协调控制能力的发展。

提高平衡能力对幼儿多方面的发展具有重要意义，例如，可以促进幼儿神经系统功能的完善和各种动作技能的协调发展，为幼儿参与多种体育活动和掌握更为复杂的动作技能（如滑冰、骑三轮车等）奠定基础。锻炼幼儿的平衡能力，对其个性的健康发展也有积极的促进作用。为了保持身体平稳，需要幼儿精神集中、勇敢、镇定、意志坚强。在提高平衡能力的过程中，幼儿的注意力、坚持性、意志力等品质也会得到发展。此外，平衡感的获得还有助于提高幼儿的自信心。

5. 拍球

拍球是幼儿最喜欢的体育项目之一，也是幼儿园体育锻炼的重要内容。掌握拍球技能，需要幼儿具备良好的手眼协调能力、反应能力以及手指运动的灵活性。通过拍球游戏，可以满足幼儿的兴趣，提高幼儿参与体育活动的积极性，促进幼儿神经系统对肌肉的控制与调节，视觉与大肌肉动作的协调，左右手的相互配合与协调（左右手拍球），腿部动作与手的动作的配合与协调（运球）等方面能力的发展。

在拍球活动中，幼儿可以体验力量与物体变化的关系，如用力过大，球会弹得很高或脱离人的控制，用力过小，球不会弹起来。此外，拍球活动还可培养幼儿的专注力，增强幼儿的自信心和成就感。

6. 画

画的技能是幼儿小肌肉动作发展的重要指标。绘画是许多幼儿喜爱的活动之一，一两岁的幼儿就常常用笔在纸上随意地涂鸦。3岁以后，随着幼儿神经系统的发育和手眼协调能力的发展，幼儿可以根据自己的兴趣或成人的要求画画，如画直线、曲线和更复杂的图形。画的动作是一种手脑协同下产生的精细动作。大量生理学的研究证明，人体各个部位在大脑皮层都有相应的代表区域，大小与该部位运动的复杂程度成正比。手在大脑皮层所占据的区域是最大的，因此，手的运动也就最复杂和最精细。与其他部位相比，手与大脑的关系最为密切。手的精细动作，可以有效地激活大脑皮层相应部位的活动，促进多种神经联系的建立。我国民间有"心灵手巧"之说，揭示的就是手与大脑发育的关系。

绘画是一种锻炼大脑的重要活动，可刺激幼儿神经系统的发育和成熟，促进幼儿手脑协调能力的发展和智力水平的提高。绘画时，需要幼儿的视觉、触觉等多种感知觉的参与，因此，可促进感觉器官的发育。完成精细动作，还需要幼儿有较好的自我控制能力、耐力和良好的注意力品质，而绘画活动反过来又可以促进这几方面素质的提高。通过绘画，可以培养幼儿的审美情趣，陶冶幼儿的情操，调节幼儿情绪状态并促进情绪稳定性的发展。

7. 剪

剪是以剪刀为工具而进行的小肌肉动作。与画一样，剪的动作也是手脑相互配合下的精细动作，因此，同样对幼儿大脑和智力发展具有重要的作用。与其他小肌肉活动相比，剪的动作更为复杂和困难。首先，幼儿需要掌握使用剪刀的技能，在此基础上，才能完成对某种物品（如纸）的操作。学会使用剪刀，需要进行大量的练习，幼儿一旦获得这种技能，则会对操作工具产生极大的兴趣。在对物质材料（如纸张、碎布等）的操作过程中，幼儿还能获得对物品的形状、厚薄、质地、大小等特性的认识。剪的活动，需要幼儿视觉和触觉的参与，所以，它可有效地促进幼儿手眼协调能力的发展和感知觉的进一步成熟。

8. 折

折纸活动是以纸等物质材料为操作对象的手脑协同的精细运动。它对幼儿智力发展以及动作发展的意义，与绘画、使用剪刀相同。除此之外，折纸活动还对发展幼儿的想象力、模仿力、创造力等有促进作用。

9. 穿珠子

穿珠子也是一项精细运动，对促进幼儿手脑、手眼协调能力的发展等十分重要。另外，还可以帮助幼儿认识事物之间的对应关系（孔的大小与线绳的粗细）和空间关系（珠子的位置与线绳的方向），培养幼儿的注意力、坚持性、自我控制能力等良好个性品质。

 思考与练习

1. 简述幼儿园日常教育活动中的评价有哪些重要意义和原则。
2. 教师如何在日常教育活动中进行反思性评价？
3. 举例说明教师在日常教育活动中观察的主要方式及其适用范围和

特点。

4. 讨论家长参与评价的方式和内容。

5. 选择一个具体的课题,分小组设计一项在日常教育活动中评价的计划和实施方案。

第十一章

学前特殊儿童教育评价

内容提要

本章论述关于缺陷儿童和处境不利儿童的学前教育评价。缺陷儿童是指患有各种遗传性或慢性疾病，从而导致身体或智力等发展迟缓的儿童。处境不利儿童是指生活在具有各种不利因素的家庭背景中的儿童，如低收入家庭或单亲家庭，以及因贫穷或父母吸毒、犯罪等原因，有可能造成发展迟缓、学业失败或其他行为问题的儿童。我国目前在学前特殊儿童教育及评价方面尚处于起步阶段。本章在概述学前特殊儿童教育评价的一般内容和重点问题之后，着重介绍国外的此类学前教育课程项目的评价及其结果，以期对开展此方面的教育及其评价提供启示。

学习目标

1. 了解学前特殊儿童教育评价的一般内容和需要关注的重点问题。
2. 获取有关改善我国当前学前特殊儿童教育评价实际状况的启示。

关键词

缺陷儿童　处境不利儿童　早期干预　学前干预课程评价

第一节 学前特殊儿童教育评价概述

随着社会的发展和进步,对缺陷儿童和处境不利儿童的关怀和帮助已成为发达国家政府诸多重点工作中不可忽视的一部分。在早期干预和早期特殊教育中应如何实施有效的评价也已成为很多国家政府和教育行政部门以及研究人员的关注焦点。我国近年来也越来越多地关注这方面的问题,"希望工程"发动社会力量办学和帮助贫困孩子的学业便是一例。但目前由政府出资直接为缺陷儿童和不利儿童开办的学前干预教育课程仍然少见,对缺陷儿童和处境不利儿童的教育评价研究更为缺乏。随着我国社会经济的日益发达,可以预见,此类教育研究和评价必将迅速改观。针对缺陷儿童和处境不利儿童的学前教育评价,近年来的研究和评价实践显示出以家庭为中心的特点和倾向。早期儿童发展过程中家庭的关键性和重要性已是众所公认的事实。对父母的依恋对于儿童早期的社会情绪的发展至关重要,对儿童学业的成长与成功也有着不可替代的作用。对于缺陷儿童和处境不利儿童,家庭的作用尤为显著。许多研究指出,对于此类儿童,仅仅提供学前教育并不一定能保证提高儿童发展的水平,家庭的影响和支持不可忽视,因此,所有针对缺陷儿童和处境不利儿童的学前教育项目都必须同时针对儿童和他们的家庭。美国联邦政府于 1986 年颁布了一项法规(The Education of the Handicapped Act Amendments of 1986,Public Law 99-457),规定各州在政府资助下的早期特殊儿童教育与干预项目课程均须增加向有特殊需要儿童的家庭提供综合性社区服务的内容,并要求针对项目或课程的运行状况和结果开展及时的、综合性的、多方面的评价,包括对目标儿童及其家庭的各种检测与评定。

关于家庭作用的评价必须重视与家庭有关的各种关系的质量,以及与之相关联的行为。传统的评价模式采用的"被试—处理—结果"的程式难以测量有效的家庭干预的效果,因为评价资料往往局限在家园关系和教师家长关系上,而忽视了社区对家庭的重要影响。针对缺陷儿童和处境不利儿童的学前教育必须结合社会其他力量综合治理解决家庭问题。贫困家庭无法较好地教育子女问题，不是仅靠学前教育机构或课程项目就可以解决的，而是由各种因素的交互作用使然。例如，一个儿童进入一个不相信这个儿童能教育好的学校，或儿童每天生活在充斥着吸毒和犯罪的社区中，没有适宜的成人榜样，或限制在某个由于肤色或缺陷而被隔离的群体中，即使这个儿童参加了某个学前教育项目，他所得到的许多教益也将会被淹没在他的恶劣环境之中。所以，评价者应当考虑把这些因素纳入评价模式，从而为进一步的社会政策提供依据。

目前，各国在早期干预领域的评价主要以课程性评估的形式为主，对特定的早期教育与干预的课程或项目加以价值鉴定。课程性评估是将课程目标作为教学评估的标准，并以此标准评估儿童能力水平和进步情况。课程性评估有非常明确的目标，根据不同课程模式可以分为发展里程碑模式、功能适应性模式、相互作用模式。它通过独特的关联系统实施评估，并根据现实性、公平性、会聚性和敏感性这四个标准保证评估的效果（钱文，2004）。

关于缺陷儿童和处境不利儿童的学前教育评价，一般包括以下几方面的内容：

一是对儿童个人资料的评估，包括出生情况、儿童健康资料，以及对认知功能、动作能力、语言、社会情感、适应行为等的评估。对于有身体缺陷儿童的项目评价还常包括医药疾病史、视力、听力、神经系统功能，以及新陈代谢、呼吸系统、消化系统和其他涉及生理学、遗传学疾病等的检查评估。

二是有关家庭和社区的资料，包括父母的社会经济状况、受教育程度、婚姻现状、宗教信仰、家庭生活环境和不利因素调查、家庭人口及其相互关系、接受社会福利救济的情况、兄弟姐妹的学业、亲友和社区支持系统等。家庭所处的社区环境和所提供的服务项目等情况，以及利用社区资源的程度，也是很重要的评估内容。

三是课程效果，主要通过对参加课程的儿童及其家庭在某些方面的进步进行评估，或与未参加课程的同类儿童相比较，或进行长期的跟踪评估，总结课程对儿童产生的短期或长期的影响。

四是费用与收益评估，即计算出累计的每年人均投入的经费与各种长期或短期的各方面收益所折合的经济价值总和之比率，并加以比较和分析。

以下介绍几个早期特殊儿童教育课程项目的评价实例。

第二节 缺陷儿童早期干预项目评价

一、项目简介

为确保所有缺陷儿童的受教育权利，美国国会于1975年11月通过一项公共法案（94—142），称为"残疾儿童教育法"（EHA）。该项立法于1986年进行了补充修订（99—457），增加了对婴幼儿及其家庭服务的专门计划；1990年再次修订并更名为"有缺陷个体教育法"（IDEA）。1991年进一步修订，要求各州将早期干预服务计划转变为公共特殊学前教育计划，于1997年开始实行，由各州政府负责实施，而且实施时要求对婴幼儿的干预服务必须在自然环境（如家庭、托幼中心或学前机构）中进行。因此，美国各州政府均向缺陷儿童与处境不利儿童提供专门的早期干预课程，同时有许多州还提供资助，开展了对此类课程的评价。这里主要介绍印第安那州的缺陷儿童早期干预项目（First Steps）（资料来源：Conn-Powers & Dixon, 2005）。

缺陷儿童早期干预项目（简称FS）旨在通过针对个体婴幼儿（0～3岁）及其家庭的直接的多方面干预，最大程度地优化由于疾病和缺陷而导致的发展迟缓的个体儿童的发展。接受项目服务的资格由多方面的专家组鉴定，主要包括发展迟缓，或因身体或心理疾患可能造成发展迟缓的婴幼儿。该项目强调个性化服务，进入项目服务计划的每一个儿童及其家庭，均被指定一个专门的项目协调员负责，根据该儿童及其家庭的实际情况和特定的需要，设计出专门的个案服务计划，定期家访，培训家长，汇总所有有关该儿童的身体状况和发展性检测的数据，适时修改个案服务计划。印第安那州的缺陷儿童早期干预项目提供的服务还包括提供协助性医疗器械或材料，帮助有缺陷的儿童更有效地参与游戏和其他交往活动；由经过资格认证的专业人员进行家庭访问，训练家长关于针对孩子的特殊需要予以帮助，以促进其发展的具体技能；通过诊断性检测，评价儿童各方面的发展水平，包括身体发育、营养状况、感官动作、社会情绪、认知水平等，以便有针对性地调整其个体干预方案。该项目根据儿童家庭的实际经济状况提供免费或适当收费服务，使得处于不同社会经济地位的所有有需要的儿童均能得到同样的关注和服务。

二、评价目的

印第安那州政府在实施缺陷儿童早期干预项目计划的早期，就特别拨款设立评价研究专项，委托专业研究人员设计评价方案，并在全州收集评价资料，施行对该项目效果的评价研究。此后，该研究项目成为年度专项，每年持续性评价并发表评价报告。这项评价研究的主要目的是：

（一）考察项目的最终目标，促进个体儿童发展，为决策部门提供项目进展的依据。

（二）通过评价推动法案的贯彻实施。

（三）经评价研究发现实施中存在的问题，以便提高项目的实施质量。

（四）为进一步计划和扩展未来项目服务提供信息。

三、评价体系的特征

（一）在全州面向全体服务对象，在项目的实施过程中持续进行。

（二）结果取向评价，即重在评价项目对于儿童、家庭或社区的结果，而不是重在评价服务或过程本身（但评价结果有利于改进服务质量）。

（三）为避免干扰和节约开支，评价资料由提供服务的机构在服务过程中收集，而不是由外部人员专门收集。

（四）评价资料的分析和结果报告易于被决策者和实践者理解和参阅，并可作为改进服务质量的指南。

（五）在设计评价体系的各个阶段中（如选择结果标准、设计收集资料的表格等）尽可能听取有关各方的意见和建议，如家庭、服务人员、各地决策者、州行政管理人员等。

四、评价的主要问题

此项评价要回答的主要问题是，缺陷儿童早期干预项目对参与项目的儿童及其家庭有何影响。具体而言，该评价研究拟从三个方面（接受服务的类型与数量、儿童发展的结果和对家庭的影响）来回答以下两个问题：

（一）参加项目的儿童中，具有不同类型的疾病或缺陷者在结果上有何差异。

（二）在不同年龄段开始接受项目服务者在结果上有何差异。

五、评价方法

（一）评价对象

所有接受项目服务至少6个月，并已经结束本项目的儿童及其家庭。

（二）收集资料的途径

1. 开始项目时的各种评估表格。
2. 家庭访问时的评估记录。
3. 完成每一项服务时的评估记录。
4. 结束项目时的评估表格（见表11-1）。

（三）评价资料内容

评价的内容主要有：儿童的出生年月、性别、种族、缺陷类型、家庭人员、项目起始日期、项目结束日期、首次服务日期、末次服务日期、接受服务地点、接受服务时间总计、项目起始时儿童发展水平、项目结束时儿童发展水平、儿童基本技能的获得或提升、家庭参与活动的程度、家长的育儿知识与技能的发展、家庭的社会支持和资源等。

（四）项目效果评价指标

1. 儿童获得基本的重要的发展技能。

2. 儿童参与社区提供的环境和活动。

3. 儿童及其家庭安全健康，营养良好。

4. 家庭作为项目团队成员，接受项目提出的关于如何帮助儿童的建议。

5. 家庭与其他家庭和社会组织保持联系，以得到情感上的支持。

6. 家庭在选择目标和服务项目等方面能行使自己的权利。

7. 社区信息通畅，并能及时推荐有需要的儿童参加项目。

8. 社区机构（幼儿园、托儿所、公交车、零售业、房管部门、提供工作职位的雇主等）欢迎并完全接受有缺陷或残疾儿童及其家庭。

9. 社区向所有家庭提供健康保健服务。

（五）评价用表举例

表 11-1 是每个儿童及其家庭在结束项目离开前所需填写的部分评价项目。

表 11-1　结束项目评价表

儿童的项目代号			
项目协调员姓名			
第一部分：儿童发展水平			
1. 发展领域	年龄分数	迟缓百分率	需要服务
认知			是/否
身体与动作			是/否
交往			是/否
社会情绪			是/否
适应能力			是/否

续表

第一部分：儿童发展水平			
2. 发展性技能			
大肌肉动作	不能	帮助下能	能
抬头			
翻身			
坐			
爬			
扶着站立			
走			
上下楼梯			
带玩具走			
小肌肉动作	不能	帮助下能	能
向人或物伸手			
抓握较大物体			
抓握较小物体			
用蜡笔等画			
解衣服扣子			
协调地玩玩具			
交往技能	不能	帮助下能	能
注视人脸或声音			
微笑			
牙牙学语（无词语）			
用势态交往			

续表

第一部分：儿童发展水平			
理解"不"+名字			
用词语提要求			
理解简单的指令			
运用简单句子			
开始或继续交谈			
社会情绪技能	不能	帮助下能	能
对成人的交往作出反应			
用动作或声音寻求注意			
自己玩玩具（10~15分钟）			
发起或保持与同伴/成人的社会性游戏			
与同伴分享			
解决与别人交往中的问题			
认知和学习技能	不能	帮助下能	能
对感官刺激的反应（音、光、触摸）			
模仿游戏和其他家庭游戏			
在熟悉的地方找到玩具			
玩简单的想象游戏			
回忆发生过的事或说过的话			
认出名字			
适应性技能	不能	帮助下能	能
用奶瓶喝水或喝奶			
洗澡时合作			

续表

第一部分：儿童发展水平			
穿衣时合作			
脱衣时合作			
用器皿自己吃饭			
表示要大小便			
第二部分：家庭			
3. 改进我的孩子的学习和发展 在结束项目时……	经常	有时	不常
3.1 我很了解该如何在以下方面支持我孩子的学习和发展			
a. 交往技能（理解别人、表达自己、进行简单对话）			
b. 认知技能（获取新知识、解决问题）			
c. 大肌肉动作技能（坐起、走动、玩游戏）			
d. 小肌肉动作技能（拿取、抓握、玩玩具和物品）			
e. 社会/情绪技能（建立积极的人际关系）			
f. 适应性技能（自己进食、穿衣、如厕、洗澡等）			
3.2 我知道孩子的特殊需要，以及这些需要如何影响他的发展			
3.3 我了解哪些图书玩具适合我孩子的年龄			
3.4 我知道该如何对待诸如孩子发脾气等令我气恼的行为问题			
3.5 我知道怎样训练孩子自己如厕			
3.6 我知道怎样和我的孩子说话和玩			
3.7 我知道怎样帮助孩子培养良好的睡眠习惯			
3.8 我知道如何提供机会让孩子跟其他小朋友一起玩耍			
4. 增进我孩子的健康、安全和营养 在结束项目时……		是	否

续表

第二部分：家庭		
4.1 我的孩子定期请医生作检查，或一生病就看医生		
4.2 我知道什么时候孩子应该打预防针		
4.3 我的孩子按时参加了所有的预防免疫项目		
4.4 我家有合适的健康保险		
4.5 我知道孩子该吃什么食物才能保证平衡饮食		
4.6 我的孩子进食良好并保持平衡饮食		
4.7 我知道怎样找到有关下列安全措施的信息		
a. 安全睡眠（防止婴幼儿窒息猝死症）		
b. 私家车内设有小孩安全座椅		
c. 间接吸烟对婴幼儿健康和发展的危害		
d. 在墙上所有的电线插座上安放塑料盖		
e. 安装有效的烟火报警器		
f. 把药物和有毒物品放在孩子不及之处		
g. 检查家中房屋家具等油漆的铅含量		
5. 知道作为项目成员该做什么 在结束项目时……	是	否
5.1 我理解对我和孩子的检测和评价的目的		
5.2 我知道通过检测我能分享关于我孩子和家庭的信息		
5.3 我过去曾分享关于我孩子和家庭的信息		
5.4 我理解个体化家庭服务计划和有关的见面会的目的		
5.5 我知道我可以认为哪些项目服务最重要		
5.6 我知道我可以同意也可以不同意项目组的建议		
5.7 上次见面会时我说了我想要取得的结果		
5.8 上次见面会时我对项目组的意见表示同意		

续表

第二部分：家庭		
5.9 上次见面会时我对项目组的意见表示不同意		
5.10 我知道在家里可以做一些项目组建议的事情		
5.11 我在家里做一些项目组建议的事情		
6. 了解自己的权利 在结束项目时……	是	否
6.1 我知道参加项目有哪些权利		
6.2 我知道可以用以下方法维护自己和孩子		
a. 分享我的担忧、需要和优先考虑的问题		
b. 选择我认为需要的服务和服务者		
c. 增加、调整或停止服务，或改换服务者		
d. 拒绝接受服务或服务者		
6.3 我知道如何解决与提供服务者意见不一致的问题		
6.4 在过去的3个月里，我至少和一个提供服务者意见不一致		
6.5 在与服务者意见不一致时，我知道如何与其一起解决问题		

	经常	有时	不常
7. 联系其他家庭、组织、社区，以获取信息和支持 在结束项目时……			
7.1 我拥有信息和资源以满足我家的			
a. 交通出行需要			
b. 住房需要			
c. 工作需要			
d. 教育需要			
7.2 在我需要信息或情感支持时，我知道我可以联络			
a. 朋友或其他家庭成员			
b. 其他有特殊需要儿童的家庭			

续表

第二部分：家庭			
c. 家庭支持协会			
d. 正式的社区机构			
7.3 在过去 3 个月里，我曾与其他家庭或机构联系，获取信息或支持			
8. 我的孩子能够成功地完成以下日常活动	经常	有时	不常
8.1 早晨起床			
8.2 穿脱衣服			
8.3 吃饭			
8.4 室内游戏			
8.5 户外游戏			
8.6 和兄弟姐妹或小朋友玩			
8.7 参与家庭游戏和活动			
8.8 午睡			
8.9 大小便			
8.10 准备出门			
8.11 晚上入睡			
9. 在过去 2 个月内，我的孩子和全家一起参加了以下活动	经常	有时	不常
9.1 超市买菜			
9.2 其他购物			
9.3 看望亲戚朋友，去邻居家			
9.4 外出吃饭			
9.5 去教堂或参加其他宗教活动			
9.6 游戏小组			
9.7 家庭日托中心			

续表

第二部分：家庭			
9.8 日托中心			
9.9 特殊儿童日托中心			
9.10 政府的早期干预计划			
9.11 有其他儿童的社区活动			
9.12 母亲节外出			
9.13 和家里人一起参加社区活动			
9.14 其他			
10. 在过去一个月内，关于托幼中心和社区活动，我有以下经历	经常	有时	不常
10.1 日托中心欢迎我孩子的参与			
10.2 日托中心提供了安全健康的照顾			
10.3 日托中心满足我孩子的个人需要			
10.4 社区为儿童安排的活动欢迎我孩子参与			
10.5 社区适宜地安排了我孩子参与			
第三部分：结束 FS 项目服务	是		否
11. 你的孩子和家庭为什么要结束 FS 项目（仅选一项）			
a. 我的孩子不再需要 FS 服务			
b. 我的孩子已满 3 岁			
c. 我们决定到别处寻求服务			
d. 我家要搬到别的州去			
12. 你是否参加了有关计划结束 FS 项目的见面会（仅选一项）			
a. 是，在孩子 3 岁前的 90 天之前			
b. 是，在孩子 3 岁前不到 90 天时			

续表

第三部分：结束 FS 项目服务	是	否
c. 否		
13. 如果你的孩子将满 3 岁，而上述回答是"否"，为什么		
a. 我的孩子在满 3 岁前的 90 天之内才加入		
b. 我不知道这事		
c. 我们选择到孩子快 3 岁时再做这件事		
d. 我选择不参加这个项目		
14. 在离开 FS 项目时，你为孩子作出何种选择	是	否
14.1 我孩子将继续参加现在的社区日托中心		
14.2 我孩子将得到医院、诊所或私人医生的治疗		
14.3 我孩子将参加 Head Start 课程		
14.4（如以上任何一项"是"）上述机构派代表参加了 90 天见面会		
14.5 我的孩子将参加公立学校的早期特殊教育课程（如满 3 岁）		
14.6 我的孩子将去社区日托或学前班		
14.7 我的孩子将继续待在家里（不去日托）		
14.8 FS 项目为我提供了作出上述选择的有关信息		
如果对 14.5 和 14.6 的回答为"是"，则请回答以下问题		
15. 如果你的孩子将参加公立学校的早期特殊教育课程，以下是否发生	是	否
15.1 学区已经在我孩子 18 个月时接到通知		
15.2 学区已经在我孩子 30 个月时向我们提供更多信息		
15.3 学区被邀请参加我们的 90 天过渡见面会		
15.4 学区派代表参加了我们的 90 天见面会		
15.5 已完成结束项目的评价，或已预订评价日期		
15.6 过渡见面会已开过，或已预订开会日期		

六、评价结果

以下结果基于该早期干预项目 2004～2005 年的评价报告,评价数据来自对 6 220 名在 2004 年期间开始或结束项目的儿童及其家庭。在 2 543 个在 2004 年期间结束项目的家庭中,1 947 个家庭接受了至少 6 个月的项目服务,826 个家庭的所有资料齐全。有 5 707 个家庭在 2004 年间加入 First Steps,其中 3 266 个家庭的评价资料齐全(57.2%),793 个家庭(13.9%)只交回了部分表格,无法用于结果的分析。评价由州政府和各地资料库的数据汇总后读入 SPSS 统计软件包进行统计处理,包括描述性统计、方差分析、平均数的差异检验等。

该年度开始加入项目的儿童中 52.6% 在某一个领域发展迟缓 20%;30.1% 在两个或两个以上领域发展迟缓 15%;14.5% 具有生理或心理异常问题;2.6% 有先天性疾病。开始加入项目时不同年龄儿童接受项目服务的总时数与接受不同类型服务的总时数呈显著差异。例如:在 13～24 个月龄期间开始参加项目的儿童,接受言语治疗的平均时数最多;3 岁以后加入项目的儿童接受发展性治疗的平均时数最多;1 岁左右加入的儿童接受物理治疗服务的平均时数最多。有先天性疾病的儿童开始加入时的年龄最小。在两个或两个以上领域发展迟缓的儿童退出时的年龄最大。有生理或心理发展异常的儿童接受早期干预项目服务的时间最长。

(一)儿童获得基本的重要的发展技能

评价者收集了四个方面的资料来检测此项指标。

1. 从开始参加项目到结束项目,儿童发展年龄和水平的变化。结果表明,在结束项目时与开始参加时相比,儿童普遍在适应能力和自我服务能力、认知能力、交往能力、动作发展,以及社会情绪技能方面有显著进步。年龄较小的儿童进步率较高,儿童普遍在所有方面有显著进步。在一个领域发展迟缓 20% 的儿童,与在两个以上领域发展迟缓 15% 的儿童相比,在除了交往能力以外的所有方面获得显著进步。生理或心理异常组在社会情绪和交往方面比两个以上领域发展迟缓 15% 的儿童进步显著。

2. 重要的发展性技能的获得和表现。85%项目儿童获得平均10项重要的发展性技能。生理或心理异常组与在一个领域发展迟缓20%的儿童相比,获得较多的技能。

3. 儿童独立从事日常家庭活动的能力。在开始和结束项目时进行的家长访谈中,都问到关于儿童是否能胜任日常活动的情况,包括进餐、玩耍、穿脱衣服、早晚起居等10项。94%儿童在结束项目时能独立从事一项或多项(平均为5.4项),大多数儿童能达到6项以上。在开始和结束项目之间,多数儿童平均增加1.15项。

4. 项目结束时对特殊的专门服务的需求。接受项目服务6个月以上的家庭(58.4%)基本上都在孩子满三岁时才离开,只有1.7%的家庭到别处寻求服务,其余(39.9%)家庭由于孩子不再需要特殊服务而结束项目。结束早期干预项目之后,50%以上儿童仍需要接受交往方面的课程,其次是需要接受促进适应能力和社会情绪的学前教育服务。

(二)儿童参与社区提供的环境和活动

本项指标不仅要求参加缺陷儿童早期干预项目的儿童能够参与社区为所有儿童提供的各种环境设施和活动,而且要求家庭其他成员具有一定的相关知识、技能和心理承受能力,以协助孩子的积极参与。为了检测这项指标的达成情况,在项目开始和结束时分别进行了家长谈话,了解儿童及其家庭参与社区活动的程度,包括去附近的超市购物,参加教会和幼托机构的活动,到朋友或邻居家玩,等等。

项目结束时的谈话结果显示,98.9%的家庭和儿童一起,在最近两周内参加了两个以上的社区活动。平均而言,这些家庭在平时带孩子参加五个以上的各种社区活动。

(三)儿童及其家庭安全健康,营养良好

这项指标旨在提高儿童及其家庭的安全和健康保健水平,因为儿童各方面的发展必须在安全和健康的家庭环境下才能实现。所收集的评价资料包括:

1. 接受医疗保健机构的服务;

2. 关于家庭安全措施的知识;

3. 关于平衡营养的知识。

结果显示,参加缺陷儿童早期干预项目的儿童99.9%定期看医生,97.7%接受免疫接种到位,97.7%拥有适宜的医疗保险。99.9%的家庭知道并且遵循必要的家庭安全规则,如使用烟火探测器、儿童车座和妥善保管有毒物品及可致伤器具。100%家庭报告说知道如何使儿童获得平衡膳食,91.4%家庭认为他们的孩子的确能保持平衡膳食。

(四)家庭作为项目团队成员,接受项目提出的关于如何帮助儿童的建议

家庭在儿童的早期干预中具有举足轻重的作用,而这种作用的程度取决于家庭了解项目的程度,以及理解并执行早期干预项目所提出的关于如何帮助儿童的建议和要求的程度。因此,评价研究从两个方面收集关于该项指标的评价信息:①家庭对于缺陷儿童早期干预项目的了解,以及关于家庭应当如何帮助孩子的知识;②作为孩子的早期干预者团队的成员,家庭实际参与干预活动的程度。

在项目结束时,100%儿童的家庭了解缺陷儿童早期干预项目的各种服务及其程序,包括项目评价的目的、各项检测和提供信息填写表格等。99%家庭说他们知道在接受服务期间有机会分享信息,98%实际上做到与别人分享。100%家庭知道自己有权利同意或者不同意对自己孩子的干预团队中其他成员的意见。99.6%家庭表示同意团队的意见,18%曾表示不同意的家庭中有95%认为他们与团队一起商量共同解决了问题。

(五)家庭与其他家庭和社会组织保持联系,以得到情感上的支持

缺陷儿童早期干预项目希望保证家庭在需要时,能够有效地获得包括来自社区和家庭自身社会交往圈的支持。在开始和结束项目时收集了两方面信息以评价此项指标:

1. 家庭是否完全了解自己可以得到的信息及其来源;

2. 当需要时,家庭是否寻求并能获得帮助和支持。

96.5%家庭知道在需要时可以得到交通方面的信息帮助；97.9%知道可获得住房资讯；96.5%知道可得到找工作的信息；97.6%知道可得到教育培训方面的资料；65.4%的家庭报告说在最近的三个月中，曾寻求并得到过社区或亲友在信息或情绪情感上的支持和帮助。

（六）家庭在选择目标和服务项目等方面能行使自己的权利

此项指标与第四条有关联，主要强调家庭在为自己孩子的利益而行使必要的权利方面的知识和技能。在项目开始时的见面会上，项目工作人员详细介绍家庭的权利，目的是使家庭在感到满意舒适时才开始进入项目，而且在项目结束时，家庭也能同样感到对自己的权利充满信心。98.1%家庭在结束时认为他们了解自己的权利；99.4%家庭报告说知道如何行使权利；99.2%家庭认为知道在有不同意见时如何与提供服务者一起共同解决问题；18.2%家庭在三个月内曾有过不同意见，其中有91.1%报告他们通过协商解决了问题。总之，一般而言，大多数家庭在结束项目时，在为自己孩子选择服务项目和支持孩子活动方面，都具备必要的知识和技能。

七、评价结论与建议

（一）从评价资料的分析中得出的结论

1. 具有遗传性不利因素而符合缺陷儿童早期干预项目加入资格的儿童，一般均能在出生后早期便被识别，并接受一般的发展性服务。在结束项目时这些儿童一般不再需要其他的特别服务。

2. 由于生理缺陷或心理疾病而符合缺陷儿童早期干预项目加入资格的儿童，一般均能在出生后一年之内被识别，并接受多项服务。这些儿童中有40%在3岁前结束项目服务，并不再需要其他的特别服务，其余儿童一般在满3周岁时才结束项目。

3. 发展迟缓儿童的识别一般较迟，平均到17～20个月龄方可被识别。这些儿童因而接受服务的时间较短，但在项目期间可能接受较多的服务量，并一般要到满3岁才离开。两类发展迟缓儿童在接受服务的类型和数量上存在明显区别：多个领域发展迟缓15%的儿童更可能接受较多类型的更为深入的治疗和干预，而在某一个领域发展迟缓20%的儿童更可能接受较多的言语治疗。

4. 较早加入缺陷儿童早期干预项目的儿童可接受较长时间的治疗和干预服务，倾向于较早地结束项目，并在结束项目后不再需要其他的特殊教育服务。在项目接受服务的类型和数量上的差异主要与儿童的缺陷因素相关联，而不是参加的时间。

以上结果表明，缺陷儿童早期干预项目中该年度的工作按照项目预期的目标，对参加项目的儿童和家庭提供了所需要的服务和支持，并取得一定的效果。

（二）对今后的项目服务及其评价工作提出的建议

1. 许多有生理和心理缺陷的儿童在出生时就有症状，但却未能及早诊断和识别，在这方面存在改进工作的需要。

2. 对有生理和心理缺陷的儿童，有必要对有关他们的发现作进一步的分析，了解他们的缺陷状况和退出时间的联系及其原因。许多此类儿童的家庭都表示孩子在3岁后仍然需要特殊的教育服务。

3. 对发展迟缓的儿童，往往发现得较迟，有必要改进识别和诊断程序，以便使此类儿童早日接受治疗和服务。

4. 评价资料的分析可作进一步的改进，增加有关儿童家庭的资料，如家庭收入、民族、家庭成员的性别等。

第三节　处境不利家庭儿童学前干预课程评价

一、课程简介

（一）课程背景

低收入家庭儿童干预课程（Jumpstart）是美国一家全国性的以培训幼

儿教师和提供早期教育服务为目的非营利组织，于1993年在耶鲁大学成立。低收入家庭儿童干预课程是对3～5岁低收入家庭儿童的干预课程，其宗旨是"努力实现每一个儿童在入学时已作好学业成功的准备"。该课程由经过培训的大学生担任教师，在学年期间每周向项目儿童提供一对一的或小组形式的学前教育，主要在语言和阅读以及社会能力方面予以辅导（Jumpstart，2006）。

该组织得到诸多公司的资助，包括 American Eagle Outfitters，AmeriCorps，Learn and Serve America，Pearson 和 Starbucks 等。2004～2006年该组织连续获得快速发展奖，是美国近年来发展最快的25家非营利组织之一。目前该组织总部设在波士顿，每年培训 2 500 个成员，遍布美国 22 个州 60 个社区，受益的儿童有 10 000 名，并以每年 30% 的速度递增，2011 年达到每年培训 6 000 个大学生，为 20 000 名儿童提供学前教育干预服务。

（二）课程目标

1. 学业成功

每个参加项目的大学生都有一个长期辅导的儿童对象。课程通过一对一的、持续的、负责任的教学与交往，不仅使儿童作好充分的入学准备，包括在阅读、情绪和社会能力方面的准备，而且培育儿童得以受益终生的对学习的向往和热爱。

2. 家庭参与

课程向所有项目儿童的家庭提供书籍和活动资料，并帮助家庭把语言和阅读等入学准备活动纳入儿童的日常活动。

3. 师资培训

课程通过培训大学生并由他们担任课程的实施者，培养和造就一批不仅热爱儿童教育事业，而且具有实际教学技能，既富有爱心又有责任心的未来教师。

（三）课程内容

每年除寒暑假之外的 8 个月期间，经过培训的大学生每周 2 次，每次 2 个小时，到附近的学前教育机构参与教育工作。每次包括以下三项内容。

1. 一对一地辅导幼儿阅读

儿童自己选择一本书，和大学生一起读书。大学生采用课程专门设计的对话阅读法进行辅导。对话阅读法利用儿歌的形式，对阅读内容进行深入的讨论，促进儿童阅读能力的发展。

2. 领导幼儿集体活动

大学生带领儿童进行综合性的活动，把阅读、情绪和社会性教育贯穿其中，采用的形式可有唱歌、手指游戏、动作游戏等。在活动期间，让儿童感受到作为项目成员被大家欢迎的快乐。

3. 引导自由活动

这部分活动持续时间最长。大学生引导儿童自己制订活动计划，用对该儿童富有意义的方式探索事物和解决问题，并在儿童完成活动后予以点评。

此外，大学生还用每周 2～5 小时，在班上担任助教。在此期间，大学生不仅要帮助自己的辅导对象，而且要协助班上的主班教师的工作。这使得大学生有机会与更多的儿童接触，并得到宝贵的早期教育工作经验。

二、评价目的与内容

为了获取关于课程的有效性证据，并有针对性地改进课程和提高对不利幼儿的服务质量，项目组每年开展课程结果的评价活动。评价在该课程所在的针对低收入家庭儿童的学前教育机构进行，包括一些开端计划托幼中心。评价内容主要包括儿童在语言与阅读、主动性与社会技能方面的进步。

三、评价方法

评价采用项目组与对照组前后测比较的方法。评价工具为低收入家庭儿童干预课程项目组在高瞻《儿童观察记录量表》（COR）的基础上经选择而成的《学业能力评定》（SSC，见表 11-2），其中包含 COR 32 个项目中的 15 个项目，分为两部分：语言与阅读（8 项）和主动性与社会技能（7 项）。项目组认为，由于 COR 在对不同群体儿童的测试中得到了良好的效度与信度，故而这些项目应有助于以课程改进为目的的评价。

表 11-2　低收入家庭儿童干预项目《学业能力评定》

聆听和理解言语
1. 能对建议、要求或问题作出动作或言语反应
2. 在听故事、儿歌或讲述事情时，会预知下文或插进一个字词或短语
3. 在听故事、儿歌或讲述事情时，会说出自己的意见或提出问题
4. 能参与进行中的对话
5. 能持续进行 3 个回合以上的对话
运用词汇
1. 能谈论眼前的人或物
2. 能谈论不在眼前的人或物
3. 运用与特定事物有关的词汇
4. 会用 2 个以上词汇描述某物，如，那只大狗毛茸茸的
5. 能问某个字词是什么意思
运用复杂句型
1. 能运用多个词和词组
2. 能运用四个词以上的句子
3. 能连用两个以上简单句
4. 会说复合句，如，我要造一辆汽车，还要给它盖一个车库
5. 会用从句，如，在……的时候，如果……因为……
注意字音
1. 在游戏时，会学着发出动物、车辆或环境中的其他声音
2. 参与学说或复述儿歌或韵语
3. 会接编韵语或儿歌
4. 能说出两个以同音字开头的词
5. 能说出一系列以同音字开头的词

续表

关于书本的知识	
	1. 在别人读书时表现出有兴趣
	2. 能正确地拿书、翻书、读书
	3. 能要求别人念书给他/她听
	4. 能看着书中的图画，说出或编出关于图画的故事
	5. 能顺着一行行地点着书中的字读书
运用字母的名和音	
	1. 能说出或唱出一些字母
	2. 能说出字母表上的三个以上字母
	3. 看着一个单词，能发出其中一个字母的音
	4. 能发出 10 个以上字母的音
	5. 能说出一个词并辨认或发出开头的字母的音
阅读	
	1. 能用同一个词称呼不同的东西
	2. 能说出一张图画或一个符号的意思
	3. 能表现出对文字的注意
	4. 能认出一个单词
	5. 能大声念出一个简单短语或句子
写字	
	1. 能用笔画出图画、曲线或像字母的形状
	2. 能用黏土、废电线或棍子摆出字母的形状
	3. 能写出 2 个以上可以辨认的字母
	4. 能写出一连串字母并读出来，或要求别人读出来
	5. 能写出由两个以上词组成的短语或短句

续表

选择和计划
1. 能用手点或用其他动作表达自己的选择
2. 能说出 1～2 个词表达自己的选择
3. 用一个短句表达自己的选择，如，我打算玩卡车
4. 能作有 1～2 个细节的计划，如，我打算玩积木和救火车
5. 能作有 3 个以上细节的计划，如，我打算画一张我们的新卡车送给妈妈，我要用两支笔和绿颜色
用材料解决问题
1. 运用材料时发现问题，表现出沮丧
2. 运用材料时发现问题，寻求别人的帮助
3. 尝试用一种办法试图解决运用材料时碰到的问题
4. 尝试用两种办法试图解决运用材料时碰到的问题
5. 尝试用三种以上办法解决运用材料时碰到的问题
发起游戏
1. 从事探索性游戏，如，往桶里装沙再倒出来
2. 使用材料制造东西，如，把黏土搓成长条，然后把两头连接起来
3. 从事假扮游戏
4. 在与其他幼儿一起游戏时，自己出了个主意，使游戏在某一个方面有所改变
5. 与其他儿童一起玩时能遵守游戏规则
解决人际矛盾
1. 在与另一个儿童发生冲突时，能以喊叫或动作作出反应
2. 寻求成人帮助解决与另一个儿童的冲突
3. 在与另一个儿童发生冲突时，能自己找出问题所在
4. 在成人帮助下，主动提出解决冲突的办法
5. 与另一个儿童商量解决他们之间的冲突

续表

理解和表达情感
1. 能表现出不高兴
2. 能安慰另一个儿童，如，轻拍、拥抱，送东西给一个情绪低落的儿童
3. 能说出自己的情绪，如，我生气了——不要拿走我的卡车
4. 通过假扮游戏或艺术形式表达自己的情绪
5. 能识别一种情绪并说出原因，如，沙沙今天不高兴，因为她想妈妈了
与成人交往
1. 参与家中成人发起的对话
2. 参与陌生成人发起的对话
3. 发起与成人的对话
4. 持续地与成人交谈
5. 参与某个成人的活动，并能保持一段时间的参与
与其他儿童交往
1. 回应另一个儿童发起的交往
2. 用言语或非言语形式发起与另一个儿童的交往
3. 持续地与另一个儿童交往，如，对话5分钟以上或较长时间的非言语互动
4. 邀请另一个儿童一起游戏
5. 表现出对另一个儿童的忠诚，如，多次与同一个儿童玩，多次为同一个儿童留座位

(资料来源：http://www.jstart.org)

前测：在秋季学期开始时，要求教师对超过所需评价儿童两倍以上数量的儿童进行 SSC 评定。这些儿童必须符合以下要求：年龄在 3~5 岁，出勤率较高，有语言与阅读、主动性与社会技能方面发展的局限（但不是特别极端低能），没有特别捣乱的行为，该年度未接受特殊教育服务。

项目评价工作人员根据前测的结果和儿童家庭情况，去除超出所要求的年龄范围，或在前测中获得极端低分或极端高分的，或主要资料不全的儿童，制定出符合Jumpstart项目资格儿童的名单，要求教师根据由SSC低分到高分排列好的名单，采取间距抽样的方式，对每两个儿童中排列在前的一位提供Jumpstart项目服务（即代号为1，3，5，…的儿童为项目儿童），直至所限名额抽满为止。如果家长不愿孩子加入，则与其他经过前测的儿童一起作为对照组。这种抽样方法近似随机取样，可使评价结果较为可靠，因为项目开始时项目组和对照组之间的差异可被认为是随机差异而不会影响课程的结果。

后测：春季学期结束时，教师对所有儿童再次进行SSC评定。Jumpstart评价工作人员去除参加项目活动少于4个月的样本儿童，并去除项目组和对照组中缺失主要评价资料的儿童。

四、评价结果

全国57个低收入家庭儿童干预课程点中共有55个点的教师完成了2004～2005年度的两次《学业成功清单评定》，共获取3 545个儿童的评价资料，其中项目儿童1 627人（46%），平均年龄48.9个月，同机构同班对照组儿童1 918人（54%），平均年龄49.2个月。两组儿童的性别均为女49%，男51%。所有儿童的家庭主要日常语言，71%为英语，17%为英语和另一种语言（主要是西班牙语），10%只讲西班牙语，1%只讲汉语，3%只讲除上述语言以外的另一种语言。项目组儿童家庭的语言，73%为英语，27%为英语和另一种语言，或只讲第二种语言。对照组儿童家庭的语言，70%为英语，30%为英语和另一种语言，或只讲第二种语言。

前测结果显示，项目组儿童在15项中有10项的得分低于对照组。经过该课程干预的儿童，在一年的课程干预过程中，在入学准备技能方面获得28%的增长，与未经该课程干预的对照组儿童相比具有显著差异（$p=0.05$）。课程结束时的后测结果显示，干预组在SSC评定量表的所有15项的评定得分增长率均高于对照组。后测评定的15个项目中有11项的得分，项目干预组儿童显著高于对照组儿童（$p=0.05$）；项目组的量表总分和两个分量表的平均增长率（见图11-1）也显著高于对照组（量表总分$F=35.82$，$p=0.00$；语言与阅读$F=33.06$，$p=0.00$；主动性与社会技能$F=28.70$，$p=0.00$）。

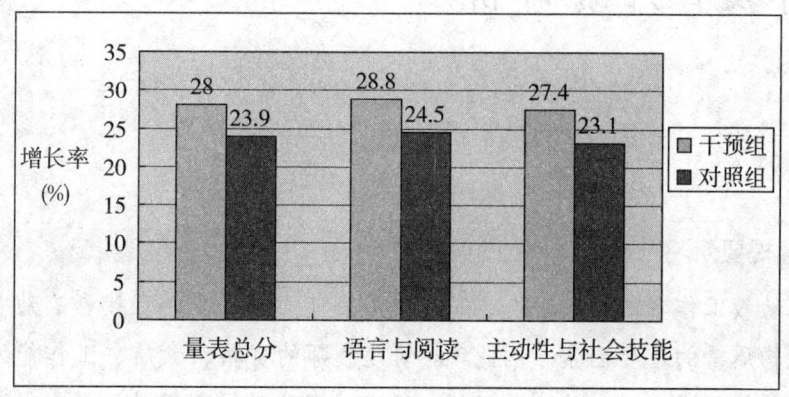

图11-1　2004～2005年度低收入家庭儿童干预课程干预组与对照组得分增长率比较

这些结果表明，低收入家庭儿童干预课程有效地促进了项目儿童的语言与阅读能力，以及主动性与社会技能的获得。

 思考与练习

1. 举例说明学前特殊儿童教育评价的对象和意义。
2. 简要论述学前特殊儿童教育评价的主要内容。
3. 分小组讨论本章提供的评价实例，指出其优点和缺陷。
4. 思考并讨论我国在学前特殊儿童教育评价方面的现状和改进方向与措施。

第十二章

学前教育师资评价

内容提要

幼教工作者的思想观念、工作态度、能力水平等是直接影响幼儿教育机构质量的重要因素。因此，对幼儿教师的资格、素质、工作能力以及工作绩效进行科学的、公正的、适宜的评价是提高保教质量和促进科学管理的必要手段和根本保障。本章介绍目前国内外幼儿教育工作人员评价的现状和意义，讨论幼教师资培养标准与入职胜任力评价，包括新师资的基本条件与准入标准、幼儿教师资格要求，以及在职幼儿教师的培训与职业资格要求。本章还详细论述幼儿教师绩效评价和幼儿教师发展性评价的基本结构和要求、方法，并提供评价实例。

学习目标

1. 正确认识教师评价的意义和要求。
2. 理解和讨论幼教师资的培养目标和胜任力标准。
3. 了解幼儿教师绩效评价和发展性评价的内容和方法。

关键词

教师资格　入职胜任力　绩效评价　发展性评价

第一节 学前教育师资评价的意义与现状

　　幼儿园教师是履行幼儿园教育教学工作职责的专业人员，是学前教育课程的实施者，肩负着贯彻执行《幼儿园工作规程》和《幼儿园教育指导纲要（试行）》（以下简称《纲要》）等政策法规，对学前儿童进行保育和教育，促进儿童各个方面全面健康发展的重任。幼儿园工作人员的职业素养、职业态度、专业知识与能力水平等是直接影响学前教育机构质量的重要因素。因此，根据国家的各项法令和规定，对幼儿教师的资格、素质、工作能力以及工作实绩进行科学的、公正的、适宜的评价，对幼儿教师的入职与任职资格制定标准、进行论证、规范考核办法，是保障保育和教育质量，促进科学管理，提高幼儿教师专业水平和促进儿童发展的必要手段和根本保障。

一、国外学前教育师资评价现状

　　1966年联合国教科文组织发布《关于教师地位的建议》，提出了教师职业的专业化，以此提升教师地位和实现教师权益。近年来世界各国均比以往更为重视对学前教育师资的评价。美国劳工统计局的标准职业分类系统（Standard Occupational Classification，SOC），专门制定了两类学前教育阶段教师的职责标准，一类针对招收5岁前儿童的幼托中心的教师，另一类针对学前一年课程班（5岁儿童）的教师。该标准从劳资管理的角度规定了学前机构工作人员统一的任职资格标准，以此指导学前教育机构教师的招聘工作。同时，全美幼教协会从专业督导的角度，制定并颁布了0~5岁教育机构标准及其评价认证体系，对自愿申请参加的机构实施评价，其中包括详细的教职工任职资格和工作质量标准及其评价过程（详见第十三章）。为了改善早期教育状况，加利福尼亚州政策部门于2005年3月提出了第82号提案（Proposition 82），向全州4岁幼儿提供全年（180学日，每天三小时）自愿参加的高质量学前教育。教育分析家们预言此举将显著提高加州儿童的未来学业成就，并通过减少留级，提高毕业率和降低犯罪率，对加州的长期经济发展产生强大的改善功效（O'Brien等，2003）。由于提案所需经费庞大，2006年5月又修改为仅向贫困儿童提供此项服务。82号提案提出，参加项目的学前教育机构教师必须在2014年之前获得大学文凭，并在其大学课程中完成24个与早期教育相关的学分。82号提案还建议根据教师的经济状况和需要，从事幼教工作年限，是否愿意在合格师资特别短缺地区任教等因素，向教师提供经济资助，完成高一级学业的教师还可提高工资水平。该提案对于促进加州早期教育和师资培养产生了很大的助推作用。

英国于1984年成立了教师教育课程鉴定委员会（后来的教师培训署），致力于建立全国范围的教师教育质量标准体系。虽至今尚没有建立比较系统科学合理的评估幼儿教师工作质量的国家标准，但各地方教育行政部门投入较多的人力、财力开展教师评估工作。英国教师评估的主要目的在于帮助教师在现任工作中改善行为表现，促进职业发展，并使尚未达到标准的教师、学校和地方教育行政部门都能采取必要的措施去纠正或改进不足之处（曹炎，2006）。地方教育当局的责任包括对教师评估进行全面协调和管理，制定本区内教师评估的指导性文件和各个评估阶段的必要文件，保证所有教职员工全面理解评估系统，确立课堂听课标准，与学术机构定期沟通，组织有关评估技术、面谈和课堂听课等方面的培训课程，控制评估过程，协调各学校之间的标准和进程以及对自身工作体系的评估和改进。另外，地方教育当局还提供和协调评估所需的人力、物力和财力，如人员和资金的分配、时间安排和人员培训等事项。具体的教师评估活动包括：宣传准备、培训计划、实施课堂观察。然后评估人与被评估教师进行面对面的交谈，在教师作的自我总结基础上，对其工作成绩作出评估结论，并得到教师本人的认可。最后，根据评估结果，提供有利于教师职业发展的实际帮助或有益的改进措施，如相应的培训进修课程，班级或职责的变动，参与教研组活动，组织优秀教师经验交流等。为达到评估的预期目标，地方教育部门附设了专门机构承担收集、整理有关资料和信息，确定标准等任务，从中发现问题并致力于提出解决方案，并对评估活动的有效性进行监控，定期总结、检查计划实施的情况及目标实现程度。英国的一项全国性研究显示，幼教机构和课程的水平随着具有大学毕业的教师人数的增加而提高（Sylva等，2004）；而教师学业程度较低的课程，其质量也较低（Barnett，2002）。对中国幼儿教师的调查也发现了受教育程度与教师观念及专业水平之间的相关（王坚红等，2006）。

二、我国学前教育师资评价现状

《纲要》对幼儿园教师提出了较高的专业发展要求，要求教师必须树立以儿童为本的理念，坚决改变传统的课程观和教学方式，不断接受新的理念和新的实践。

随着我国学前教育体制改革的进展，基于确立我国幼儿教师的专业地位，基于高质量幼儿园教育实践的追求，也是基于完善幼儿教师资格与教师专业发展的自觉需求。教育部于2012年10月颁发新中国成立以来首个《幼儿园教师专业标准》（以下简称《专业标准》），这是国家对合格幼儿园教师专业素质的基本要求，是幼儿园教师实施教育教学行为的基本规范，是幼儿园教师培养、准入、培训、考核等工作的重要依据，也是引领幼儿园教师专业发展的基本准则，为教师专业发展提供方向性的指引和导航。《专业标准》对幼儿教师管理提出了新的改革要求，要求机构内部尽快建立和形成能最大程度地依靠教师群体专业化水平来促进机构的内涵发展，实现全新的标准化的管理体制。《专业标准》将专业理念与师德、专业知识和专业能力三方面作为幼儿园教师必备的基本素质与条件，尤其注重专业理念与师德。把坚持严格的职业道德规范视为灵魂，明确规定从事幼儿园教育教学工作必须达到的教师基本专业要求。同时，《专业标准》充分体现了幼儿园教师素质的独特性，强调应提高幼儿园教师的保教融合能力，以及适宜安排幼儿的一日生活的能力，积极支持与引导幼儿游戏的能力，将教育灵活地渗透于幼儿的一日生活与活动中等方面的能力。

我国幼儿园教师资格最早采用的是学历起点认证和资格考试起点认证。2000年9月23日，教育部正式颁布《〈教师资格条例〉实施办法》，标志着我国教师资格制度的规范得以确立。2001年4月以来，教师资格认定工作在全国全面展开。2010年，《国家中长期教育改革和发展规划纲要（2010—2020年）》明确指出：完善并严格实施教师准入制度，严把教师入口关。国家制定教师资格标准，提高教师任职学历标准和品行要求。

中小学和幼儿园教师资格考试（简称：国家教师资格考试）是由国家制定考试标准，省级教育行政部门组织领导，省教育考试院统一管理实施的标准参照性考试，是一种国家教育考试项目，自2011年在全国多个省进行试点工作。此举突破师范类与非师范类院校及专业局限性，师范专业类学生也必须参加统一考试方能够获得幼儿园教师资格证书。其资格考试题库、大纲的建立以幼儿园教师专业标准、幼儿园教师教育课程标准为基本要求进行编制，我国幼儿园教师资格认证从此不再以学历为依据，而是以资格考试所反映的幼儿园教师专业标准、幼儿园教师教育课程质量标准为准绳。

这个新的管理体制必须建立在新的管理理念与教师专业发展要求的基础上，努力通过评价等管理手段，激发教职员工的内驱力，调动他们的积极性，努力创造让每一个教职员工充分施展才能和实现自身社会价值的良好条件，使教师和员工自觉地主动地为提高教育质量而不懈努力，从而使学前教育机构的各项工作走上持续性发展和改进的良性循环。

我国台湾地区于1983年6月修订颁布了《幼儿园园长、教师登记检定及遴用办法》，适用于公立及私立幼儿园园长、教师。在职教师由其服务的幼儿园申报，由各地教育行政机关审定办理，每学年结束将登记、考核情形填写报告表备案。社会公布考试科目及考试方式，考核分笔试、口试及试教。经登记或检定合格之幼儿园教师，由教育行政机关发给教师登记合格或检定合格证书。不具备规定资格者，不得担任幼儿园园长、教师。申请幼儿园教师的基本资格为：师范专科学校幼儿教育师资科毕业者；专科以上学校有关幼儿教育系科毕业者；高级中等以上学校毕业，并曾在教育行政机关指定之学校修习幼儿教育专业科目 20 学分以上成绩及格者。在具备专业学历的同时，还要考核申请者的道德品格及忠诚度，对教育基本政策的认识程度，园长还应富有领导能力。该办法规定幼儿园园长及教师必须达到进修教育专业科目及其学分，其中必修科目 15 个学分与选修科目 10 个学分。具备教师资格者，如若脱离教学工作连续达十年以上，在重新担任幼儿园教师时，必须重新申请登记或检定（蔡春美，2002）。

教师评价是一种导向机制，具有激励保障作用，是幼儿教师队伍整体素质提高和专业发展的必要条件。根据教育工作和幼儿教师群体的特殊性，建立适当的评估标准和奖惩制度是幼儿园规范管理和科学发展的基本前提。对幼教机构教职员工的评价，是幼儿园管理中不可缺少的环节，它不仅关系到整个幼儿园或机构的工作质量和未来发展的前景，还涉及人事安排、工资奖金、职务晋升、年终考核等与教职员工切身利益相关联的多方面的制度改革，学前教育机构必须充分重视这项工作。通过评价，可衡量机构的实际管理效能，提炼经验和总结教训，鼓励先进和发现问题，对预定目标的达成程度作出判断，为制定下一阶段的工作目标提供依据。通过评价，可以对教职员工的成绩作出肯定和强化，激励他们积极向上，激发工作热情。评价过程中的信息反馈，使教师得以更好地完善和优化教育过程，调整教育观念、动机和行为。评价也使得教职员工清楚地了解自己的缺点与不足，从而明确改进的方向，增强教师工作的目的性、计划性，减少盲目性和随意性，从而自觉地按照正确的教育观和既定的教育目标从事工作，使自己的行为更加有利于幼儿的身心健康发展。

第二节 学前教育师资资格标准与入职胜任力评价

一、学前教育师资培养模式与新师资准入标准

我国学前教育师资的入职资格和胜任力标准是教师评价的有机组成部

分，其变化与发展过程体现了时代发展和教育改革对于幼儿教师的职业资格和专业化要求。规范幼儿教师的准入标准与基本任职资格，保证优秀的幼儿教师来源是提高幼儿教师队伍整体专业水平的重要前提保障。21世纪师范教育发展的主要特点是改革现有幼师培养模式，以发展式代替终结式的幼师教育模式。为幼儿师范教育的发展提供灵活、多样的培养模式，这也是教师专业化世界潮流的要求和必然体现。发展式幼师教育在原有的幼儿师范教育体制中渗透了教师专业发展的理念，以基础教育的理论与实践研究为依托，以优质幼儿教育的发展作为幼师教育的出发点和最高目标，课程设置体现前瞻性、实践性与时代性，注重学生的理论知识学习和掌握以及实践技能的提高，立足于培养学生的教育实践能力、独立思考和自我审视的能力、自主学习与发展的能力。同时，加强沟通教师的职前教育与职后培训的连贯性，体现教师专业成长的连续性、阶段性和发展性，使得广大师资在幼儿师范学校接受的入职教育能够学以致用。

教师教育课程标准与教学方案是国家对中等幼儿师范学校教育教学活动的基本要求。1995年1月，国家教委颁布《三年制中等幼儿师范学校教学方案（试行）》。该方案提出的幼儿师范教育的培养目标主要包括德、智、体等诸方面全面发展。使培养对象能适应当代幼儿教育发展和改革的需要，树立正确的儿童观和教育观，掌握从事幼儿教育工作所需要的中等文化科学知识、技能，掌握开展幼儿保育和教育活动的基本知识和技能，并初步了解幼儿教育研究的一般知识，能进行社会交往，会调动家庭和社会积极因素教育幼儿，形成良好的自学习惯，具备自我发展的能力，形成良好的心理素质，具有较强的意志力和心理自我调节能力。

此后，各省、自治区、直辖市教育行政部门根据国家教委所颁发的教学方案的基本要求和精神，制订了符合当地实际的中等幼儿师范学校教学计划，尤其是积极探究幼儿师范学校的培养目标与课程设置，力求体现幼儿教育事业发展的时代精神与区域性幼教实践的研究成果，进行了富有成效的教育教学改革，不断积累经验，形成以国家方案为核心内容的地方方案。例如，江苏等地五年制幼师联合制定的培养目标是：努力培养具有远大理想与坚定信念、创新精神与实践能力的现代新师资，使幼师生在入职以前掌握学前教育基本理论和知识，具备学前教育专业知识，接受技能基本训练，具有良好的综合素质与实践操作水平，具备在托幼机构进行保育、教育和研究的基本能力。毕业后能够担任托幼机构的教师、行政管理人员以及从事其他有关机构的教学、研究工作。因此，在制定具体评价指标时，除了对必修与选修课的成绩加以考查以外，还需要检测其一般性知识面，计划和实施教育活动的实践能力，与幼儿及其家长互动的实际能力，对教育活动进行反思、研究、改进的能力，以及开发利用环境资源，开展社区教育活动等综合素养与技能。

为贯彻落实教育规划纲要，充分体现师范生培养目标的时代性，渗透当代国际化教师专业发展的理念，深化教师教育改革，全面提高教师培养质量，建设高素质专业化教师队伍，教育部于2011年10月颁布《教师教育课程标准（试行）》（以下简称《课程标准》）。该标准以育人为本、实践取向和终身学习作为基本理念，从教育信念与责任、教育知识与能力、教育实践与体验三个方面界定课程目标，在课程设置上分为学习领域、建议模块和学分要求三个方面，同时对在职教师教育课程设置提出框架建议。

《课程标准》创新了教师培养模式，强化实践环节，加强师德修养和教育教学能力训练，着力培养师范生的社会责任感、创新精神和实践能力。该标准立足于培养学生的教育实践与应用能力、独立思考与研究学习的能力，以及综合发展能力。在课程设置的目标方面充分体现教育信念与责任，教育知识与能力，教育实践与体验。具体包括强化实践环节，优化课程结构，改革课程教学内容，改进教学方法和手段，开发优质课程资源，保证新入职教师基本适应岗位的需要，同时又具备可持续发展的潜能。

综上所述，从学前教育专业培养目标与课程要求的逐步调整中，反映了幼儿教育理论与实践的改革和发展对于幼儿教师特征与职能的进一步明晰，体现了社会改革开放对于现代幼儿教师标准的不断变化，充分展现了我国为适应现代化社会新型幼儿教师的发展需求，不断规范幼儿教师标准，以及专业化的发展过程。《课程标准》可以作为制定师范生入职能力评价指标的参考。

二、幼儿教师任职资格要求与专业化标准

随着我国教师管理体制的不断发展与完善，对于幼儿教师的入职胜任力与资格有了相应的标准与规范的操作要求。2003年3月，国务院办公厅转发的教育部《关于幼儿教育改革与发展的指导意见》第19条规定："要依据《教师资格条例》的有关规定，实行幼儿园园长、教师资格准入制度，严格实行持证上岗。要实行教师聘任制，建立激励机制，提高教师队伍的素质和水平。"根据《中华人民共和国教师法》（1993年10月，以下简称《教师法》）《教师资格条例》（1995年12月）《教师资格证书管理规定》（2001年8月）有关要求，幼儿教师资格者应具备幼儿师范（包括职业学校幼儿教育专业）毕业及以上学历。应当遵守宪法和法律，热爱教育事业，履行《教师法》规定的义务，遵守教师职业道德，具备承担教育教学工作所必需的基本素质和能力，具备教学基本功。懂得教育教学的规律和幼儿身心发展规律，熟知幼教理论，了解当前幼教改革的方向，具备熟练的教育技能。具有幼儿园科学管理的基本知识和组织指导教研与科研的能力、现代教育技术的应用能力，以及与所在社区、家庭的协调能力等。因此，在幼儿教师资格认定的主要考核标准中，不仅需要考核教育学、心理学以及有关幼儿发展的各类专门知识，自然科学、社会科学方面的基本知识，还要把教育艺术、教育智慧以及熟练的互动策略和技能技巧，以及学习与反思、研究与创造等综合能力作为必要的考核内容，以适应幼教改革发展与社会就业现状的需要。

教师资格证书制度要求幼儿教师资格条件包括四个方面：遵纪守法要求、思想品德要求、学历要求和教育教学能力条件。教育教学能力条件又包括身体条件、普通话水平和承担教育教学必需的基本素质和能力。申请教师资格认定的非师范院校毕业的人员应通过省、市指定部门组织的教育学、

心理学有关科目培训，通过考试获得教师资格证，然后再履行法定聘任程序。

2011年7月，教育部师范教育司和教育部考试中心联合下发的《中小学和幼儿园教师资格考试标准及大纲（试行）》（以下简称《国考标准》），是由国家制定考试标准，省级教育行政部门组织领导，省教育考试院统一管理实施的标准参照性考试，是一种国家教育考试项目。它以更加开放的社会化考核视野，彻底改变传统的以师范类学校、专业以及学历作为主要标准的考核指标体系。《国考标准》对应《专业标准》的具体内容与要求，体现了对幼儿园教师的综合专业素养与实践运用能力的全面要求。《国考标准》的考试程序中，分为笔试与面试两个部分。笔试部分分为《综合素养》和《保教知识与能力》，具体包括：教育理念和文化素养；语言表达、逻辑推理、信息处理等基本能力；运用所学知识分析和解决教育教学实际问题的能力；学前教育理论知识和在环境设计、一日生活、教育活动与游戏、评价等各方面的应用能力。面试目的是为测试幼儿园教师资格人员应具备的基本素养、职业发展潜质和保教实践能力，主要包括：良好的职业道德、心理素质和思维品质；仪表仪态得体，有一定的表达、交流、沟通能力；有一定的技能技巧，能够恰当地达成保教目标。除了对教师有一定"爱幼儿，尊重幼儿"和"对幼教工作有热情、有责任心"等职业道德要求之外，还提出了心理素质的要求，需要"具有一定的情绪调控能力"和"乐观开朗、有自信心"。对于教师的能力方面，除了技能技巧与交流沟通之外，还有了解幼儿、评价与反思、以及思维品质等方面的能力。

2012年颁布的《专业标准》，符合世界教育改革与教师专业发展趋势，也是我国幼儿园教师专业水平不断提升的具体体现，标志着我国幼儿园教育教学与幼儿教师教育开始进入标准化的发展进程。对于幼儿教师的专业化标准要求，是基于确立我国幼儿教师的专业地位；基于高质量幼儿园教育实践的追求；也是基于完善幼儿教师资格认证与教师专业发展的自觉需求。《专业标准》中的相关内容既指向教师的师德、知识与能力行为的基本要求，同时也指向幼儿园的教育教学实践的基本要求，是规范幼儿教师基本行为的专业准绳。

《专业标准》将专业理念与师德、专业知识及专业能力作为幼儿园教师必备的基本素质与条件，尤其注重专业理念与师德。共分为3个维度，14个领域，62条。

专业理念与师德涉及：职业理解与认识，对幼儿的态度与行为，幼儿保育和教育的态度与行为，个人修养与行为4个方面内容。

专业知识涉及：幼儿发展知识，幼儿保育和教育知识，通识性知识3个方面内容。

专业能力涉及：环境的创设与利用，一日生活的组织与保育，游戏活动的支持与引导，教育活动的计划与实施，激励与评价，沟通与合作，反思与发展7个方面内容。

《专业标准》具有较强的针对性。例如，针对幼儿教师缺乏通识性知识的现象，增添了通识性方面知识的要求，如：具有一定的自然科学和人文社会科学知识，了解中国教育基本情况；具有相应的艺术欣赏与表现知识；具有一定的现代信息技术知识；等等。又如：在专业发展能力方面特别提出教师要关注幼儿日常表现，及时发现和赏识每个幼儿的点滴进步；注重激发和保护幼儿的积极性、自信心；有效运用观察、谈话、家园联系、作品分析等多种方法，客观地、全面地了解和评价幼儿；有效运用评价结果，指导下一步教育活动的开展；使用符合幼儿年龄特点的语言进行保教工作；善于倾听，和蔼可亲，与幼儿进行有效沟通；与同事合作交流，分享经验和资源，共同发展；与家长进行有效沟通合作，共同促进幼儿发展；协助幼儿园与社区建立合作互助的良好关系；主动收集分析相关信息，不断进行反思，改进保教工作；针对保教工作中的现实需要与问题进行探索和研究；制定专业发展规划，积极参加专业培训，不断提高自身专业素质；等等。

三、在职幼儿教师的岗位要求

2001年教育部颁布《纲要》，赋予幼儿教师一种新的理念和角色定位，并提出新的专业发展标准,给教师定位于新角色——幼儿学习活动的支持者、合作者、引导者。21世纪的幼儿教师不仅应具有基本的专业知识、技巧技能,还应具有对教育活动进行反思、研究、改进的能力,对教育的社会价值、个人价值等更广阔的教育问题的探究、处理能力,包括参与家庭教育问题咨询,开发、利用环境资源,指导社区教育等活动的能力。这些都需要教师具备较高的综合素养与专业水平。

(一) 园长任职资格与岗位要求

1996年国家教委制定了幼儿园园长的任职资格、职责和岗位要求,在资格方面强调需具备幼儿师范及以上学历,并具有幼儿园高级教师职务,持有园长岗位培训合格证书。在岗位要求方面包括思想品德要求、岗位专业要求与岗位能力要求三个方面,要求园长有正确的教育观念,具有科学管理的基本知识,积极进取,勇于改革创新。强调有管理和指导保教工作的能力,能够组织管理幼儿园卫生保健工作,指导教师制订适合幼儿发展水平的教育计划,正确评析保育教育工作,组织开展有效的教研工作,帮助保教人员提高业务水平,改进保教工作,撰写工作经验和研究报告。并且根据幼教发展的新局面,提出要有一定的组织协调能力,善于依靠和动员家长、社区等各方面力量参与和支持幼儿园建设的能力。

1997年,根据国家教委的统一要求,在全国范围内开始园长岗位培训,要求在职幼儿园园长必须根据规定的培训内容与时间认真学习,获取岗位证书,持证上岗。园长岗位培训的教学要求是:明确办园方向,熟悉国家的教育法规和政策,具有依法治园的意识和能力;了解国内外教育改革与发展动态,结合基础教育改革的现实发展背景,掌握现代教育基本理论和教育科研的基本方法;了解现代管理科学知识和学校管理方法,提高科学管理水平;树立开放性的终身学习观,具备自我学习能力和自我发展能力,提高人文素养;关注和支持教师的专业发展和队伍建设。

园长岗位培训针对在职园长及其后备干部,全脱产培训时间为12周240学时(总课时不包括实践课),可以用业余、自学的方式进行,但面授辅导及考试、考查时间不少于 200 个学时。有条件的地区采取全脱产培训方式，一般采取以研究课题为核心，短期集中培训，分散学习，在岗自培，累计学时或学分的方式。在培训组织形式与方法上，采用案例分析、问题探讨等多种方法综合运用，以及小组式、参与式的组织形式，并且安排相应时间的跨区域考察与观摩活动。考核内容包括必修课程的书面检查，结合本职工作实际的调查报告、研究报告或专题论文，以及面授、考查等。在培训的形式与内容上坚持理论联系实际、学以致用的原则，针对幼儿教育改革与发展的实际，注重结合幼儿园管理案例，增加研讨与答疑辅导的形式，明确严格的考试、考查制度，并结合工作实际撰写专题论文或研究报告。培训注重与幼儿园规范发展与时俱进，充分体现针对性、实践性与操作性，提高园长的实践管理能力与解决工作中实际问题的能力。

（二）骨干教师的专业培训

21 世纪以来，各省启动幼儿园骨干教师省级培训工作，各省、市教师培训机构在当地教育行政主管部门的统筹管理和整体规划之下，分别制订相应的培训计划、培训目标与方案。培训时间一般为 150 学时左右，其中，集中培训时间为 60 学时，专业考察 40 学时，在岗研修 50 学时。培训内容包括教育教学理论和技能、教育实践与考察、在岗研修等。其中教育教学理论与技能包括对贯彻实施《纲要》过程中的重点、难点问题的剖析与解决对策的研讨，园本课程建设与幼儿园教学实施，教科研论文的写作，与专家互动等，努力提高教师的教育创新意识和教学反思能力。教育实践与考察着眼于拓展专业视野，提高教育教学实践能力，包括观摩评析研究课，教育活动展示与研讨，异地参观与观摩等。在岗研修包括结合岗位实践自主选择主题或问题进行研究，以区域为单位进行团队互助与交流。完成教育经典名著的指定阅读量与读书随笔，提交相应字数的教育论文。

骨干教师的评价指标，可参照上述骨干教师的资格标准和培训目标研制而定。

第三节 幼儿教师绩效评价

在教育实践中，一般运用绩效评价和发展性评价来评价教师的发展与工作成效。绩效评价与发展性评价有着密切的关系。然而，教师绩效评价与发展性评价在评价目标、评价内容、评价标准、评价方法、评价过程上都有所差异，是两种不同性质的评价。绩效评价的目标是将教师的表现与一定的标准相比较后判断教师表现的优劣或是否合格。绩效评价的评价者一般来说是上级行政管理部门，一般采取横向比较的标准，采用的资料和证据是综合性、阶段性的，应该能够体现教师的综合素质和最高水平，强调评价结论的公平性，一般与评优和奖惩利益直接相关。发展性评价的目标是通过评价提高教师职业素养、教育教学能力以及促进教师自我价值的实现，着眼点在于教师的未来，所得出的结论主要用来进行纵向比较，以期发现教师发展变化的轨迹，非常重视通过评价反馈与教师一起提出改进建议。本章将分别论述教师的绩效评价和发展性评价。

一、教师工作绩效及其基本结构

工作绩效是人的能力与积极性的共同体现，人的积极性是通过内部自我激励和外部激励形成的。绩效是从组织角度进行定义的，是指通过人的行为表现出的一种活动或其结果（国家教育行政管理学院，2006）。教师绩效评价是对教师工作现实的或潜在的价值作出判断的活动，包括教师教学工作过程与工作结果的评价。绩效评价一般与评优和奖惩利益直接相关，是幼儿园年终奖惩、岗位培训和人事决策的主要依据。其目的是将教师的表现与一定的标准相比较后判断教师表现的优劣或是否合格，在于充分调动全体教职员工工作的积极性，激励教职员工认真、主动、创造性工作的热情，提高教学能力和工作效率与质量，并最终促进幼儿园组织的发展。由于对教学行为的评价直接针对教师的教学工作，因此，在帮助教师改进教学、提高教学质量方面具有比成果评价更大的实用性,这种评价方式在实践中更受人们的重视,在幼儿园管理工作中运用较为普遍。

教师职务绩效的基本结构是教师绩效评价的基础。包括工作特定任务的熟练程度、非特定任务的熟练程度、书面和口头交流的任务熟练程度、工作努力程度、遵守纪律、为团体和同事提供便利、监督与领导、管理等方面(国家教育行政管理学院,2006)。幼儿教师的职务绩效包含6个维度,即职业道德、职务奉献、助人合作、教学效能、教学价值与师幼互动。前3个维度属于关系绩效,后3个维度属于任务绩效。

任务绩效是所规定的行为,是任职教师通过直接的工作活动提供材料和服务,以及对组织的技术核心所作的贡献,它主要受教师的工作经验、能力以及与工作有关的知识等因素的影响。任务绩效的标准就是教师基本的专业职责,包括对职责的了解,对幼儿园、家庭及社区的了解,对教材的了解,以及教学设计、一日活动安排、区域环境设置、幼儿学习信息的收集和提供、课堂技能、个性特征等方面的情况。关系绩效是构成幼儿园集体背景的行为,关系绩效可以促进任务绩效的提高,从而提高整个组织的有效性,对于幼儿教师而言,关系绩效的评价具有特殊价值。幼儿园中的工作团队是特殊的女性群体,年龄结构偏向于青年与中年,工作性质带有独特的同班协作性与全园整合一致,协同教学的合作基础与彼此的专业行为表现,必然直接影响到团体中其他成员的专业成长。因此,如何在互相尊重、协调合作的基础上谋求共同发展,如何建立合作关系、设计沟通技巧与途径,如何让教师之间和管理人员之间能适时反映意见、沟通想法、交换教学理念等,都是在评价中应给予重点关注的内容。

传统绩效评价采用德、能、勤、绩四个方面的项目。

二、教师绩效评价的项目指标与权重分配

教师绩效评价需要制定评价指标及相应的权重分配指标,具体内容可参见表12-1。

表 12-1 教师绩效评价的项目指标与权重表

评价方面	项目指标	权重/分值
德	工作态度和职业道德，道德意识与敬业精神，强烈的责任感和事业心	20%
	①教师职业道德	2
	②爱岗敬业	2
	③工作责任心	5
	④遵纪守法	5
	⑤协助合作与配班工作	4
	⑥社会公德与家庭美德	2
能	从事本职工作的能力	40%
	①体能（健康而充沛的体能）	3
	②专业学历与培训进修（积极参加进修、培训，自身专业发展有成效）	5
	③教育智能	8
	（观察幼儿的能力、综合分析与判断能力、创造能力等；反思实践，提出合理化工作建议，解决实际问题的能力；能够提供适宜的解决工作问题的方案，具有创新性）	
	④教学技能	10
	（工作岗位需要的技能技巧、实施能力、组织能力和与人交往能力等）	
	⑤师幼互动	7
	⑥家长沟通	7
勤	高出勤率以及强烈的责任感和事业心，工作积极性	15%
	①工作主动性	3
	②工作积极性	2
	③出勤率（无病假、事假）	10
绩	工作效率和效果	25%

续表

评价方面	项目指标	权重/分值
	①无安全责任事故	5
	②完成岗位工作的实绩（日常工作检查、评比结果）	5
	③参与园内教研活动	5
	④个人教科研成果（备课笔记、观摩课、论文、课题研究情况）	8
	⑤岗位之外的绩效（党、团、工会及社区公益活动）	2

三、教师绩效评价的方式方法

在教师评价的过程中要力求体现考核过程中客观公正、民主公开的指导思想，使教师的绩效评价更加客观、准确，最大限度消除评价的主观性。

（一）绩效评价的内容和依据

1. 绩效评价的内容：遵守工作纪律、完成岗位工作职责、教育教学任务等情况和实绩。

2. 绩效评价的依据：出勤情况、备课笔记、日常工作检查、评比、公开观摩课、论文、课题情况。

（二）绩效评价信度

根据每位教师本人述职的工作绩效，结合每项指标的权重、分值给出相应的分数，综合统计得出人均绩效的评价分数。本人充分全面的阐述确定了评价工作的可行性基础，而配班与群众评价则保证了评价的公正性。教师自我述职是公开的、透明的，评价小组可以就述职的内容进行直接提问，深入了解，评价双方建立在坦诚与信任的基础上。因此，可以认为绩效评价是群体性的、有组织的，具有较高的可靠性。

"备课笔记""教学反思"是重要的评价内容。它们可以促进教师把"教学"和"反思"紧密结合起来，提高教学过程中的"科研"含量，形成教师主动发展的空间，提升教师专业化发展的速度和水平。

(三) 教师评价的具体操作办法

教师自我评价，即教师对照外在的评价标准，如幼儿园制定的总结与评估标准，主管部门或教育行政部门颁发的评估标准等，根据某些内在的价值尺度，如教师自身的发展目标和愿望等，通过自我反省和自我分析，对自身的教育行为及其结果加以价值判断的过程。自我评价过程中往往容易表现出较高的主观性和较低的理性程度，因而既涉及技术方法问题，又关系到思想方法问题。自我评价时教师以外在的标准尺度为中介，常常以别人的评价作为对自己评价的依据，或以自身所理解的外在尺度（可能并不完全正确）来评判自身，因而容易产生种种误差。所以，开展自我评价前，应当对教师进行必要的培训，使他们正确了解、把握和内化社会的外在价值期待标准，注意在与别人比较时考虑到可比性，并学会采用全面的、发展的、联系的、综合的观点，客观地评价自己。自我评价应当与其他方式的评价结合起来使用，例如，教师相互评价，年级组长、部门领导或园长评价，家长评价等。

幼儿教师的工作性质决定了教育教学工作的综合性和整体性，家长和同事都是教师的工作伙伴，他们直接或间接参与了教师的教育教学活动，能够从不同的侧面反映教师的工作表现，并且也对教师教育教学工作的改进和提高产生着积极的影响。家长有权利以对教师进行评价的方式对幼儿的发展予以关注，家长评价从一个重要的侧面为教师提供了有关幼儿发展状况的信息。此外，家长对教师进行评价有助于家长和教师形成合力，更好地促进幼儿的发展。被评价者要端正态度，认识到他人评价所提供的信息对于自己的改进和发展所起的重要作用，以良好的心态、宽广的胸襟接受他人的评价。

首先，需要组成一个以园长、教师、家长共同组成的评价小组，以此作为评价主体的立体评价系统专门负责评价操作，考核成员一般由群众教师、年级组长、部门领导（含园长）、家长四个层面构成。多样化的评价主体能够克服评价的片面化，使获得的信息更加全面。

其次，对于绩效评价的项目指标进行再次选择，调整分配权重。在此过程中要充分听取教师的意见，尊重大部分教职员工的观点。不同区域、不同类型的幼儿园应该根据本地本园教师队伍的实际情况，选择评价项目，例如：农村幼儿园的"个人教科研成果"适宜选用备课笔记作为主要评价内容；年轻教师较多的幼儿园应该增加"工作积极性"和"工作主动性"的分值；"体能"的分值可以根据教师的不同年龄阶段适当调整；等等。总之应该针对幼儿园的具体情况进行项目和分值的适度调整，以便更加符合幼儿园实际工作与评价要求。

再次，结合每项指标的权重、分值给出相应的分数，综合统计得出人均绩效的评价分数。再根据各个层级的评价结果归总，一般分层评价结果的归总比例为：教师本人自评占50%，配班教师与群众评价占30%，年级组或评价小组评价占10%～15%，家长评价占5%～10%。可以根据幼儿园的具体情况，以及分层评价的需要取舍各部分评价权重，但是总分值必须为100分。

最后，将评价结果分为四个等级：优秀教师——综合分88分及以上；合格教师——综合分70—87分；基本合格教师——综合分60—69分；不合格教师——综合分60分以下。

四、幼儿教师绩效评价实例

为充分调动全体教职员工工作的积极性，激励教职员工认真、主动、创造性工作的热情，特在《关于鼓楼区教办园教育教学考核奖的管理办法与规定》的基础上制定《南京市实验幼儿园教育教学考核奖补充方案》。

（一）考核内容和依据

1. 考核内容：遵守劳动纪律，完成岗位工作职责、教育教学任务等情况和实绩。

2. 考核依据：出勤情况，各部门日常工作检查、评比，公开课、论文情况，各项竞赛成绩。

（二）考核成员构成

考核组成员由群众教师、年级组长、部门领导（含园长）、考核小组四个层级构成。

教师、行政、后勤人员分别由以下层级对其进行考核。

1. 教师由群众、年级组长、部门领导、考核小组对其进行考核;年级组长由群众、部门领导、园长、考核小组对其进行考核;业务园长由群众、年级组长、园长、考核小组对其进行考核。

2. 后勤、行政人员由群众、年级组长或保育组长、部门领导、考核小组对其进行考核。其中,保育组长由群众、部门领导、园长、考核小组对其进行考核;后勤园长由群众、年级组长、园长、考核小组对其进行考核。

(三) 考核程序

1. 群众提名,提名数为全体教职员工的30%。其中教师中提名30%,后勤、行政人员中提名30%。提名后根据得票情况进行量化评分。

2. 年级组长、部门领导对所管理的人员进行考核、量化评分。

3. 汇总群众、年级组长、部门领导的量化评分,分别排出教师、后勤和行政人员中排名在前30%的人员。

4. 考核小组成员分别对教师及后勤、行政人员中排名在前30%的人员进行量化评分。

5. 汇总群众、年级组长、部门领导、考核小组的量化评分。教师及后勤、行政人员中分别排名在前20%的为教育教学考核优秀,其余为合格、基本合格或不合格。

(1) 病事假累计超过10天(含10天)不得评为优秀。

(2) 病事假累计11~50天(含50天),但遵守劳动纪律,履行岗位工作职责、完成主要教育教学任务为合格。其中:病事假1~4天,教育教学奖为特等奖;5~9天,为一等奖;10~14天,为二等奖;15~19天,为三等奖;20~24天,为四等奖;25~34天,为五等奖;35~50天,为鼓励奖。

(3) 病事假在50天以上,或经常不遵守劳动纪律,未认真履行岗位工作职责,未完成主要承担的教育教学任务,无工作实绩的为基本合格。

(4) 病事假在 50 天以上，且故意不遵守劳动纪律、未履行岗位工作职责，未完成教育教学任务，无工作实绩为不合格，不得享受教育教学考核奖。

（四）量化评分

1. 量化评分满分为 100 分，其中群众考核占 50%，年级组长考核占 15%，部门领导考核占 15%，考核小组考核占 20%。

2. 群众量化评分计算为：被提名次数÷教工总人数×50% ＝ 群众提名分值。例如，教师甲被提名 32 次，则群众提名分值为：32÷42（现有教师总人数）×50% ＝ 38（分）。

3. 年级组长、部门领导分别对所管理的人员根据实绩进行评分，分值为 1~15 分。

4. 考核小组成员对排名在前 30% 的教师及后勤、行政人员根据实绩进行评分，分值为 1~20 分。考核小组的量化评分计算为：考核小组成员为某位教职员工评分的总和÷考核小组成员总数＝某位教职员工在考核小组所得的分值。

五、绩效评价的注意事项

由于教育目标的模糊性与教育效果的复杂性，目前，大部分幼儿园采用了管理性的、总结性的和主观性的传统绩效评价，一般采取横向比较的标准，采用的资料和证据是综合性、阶段性的，选取简单统一的评价标准，侧重于对教师的工作行为与工作表现进行评价，故存在着部分弊端和有待修改之处。其主要问题表现为：首先是评价目标单一，侧重于教育教学的效果、幼儿对学科知识的掌握，只强调计划目标评价，忽视了对教师的创新精神和实践能力过程评价；其次是侧重于横向比较评价，忽略个体自身发展等纵向评价，忽视教师的个性发展，忽略教师在改变幼儿的兴趣、情感、行为、态度等方面的努力与工作成效；最后是侧重于终结性评价，忽略对教师的教育教学过程评价，影响评价的全面性与客观性。这就需要管理人员和教师更加深入地了解和认识绩效评价的基本构成以及操作过程中应该注意的问题。

我们以检查"教案"这一在幼儿园里普遍存在的现象为例,实践活动中运用的教案需要保持教学灵活性,课程发展的过程是变化、延伸和拓展的,经常因为幼儿的回应导致教案的不确定性,如果检查的要求仅仅是教案的固定格式及其数量,导致评价方式与日常工作的不符,其结果必然是管理者例行公事,教师无奈地补写或抄写教案。这种评价容易形成"管理主义"倾向,似乎评价只是为了加强幼儿园对教师的管理,如同猫捕捉老鼠,忽视了教师的发展和个性。教师总是处于被动接受评价的地位,不利于发挥评价的导向激励功能,影响教师全面素质和专业水平的提高,与目前实施《纲要》,进行幼教改革的事业发展现状也不相符合。

因此,在评价的操作过程中,以下方面值得广大幼儿园的管理人员在评价工作中给予高度重视,加以改善,使之趋向规范。

(一)有效评价不仅针对教师,更重要的是针对园长和各级管理者

如关于教师配班工作的评价结果,管理者应该深刻思考的问题有:两位配班教师的合作关系应建立在什么基础之上?如何才能建立成功的协同教学合作关系?在分配配班教师时应考虑哪些要素?哪些具体方法可以帮助教师之间建立良好的协同合作关系?如何了解各班教师合作的实际状况,发挥每一位教师的专长?

(二)加强绩效结果的沟通

幼儿园要根据每学期、每学年的教师绩效评价结果进行工作报告,对于结果最好的教师和最差的教师要进行绩效面谈,给予相应的表扬、鼓励、嘉奖或是分析、提醒和警告。对于教师的奖励,应充分关注教师自我实现的需要,而不仅仅停留在物质层面。将书籍、光盘、上网费、学习机会、购书券、杂志等作为奖品,把奖励引向鼓励教师自觉学习,因为学习是提供教师专业发展和创造活动的动力源泉,也是教师终身发展的内在动力。

(三)考虑影响任务绩效与关系绩效评价结果的不同因素

知识、经验主要影响任务绩效,人格因素主要影响关系绩效。同时,两

种绩效之间并不完全独立，部分项目有较高的相关性，如工作责任心、协同合作等。值得重视的是关系绩效对总体绩效的影响明显，评价者的情感因素对绩效评价的影响明显，在幼儿园里这种现象尤为突出，配班教师与其他群众在评价时容易受与评价对象情感亲疏的影响。

评价者要全面了解教师的工作环境和实际状况，信任每一位教师，相信他们的责任心、能力和工作成效，对大多数幼儿教师而言，信任就是最高的奖赏，信任才能激发幼儿园的内部动力。

（四）绩效评价要与日常管理工作相结合

对教师的绩效评价结果应该建立在日常管理工作的基础之上，日常工作中对教师的观察、印象和了解是评价的重要背景条件。评价小组可以在最终综合评价时加以考虑。

（五）家长评价的应用

家长评价部分的内容可以由幼儿园根据各个年龄班儿童的水平差异与家长的具体情况灵活制订，适合选择较为简单而模糊的评价项目，请家长和儿童共同讨论之后由家长给出结论以及分值，并且根据幼儿园家长的具体情况决定该部分评价的权重。

第四节　幼儿教师发展性评价

一、教师发展性评价的激励和导向功能

《基础教育课程改革纲要（试行）》明确提出："建立促进教师不断提高的评价体系。强调教师对自己教学行为的分析与反思，建立以教师自评为主，校长、教师、学生、家长共同参与的评价制度，使教师从多种渠道获得信息，不断提高教学水平。"教师发展性评价是适应时代教育发展而产生，与新一轮基础教育课程改革相适应的教师评价制度。教师发展性评价是在充分尊重教师的前提下以促进教师的发展为目的，是一种依据目标、重视过

程、及时反馈、促进发展的形成性评价（国家基础教育课程改革项目组，2006）。教师发展性评价强调评价主体多元化，特别是使评价对象成为评价主体。重视把评价结果以科学的、恰当的、具有建设性的方式反馈给被评价的教师，强调评价对象自我反馈、自我调控、自我完善、自我认识的作用，同时广泛吸取多种渠道的信息，从而促进教师不断提高自己的业务水平。教师发展性评价倡导教师个性化教学，注重教师的个体差异和个性特点，鼓励教师展示自己个性化的工作和成果。

这是一种以促进教师发展，以教师为主体，以教师的健康成长为理念的教师评价，即按照一定的价值标准，对教师的发展变化及其促进教师发展的诸因素所进行的评价判断。这种评价是动态的，关注教师的背景与基础，关注教师的个体差异，遵从其成长发展规律。把评价结果作为促进教师终身学习和专业发展的一种手段和机制，重视评价教师的现实表现，更重视评价教师的未来发展。关注评价对象——教师的主体意识和创新精神，充分体现"以人为本"的教育理念，即重视教师的个人价值，促进教师自觉主动地发展，从而实现发展目标和教师的价值。教师发展性评价机制的实现与幼儿园总体发展是有机结合的。

实施教师发展性评价要注意评价标准和评价过程的科学性，以保证评价结论的可靠性和准确性，更要注意评价标准与评价结论的导向性，使其成为今后幼儿教师努力的方向。同时实施教师发展性评价也是评价者与评价对象共同发展、共同进步的过程，其实质是对幼儿教师劳动的尊重，是对教师生命活动的尊重。通过适当的评价，教师体验成长的快乐，找到前进的动力和方向，不断完善与充实自己的专业理念知识等。

二、教师发展性评价的基本原则

（一）主体性原则

教师发展性评价是以人为本思想指导下的教学评价，可以使被评价者与评价者之间形成平等互动的关系。该评价强调评价主体的多元化，使教师本人、园长、合作教师、家长、专家都参与评价。要求自评与互评结合，尤为强调自我评价。要突出教师在评价中的主体地位，使教师在参与评价中，自觉诊断、反思、改进自己的教育教学行为，使评价过程成为教师规划与实施自我发展的过程。

（二）民主化原则

在整个评价过程中要贯彻民主化原则，由评价者和评价对象共同拟定评价程序和评价范围；对评价材料的认定，评价结论、评价报告的拟定等要征求评价对象的意见，促使教师主动参与评价，主动寻求自我发展。要将评价信息及时反馈给评价对象。要承认教师之间的差异，关注评价对象的个性化和差异性，根据个人背景基础，注重纵向评价。评价要有利于评价对象个性化的发展。

（三）过程性原则

评价者用发展的眼光对教师的各个环节进行系统的、全程的、较长时期的循环评价。关注教师在评价过程中的进步、提高和发展，把握教师的发展倾向和要求，为教师确立下一步发展目标提供依据。发展性评价属于非奖惩性的评价，所以评价结果不直接与教师的奖惩挂钩。

（四）融合性原则

对教师个体的评价要考虑到教师群体和幼儿园整体环境，促进教师需求和幼儿园需求的融合，促进教师心态和幼儿园氛围的融合，促进教师的现实表现和未来发展的融合，促进教师受益与幼儿园受益的融合。

（五）量化与质的评价、静态与动态因素相结合的原则

在评价过程中，对评价数据、信息、评价结果等能进行量化处理的，以数据的形式反映评价结论，可以用于单项评价教师某一方面的工作，如方案设计、课堂教学、环节过渡、师幼互动等。而对于不能用于量化处理的信息要采取质的评价，进行行为和状态描述。

对常规教学各环节的检查，根据预先活动计划组织实施的教学行为等，都属于常态的静态因素。但是，幼儿教师面对的是活泼、天真的儿童，教育

过程是情感、经验的交流，是动态的活动过程，是师幼共度的生命历程，在活动过程中，儿童的情感、认知、能力等无时无刻不在进行变化和发展，这些动态生成因素对教育活动的影响更大，因此，要注意将静态评价与动态评价相结合。

三、教师发展性评价的基本方法与步骤

（一）确定评价主体与评价内容

1. 评价主体的构成

评价主体具体包括以下几个方面（可以根据幼儿园的具体情况取舍各类评价权重的比例，但是总分值为100）。

（1）教师自评（一般权重45%～50%）：形式为自我评价表，自我评定报告，或对自己的专业水平进行等级评定。

（2）同行互评（一般权重35%～40%）：形式为教育活动展示，区域与环境展示，面对面地开展互评。

（3）专家评价（一般权重10%～15%）：每学期点评一次，点评结果公开并作记录。

（4）幼儿与家长的评价（一般权重5%）：由幼儿和家长共同选择的评价结果，在学期结束时进行。家长部分的评价内容可以由幼儿园根据各个年龄班幼儿的水平差异与家长的具体情况灵活确定，适合选择较为简单的评价项目，由家长和幼儿讨论后给出结论。

2. 评价指标范畴

教师发展性评价的指标应由三个维度构成：素质评价指标（基本素质）、职责评价指标（工作状况）和绩效评价指标（工作成效）。具体内容包括：专业理论基础与发展，教育教学技能与发展，人文素养与发展，主动参与和协作能力与发展，教育实践反思和研究能力与发展，等等。

（二）确定评价的基本步骤

教师发展性评价是一种持续的循环过程，基本方法与步骤有以下几个

方面。

1. 明确目标，营造氛围

制定教师评价指标体系与幼儿园发展目标。明确幼儿园的发展目标，确立教师发展性评价指标体系与内容，可以使教师评价与幼儿园目标达到高度一致。同时，要调整全体教师积极参与评价的心理，做好评价前动员工作，阐述评价的目的、原则、过程、设计思路等问题，详细阐明评价的步骤。

2. 设立机构，完善制度

成立幼儿园评价协调工作组。该工作组一般由园长、有关教育专家、教研员组成，其任务是规范相应的制度，协调实施过程中可能遇到的问题，协助教师做好自评和受评的各项工作，协助教师选定领导或专家作为自己的评价者，让教师感受到"无情的制度，有情的管理"。

3. 首次面谈，收集信息

初次面谈宜放在学期初，评价者和被评教师拟订评价过程的具体框架，明确评价目的和评价重点，探讨信息和数据收集的种类、渠道、方法和步骤。在相互信赖与尊重的氛围中进行面谈，消除评价对象的其他疑虑。

收集信息是评价的关键阶段，应选择适宜的时机。信息类型可以是观察半日活动、教学活动展示和答辩，方法有自然观察、听课、征求同伴意见、查阅文本材料等。可以借助于"教师成长档案袋"，教师自行收集材料，并结合材料进行自评。材料一般包括教学计划、教学总结、教案、听课记录、幼儿观察记录、幼儿作品、出勤情况、继续教育学分登记卡、培训证书、获奖证书、读书笔记、反思笔记等。

4. 填写表格，归纳分析

由园领导、同事、家长分别填写各类评价表，评价者进行数据归纳分析。

5. 评价面谈，分析状况

评价面谈是评价过程的核心部分，是由评价者再次与教师双向谈话的过程，是评价者和评价对象"真正对话"的机会，在期末进行较为适宜。主要回顾评价过程，分析教师的工作状况，探讨主要成就和存在的问题，寻求解决问题的方法，共同商定评价对象未来的发展目标与实现措施。

6. 撰写报告，得出结论

评价报告主要包括评价者和评价对象在评价面谈中的谈话要点和结论，以及教师未来的发展目标和行动计划。

7. 收集报告，全园评价

工作组收集全园教师的评价报告，对本次评价工作进行全园性的综合性评价，并对照幼儿园的发展目标进行修改，促使教师为完成新一轮目标而努力。

（三）评价面谈的项目与提纲

1. 评价面谈的参考项目

（1）简单阐述任务和职责

——你的主要任务和职责是什么？

（2）回顾总结一年的工作

——最满意的是什么？

——最成功的是什么？

——怎样获得更大的满意，取得更大的成功？

——最不满意的是什么？

——最不成功的是什么？

——怎样克服困难？

（3）限制因素

——是否存在妨碍你成功的限制因素？这些限制因素可能再次出现吗？怎样才能消除这些限制因素？

（4）获得帮助

——为了改善你的工作，需要下列哪些人员的帮助？

园长、年级组长、教研组长、专家、资深教师或其他人？

（5）优点

——你觉得还有什么优点没有得到园方的认可？

(6) 下一步的工作计划

——你下一年的主要目标是什么？

——未来三年里的发展目标是什么？

——幼儿园如何帮助你实现未来的发展目标？

(7) 在职培训

——你需要接受在职培训吗？

——你应该接受哪一种类型的在职培训，增长哪一方面的知识和技能？

——这一年中，哪一种培训你最受益？对你所在的教研组或年级组最有必要？

——你能为幼儿园开设何种培训课程？

(8) 其他

——你还想说什么吗？

2. 评价面谈的参考提纲

(1) 你的主要岗位任务和职责是什么？

(2) 你对哪些方面的工作最满意，如何才能使这些工作做得更好？

(3) 你对哪些方面的工作最不满意，怎样才能改变这种状况？

(4) 哪些问题和限制条件妨碍你获得预期的目标？

(5) 这些问题和限制条件是否仍然妨碍着你的工作，怎样改变这种状况？

(6) 幼儿园的哪些改革将有助于改善你的工作表现？

(7) 园长、教研组长、你本人以及其他人还可以承担哪些职责？

(8) 你明年的主要发展目标是什么？

(9) 你愿意获得专业发展的机会吗？

思考与练习

1. 学前教育师资评价的重要意义是什么？
2. 讨论并掌握《幼儿园教师专业标准》中关于幼儿园教师必备的基本

素质与条件的主要内容。

3. 分析学前教育师资入职胜任力评价的内容和标准。

4. 收集幼儿园教师绩效评价的标准和方法案例，讨论并提出改进建议。

5. 阐述教师发展性评价的原则和基本步骤。

拓展性阅读导航

1. 中华人民共和国教育部：《幼儿园教师专业标准》，2012年。

2. 教育部考试中心：《幼儿园教师资格考试标准》，2011年。

3. 教育部考试中心：《幼儿园教师资格考试大纲》，2011年。

4. 丽莲·凯茨：《与幼儿园教师对话——迈向专业成长之路》，南京师范大学出版社，2004年。

第十三章

学前教育机构评价

内容提要

　　学前教育的发展要求对学前教育机构进行科学的评价，检测机构各方面的工作状态和效果，借以判定机构是否达到既定标准或需要在某些方面加以改进。根据不同的评价目的，对学前教育机构的评价应采用不同的方法与模式。学前教育机构的评价工作由确定评价目的、制订评价计划和标准与程序、收集和分析评价资料、形成评价结论，以及根据评价结果反馈调整等环节构成。制定一套正确、合理的评价标准，是保证学前教育机构评价活动科学性的关键。学习和借鉴现有的机构评价体系，有助于开创性地设计和实施科学有效的学前教育机构评价。本章首先论述学前教育机构评价的目的和过程、评价报告的内容和要求，以及当代各国学前教育机构评价的现状和发展趋势，然后介绍几个国内外具有参考价值的学前教育机构评价体系的具体实例，供讨论和参考。

学习目标

1. 认识学前教育机构评价的重要性和必要性。
2. 理解学前教育机构评价的主要模式和方法要点。
3. 从案例中获取启示，提出改善我国学前教育机构评价的建议。

关键词

　　学前教育机构　学前教育机构评价

第一节 学前教育机构评价的意义及其研究启示

一、评价研究揭示机构质量的重要性

近代美国的各级政府部门中早期教育的决策者与从事教育评价的专业人员，都越来越清晰地认识到早期教育质量的重要性和机构评价的意义，并趋向于越来越密切的合作。许多其他国家的教育决策部门也开始鼓励并支持有价值的评价项目，并把评价结果作为决策的重要依据。

美国政府资助的一项持续长达十多年之久的关于早期儿童机构质量及其影响的研究（NICHD，2006）结果清楚地显示了高质量学前教育机构对儿童发展质量的影响。这项研究始于 1991 年，对美国十个不同地区的各类学前教育机构进行了 4 个轮次的检测评估，收集各类机构的特征、机构所服务的家庭的社会文化经济背景、儿童发展状况等资料，还对机构中师幼互动的数量和质量进行了现场观察。研究结果发现，达到高质量标准较多的机构，其中的儿童在认知、语言、社会行为、情感发展和与父母的关系，以及健康和身体发展等方面，均表现更佳。当研究者在统计上控制家庭收入和母亲对孩子的反应敏感度等变量时，这些结果依然成立。

2008 年 6 月在哈佛大学召开了全国早期教育科学研究与决策研讨会，由美国州长协会（National Governors Association Center for Best Practices），美国各州立法委员会（National Conference of State Legislatures）和哈佛大学儿童发展研究中心（Harvard University Center for Developing Child）联合举办，是早期教育评价领域的里程碑事件，指明了早期教育与评价未来发展的方向。该研讨会制定了由顶尖科学家和最高决策者组成的权威性领导机构发展和实施的基于科学的能真正有效地促进幼儿学习、行为与健康的早期教育政策。会议帮助各州最高长官学习早期教育科学知识，包括神经生理学和 40 年教育评价研究的发现，以便使决策能基于这些科学发现，并分享有关早期教育及其评价的最新科学发现，讨论与分享经验教训和未来的对策，在研讨会的基础上发表了一系列出版物。这个会议总结了40年来早期教育评价研究的成果，以及经验教训。其主要的发现可总结如下（资料来源：http://developingchild.harvard.edu）：

（一）有效的早期教育能建立支持性关系和促进儿童大脑发展的环境

婴儿期和学步期开始的幼儿阶段是发展强化大脑结构的重要时机，此时需要有责任的成人的支持，需要安全的环境供其探索。虽然不良压力可导致大脑结构的损伤，但好的家庭或早教机构等儿童周围的环境，如稳定的负责任的抚养者，与儿童建立良好的支持性关系，就可以提供保护，在情绪情感和认知学习等方面提供支持，使压力减弱或得到缓冲，从而避免大脑结构的损伤。

（二）有效的早期干预对儿童发展的促进作用可以分为三个层次

第一层次是面向所有儿童，即基本层面的作用；第二层次是针对贫困儿童与家庭提供广泛的靶向性服务，不仅提供对儿童的服务，而且还提供面向家庭的服务，如家长育儿教育、经济补助等；第三层次是向最可能体验恶性压力的群体，如受虐待儿童，吸毒家庭和父母有精神异常的家庭儿童，提供有效的专业性治疗和干预服务。

（三）有效的早期教育机构的特征

40年评价研究还总结发现了早期教育为何有效的重要因素，不是所有的早期教育都能有效，唯有高质量的早期教育才是有效的。通过诸多的评价研究总结发现，有效的高质量的机构的共同特征包括：合格的教职员工和合理的工资待遇，较低的班级人数和师生比率，适宜发展的课程，丰富的语言环境，安全温馨的关系，负责任的成人等。这些发现为制定早期教育机构的评价标准提供了依据。在机构质量评估中，究竟应该强调什么，测评什么，不应该主观地认定，而是要以一定的科学研究为依据。

（四）有效的早期教育能得到较好的投资效益

有关支出与效益评价的研究及其方法，是近年内早期教育评价领域新开拓的一个方向和分支，引进经济学中的财务平衡表方法，来评估教育项目的经济效益。目前已有至少对两个早期教育项目的长期跟踪评价研究的结果，已经显示了这种经济效益（Barnett, 1996; Belfield, 2004）。几十年来，美国联邦政府和地方政府在早期教育方面已经投入了大量资金，现在他们越来越意识到有必要系统地研究和评价这种努力投入的效益，使得从经济上和儿童的可持续性发展上获得较大的效益，有意识地将资金直接投向高质量高效益的教育项目。许多研究者认为，早期教育不仅在教育学和社会学等方面具有深远的价值和意义，从经济学角度而言，也同样是一项具有长期优厚回报的投资。这项投资不仅能改善儿童的生活质量，而且对社会也将产生一系列的广泛的良性效益。因此，近年来开始有一些有关早期教育的经济效益问题的评价研究，对早期教育投资的支出和收益进行系统测评。

所有这些评价研究的发现都归结为一个结论，早期教育效果的一个重要前提是有效的高质量的教育。只有有效的或高质量的早期教育才能达到预期的目的。因此，对学前教育机构及其教育质量的关注是学前教育事业健康发展的必然，而提高质量的重要措施是通过评价的杠杆和调控功能，使得学前教育机构在评价标准的指引下，向着正确的方向改进工作，同时不断地改进和提高学前教育机构和学前教育工作者的自我认识和自我改善机制，达成持续的良性发展。

二、与机构质量相关的因素及其研究

2000年，美国医学科学研究院发表题为《从神经细胞到社会成员——儿童发展的科学》的研究报告（National Research Council and Institute of Medicine, 2000）。该报告有许多著名大学的科学家参与，综合分析了诸多有关领域，如神经生理学、分子生物学、遗传学等大量研究成果，用易于理解的语言，介绍从胚胎期开始的有关儿童发展的最新科学发现和知识，提出和解释一系列的关键概念和观点。该报告象征着早期教育评价开始步入崭新的阶段，更加强调科学依据的评价研究阶段。可以说评价研究现在是真正地触及要害,开始系统地探讨与课程或机构有效或无效的结果相关联的各种因素。这个报告提出了四项结论要点:①指出了早期情感和早期学习的重要性;②强调早期环境对儿童发展的重要支持作用;③呼吁社会更多地关注幼儿的需要;④提倡各学科各领域在早期儿童和早期教育研究方面加强相互合作和综合思考。这个报告还谈到如何改进评价研究,建议综合儿童发展学、神经生理学、分子遗传学研究,综合人类发展的基本科学和关于早期儿童干预的应用科学研究,以及改进和提高早期儿童教育干预的评价研究。

此时人们开始考虑基于科学的发现和客观的证据来制定评价标准。为了达到这个目的,开始系统地探讨与课程或机构有效或无效的结果相关联的各种因素,如各类服务的特征,在何类儿童或家庭中,在何种环境情景条件下,产生怎样的影响,其付出的代价和回报如何,等等。

2007年哈佛大学儿童发展中心发表了《基于科学的早期儿童政策框架》,副标题为:利用科学证据改善对处境不利儿童的干预效果,提高其学习能力、行为和健康 (Center on the Developing Child at Harvard University, 2007)。该书建构了关于早期处境不利儿童学习、行为和健康的科学理论框架;综合了各种不同的学科成果,以及几十年来的评价研究所获得的知识,指导早期教育科学决策及决策结果的评价,促进儿童发展和社会的长远利益。这些研究发现:早期儿童生活和教育环境中的人际关系质量,对于儿童一生的发展都至关重要。研究还发现,儿童早期大脑中特定功能的神经联系的建构,在第一年内尤其快速地增生,并进行不断的修理删减。此时良性的压力有助于大脑的健康发展;而严重的长期不能缓解的恶性压力,如果得不到成人的支持,则会严重损伤儿童的大脑结构,从而揭示了提高早期处境不利儿童的干预服务质量的重要性。近年来,大量科学研究证实了大脑物质基础的损伤可能对儿童发展的各个方面造成摧残性打击,因而要求早期教育机构提高质量,得以有效地弥补这种损伤,减小消极影响,让已经受到伤害的儿童早日回归到正常发展的轨道(参见本书第一章第二节有关内容)。

这些前沿性的科学发现为改善早期教育机构的运行和管理,以及课程、师资、机构中各种人际关系的质量等提供了重要的启示，并为建立和改进早期教育机构的评价标准提供了科学的依据。

三、政府行动和国家级机构标准的制定

符合科学规律和实际需要的并具有可持续发展机制的学前教育政策的制定，需要有科学研究证据的支持。而这种科学证据的获得，往往必须通过科学的严谨的评价研究过程。学前教育评价的最终目的，在于推动和改善学前教育改革深入发展和保教质量的不断提高。要达到这一目的，需要通过评价的反馈机制，对学前教育的决策过程发生影响，从而借助行政决策的导向，影响学前教育的实践活动。可见，"评价—决策—实践"三者之间呈密切配合关系和动态循环状态。近年来，各国政府在日益加剧的人才竞争中，越来越重视评价对学前教育质量的推动作用，从而纷纷采取行动，通过建立评价标准和开展科学的评价研究，有效地提高学前教育质量，推动早期儿童的健康发展。

（一）政府积极资助评价研究

美国早期教育决策者与专业评价人员趋向于越来越密切地相互合作。许多其他国家的教育决策部门也开始鼓励并支持有价值的评价项目，并把评价结果作为决策的重要依据。各国评价人员因此受到鼓舞，努力使评价结果具有决策方面的科学化参考价值，力图更好地发挥评价的间接导向功能。

美国各级政府都非常重视并积极投资和参与早期教育评价与研究工作，为科学决策提供依据。例如，印地安那州政府于 2008 年开始资助研究并实施一项由全州早期教育机构自愿参加的机构质量评估体系，称为 Path to Quality（简称 PTQ），意为"通往高质量之路"。被评机构包括州内合法运行的各类早期教育机构。PTQ 旨在通过向广大家长提供关于高质量机构的资格标准，指导家庭运用和选择机构，最终达到提高早期教育质量，促进儿童发展的结果。PTQ 也向早期教育工作人员提供有关信息资料，以帮助机构提高服务质量。目前美国已有 15 个州具有类似的评估体系，借以推动早

期教育质量的提高。该评价项目由州政府提供一定的资助，鼓励机构参加，并提供培训和技术上的协助。为保证评价的科学性和有效性，州政府委托普渡大学对此项评估体系进行了论证性评价研究，对PTQ评估系统和标准的有效性与可靠性加以考察，以确定PTQ早期教育质量评估与改进标准是否切实有效（Elicker，2007；Langill，2009）。

伊利诺州政府于2002年就提出：本州所有的0~3岁儿童都将在安全的支持性环境中，体验到充满爱的、稳定的保教关系，从而促进其身体、情绪、社会与认知各方面的发展，以及全面发展。这些早期经验将为每一个儿童未来的成功学习提供基础，更重要的是为儿童的一生幸福和成为有责任心的有成就的公民奠定基础。因而，现在就大力投资为0~3岁儿童及其家庭服务的机构是非常重要的。根据该州的教育法规（105ILCS5/2-3.71a和105ILCS5/2-3.89），州政府将为符合标准的0~3岁儿童服务机构提供资助。机构必须保证遵循所有的有关要求才能获得资助。

由德国政府资助的一项研究，探讨其他国家的早期教育政策以及机构与课程标准，借以推动本国的早期教育改革（Fthenakis & Oberhuemer，2004）。报告显示，许多其他国家的政府已纷纷行动起来，关注和重视早期儿童教育机构的质量评估和研究工作。例如，1996年以来，新西兰、挪威、芬兰、澳大利亚等开始对幼儿教育机构与课程的质量加以规范和评估。瑞典和澳大利亚南部出台了0~18岁教育目标；挪威向正式入学前两年的儿童提供学前教育。这些国家中多数是首次正式规范学前教育。

英国教育部在2010年11月发表的教育白皮书中指出，要为所有的孩子提供世界一流的学校教育，唯一的途径就是学习其他成功国家的经验，包括提高教师的地位和资质，以及加强教育质量的评估。新加坡政府在多年研究和准备的基础上，于2010年11月23日宣布正式启动新的《新加坡学前教育评估框架》（SPARK），鼓励学前教育机构努力提高质量，促进幼儿的全面教育，同时也为家长提供信息，帮助他们为孩子挑选高质量的幼儿园和托儿所。新加坡政府不仅关注4~6岁幼儿的学前教育质量，同时也关注3岁以下幼童的发展和学习情况，目前已成立了一个跨领域的咨询委员会，成员包括政府、学者及业内的代表，正在计划设计为0~3岁幼童开发一个适用于全国托儿所的学习框架。

澳大利亚政府于2009年7月启动了全面提高早期儿童发展的政府行动，名为"为人生早期投资：全国早期儿童发展策略"。该策略提出了早期教育机构和0~8岁儿童发展的标准，为澳大利亚幼儿教育事业的前景提供了美好的蓝图——至2020年，澳大利亚全体儿童将享有最美好的人生开端，并为他们自己和这个国家开创更美好的未来。

（二）制定国家级早期儿童机构标准

现代学前教育的发展要求对学前教育机构进行科学的评价，检测机构各方面的工作状态和效果，借以判定机构是否达到既定标准或需要在某些方面加以改进。幼儿教育机构的教育质量如何，是否符合政府的各项法规和标准，机构的运行是否达到其预期的目标，达到目标的程度如何，是否有继续存在的价值，应当如何进一步调整和改进等。这些问题都需要通过机构评价来寻求答案。制定一套正确、合理的机构评价标准，是保证学前教育机构评价活动科学性的关键。许多国家在现有的评价研究成果的基础上，开展过或正在开展早期教育机构标准的制定工作，并从政策法规上保证标准得以执行。近年来许多尚未建立标准的国家也都纷纷开始制定早期教育课程和标准。

有学者对国际社会纷纷重视早期教育标准的原因总结如下（Oberhuemer, 2005）：①在经济全球化和知识社会化的今天，早期教育的价值意义凸显，对学前教育的规范性管理表现出各国政府对早期教育价值的肯定和认可；②近年来大脑神经生理学和生物学等领域的研究进展，使决策者们认识到高质量的早期教育在整个教育系统中的潜在影响力；③标准的建立有助于有效地推动早期教育质量的普遍提高，尤其在教育属于地方自治的国家和地区；④在经济不发达或教育资源不足的地区，标准的建立可推动教育公平和平衡发展；⑤建立和实施标准有助于早期教育工作者在统一的标准之下加强交流，共同提高。

全美幼教协会下设的早期儿童机构评价委员会，是美国全国最具权威性的早期教育评价专业性组织。该组织在大量的科学研究结果的基础上设计制定了高质量早期教育机构的专业标准，并于1985年开始实施，接受评价认证。17年之后，又于2002年至2006年加以认真严谨的重新研究和修订，使标准更多地基于证据和有关高质量教育的最新理论和研究发现。全美幼教协会组委会于2005年4月通过了对新标准和新评价系统的鉴定，新标准和新系统于2006年9月开始正式实行。全美幼教协会早期儿童机构评价体系的详细介绍参见本章第三节。该评价认证体系对世界幼教界具有重要的影响，对世界各国的幼儿教育机构评价标准的建立和实施提供了许多有帮助的启示。

英国于2000年9月开始实行全国的学前教育课程框架（EYFS，0～5岁），并实施评价标准体系，包括四个主要方面或主题：独特的儿童个体、正面积极的关系、可促进发展的环境、学习与发展。英国政府2006年颁布的《儿童保育法》(The Childcare Act)为该课程框架提供了学习与发展的标准或要求，包含早期学习目标（5岁时应获得的知识技能与理解能力等），课程（教学材料方法与过程），测评办法（测量与评价儿童是否达到学习与发展目标）。每一项早期学习目标和教学课程均涉及相互关联且相辅相成的6个领域方面：①个性、社会性和情绪发展；②交流、语言与文字；③解决问题、推理和数学能力；④对周围世界的认识和理解；⑤身体的发展；⑥创造力的发展。要求幼儿教育机构通过有计划有目的的游戏，以及合理比例的教师和儿童发起的活动，促进全体儿童的整体发展。

新加坡内政部兼教育部于2010年11月正式启动《新加坡学前教育评估框架》(SPARK)。该框架详细描述了对学前教育机构质量的评价标准，指导学前教育机构提高质量，促进幼儿的全面发展。这个新的学前教育评估框架以儿童为中心，强调五个核心准则：聚焦儿童、前瞻性领导、有影响力的专业技能、面向发展的合作，以及有目的的创新。

法国于 1995 年开始修订早期教育课程标准,强调语言发展和第二语言的学习(Rayna,2003)。

丹麦于 2003 年 10 月宣布制定早期教育框架(Oberhuemer,2005)。

德国受到 2000 年 PISA 报告中关于 15 岁儿童基本学业成就方面的排名滞后的刺激,开始警觉并考虑从学前阶段开始迎头赶上,因而在 2003 年由 Bavaria 地区政府首先提出 0~6 岁课程框架,随后在 2004 年,德国 16 个地区的 16 位教育部长有史以来第一次达成一致,同意对全国早期教育机构采用共同的课程框架作为规范性要求。此种政策导向使得德国有效地提高了此后的 PISA 排名(Oberhuemer,2005)。

澳大利亚政府与 1994 年 1 月开始颁布并执行"质量改进与认证系统"(Quality Improvement and Accreditation System,简称 QIAS),此后经过两次修订,于 2010 年 7 月开始逐步实施新的全国性质量标准(The National Quality Framework,简称 NQF),并将逐步实行新的教职工任职标准。新的机构质量标准分为 7 个部分:课程及其实施,儿童健康与安全,物质环境,教师员工,与儿童的关系,家庭与社区,领导与管理。政府要求过渡期至 2012 年 1 月 1 日为止,此后澳大利亚的全部幼教机构,包括全日制机构、家庭日托、放学以后的托儿班和学前班等,均必须全面实行该新标准。

近几年,在联合国儿童基金会的推动和资助下,由中国国家教育部组织专家形成课题组经数年努力研制出《3—6 岁儿童学习与发展指南》,通过制定明确的关于儿童学习与发展的评价标准来提高学前教育质量,为所有的儿童作好入小学的准备,同时提供学前儿童评价工具和对教育质量加以监控。《指南》已于 2012 年 10 月正式颁布。这些努力都体现了中国政府对学前教育的重视和投入,因而有理由期待,对学前教育机构的质量评估标准也必将在不久的将来得以问世。

第二节 学前教育机构评价的内容与方法

一、学前教育机构评价的内容

学前教育机构是为学前儿童提供某种教育或服务的具有鲜明目的性的单位或组织,如各种类型的提供保育、教育或入学准备等服务的托儿所、幼儿园、学前班等。近年来学前教育机构的类型趋于多样化,例如,连锁幼儿园和民办幼儿园、特色课程幼儿园或学前班,还有各种以单科强化训练为主的幼儿教育机构,如双语幼儿园、艺术幼儿园等。这些幼儿教育机构的教育质量如何,是否符合政府的各项法规和标准,机构的运行是否达到其预计的目标,达到目标的程度如何,是否有继续存在的价值,应当如何进一步调整和改进等,这些问题都需要通过学前教育机构评价来寻求答案。

学前教育机构评价是在一定的教育价值观的指导下,依据一定的标准与程序,对托幼机构的教育工作进行科学调查,作出价值判断的活动过程。根据评价的方式和内容,学前教育机构评价可以归为各种类型。例如:在开设新的机构或确定增减机构之前进行的一次性评价;为获得机构的发展、调整和完善决策,在机构运行过程中进行的持续性评价;通过诊断教育方案或计划、教育过程与活动中存在的问题,为正在运行的教育机构的活动提供反馈信息,以提高机构教育活动质量的形成性评价;在机构发展到相对成熟阶段对其运行效果作出判断的总结性评价;为了检测机构各方面的工作状况,及影响其工作质量的因素而实施的诊断性评价;对机构的某一个方面进行考察并加以价值判断的单方面评价;对机构的所有重要方面进行综合性的全面测评并作出结论的系统性评价;还有根据一定的标准体系,借以判定机构是否达到既定标准的机构认证评价;等等。

具体而言,根据学前教育机构评价的目的,评价内容包括:①了解或证实机构中儿童及其家庭的需要,以及机构所提供的服务在何种程度上满足了这些需要;②了解或证实保育教育各项工作和措施的有效性和有用性;③检测结果是否有利于儿童的发展和学习;④考察机构是否按计划实施,如完成计划时间表的偏离程度等;⑤发现优点和不足,以便改进;⑥总结机构经验,以便宣传推广;⑦比较不同机构某些方面的质量优劣;⑧全面考察成功的机构,以便在异地开设连锁机构。

二、学前教育机构评价的基本方法

根据不同的评价目的,对学前教育机构的评价应采用不同的方法与模式。目前我国各级教育行政部门采取的基本上是一种差距评价模式,即在一定的教育政策法规和教育价值观的指导下,制定出一套与之相适应的高质量的学前教育机构的标准,然后把这套标准用作判断不同学前机构教育工作质量的依据或尺度,去考察各个机构的工作,衡量或判断它们符合或偏离这套标准的程度。一般而言,在实施评价时,需要遵循绝对评价与相对评价相结合、自我评价与外部评价相结合、形成性评价与终结性评价相结合原则。在评价资料的收集和处理方面,通常需要将质的描述和量化分析结合运用。影响教育机构等级评定的因素中有许多很难用具体的数值来表示,因此只能对这些因素作质的分析。但是,质的分析的客观性比较欠缺,因此应尽量把质的分析进行量化,必要时才对某些现阶段难以量化的因素采用质的分析,以减少人为任意性,提高评判精度。在对学前教育机构分等定级的评价中,应科学、规范、有理有据,要反映真实情况。

目前,我国各级教育行政部门开展学前教育机构的分类定级评价所用的方法,主要是模糊分析方法和多因素综合评定法。多因素综合评定法是通过对机构在学前教育活动中所表现出的各种特征进行综合考虑,揭示其教育与社会、经济方面的价值,及其达到目标的差异性,以此作为判断基础,鉴定机构的类别等级。它的基本思路就是依据一定的目的和原则,以机构单元为样本,选择对机构发生作用的因素作为鉴定指标,并赋予相应的权重,然后用适宜的模式将样本加以归并,即划分机构级别。

从事学前教育机构评价,首先要成立评价组织或机构,保证合格的评价人员和经费、设施等方面的配置。评价组织的首要工作是设计评价方案或计划。评价方案要基于评价目的和可能的资料来源。评价目标越具体，评价工作的效率越高，越节省时间、人力和切中要害。但也要考虑评价目标的深度和广度的矛盾和得失。目标越广，越可能导致评价结果的肤浅，除非资源丰富，有可能得到大量全面的评价信息。所以要充分权衡评价覆盖面的适宜性，如果仅需评价某一个方面，就深入专注地收集该方面的资料，而不要面面俱到、蜻蜓点水。不过，教育的影响和效应往往是渗透性的，不能孤立地看待。

制定机构评价计划时要考虑以下主要问题：①评价的目的是什么；②评价结果的接受者是谁（上级主管部门、员工、家长、其他机构等）；③评价标准包括哪些主要方面，如何使标准操作化；④获取评价结论需要从哪些角度收集资料信息；⑤针对目的采取哪些适宜的收集资料信息的方法；⑥评价时间表；⑦实施的可能性。

制定一套正确、合理的评价标准，是保证学前教育机构评价活动科学性的关键。此类评价标准通常包括几个方面的内容，如：从业人员素质标准，即从业人员承担或完成本职工作的条件，包括学业水平、就业资格、专业经验等；教职员工的职责标准，包括所承担的任务的具体质量要求和教育行为的规范等；工作业绩等效果标准，包括从事教育工作的能力和结果，对幼儿和家长的影响；等等。在不同目的下的机构评价在制定标准时有不同的内容侧重点。机构评价活动的有效性取决于评价工具的有效性。评价工具或评价标准应当能够反映评价目的，符合幼儿教育的客观规律和时代精神，又适合于当地的具体情况。评价标准应当指标具体，易于理解掌握，具有可操作性。

评价标准总是体现一定的教育价值观，例如，在对保育和教育的关系，教师与幼儿在教育过程中的各自的角色地位与作用，师生互动的合理方式，教与学的主要方式，环境与材料的作用，游戏与上课之间的关系，幼儿园与家长之间的合作关系等基本问题上正确的看法与态度。不同的教育价值观，对于教育质量会有不同的看法，因此就会产生不同的质量评价标准。我国学前教育机构的评价标准,一般应以国家的法规和文件为指导思想和依据,认真把握与理解法规和文件中所提倡的教育价值观。影响机构教育质量的因素是多方面的,明确这些因素的作用及其相互关系,可以为确定评价工作的重点和评价的权重提供依据。在明确影响机构教育质量的各种因素及其相互关系的基础上,进一步确定评价这些因素的质量标准,分析达到这些质量标准所需的条件(包括人员、设备、场地等),并进一步制定出相应的评价标准,使所制定的标准有一定的可行性,继而分析达到标准所需进行的活动和可能产生的结果,最后对所确定的各种评价标准进行必要的技术处理。

同时也必须指出,早期教育的标准是一个基于社会文化价值观念的主观概念结构,因而难以达成一个全球统一或公认的一成不变的体系。鉴于其复杂和多元的性质,随着人们对早期教育的有关科学知识的不断增加,早期教育的标准必须在生生不息的社会变迁之中不断地发展、调整和修订。另一方面,随着人类社会各种科学的发展,人类对自身的生理、心理的发展规律的科学解释不断地深入,尤其是脑科学、神经生理学、分子生物学等有关学科的进展,对于年幼儿童的身心发展的客观规律的认识也日渐深入,有关婴幼儿发展质量及其影响因素的科学研究和科学发现结果,可被视为全人类共同的知识财富,并可用于促进和改善世界各地的儿童的早期教育。因此,密切关注最新的科学发现以及其他国家和地区的研究结果并为我所用,是我国幼教工作者应持的科学态度。

学前教育机构的评价工作由确定评价目的、制订评价计划和标准与程序、收集和分析评价资料、形成评价结论,以及根据评价结果反馈调整等环节构成。要保证评价工作的科学性、合理性与公正性,还需要对评价工作本身进行必要的评估,以及建立协调监控机制,处理评价过程中可能产生的不同意见等。

撰写机构评价报告,可以参考以下提纲:

封面 被评价机构名称,实施评价地点,评价者,实施评价日期,报告日期。

概要　评价内容，评价目的，主要结论与建议。

背景　机构的由来与目的，课程要素概述，如课程目标、课程内容的组织形式与结构、教育教学方式与方法、一日生活时间安排、教师与儿童人数比例、课程参与人员的种类职责等，或以附件对课程作更详细的介绍。这些是该课程的背景资料，将这部分内容纳入评价报告中，旨在让评价听取人（如行政领导部门、其他幼儿园领导）大致全面地对该课程的概况有一定的了解。如若评价的结论为该课程有效，则便于让读者了解其具体运行特征，便于有效推广。

评价过程的描述　程序与步骤，测量内容与方式（包括测量工具的可靠性、有效性考察，抽样方法与步骤，收集数据资料的程序等）。

结果　测量的结果（包括各种量化与质性分析记录）。

结果的分析与评论　根据某种标准对测量所获信息作出价值判断。

费用与效益　预算方法，有关费用支出与所获效益。

结论与建议　评价结论或鉴定，对机构改进工作的建议，或开展下一步评价的建议。

三、学前教育机构评价的发展趋势

我国的学前教育机构长期以来由各级政府教育行政部门主管，由地方教育行政部门制定和颁布机构分级分类验收标准，并实施评估，评估的结果与收费标准挂钩。这种评价方式虽然有其优点，但由于主要依赖于地方教育行政部门对法规精神的理解程度，以及对评价研究的投入与水平，有时无法做到科学地制定评价标准和适宜的实施程序，往往会流于形式。随着家长对高质量学前教育机构需求的不断增加，教育行政部门办的示范园已远远不能满足要求。由于学前教育属于非义务教育，近年来各种社会力量办园，尤其是私立幼儿园不断增长。因此，对此类幼教机构的管理，应纳入政府的评价体系之中。我国学前教育评价的现状亟须在有计划的科研的指导下进行改革。

对学前教育机构教育质量的评价需要在一定的教育价值观的指导下，根据教育部制定的《幼儿园工作规程》和《幼儿园教育指导纲要（试行）》的精神，制定出一系列可以操作的标准与程序，对学前教育机构的各方面的工作进行系统而科学的考察，采取各种手段收集证据，并对照标准来衡量或判断机构符合或偏离标准的程度。因此，机构的评价标准反映了某种学前教育的观念体系，这种观念体系通过转化为标准并加以操作化、具体化，可直接或间接地调控学前教育机构的实践内容和努力方向，是当前学前教育改革的重要指挥棒。所以，研究制定一套科学、合理的评价标准，是保证学前机构教育质量的关键。此外，发挥学前教育专业学术研究团体和专业评价人员的作用，也将对提升学前教育机构评价的科学有效性产生重要的影响。

发达国家的学前教育机构评价往往包括对各类学前儿童保教项目的评价，包括对处境不利儿童、缺陷或残疾儿童的学前保育和教育项目的评价。各种与学前教育有关的部门或机构参与评价，根据不同的角度制定评价标准。例如，美国医学科学研究院（National Research Council and Institute of Medicine of the National Academy of Science）发表的《从神经细胞到社会成员——儿童发展的科学》的综合报告。该报告综合了各方面大量的研究证据，提出有效的教育机构必须具备的四项基本特征：①个性化服务；②高质量机构的执行运作；③从业人员的必备知识技能；④家长与机构专业人员的正面关系。

当代教育机构评价的一个重要趋势是重视纳入自我评价这个要素。利用自我评价和政府行政部门评价相结合的评价模式，将更有利于调动我国学前教育机构的积极性和调节功能。另一个趋势是将评价活动和评价过程制度化。这无论对优化保教过程并检验其效果，还是对提高教育管理工作的科学化、民主化水平，都具有重要的作用。因此，有必要将评价活动纳入机构的制度建设，并培养一批高素质的评价人员队伍。教育评价具有较高的专业化要求，而目前我国从事学前教育评价工作的人员在专业素质和数量上都无法适应和满足日益深化的改革与发展的迫切要求。所以，我们亟须培养一批高素质的评价人才，并坚持边实践边研究的原则，在研究和改进学前教育评价体系的同时，培训不同层次的评价人员。

有些发达国家现行的是由学前教育的学术团体担任评价主体，经过系统研究，编制出一整套评价标准系统，用来评价各种不同类型的学前教育机构的教育质量。例如，全美幼教协会自 1985 年以来，用该协会颁布的关于高质量的托幼机构的认证标准，对自愿申请参加的机构实施评价。迄今为止，已有一万多个幼教机构通过了这个标准，受益儿童达百万之众（NAEYC，2007）。该评价系统受到美国幼儿教育界和社会各界的高度认可，为早期教育专业人员、家庭，以及其他关心幼儿教育质量的人士提供了有力的鉴别工具。家长可以用来比较机构的质量，作为给孩子选择理想的早期教育机构的依据。各种类型的托幼机构可以此作为参照标准，不断提高自身达成专业标准的程度，并激励机构开展持续性自身评价，进行性地改进保教质量。本书将在下一节中介绍 NAEYC 评价体系。

早期教育机构评价工作的质量，往往也与当地政府的重视程度、投资力度、监察与评估措施等密切关联。随着对早期教育的重视日益加剧，各国各地政府纷纷开始重视早期教育机构的评价工作，许多地方政府近年来纷纷致力于利用评价的杠杆作用来促进幼儿教育机构质量的改进。例如，美国已有 15 个州建立并实施本州的早期教育机构评价标准，并采用提供资助或培训教师等方式，支持机构积极参加与提高质量相关联的机构评价活动。

第三节　学前教育机构评价标准示例

一、全美幼教协会（简称 NAEYC）早期儿童教育机构认证评价体系及标准

（一）全美幼教协会机构认证评价体系概况

全美幼教协会是世界上最大规模的代表幼儿利益的组织，创立于 1926

年，目前在美国拥有约 90 000 个个人成员和 300 多个州市级或地区附属成员，以及逐渐增多的世界各国幼教组织联盟。全美幼教协会的宗旨是促进 0~6 岁儿童的全面发展，强调关注教育与发展的质量，日益增强组织功能，以及面向全体服务幼儿，并代表幼儿需要和权利。

全美幼教协会的评价体系以该组织的宗旨（Position Statement of NAEYC）为基点，表达了该协会针对早期儿童教育的实践、政策和专业成长的争议性和关键问题的立场。这个评价标准体系的核心概念"适宜发展的教育"（Developmentally Appropriate practice，以下简称 DAP）在世界各国具有相当广泛的影响。全美幼教协会评价体系是在这些导向性文件的指引下，经寻求不同领域专家的见解，并经协会成员广泛发表意见，反复研讨修订而成。这个机构认证评价系统的核心宗旨，是保证从出生到幼儿园的儿童在机构内的日常经验的质量，力求获取儿童发展的最佳结果。其标准体系基于四个方面的理论依据：①儿童及其学习与发展；②教职员工；③社区伙伴；④行政与领导班子。全美幼教协会强调，评价系统的最终受益者是儿童。

该评价系统的评价标准体现了全美幼教协会关于高质量早期教育机构所基于的基本价值观：①儿童期是人一生发展中的独特阶段；②机构与儿童的相互作用和相互尊重以及家庭的关系，是促使儿童最佳学习和发展的基本条件；③出生至幼儿园（5 岁）阶段是激发儿童智能、语言、社会性情绪发展的不可复得的时机；④与家庭、社区的合作是必不可少的；⑤强有力的课程在提供高质量保育教育服务中具有显著作用；⑥早期儿童教育不仅是为将来作准备，也要重视儿童当前的生活质量。

全美幼教协会早期儿童机构评价系统的实际操作由两部分组成：一是早期儿童机构标准，即在全美幼教协会的教育理念指导下制定的一整套可以操作以获取证据的阐述，作为相对统一的高质量机构的期望性参照尺度，以衡量早期儿童教育机构的运作状况；二是早期儿童机构认证标准，即基于证据的有关机构认证的具体操作性阐述和工作表格。

在使用和实施该机构评价系统长达 17 年之后，全美幼教协会于 2002 年成立了由 10 人组成的早期儿童机构标准与认证标准委员会，负责修订幼儿教育机构标准及其评价标准，以期使现行的标准更多地基于证据和纳入有关高质量教育的最新理论和研究发现。委员会下设 9 个由专业教育人员、行政管理人员和研究人员组成的技术资源团队，参与协助该项工作。洛杉矶加州大学的研究人员提供了关于标准的测试结果，成千上万的个人提供了反馈意见。全美幼教协会组委会于 2005 年 4 月通过了对新标准和新评价系统的鉴定，并于 2005 年 11 月在该协会年会上发布。新标准和新系统于 2006 年 9 月开始正式实施。

获得全美幼教协会认证是美国早期儿童机构最高质量标志，旨在使得机构儿童终身受益。该评价认证过程帮助建立由教师管理人员和家庭组成高质量的团队，共同努力提高幼教机构的质量，并改善幼教机构的全国总体标准。获得 NAEYC 认证的机构，可列为 NAEYC 网站高质量机构名单，供全球家庭查询，并在各种刊物和媒体上公布，增加机构知名度，利用认证标志吸引更多家庭与幼儿参与机构。

以下介绍全美幼教协会的更新版早期儿童机构认证系统。①

（二）全美幼教协会机构认证的步骤与要求

全美幼教协会机构认证系统要求机构完成以下步骤，以保证评价和认证的质量和可靠性。

1. 第一阶段：报名与自检

任何早期儿童机构，只要愿意利用自我检测工具改进工作，即使不打算继续完成其他步骤，都可以登记注册。机构在交纳一定的费用之后即可进入自我评价程序。注册登记没有其他任何要求。这是全美幼教协会评价系统中至关重要的第一步。经注册的机构将收到全美幼教协会的自我评价工具包和实施指南，对照全美幼教协会发布的高质量早期儿童教育机构评价标准，进行自我评价并作必要的改进。开展自我检测工作时，应让机构人员共同讨论参与认证工作，利用自检工具对照机构工作，找出机构的优点和不足之处，

---

① 资料来源：全美幼教协会官网（www.naeyc.org）

根据需要制订改进计划，改进机构工作，记录进展状况和评价结果，并确定下一步行动计划。各机构根据需要决定自我评价的时间进度。全美幼教协会鼓励采用系统方式全面提高机构质量，向所有机构提供建议和支持，但不要求机构必须提交自我检测结果。

2. 第二阶段：提交申请/自我评价

提交申请的机构必须符合以下资格要求：①服务对象至少有10名幼儿；②提交认证候选机构申请时至少已运行一周年；③具备当地有关部门的机构开业注册登记资料；④机构位于美国国内，或为美国外交部附属的托幼中心；⑤愿意达成全美幼教协会制定的10条高质量机构标准。

该阶段需要完成的工作包括：收集并整理机构达到10条幼教机构标准的证据；提交认证申请，按时提交资料和达到资格要求；完成正式的自我评价，提交证明达到10条机构标准的证据，包括各种文字和图像资料，可观察资料和问卷调查资料。机构完成自我评价并自信已基本达到标准之后，便可以提交认证申请，并保证在一年以内完成其他步骤。机构此时正式进入认证评价程序。已经获得全美幼教协会认证的和尚未获得认证的机构在申请要求上有所区别。申请认证的机构必须声明其主要负责人理解全美幼教协会的认证程序，而且机构已建立涉及各类人员的合作机制以便完成论证。

需提交的机构材料如下：

- 儿童一日生活时间表
- 课程的书面描述
- 儿童发展状况的观察、记录、检测表格
- 发给家庭的信件、电子邮件或通知等
- 儿童注册时与家长分享的机构材料
- 课程计划、备课笔记、教案等
- 儿童参加活动的照片或文字记载
- 儿童作品选样
- 关于教室和环境中陈列儿童作品的照片

- 可提供儿童在室内使用的材料和设备的清单和照片
- 其他本机构特有的材料

提交申请的机构可以在网上查阅与机构认证过程有关的重要信息和资料，查阅账单和全美幼教协会给机构的信件来往。已获得候选资格机构可以进入本机构的资料；已获得全美幼教协会认证的机构可以进入特许栏目打印认证标志和其他本机构的认证资料。

3. 第三阶段：取得候选资格

机构提交认证申请后，全美幼教协会学术委员会便开始为该机构安排现场访问。已经获得全美幼教协会认证的和尚未获得认证的机构在访问细节和要求上有所区别。申请成为候选机构时，机构必须提交下列文件：①完整全面的自我评价报告；②有效开业执照，及12个月以内的有关部门评估报告；③机构负责人和教职员工的合格任职资格证明（见表13-2）；④家长、教职员工和机构领导人员合作参与认证准备的证据（如参与调查、计划等）；⑤关于机构达到合格标准（至少80%）的证据。

本阶段可能的结果如下。

（1）批准候选资格：机构将接受全美幼教协会评价认证专家的现场访问。

（2）拒绝候选资格：机构必须在限期之内重新申报，包括重新申报候选资格，或取消本次候选资格的申报，改进机构工作，准备完毕时重新从第二阶段开始申报；或启动申诉程序，要求审查候选资格决定。

4. 第四阶段：达到标准，获得认证

机构在获得候选资格后6个月之内将接受认证小组的访问。收到认证小组通知后，机构应提供接受访问的可能时间，机构人员变动如可能影响标准资格，要及时申报，在收到通知后的15天之内认证访问组将到达机构，并在一个工作日之前收到认证访问组将于次日到达机构的通知。

在认证现场访问期间，以及通过机构提交的文件材料，机构应表明其达到全美幼教协会的所有10条高质量托幼机构的标准（见表13-1）。全美幼教协会评价委员会将对所有班级进行实地观察，验证执照、文件和证书等的真实性，分析员工及家长调查结果，并与园所负责人会晤面谈。在全面考核的基础上形成评价报告，包括认证决定。评价委员会成员均经过特别的训练，以保证评价的可靠性和有效性。

现场访问期间，机构必须做到：①时刻注意照管机构内幼儿；②无任何体罚或变相的心理上身体上的惩罚；③每班至少有一名员工具备儿科急救训练课程结业证书；④婴儿睡眠时必须仰卧，除非有医生的证明；⑤证实申请书中的机构自述，以及候选机构的资格；⑥表象足够的证据以满足高质量机构标准80％以上的条件。全美幼教协会将从各机构获取部分标准的资料，用于分析高质量机构特征的信度和效度。现场访问所获得的资料送交全美幼教协会认证总部实施评分。

机构将可能被授予认证；延迟授予（机构可重新申报、取消申报或审查申诉）；拒绝授予（机构可以取消申报或审查申诉）；授予认证但要求补充验证。

5. 后续阶段（自批准认证之日起5年）

已获得全美幼教协会认证的机构必须保持已获认证资格的要求，持续保持达到全美幼教协会幼儿教育机构的10条标准，在每年达到认证之日提交年度报告，并向全美幼教协会提供机构变化和更新资料。机构还需准备接受全美幼教协会的随机抽访和其他验证方式，在适宜时间及时开始准备重复认证的工作过程。

要求机构提交年度报告，是为了帮助机构通过不断自检，确保达到10条标准及其指标；增强儿童家庭等有关方面对全美幼教协会认证系统的可靠性认识；向全美幼教协会提供有关已获认证机构目前运行状况和特点的最新信息。提交后可能的结果包括：①确认保留已获认证资格，不需任何行动；②年度报告不完整，需要补充材料；③机构运行发生显著变化需启动其他验证过程；④根据"保持标准要求的规定"和问题的严重程度，吊销认证资格。

所有已获认证的机构在5年之内都有可能接受全美幼教协会的随机的不

予通知的现场访查。随机访查制度使得家庭和其他有关人士可以无忧地信赖全美幼教协会的认证系统。随机访查有助于保证机构以后确切地持续地达到10条标准及其指标，从而保证儿童能够从这些高质量机构中受到优质的保育和教育。全美幼教协会认证在5年之内有效。全美幼教协会建议机构在获得认证3年之后开始计划重复认证工作。不及时获得重复认证机构将中断认证资格，及时获得重复认证的机构将顺利延伸认证资格。

关于保持认证资格的工作程序如下。

（1）收集违反标准指标的征兆

① 机构必须定期向全美幼教协会提供开业注册信息。

② 如果机构执照被吊销或暂停，或发生任何可能危及儿童健康和安全的事故，机构必须在72小时之内向全美幼教协会报告。

- 发生任何原因的机构儿童死亡事件。
- 发生任何导致急诊或住院的儿童受伤事件。
- 发生任何由于缺乏监护而导致的非常事件（如幼儿单独留在某处）。
- 发生任何可疑对机构儿童的体罚或心理体罚（包括通过机构由别人导致的）。

（2）确定问题的严重程度

- 事件发生的背景。
- 事件的性质及持续时间。
- 机构对事件的反应和处理。
- 有关部门对问题事件的调查结果和处理。
- 全美幼教协会接到问题事件报告的过程和时间等。
- 机构是否发生过类似问题事件及发生频率。

（3）确定问题所产生的后果的严重程度

- 是否违反了某项具体指标。
- 如机构违反了某项具体指标，那么该违规事件是否属于机构的责任。
- 如违反了某项具体指标且属于机构责任，那么机构是否提供证据说明其有能力长期持续地保持达到该指标。

可能的结果如下。

- 保留被认证资格。
- 经验证性现场查访后再作决定。
- 取消被认证资格。

(三) 全美幼教协会机构认证标准

全美幼教协会机构认证的标准体系分为两个部分：第一部分是机构标准，即广义的基于证据和价值观的阐述，是对高质量幼教机构在某方面运行状况的期望；第二部分是机构认证指标，即侠义的基于具体证据的阐述，规定了关于机构运行的某种具体的期望。机构认证指标是幼教机构标准的操作化体现，因而机构标准和机构认证指标这两者之间具有极其密切的内在联系。

全美幼教协会认证评价的标准基于以下价值观并具有研究资料的支持。

1. 机构与儿童和家庭之间建立相互尊重的关系，可优化儿童的学习与发展。

2. 儿童发展各阶段中具有不同的重要的智力、语言、社会、情绪发展的机会，必须相应地予以支持。

3. 与家庭和社区形成伙伴关系有助于改善机构质量。

4. 高质量机构是提供优质早期教育与教养的必要条件。

5. 幼儿期的发展是日后学习和发展的重要准备。

全美幼教协会评价标准体系针对 4 个方面的对象：儿童、教师、家庭和社区、机构管理人员。

全美幼教协会评价标准体系共分为 10 个方面：关系、课程、教学、检测儿童的进步、健康、教师、家庭、社区关系、物质环境、领导与管理。每个方面含有若干层次的标准细目，对 5 个年龄阶段分别进行描述。这 5 个年龄阶段是 U＝0～6 岁，包括以下 4 个年龄：I＝婴儿阶段，0～15 个月；T＝学步阶段，12～36 个月；P＝学前阶段，2.5～5 岁；K＝幼儿园阶段，5～6岁。以下介绍这 10 个方面标准的总体描述，并举例说明各个方面标准中的部分细目（见表 13-1）。

表 13-1　早期教育机构标准表

标准1：关系

能促进机构内所有幼儿和成人之间的良好关系，从而鼓励每个幼儿对自身价值的认可和对社区的从属感，并培养个体幼儿为社区作贡献的能力。其中"教师与家庭关系"部分的细目举例如下：

编号	年龄阶段					全美幼教协会认证标准
	U	I	T	P	K	
1.A						建立良好的教师与家庭之间的关系
1.A.01	X	X	X	X	X	教师与家庭成为合作伙伴，共同建立并保持持续的定期双向交流
1.A.02	X	X	X	X	X	教师获取有关儿童家庭的族裔、宗教、语言、文化和家庭结构的信息
1.A.03	X	X	X	X	X	教师经常性地与家庭成员交流有关儿童的个别需要，确保家庭与幼儿园之间的过渡
1.A.04	X	X	X	X	X	教师重视家庭所担心的问题，对于家长不放心把孩子放在早期学前教育机构的问题作出正面的承诺
1.A.05	X	X	X	X	X	在刚入学时和学年期间的必要时期向教师及家长传达班级规则和期望，以及常规
1.B						建立良好的教师与儿童的关系
1.B.01	X	X	X	X	X	教师通过表达对儿童的尊重，并创设正面的情感气氛，如与儿童经常性地交流对话，一起开怀嬉笑，表达彼此之间的热爱，来培养儿童健康的情绪
1.B.02	X	X	X	X	X	教师通过各种行为让儿童感到温馨，如拥抱、对视、柔和的声调和微笑
1.B.03	X	X	X	X	X	教师对所有幼儿的身体和情感的关照始终如一，并且显得是可以预料的

标准2：课程

实施与儿童发展目标相一致的课程，促进幼儿社会性、情绪、身体、语言和认知诸方面的学习和发展。其中"课程的基本特征"部分的细目举例如下：

续表

编号	年龄阶段					全美幼教协会认证标准
	U	I	T	P	K	
2. A						课程：基本特征
2. A. 01	X	X	X	X	X	机构有书面的课程观描述，并采用一种或多种与之相应的、针对儿童发展主要方面的书面课程框架
2. A. 02	X	X	X	X	X	在持续连贯而清晰阐明的课程框架指导下设计儿童活动经验，并允许变动和调整，使之适用于所有的儿童
2. A. 03	X	X	X	X	X	在课程指导下发展师资，提供与机构目标相一致的、有目的的学习机会
2. A. 04	X	X	X	X	X	课程的实施反映了相应的儿童家庭的价值观、信念、经验与语言
2. A. 05	X	X	X	X	X	在课程目标指导下，教师对儿童的发展进步作持续性检测
2. A. 06	X	X	X	X	X	在课程目标指导下，教师将检测获得的信息纳入课程目标，以帮助儿童的个性化学习
2. A. 07	X	X	X	X	X	在课程目标指导下制订活动日程表，既有常规性又具有灵活性，对个体儿童的特别需要作出反应，日程表含过渡性活动的时间和措施，包括室内和户外活动，并考虑不同幼儿的动静需求

标准3：教学
在课程目标的指导下，运用适宜儿童发展的、适宜文化与语言环境的、有效的教学方法，促进每个幼儿的学习和发展。其中"创设学习环境"部分的细目举例如下：

编号	年龄阶段					全美幼教协会认证标准
	U	I	T	P	K	
3. A						创设丰富的学习环境
3. A. 01	X	X	X	X	X	教师和机构其他员工共同努力完成日常教学和活动，包括个性化家庭服务计划、个性化教育计划和其他个体儿童所需要的计划
3. A. 02	X	X	X	X	X	教师创设能在任何时候保护儿童健康与安全的环境
3. A. 03	X	X	X	X	X	教职员工支持儿童对身体动作、感官刺激、新鲜空气、休息和营养的需要

续表

编号	年龄阶段					全美幼教协会认证标准
	U	I	T	P	K	
3.A.04	X	X	X	X	X	教师安排场地和选择有关各种发展领域内容的材料，以刺激儿童的探索、实验、发现和概念的学习
3.A.05	X	X	X	X	X	教师通过以下工作避免儿童的扰乱行为： ——创设环境 ——制订满足儿童需要与能力的日程 ——安排有效的过渡活动 ——参与儿童的活动
3.A.06	X	X	X	X	X	教室的布置能够帮助儿童复习所学过的东西，并扩展其学习。教师保证儿童最近的成果（如图画、创作手工等）在教室的展示中占主要的部分，其中部分在儿童等高位置展出
3.A.07	X	X	X	X	X	教职员工和儿童共同安排布置教室，材料放在一定的地点，儿童知道在何处取，并放回何处

标准4：检测儿童的进步

持续性地采用系统的、正式或非正式的检测方式，了解儿童的学习与发展进程状况。检测在与家庭的相互交流中进行，充分考虑到儿童生活与发展的文化背景。根据检测结果调整关于儿童、教学和机构等方面改进的目标，从而使儿童受益。其中"制订检测计划"部分的细目举例如下：

编号	年龄阶段					全美幼教协会认证标准
	U	I	T	P	K	
4.A						制订检测计划
4.A.01	X	X	X	X	X	把检测作为机构工作的组成部分。采用各种检测方法，如观察、列清单、等级评定和个别测试。运用检测手段支持儿童的学习
4.A.02	X	X	X	X	X	机构有书面的检测计划，对检测目的、程序和结果的运用方式等进行描述。该计划还包括： ——在何种情况下检测儿童 ——学年期间检测儿童的时间表 ——保证儿童个体资料隐私权的措施 ——如何使家庭参与检测计划与实施 ——向家长汇报检测信息的有效办法

续表

编号	年龄阶段					全美幼教协会认证标准
	U	I	T	P	K	
4.A.03	X	X	X	X	X	书面检测计划包含多重目的和多种用途,包括: ——安排发展性筛选测验,并在必要时推荐诊断性测查 ——发现儿童的兴趣与需要 ——描述儿童的学习和进步 ——改进课程并使教学与环境相适应 ——计划改进机构的工作 ——与家庭交流

标准5：健康

提高儿童营养与健康状况,预防疾病,保护儿童和教职员工免受伤害。其中"增进健康,控制疾病"部分的细目举例如下:

编号	年龄阶段					全美幼教协会认证标准
	U	I	T	P	K	
5.A						增进儿童健康,控制传染病
5.A.01		X	X	X	X	保存每个幼儿当前的健康档案: ——儿童进入机构6个月之内及其以后,记录与美国小儿科医学会、美国疾病控制中心和美国家庭医生协会所要求的各种健康测验和免疫接种记录的日期 ——如果儿童的任何一种健康免疫项目发生贻误,家长或主要监护人必须在进入机构之前提供已约定的接种日期的证明,并作为注册入园或继续保留在机构的条件,除非家长可提供宗教性豁免的证据 儿童的健康档案包括: ——任何当前的医疗保险资料,必备急诊用 ——及至当前的体检结果,免疫接种及其结果记录,如属异常,必须有跟踪治疗的记录 ——根据日期排列的本年度及至当前的紧急情况联系人的联系方式 ——家庭提供的有权利观看儿童健康资料的人士姓名 ——关于儿童的任何特殊需求的说明(例如哮喘病、听力或视力损伤、排尿问题;或如癫痫、糖尿病等其他慢性疾病问题)

续表

编号	年龄阶段					全美幼教协会认证标准
	U	I	T	P	K	
						——医生证明或家长认为因疾病而不能接种健康疫苗者必须有证据。一旦怀疑该疫苗有关的疾病在机构发生，机构员工便执行遣返该儿童的计划
5.A.02	X	X	X	X	X	机构签约聘请一位有执照的儿科医务人员，或经专门训练的早期儿童机构健康咨询人员： ——每年至少两次或在需要时现场访问机构，如果机构招收3岁以下儿童则需要每年四次或在需要时来访 ——观察机构的工作并对之提出改进建议，写出书面的健康工作规定，以保证健康和预防疾病与伤害 ——除非机构已加入美国农业部的儿童与成人保健食品项目，每年至少两次请有执照的食品师或儿童营养师评估机构伙食单中的营养素、蛋白质含量，国家设限的果汁、糖、盐、饱和脂肪，以及厨房设施与运行程序 ——机构登记和记录对咨询人员提出的意见和建议的执行情况 （本条目为形成性标准）
5.A.03	X	X	X	X	X	对每个年龄组的儿童，附近至少有一名机构员工接受过急救培训，包括婴幼儿窒息抢救技术。如果机构设有游泳池和浅水池，有的幼儿有特别的健康状况，则至少有一名经综合性急救训练的员工全日在场 （本条目为必要标准）

标准6：教师
招募具有合格学历、相关知识和专业承诺等必要资格的教师，支持和培养他们，使他们能够胜任职责，促进儿童的学习和发展，并为具有不同需要和兴趣的家庭服务。其中"教师和员工的学历、知识和技能"部分的细目举例如下：

编号	年龄阶段					全美幼教协会认证标准
	U	I	T	P	K	
6.A						教师和员工的学历、知识和技能
6.A.01	X	X	X	X	X	作为早期儿童机构的专业人员，所有教职员工必须了解并履行职业道德

续表

编号	年龄阶段					全美幼教协会认证标准
	U	I	T	P	K	
6.A.02	X	X	X	X	X	与儿童相处的所有教职员工必须表现以下能力： ——在与儿童交互作用时，不采用任何形式的体罚或心理伤害方式 ——及时发现危及健康与安全的因素，并保护儿童免受伤害 ——鼓励并提供各种学习机会 ——鼓励并提供社会性经验 ——采用可提高机构质量的途径去适应和应付变化极具挑战性的情境 ——与儿童及其家庭交流
6.A.03	X	X	X	X	X	新教师上任独立带班之前，须经过一个适应程序，向他们介绍机构运行的基本方面，包括： ——机构的宗旨、价值观和目标 ——期望达到的职业道德 ——健康、安全和紧急状况程序 ——所在班级儿童的个体需要 ——允许使用的班级管理技巧与指南 ——机构的日常活动与日程安排 ——机构采用的课程 ——虐待和忽视儿童行为的举报程序 ——全美幼教协会早期儿童机构标准 ——其他各项规定与要求此后还需接受进一步的训练

标准7：家庭

与每个幼儿的家庭建立与保持一种适宜于家庭结构、语言和文化环境的合作关系，促使幼儿在所有的环境情境中得到发展。其中"了解和理解机构所服务的家庭"部分的细目举例如下：

编号	年龄阶段					全美幼教协会认证标准
	U	I	T	P	K	
7.A						了解和理解机构所服务的家庭
7.A.01	X	X	X	X	X	作为新员工的初始训练和此后的师资发展的组成部分，所有员工都必须具备有效地与各种类型家庭进行交流的知识和技巧

编号	年龄阶段					全美幼教协会认证标准
	U	I	T	P	K	
7.A.02	X	X	X	X	X	机构员工使用各种正式或非正式的手段（包括对话），熟悉、了解家庭结构、育儿方式，以及他们希望分享的社会经济、语言、种族、宗教和文化背景
7.A.03	X	X	X	X	X	机构员工积极利用家庭的信息来调整机构环境、课程和教学方法，为家庭服务
7.A.04	X	X	X	X	X	为了更好地理解儿童家庭和社区的文化背景，机构员工开展活动或参与社区的各种活动，如音乐会、讲故事，或为社区儿童家庭设计演出活动等（本条为形成性标准）
7.A.05	X	X	X	X	X	机构员工向儿童的法定监护人家庭成员提供支持和信息
7.A.06	X	X	X	X	X	在最初的接触中，机构员工就有目的地与家庭建立密切的双向关系，并在此后保持这种关系
7.A.07	X	X	X	X	X	无论家庭结构、社会经济地位、种族、宗教、文化、性别、能力或语言背景如何，在机构的一切活动方面，包括自愿服务的机会，确保所有家庭机会均等，并考虑每个家庭的兴趣和技能，以及机构员工的需求

标准8：社区关系

与儿童所在的社区建立联系，充分运用社区资源来帮助达成机构的目标。其中"了解和理解机构所在社区"部分的细目举例如下：

编号	年龄阶段					全美幼教协会认证标准
	U	I	T	P	K	
8.A						了解和理解机构所在的社区
8.A.01	X	X	X	X	X	机构员工列出当前儿童家庭所在社区所提供的有关服务项目，包括体质、心理健康、口腔卫生、营养、儿童福利、家长培训、早期干预或特殊教育筛选测试，以及住房、保育费报销等基本需求。帮助家长了解这些项目并协助他们利用社区资源来支持儿童与家庭的健康与发展
8.A.02	X	X	X	X	X	机构员工与社区中的有关部门、组织和咨询专家建立合作关系和专业联系，进一步扩展机构满足儿童与家庭需求的能力

续表

编号	年龄阶段					全美幼教协会认证标准
	U	I	T	P	K	
8.A.03	X	X	X	X	X	机构员工熟悉家庭服务项目中能提供适宜的语言文化方面服务的专业化咨询人员,因此可以指导机构儿童家庭得到相应事宜的帮助
8.A.04	X	X	X	X	X	机构员工与其他机构或单位联系,鼓励这些单位提供对儿童的长期服务,以获得相互满意的结果并加强合作
8.A.05	X	X	X	X	X	机构员工寻求建立与特殊教育咨询人员的联系,以帮助儿童及家庭全面参与机构的活动,包括对残疾、行为问题或有其他特殊需要的儿童提供帮助
8.A.06	X	X	X	X	X	机构员工代表机构和家庭向社区、服务机构和当地政府部门提出倡议,关注机构的需要(本条为形成性标准)

标准9:物质环境

拥有安全健康的环境,适宜的、维护良好的室内和户外设施,包括能促进儿童和教职员工学习和发展的设施、装备和材料等。其中"室内和户外设备、材料和家具"部分的细目举例如下:

编号	年龄阶段					全美幼教协会认证标准
	U	I	T	P	K	
9.A						室内和户外设备、材料和家具
9.A.01	X	X	X	X	X	具备以下设施: ——换尿布、内衣裤的设备和家具放在远离厨房的地方 ——换尿布台近旁有洗手池 ——一岁以上儿童每人有适合其身材,可双脚着地的靠背椅 ——桌子高度适宜,儿童坐着时桌面在腰部和腋窝之间 ——待在机构4小时以上的儿童每人有床或床垫、睡袋,不允许任何幼儿无睡具,直接睡在地板上 ——向每个生病儿童至少提供床或床垫和毯子 ——有相应的设施使残疾儿童或有其他特殊需求的儿童能全面参与机构活动 ——每个睡床之间要有至少3英尺高的挡板隔开 (最后一条是形成性标准)

续表

编号	年龄阶段					全美幼教协会认证标准
	U	I	T	P	K	
9.A.02	X	X	X	X	X	每个幼儿有专放个人物品的地方
9.A.03	X	X	X	X	X	持久性用品坚固耐用并保持良好状态 有必要的设备材料和家具使残疾儿童能够参与机构的课程和活动

标准10：领导与管理
有效地贯彻执行有关政策、程序和系统，支持教职员工的发展以及财务支出和机构管理工作的稳步发展，使全体儿童、家庭和员工获得高质量的机构经验。其中"领导班子"部分的细目举例如下：

编号	年龄阶段					全美幼教协会认证标准
	U	I	T	P	K	
10.A						领导班子
10.A.01	X	X	X	X	X	用精心描述的关于质量的使命和信念指导机构的一切工作，机构工作的具体目标均与以上使命相适应，包含对儿童与家庭的理想结果的追求
10.A.02	X	X	X	X	X	机构负责人具有合格的学历资格并对领导行政和教学工作作出一定的承诺 ——至少拥有大学本科学位 ——在大学管理专业修完9个学分 ——在早期教育或特殊教育等有关专业修完24个学分 ——或有书面文件证明将在5年内达到上述要求 ——或有证据说明达到表13-2中要求的学历与经验相结合的资格

（四）全美幼教协会机构认证评价标准

全美幼教协会机构认证评价标准涉及早期教育机构的教职员工的任职资格、行政管理人员的资格、清洁工作和班级教师儿童人数比等方面，详见表13-2～表13-5。

表 13-2 儿童早期教育机构教职员工任职资格标准

职位	任职标准
行政管理人员	必须至少具有学士学位，并且完成 ——大学行政管理 9 个以上学分 ——大学幼教、小教、特教或儿童发展专业关于儿童发展与学习的 24 个以上学分 ——或满足表 13-1 中的教育与经验水平要求 ——或有文件说明计划在 5 年之内达到上述要求
教师	75％教师必须 ——至少具有大学专科文凭或相当学历 ——正在攻读早期教育、儿童发展/家庭研究、早期特殊教育专业大专以上学位，或小学教育专业（主修幼儿教育）大专以上学位 ——具有非幼儿教育专业大专以上学位和 3 年以上认证机构工作经验 ——具有非幼儿教育专业大专以上学位和 3 年以上未认证机构的工作经验，以及至少在最近 3 年内经过 30 小时的有关培训 如果不能达到上述标准，则需有详细文件说明机构的师资发展计划，及如何保证提供足以指导课程和学习的早期教育经验
助理教师/保育员	50％助理教师和保育员必须已经或正在攻读儿童发展大专学位，或在有关专业主修幼儿教育或儿童发展大专以上学位 如果不能达到上述标准，则需有详细文件说明机构的师资发展计划，及如何保证提供足以指导课程和学习的早期教育经验

表 13-3 机构行政管理人员资格标准

机构行政管理人员如果可以提供文件证明，具有总分 100 点以上的正式教育、工作经验和相关培训的组合，则可以视为达到全美幼教协会任职资格标准

正式教育		工作经验		有关培训
必须证明在下列各项 至少 50 点 并不得超过 70 点		必须证明在下列各项 至少 15 点 并不得超过 50 点		必须证明在下列各项 至少 5 点 并不得超过 35 点
早期教育、儿童发展与家庭研究和早期特殊教育专业学士学位，或初等教育专业（包括 0～6 岁儿童发展和学习）学士学位，但缺少行政领导管理方面的 9 个学分	70	至少具有 5 年机构行政管理经验，其中包括成功带领机构得到并保持全美幼教协会认证资格至少 2 年	50	大学学分或培训课程必须与行政管理和早期儿童有关 5 年内培训 4 小时＝1 点 全美幼教协会认可的州内园长资格认证＝35 点

正式教育		工作经验		有关培训
教育管理及相关学科学士以上学位，但缺少0~6岁儿童发展和学习方面24个学分和行政领导管理方面的9个学分	65	至少具有3年机构行政管理经验，其中包括在12个月之内成功带领机构通过全美幼教协会认证标准	40	
早期教育有关领域专业的学士以上学位，但缺0~6岁儿童发展和学习方面24个学分和行政领导管理方面的9个学分	60	至少具有5年未经全美幼教协会认证机构认证的行政管理经验	25	
早期教育或儿童发展专业大专学位	55	至少具有3年未经全美幼教协会认证机构认证的行政管理经验	15	
任何其他专业学士以上学位	50			

表13-4 清洁消毒频率标准

区域	清洁	消毒	频率
教室/保育/进食区			
桌面、台面	X	X	每天，或被弄脏时
厨房、餐厅	X	X	进食前后，生熟食物备餐之间
地面	X	X	每天，或被弄脏时
门柜把手	X	X	每天，或被弄脏时
大面积地毯	X		儿童离开后吸尘。采用当地卫生部门批准的清洁方法，儿童须在地毯晾干后进入。婴儿区至少每月一次，其他区域至少每三个月一次或被弄脏时随时清洁
小面积地毯	X		每天户外抖洁，每月洗衣机洗洁

续表

区域	清洁	消毒	频率
可能入口/与体液接触的器皿、表面或玩具	X	X	每次用后清洗,或使用一次性材料
玩具	X		每周一次,或被弄脏时
头部以下的衣物	X		每周一次
床单、枕头、毛巾、梳子等	X		每周一次,或看出被弄脏时(只要一个儿童用过后)
毯子、睡袋等睡具	X		每月一次,或被弄脏时
帽子	X		每个儿童用过后,或使用一次性的
床和床垫	X		每周一次,或另一个儿童使用之前
拖把和清洁用具	X	X	每天使用前后,冲洗并消毒拖把,清洁抹布
厕所和换尿布区			
洗手池水龙头及附近台面	X	X	每天,或被弄脏时
液体肥皂盒	X	X	每天,或被弄脏时
坐厕、厕室内把手和可触及的表面和地面	X	X	每天,或发现被弄脏时
厕桶内	X	X	每天
厕所门把手	X	X	每天
换尿布台	X	X	每个儿童用过后
便盆或痰盂座	X	X	每个儿童用过后(易污染故不提倡使用)
任何被体液污染的表面(如尿、唾沫、呕吐物、血)	X	X	立刻

表 13-5 班级教师儿童人数比例

儿童年龄	班级儿童人数								
	6	8	10	12	14	16	18	20	22	24
婴儿阶段(出生至15个月)	1:3	1:4								
学步阶段(12~36个月) 12~28个月 12~36个月	1:3	1:4 1:4	1:4 1:5	1:4 1:6						

续表

儿童年龄	班级儿童人数									
	6	8	10	12	14	16	18	20	22	24
学前阶段（30~48个月） 4岁 5岁				1:6	1:7	1:8 1:8	1:9 1:9	1:10		
幼儿园阶段（5~6岁）						1:8	1:9	1:10 1:10	1:11	1:12

注：1. 如果是2.5~5岁的混合年龄学前班，可有20%的儿童为2.5~3岁，师幼比例按主要年龄组计算。如果是3岁以下的混合年龄班，则教师与儿童的比例按最小年龄计算。

2. 教师与儿童比例的计算包括教师、助理教师和保育员。

3. 12~28个月龄人数如超过10人便要求增加一位教职员工。

4. 如果班上有特殊儿童，则教师与儿童的比例需降低。

二、澳大利亚全国性幼教机构质量评级标准

（一）早期儿童教育与保育质量标准

澳大利亚早期儿童教育与保育全国质量标准体系包括指导原则、质量领域、标准和要素。该体系设立7个质量领域：教育方案及实践、儿童的健康与安全、物理环境、人员安排、与儿童的关系、与家庭和社区的合作关系、领导及托幼机构管理。每个质量领域都包含2~6条标准，标准是以高水平的结果表述的。每个标准之下又设有一些要素或称为指标。具体见表13-6。

表13-6 澳大利亚早期教育与保育质量标准

	标准	要素
质量领域1：教育方案及实践	标准1.1 　　幼托机构应在早期学习框架（或其他得到批准的学习框架）指导下开发促进每个儿童学习和发展的课程	要素1.1.1 早期学习框架（或其他得到批准的学习框架）引导幼托机构的课程决策，使每个儿童进行5个方面的学习 1. 儿童具有强烈的身份感 2. 儿童与其所处的世界建立联系并对此产生影响 3. 儿童具有强烈的健康意识 4. 儿童是自信而投入的学习者 5. 儿童是有效的交流者

续表

标准	要素
	要素1.1.2　在了解了背景、环境、家庭和社区的文化多元性的基础上进行课程决策
标准1.2　设计教育方案时充分考虑每个儿童的优点、能力、文化、兴趣和经验	要素1.2.1　每个儿童当下的知识、观念、文化和兴趣是教育方案的基础
	要素1.2.2　支持每个儿童参与教育方案
	要素1.2.3　作为正在进行对儿童学习进行计划、记录、评估循环的组成部分,对每个儿童的学习和发展情况进行评估
	要素1.2.4　对儿童个体和小组的学习和发展情况进行批判性的反思和评估,其结果被用于计划的主要信息来源,以提高方案及教学有效性

质量标准	标准	要素
质量标准2:儿童的健康与安全	标准2.1　每个儿童的健康得到提升	要素2.1.1　支持每个儿童的健康需要
		要素2.1.2　给每个儿童提供舒适的环境,并提供适宜的机会满足每个儿童睡眠、休息和放松的需要
		要素2.1.3　制订并实施有效的卫生措施
		要素2.1.4　采取控制传染病传播的措施,遵守指南要求采取控制传染疾病的传播,管理伤害和疾病
	标准2.2　饮食健康和体育活动渗透在为儿童设计的课程中	要素2.2.1　健康饮食得到提升,机构为儿童提供的饮食是有营养的,对所有年龄的儿童是适宜的
		要素2.2.2　通过有计划和自发的活动开展体育活动,对各个年龄的儿童是适宜的
	标准2.3　每个儿童都得到保护	要素2.3.1　儿童时刻都处在充分的监管保护之下
		要素2.3.2　采取合理步骤确认和管理风险,采用合理预防措施保护儿童免受危险和伤害
		要素2.3.3　在咨询相关权威人士的情况下制定有效管理突发和紧急事件的预案,并加以贯彻实施
		要素2.3.4　采取措施应对每个儿童受虐待或受忽视的风险

续表

标准		要素
质量领域3：物理环境	标准3.1　幼托机构的选址和设计适合开办幼托机构	要素3.1.1　室外和室内空间、建筑物、家具、设备、设施和资源都符合目标
		要素3.1.2　房舍、家具和设备安全、干净并得到良好的维护
		要素3.1.3　户外空间包括多次利用的自然物和材料
		要素3.1.4　设施的设计或改变要确保让机构内的每个幼儿都有机会接触和使用，可以灵活使用，并可以在室内和户外空间之间转换
	标准3.2　环境是包容性的，通过游戏进行独立的探究和学习以发展儿童的能力	要素3.2.1　室内和户外空间的设计和安排适宜，使儿童既能从人造环境又能从自然环境中获得有质量的经验
		要素3.2.2　资源、材料和设备在数量上是充足的，并确保能以适宜和有效地实施课程的方式进行安排
质量领域4：人员安排	标准4.1　人员安排促进儿童的学习和发展，并确保儿童的安全和健康	要素4.1.1　在任何时候维持师幼比（包括合格的师资要求）
	标准4.2　教育者、协调人和员工具备支持儿童学习、健康、安全和幸福方面的技能和知识	要素4.2.1　教师和协调人积极地、反思性地专注于为每个儿童制订课程计划并付诸实施
		要素4.2.2　对教师、协调人和员工的业绩进行考核，有适当的个体发展计划以促进其绩效提升
	标准4.3　教育者、协调人和员工尊重他人，具有良好的道德规范	要素4.3.1　专业标准指导实践、人际互动和人际关系
		要素4.3.2　行为与托幼机构开办原则相一致
		要素4.3.3　教育者、协调人和员工合作共事，彼此相互肯定、相互挑战、相互支持、相互学习，以进一步发展技能，改善实践和关系
		要素4.3.4　人际交往中传递一种彼此尊重、平等及对他人的优点和能力的认可

续表

	标准	要素
质量领域5：与儿童的关系	标准 5.1　与儿童建立并维持尊重的、支持性的关系	要素 5.1.1　与每个儿童的互动是温暖的、回应性的，并与儿童建立信任关系
		要素 5.1.2　每个儿童都能与教育者进行有意义的、开放的互动，以支持其获得生活和学习的技能
	标准 5.2　支持每个儿童与其他儿童或成人建立和维持敏感的、回应性的关系	要素 5.2.1　通过提供合作性学习的机会，支持每个儿童与其他儿童一起工作，向他人学习，帮助他人
		要素 5.2.2　支持每个儿童理解自己的行为会如何对他人产生影响
	标准 5.3　每个儿童的行为、互动和关系都得到有效指导	要素 5.3.1　在任何时候，行为指导策略都要保护儿童的尊严，维护儿童的权利
		要素 5.3.2　支持每个儿童管理自己的行为，对他人的行为作出适宜回应，通过有效交流解决冲突
质量领域6：与家庭和社区的合作关系	标准 6.1　与家庭建立并维持尊重的、支持的关系	要素 6.1.1　对新加入的家庭提供有效的注册程序和帮助其适应的过程
		要素 6.1.2　支持并向家庭提供参与课程和机构活动的机会
		要素 6.1.3　家庭有机会影响并决定机构的发展方向，评论机构的政策，对机构的决策起作用
	标准 6.2　支持父母的角色，尊重父母养育孩子的价值观和信念	要素 6.2.1　承认家庭的专业知识，并在作出有关儿童学习和健康的决策时分享家庭的专业知识
		要素 6.2.2　向家庭提供支持子女养育和家庭福利的社区服务和社会资源方面的信息
	标准 6.3　机构与其他组织和服务机构合作促进儿童的学习和幸福	要素 6.3.1　建立并保持与相关社区和支持机构的联系
		要素 6.3.2　通过共享相关信息，明晰责任，使每个儿童学习的连续性和过渡期都得到支持
		要素 6.3.3　能很便利地得到包容和支持性的帮助
	标准 6.4　托幼机构与参与社区	要素 6.4.1　托幼机构积极参与社区并表现出对家庭和社区的尊重
		要素 6.4.2　托幼机构参与社区项目和活动
		要素 6.4.3　托幼机构在维护环境和促进环境的可持续性方面扮演积极的角色

续表

	标准	要素
质量领域7：领导及托幼机构管理	标准7.1 有效的领导营造一种积极的组织文化，并建构一个专业学习的共同体	要素7.1.1 由一个合格而有经验的教育者或协调人来领导课程开发，从而为教学和学习建立清晰的目标和期望
		要素7.1.2 机构内的教育者和协调人有连续性
	标准7.2 有持续改进的承诺	要素7.2.1 提出一个指导机构各方面运作的原则声明
		要素7.2.2 具有有效的计划和评估过程，引导机构的运转和课程方案，鉴别并传达一种持续的改进倡议
		要素7.2.3 教育者、协调人和员工的入职指导是全面的
	标准7.3 管理和行政系统能确保机构提供有质量的服务	要素7.3.1 建立管理系统和交流渠道以确保机构的有效运作
		要素7.3.2 托幼机构的运行是基于现有的并定期检讨的规章制度和流程
		要素7.3.3 保存记录和信息，以确保在需要时机构可以调用，并确保与法规要求保持一致
		要素7.3.4 有管理托幼机构的合适的管理措施
		要素7.3.5 当管理和行政系统有变动，要向负责质量标准的当局报告
	标准7.4 与儿童打交道的成人，从事托幼机构管理的人或居住在里面的人是合适和适当的	要素7.4.1 机构开办者，包括管理机构、任何授权的管理者（现场或非现场）能证明其身体健康和举止得体
		要素7.4.2 机构开办者要采取合理措施确保教育者、协调人和员工身体健康和举止得体
		要素7.4.3 机构开办者要采取合理措施确保儿童在家庭式托幼机构中接受照看期间，居住者和来访者身体健康和举止得体
	标准7.5 不满和投诉得到有效处理	要素7.5.1 用适当的步骤确保所有的不满和投诉都得到表达，并及时地开展公正调查和记录
		要素7.5.2 要将违反法规或严重突发事件的投诉通告给负责质量标准的当局
	标准7.6 定期与家庭进行信息交流	要素7.6.1 家庭可获得托幼机构的即时信息
		要素7.6.2 家庭可获得有关儿童学习档案、发展情况及在教育活动中参与情况等信息
		要素7.6.3 需适当对家庭提供的信息进行记录

(二) 全国性质量标准实施指南

澳大利亚《国家质量标准指南》包括一套自我评估和质量改进计划过程。出台该指南的目的是，帮助已经同意按照《早期儿童教育与保育质量标准》进行评估和评级的保教服务机构，使之通过评估其当前的实践，确定哪些实践是他们可以、应该和能够改进的，从而帮助服务机构完善自我评估和质量评价改进计划过程。

《国家质量标准指南》概括地从如下 5 个方面对托幼机构如何理解和运用国家质量标准进行指导，为帮助机构开办者、教育者和协调人理解质量领域而提供建议。

1. 每个质量领域的介绍性陈述，制定标准的背景和基本原理。通过对每个质量领域和标准陈述的介绍，可以澄清人们对制定该标准的意图和背景的理解。这些介绍概述了每个标准对于高质量保教架构的重要性。

2. 对各标准描述，并解释该标准如何促进儿童的保教质量。

3. 每条标准的具体职责描述。概要地叙述每条标准对服务机构开办者和在其中从事工作的人员的要求。

4. 当机构朝着每条标准努力时需要思考和反思的问题。每个标准都附有一系列反思性问题，以帮助批准机构、开办者、指定的主管、教育者、协调人及员工对日常教育教学的有效性问题进行识别和批判性反思，思考这些问题该如何改变或改进。

5. 关于机构如何实行质量要素，以及对之加以评估的实践性指导。提供符合每个要素的具体要求，实践方法，以及如何被评估的例子。每个保教服务机构是独特的，要达到这些标准和要素的方式，取决于机构的背景，包括服务机构的环境、需要、利益和机构内儿童的能力以及家庭和更广泛的社区需要。

该指南涉及适用于所有不同类型教育机构和不同年龄儿童的指导，并以某种类型机构或某一年龄儿童为例，说明如何实施评价。

在具体的评估过程中，评估者可能会通过观察或访谈确定这些质量要素是否达到要求。表13-6中的各项要素向托幼机构的开办者提供了一个概括的要求，以及每个质量要素在日常教育实践中具体是如何体现和如何被评估的。应该承认，评估人员在评估过程中可能无法对所有的标准和要素进行观察，但评估者会对可观测的教育实践中儿童、家庭和教育工作人员的做法和行为进行观察。例如，在照料儿童时是否友好而尊重地互动等。

同时，机构开办者可以汇报机构的工作，指定的主管、教育者（包括家庭日间护理教育者）、协调人及工作人员可以讨论并清楚地解释在机构中为何及如何产生特定的实践。此外，评估者还会看到一些支持性文件档案，机构开办者、指定的主管、教育者、协调人及工作人员都可以提供档案材料。比如，制度和操作程序、会议纪要、安全检查员、员工和家庭手册、新闻通讯、反馈表或联系册、计划文件、相片、所收集的儿童作品（有关儿童体验和学习方面的档案）等作为证据来支持说明他们所在机构教育实践的独特性。

具体实施指南在《国际视野下的学前教育机构评估标准》中有详细介绍（见本章拓展性阅读导航）。

三、中国六省市幼儿教育机构教育评价研究

本实例为我国六省市幼教机构教育评价研究（资料来源：项宗萍等，1995）。

（一）评价研究项目背景

该研究是由中央教育科学研究所幼儿教育研究室主持的国际教育成就评价协会（IEA）学前教育项目中国第二阶段的研究内容，也是国家教育科研规划领导小组批准的国家教委"八五"青年课题。研究历经三年，由全国六个省、自治区、市（黑龙江、内蒙古、贵州、广州、武汉、辽宁）协同参加。

该项目的研究目标是研究和评价学前儿童在家庭外的教养机构中社会化的过程和生活质量，并将其与机构的资源投入以及机构儿童发展水平相联

系，考察其间的因果关系，为各参与国的幼儿教育决策提供依据。

六省市幼教机构教育评价研究基于国际教育成就评价协会学前教育项目的理论框架，以生态学为基础，认为儿童的发展是儿童与其直接环境相互作用的结果，而这一直接环境又是更大的社会环境中各种力量相互作用的结果。因此，儿童在幼教机构中与成人和同伴的交往过程直接影响儿童的发展，而这种交往过程又受到幼教机构的特征，所在地区的经济和文化背景，以及儿童家庭背景等的影响和制约。该研究项目以评估家庭外教养机构中儿童受教养过程为主要内容，探讨这种错综复杂的因果关系中的一个重要部分，即考察儿童受教养过程及其与儿童发展的因果关系。

(二) 评价设计

1. 理论框架

国际教育成就评价协会学前教育项目指导委员会 Grahay 博士对项目的理论框架加以细化，把儿童在机构中受教养的过程分为三个部分：第一部分是教师对儿童活动的安排，包括教师对儿童活动内容的安排和活动组织方式的安排；第二部分是教师行为与教师参与儿童活动的程度；第三部分是儿童活动，包括活动内容、言语伴随状况、儿童与伙伴和成人的社会交往等。我国的研究设计框架在此基础上，根据本国情况增加了家庭教育过程变量群，在教师安排方面增加了关于让儿童自选活动的变量，并在儿童活动方面增加了儿童对教师态度感知的有关变量。该评价研究假设的中国儿童发展因果关系模型理论框架详见图13-1。

2. 抽样方法

该评价研究的样本为自愿参加的六个省、自治区、市中各一个地级市（区）及其所辖区（县）内幼教机构中4.5岁±1.5个月的儿童。总体样本基本代表了除西北地区以外的大中城市及其附近农村地区有4~5岁儿童的幼教机构。

为使样本能代表各地城乡不同类型机构（如教育行政部门办园、机关事业单位办园、企业办园和街道个体办园等），采用非等比抽样设计，即在每

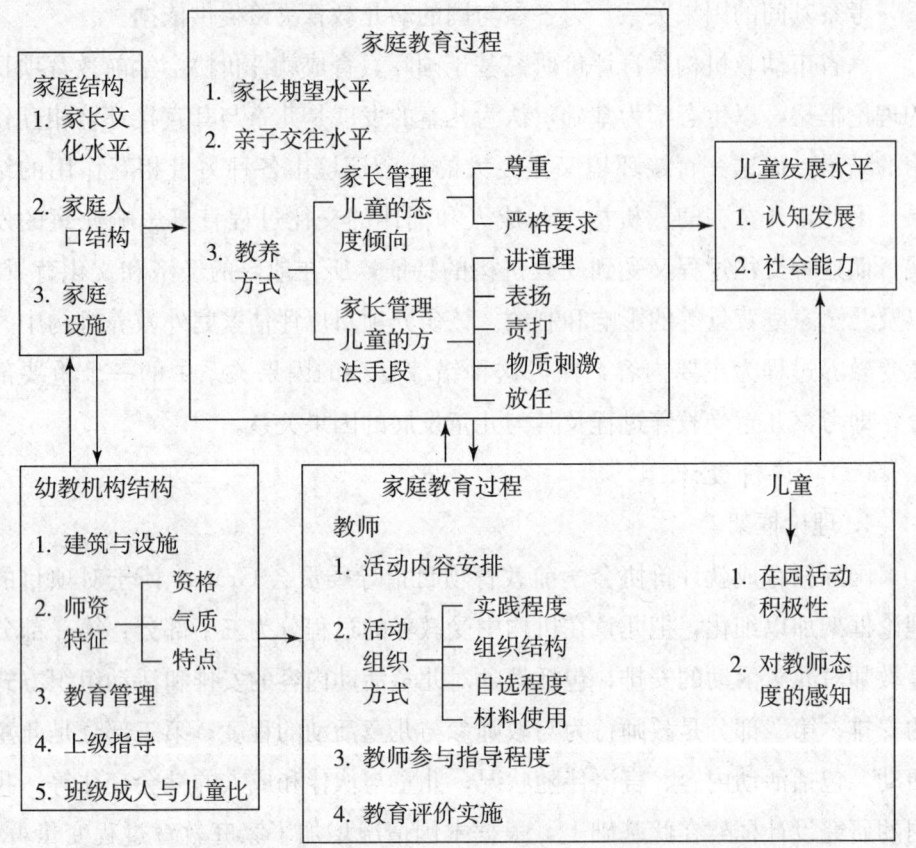

图 13-1　国际教育成就评价协会中国第二阶段学前教育项目儿童发展因果关系模型的假设

(资料来源：项宗萍等，1995)

省城乡各个类型幼教机构中抽取等量的样本机构，每个样本机构抽取等量样本儿童。实施抽样时采取二阶抽样，先随机抽取机构，再从被抽取的机构中随机抽取样本儿童。抽取实得样本机构 407 所，样本儿童 876 名。

3. 研究工具

研究的理论框架涉及 5 个变量群，其中家庭结构、家庭教育过程和机构特征变量群的资料收集采用访问法，机构教育过程变量主要用观察法，儿童发展水平的测定以个别测查为主，辅之以评定法。大部分研究工具均由国际教育成就评价协会学前教育项目国际协调中心提供，本研究中中国委员会根据本国的理论框架和40名幼教理论与实践工作者的意见,对家长访问、幼教机构访问、儿童访问、儿童粗动作测查、儿童社会性评定,以及教师对儿童活动安排的观察等工具作了必要的修订,增加或变动了一些变量。在制定工具的过程中,对所有工具进行了预测,检验了测查工具的内部一致性信度和题目的难度与区分度、访问工具的区分度,以及观察工具的观察者信度,并在此基础上对研究工具作进一步修改。表13-7为研究工具及其信度一览表。

表 13-7 主要研究工具及其信度表

工具名称	主要变量	信度
教师对儿童活动安排的观察	教师安排的活动内容 教师让儿童参与实践的程度 活动的组织结构 让儿童自选的程度 使用材料频度	
教师行为观察	教师的教授与管理行为 教师参与儿童活动的程度	
儿童活动观察	儿童活动的内容 儿童参与实践的程度 儿童伴随言语状况 儿童与伙伴交往状况 儿童与成人交往状况 儿童社交背景	
幼教机构访问	建筑与设施 玩具材料使用状况 教师资格、气质特点与教育观念 班儿童特征 班成人/儿童比 部分教育管理状况	

续表

工具名称	主要变量	信度
家长访问	父母文化、职业等特征 家庭人口状况 家庭设施 父母期望水平 父母与子女交往的内容和频度 父母教养方式 父母对幼教机构的评价	
儿童粗动作测查	身体协调能力（立定跳远） 平衡能力（单足立）	再测信度 0.67 再测信度 0.80
儿童精细动作测查	手的协调	内部一致性信度 0.81
儿童认知水平测查	时间 空间 数量 类比推理	内部一致性信度 0.82 内部一致性信度 0.82 内部一致性信度 0.65
儿童语言测查	对语言内容与形式的理解 语言表达	内部一致性信度 0.96
学前技能测查	数概念及运算 阅读准备技能（视觉辨认）	内部一致性信度 0.89 内部一致性信度 0.74
儿童社会性评定	社会交往（交往、帮助、分享等）	内部一致性信度 0.91
儿童道德认知测查	同情心、宽容、分享等	内部一致性信度 0.50
儿童访问	对教师与家长态度的评价	

（资料来源：项宗萍等，1995，本书作者稍作整理）

（三）资料收集

资料的收集工作由各省市选拔的资料员操作，每省 20 名。按国家研究委员会的要求，资料员必须具有高中及以上文化水平，两年以上专业培训，以及三年以上幼教工作经验。资料收集之前，国家研究委员会成员对各地资料收集员进行了两次专门的现场培训，包括学习研究工具的操作手册，观看录像与演练，以及实地练习。各地市还成立了项目委员会，由有经验的专业人员组成，负责解答资料员的问题，监控本地的资料收集工作。由于各地对普通话的使用程度差异较大，只能在广州、武汉、贵阳的乡村地区使用地方方言测查儿童，但资料员对地方方言的掌握程度不一，测查中有些儿童仍存有语言理解困难的问题。全部资料于1992年4~6月收集完毕。

（四）数据处理

收集到的数据由各省市负责登录，再由国家研究委员会请专门机构编程录入计算机。研究者抽取数据的10%进行校对，并对每一变量的数值范围和数据间的逻辑关系加以检验，对发现的错误进行核对和校正。然后，用SAS统计软件包进行了单变量、双变量的多元分析，并用LISREL 7统计软件采用结构方程建模方法对儿童发展因果关系模型加以分析。所有研究结果均按六省市资料合并后的城乡分别报告。

（五）主要研究结果

1. 幼教机构的教育在儿童社会性发展中起着家庭无法替代的作用。虽然文化水平高的父母与良好的亲子交往可有效地促进儿童认知的发展，却难以替代幼教机构中伙伴交往对儿童社会性发展的作用。幼教机构教育在乡村儿童的认知发展与优化乡村儿童的家庭教养环境中作用显著。家庭对儿童发展尤其是城市儿童的发展有极为重要的影响。

2. 幼教机构的教育过程对儿童发展的作用，比人员和物质条件的作用更直接更显著。教育过程的作用主要表现在三个方面：①教师组织活动的方式（如让儿童使用玩具材料的频度，让儿童对活动材料与操作内容的自选时间比重，允许同伴交往的程度，动静时间的比重）；②教师行为（包括教师参与指导儿童的程度，教师对儿童的和气程度，教师在教育中面向全体、热爱儿童的程度）；③儿童在园活动的积极性（无所事事、言语伴随率、同伴交往率）。城乡相比，家长的教养方式对城市儿童的发展影响较大，而亲子交往的数量与质量对乡村儿童发展的影响作用更为明显。

3. 研究结果还揭示了目前幼教机构教育过程中存在的主要问题。例如：

机构教育活动的组织方式往往忽视了儿童发展的需要与条件，让儿童使用活动材料少，允许儿童自主选择和自由交往少，纪律约束多等；机构教育过程重知识技能的传授，轻社会性情感培养；不够关注儿童个体行为和因材施教；行为管理中批评多表扬少，忽视儿童心理健康；学前技能教育的内容和方式应作重大改进；以及机构管理和师资培训课程中存在不足之处。研究者还针对这些问题提出了改进建议。

思考与练习

1. 简述学前教育机构评价的目的、要求和程序。
2. 机构评价的标准一般应包括哪些方面的内容？
3. 学前教育机构评价的现状和发展趋势对我国当前的现实状况和需要有何启发意义？
4. 联系我国学前教育机构评价的现状和需要，讨论全美幼教协会评价体系的优点和不足。

拓展性阅读导航

王坚红、尹坚勤主编：《国际视野下的学前教育机构评估标准》，南京师范大学出版社2012年版。本书收录了美国、英国、澳大利亚、新加坡、芬兰、南非等国的学前教育机构标准，对于我们了解和借鉴各国的标准，完善我国学前教育机构标准有很好的借鉴作用。在学习本章的过程中，可以重点阅读第145~198页，"澳大利亚：早期儿童教育与保育全国质量标准体系"；第207~241页，"新加坡幼儿园质量标准及细则"。

第十四章

学前教育信息评价

内容提要

当今信息时代使学前教育的有关信息大量涌现、急剧增长，亟须研究有关学前教育信息的评价问题。本章论述与学前教育信息资料评价相关的概念，阐明学前教育信息评价的意义、作用和原则，提供可供借鉴的学前教育书面信息和电子信息评价的指标体系，并提供一个形成性评价实例以供讨论参考。目前在世界范围内对学前教育信息资料的评价和研究均尚处于刚刚起步的阶段，本章所涉及的内容将有待于进一步深入探究和改进。

学习目标

1. 理解学前教育信息评价的现实意义和作用。
2. 了解学前教育信息评价的内容和方式。

关键词

信息　学前教育信息　书面信息　电子信息

第一节　信息评价的相关概念

当代学前教育信息正呈现迅速扩展和极大丰富的趋势，各种文字的、图像的、音频或电子的信息大量涌现，尤其是因特网的开放性与自由性，改变了信息的发布和传播程序。在网上发表信息并不像传统印刷品那样经过编辑和出版部门的权威审核，信息的质量无法得到控制，这就使得信息资源具有数量庞大、增长迅速、优劣混杂的特征，人们在享受海量信息的同时，也面临着如何选择和利用有效信息的困扰。因此，学习和研究学前教育信息的评价问题势在必行，这已逐渐成为当代学前教育领域的崭新课题。

在分析学前教育信息评价的指标和方法之前需对信息、学前教育信息以及学前教育信息评价等概念加以解释，以此作为进一步探讨的起点。

一、信息

关于信息定义的讨论，钟义信（2002）在《信息科学原理》一书中对各种观点进行了归纳分析。这里我们引用他在此方面所做的工作。信息的定义有 33 种之多，例如，1948 年，美国数学家香农（Shannon）在《贝尔系统技术杂志》上发表了长文《通讯的数学原理》，这篇文章标志着香农信息论或者说经典信息论的诞生。香农认为，信息是用以消除随机不定性的东西，这是基于信宿来讨论信息。信息传播过程可以简单地描述为：信源→信道→信宿。其中，"信源"是信息的发布者，即上载者；"信宿"是信息的接收者，即最终用户。在传统的信息传播过程中，对信源的资格有严格的限制，通常是广播电台、电视台等机构，采用的是有中心的结构。而在计算机网络中，对信源的资格并无特殊限制，任何一个上网者都可以成为信源。不定性就是不对应，不对应即有信息，不定性是结构不定性，随机性是结构。香农的信息定义实质上是随机性结构的表达。由于信宿对信息的反应是十分复杂的，故由这一定义引发了关于信息定义的大讨论。

对于信息这一概念还有些约定俗成的说法，如，在信息化社会，信息就是情报资料，这是从情报学意义上来看待信息。又如，信息就是知识。知识是人们在认识世界、改造世界中所获得的认知，包括积累的经验的总和。就电子信息而言，信息就是数据，而且是已经排列成有意义的形式的数据，从数据中提取，其功能和价值远远大于数据。

但确切地说，信息和资料或数据又是有差异的。资料，指事实的若干片段。资料常以观察记录的形式出现，但并不能影响人的行为。只有当其对某个人具有意义或能影响其行为时，才可能成为信息，因此资料也被称为潜在信息。

考虑到本章所要讨论的评价指标涉及电子与非电子类信息，可以将信息定义为：为减少决策和行动的不确定性所提供的情报、知识或数据。

二、学前教育信息

（一）概念

在学前教育领域，信息就是各种载体的，与学前教育有关的情报、知识或数据。其形式可以是文字、图片，也可以是音频、视频等多媒体形式。

学前教育信息是指公开发布的或用于某些群体共享的，用以指导学前教育理论研究和实践的，与学前教育有关的情报、资料的总称。比如，各类学前教育专业报刊、书籍及网站上所登载的各类信息。

（二）分类

学前教育信息可分为两大类：以报刊、书籍为载体的书面信息和以网络为载体的电子信息。其实，二者也是可以互相转化的。比如，有些报刊会有网络版，就是把书面的内容部分或完全上传到网络上；同时，有些网站也在尝试向网友寄送书面简讯。但在实际操作上，大多数的媒体形式转换并不尽如人意，往往昙花一现后就处于停滞状态。

书面信息主要表现为刊登在学前教育的期刊、报纸和书籍等媒介上面或各种教育主体归档留存的情报资料。

电子信息就是与学前教育相关的、各种以信息技术为基础的电子资源。

电子信息包括：

——素材类学前教育信息，如电子文本、图形/图像、音频、视频和动画等媒体素材。

——教育软件（课件）与网站，即为了达到课程的教学要求或教育目的而专门制作的多媒体教学软件、教育游戏软件、教育网站、网络课程等。其特征表现为：数字化、多媒体化、网络化和探索性。其对象可以是教育者（如教育行政管理者、教师、家长、其他保教人员）或从事儿童相关产业的社会人士，也可以是教育对象（儿童）。

关于学前教育的电子信息也可以统称为学前教育信息化资源。

三、学前教育信息评价

张豪锋和孔凡士（2005）认为，所谓教育信息化评价，是指评价人员依据评价目的和一定的评价标准设计评价方案，系统、科学和全面地采集、筛选、取样、分析教育信息化建设中的有关信息，确定评价的指标体系，由此对评价对象进行分析和综合判断，建立评价活动的档案，为改进和优化教育信息化的发展提供依据。教育信息化资源评价就是判断教育信息化各种资源的价值，也就是依据一定的标准和方法，对信息化资源的某一方面或全面的价值评定的过程。

学前教育信息评价是教育评价的一个分支，是指以一定的学前教育价值观或教育目标为依据，在系统、科学和全面地收集、整理、分析和处理相关资料的基础上运用科学可行的手段，对学前教育信息的组成、功能、呈现形式及成效进行价值判断，为提升学前教育信息水准提供依据，最终服务于学前教育。

第二节 学前教育信息评价的作用和意义

一、学前教育信息的作用

（一）信息是各级教育主管部门决策的基础

丰富而客观的信息是现代教育管理制度不可缺少的组成部分，是科学决策的基础。作为现代教育管理的核心内容，幼儿园课程构建、师资培训、课题研究等都离不开信息，各级教育行政主管部门制定法规、评估督导等管理行为也建立在对教育现状和发展远景的充分理解的基础上。

（二）信息是调控学前教育活动的有效工具

当前各种教育思潮和社会价值观不断涌现，学前教育要为培养社会后备人才奠基就必须了解、反映社会需求，对各种理论和实践去粗取精、去伪存真，为我所用。

从教育目标的确定、教材的选用到课程的编排和实施，无不以对国家及地区相关法律法规、社会发展需要、学前教育教学规律、教育对象的了解和家长的需求调查等信息为基础。在课程方案的实施过程中，教师必须时刻了解儿童的发展水平以便及时调整反馈。社会生活中所发生的事件也可以作为教育素材加以运用。

二、学前教育信息评价的意义

信息收集、处理和分析研究是十分复杂的，需要利用专门的媒体或平台，其质量高下就成为关键问题。而要对其质量作出评价，需要建立一套科学客观的、能为大多数人所接受的评价指标和实施规范。通过评价得出的结果，可以帮助各类学前教育信息的出版发布者了解其有效程度，并以此作为改进和提高的依据；对于使用者则是选择、利用信息载体的有效指导。

虽然现在并不缺乏各类相关学前教育的媒介，但对其水平的分析评价却非常欠缺，大多依赖于读者或网友的口碑或发行量、点击量排名，多停留在粗略、感性的质的分析上。就教育实际看，因为各级课件评比需要，课件评价指标相对较多但也存在许多问题，有的偏离了教育实际，一味追求技术和形式的新潮多样；有的纯粹是为了信息技术的噱头而制作。上述种种误区不仅直接影响教育教学效果，还浪费了大量人力、物力，得不偿失。

三、学前教育信息评价的原则

在学前教育信息评价中应遵循以下原则（周梅群、吴华，2004）。

(一) 整体完备性原则

教育现象的复杂性决定了评价指标体系的多因素、多层次性。要对学前教育信息的各方面进行不同层次的全方位评价，不能以偏概全、以局部代替整体，还要抓主流，抓本质。如有的学前教育类网站貌似开设了许多有吸引力的板块和栏目，但点击进入后却发现更新缓慢或质量不佳，其整体得分就受到影响。

(二) 科学合理性原则

科学性要求评价者有严谨的科学态度，评价的手段、方法有充分的科学依据，评价指标体系有准确的含义和理论基础。合理性要求各指标有相对独立性，能协调一致，从不同侧面反映目标的要求，切忌相互矛盾和冲突，同时又不能重复出现等价指标，造成重复评分现象。

(三) 简易可行性原则

评价应尽量简化，至于指标的多少应视具体情况而定，不同情况区别对待。同时组织实施也不可繁杂，努力做到简便易行。

第三节　学前教育信息评价的指标

科学、规范、公正、合理的评价标准的正确导向作用，激励机制形成积极的杠杆效应，将能引导报纸、学术期刊和网站的良性发展，促进其学术质量的不断提升。关于学前教育信息评价指标的选取和权重的分配应作以下几方面的考虑（苏广利，2001）。

第一，质的评价与量化评价的结合。质的评价是指按照一定的评价标准从主观角度对学前教育信息所做的优选与评价。质的评价标准因专业领域、学术水平和课题的专门需求等的差别而有所差异，无法强求一致。这种评价的优点是可以对网站内容进行深入分析，缺点是评价结果受人为因素影响较大，而且由于缺乏量化标准，评价结果往往比较模糊。量化评价是指按照数量分析方法，利用一定的评估工具，从客观量化角度对学前教育信息进行的优选与评价，比如报刊发行量、网页点击率等。量化评价的优点是信息比较全面和及时，使用方便而快捷，所得的评价结果比较客观而公允。缺点是标准过于简单，并且这些统计数据可能会受到无关因素的影响，所得结果难免偏颇。另外，量化评价无法对内容进行深入考察，因此，它对于学术信息载体并不完全适用。所以，在使用中应把二者结合起来，如综合评价法就是一种，它包括层次分析法、加权分析法等。

第二，内容评价与形式评价的结合。内容是评价与选择的核心，从中可以反映学前教育信息的本质，比如内容的权威性、创新性、准确性等，不论对书面还是电子信息都是评价的重要指标。学前教育信息的形式评价涉及形式的美观性、童趣性、组织性等方面。但电子信息还包括操作上是否便捷、可靠等电子信息特有的属性。

需要注意的是，内容评价与形式评价的重要程度是不同的。其中，内容反映学前教育信息的本质特征，是最重要的评价要素，而反映外部特征以及操作使用等方面的指标，是为提示内容服务的。因此，在进行信息评价时，应当分清主次，把内容评价作为评价的重点。这一点应在评价指标所占据的不同权重中得以体现。

以下提供几种较为常用的评价指标供参考。需要说明的是这里考察的对象均是专业类媒介。指标的选取和权重的确定参考了已发表的相关研究（中国新闻出版署，1995；苏广利，2001；吴小红、张剑平，2001；孙学涛等，2002；郑越华，2006；张德顺，2003；等等）。一般来说评价指标包括信息内容和表现形式两大方面，由于内容本身对信息而言具有决定性的意义，前者的权重要大（60%），至于内容中所涵盖的要素，则科学性和准确性的权重又相对较大。

一、书面信息的评价指标

（一）学前教育报纸评价

学前教育报纸是一种专业类报纸，是以传播学前教育新闻为主，兼及时事性评论和综合性信息的周期最短的散页印刷新闻媒介（颜语，2005）。当前国内学前教育报纸因发行面较小，不但种类少，周期长（多以周报为主），且局限于某一区域。表 14-1 介绍学前教育报纸评价的指标。

表 14-1 学前教育报纸评价指标

1级指标	2级指标	考察因素
内容质量（60）	准确性（10）	报纸所载内容真实、准确。报纸文字校对要求严格准确，无明显差错。每期报纸文字差错率不得高于万分之三
	专业性（20）	没有背离办报宗旨和超越学前教育专业分工范围①，没有刊载国家规定的禁载内容。报纸栏目设置合理、特色鲜明、丰富多彩，符合办报宗旨和学前专业分工范围
	新闻性（10）	及时报道学前教育领域的前沿信息和实践动态，反映热点、难点问题
	实用性（10）	能够针对各种尚需解决的理论或现实问题
		能在一定程度上提出可解决问题的新方法、新观点、新结论等
	可读性（10）	所登载文章有便于阅读、吸引读者的特性
		报纸版面容量标准，信息量大，内容丰富，充分利用各种新闻体裁和新闻手段
		报纸文章题文相符，表达准确，文字精练，生动形象
出版质量（40）	宗旨导向（10）	办报方针、宗旨、舆论导向正确
	依法出版（10）	各项出版活动遵守国家宪法、法律和有关规定，严格执行《报纸管理暂行规定》等报纸管理方面的行政法规及有关规章制度
	版面质量（10）	报纸印刷质量要求字体清晰、墨色均匀、套色准确，无缺笔断画、模糊不清现象
	广告质量（5）	遵守《中华人民共和国广告法》及其他有关法律法规，任何形式的广告，均用明显的广告形式刊出或在报纸明显位置注明"广告"字样
		广告内容必须真实、可信，语言文字必须文明、规范
		报纸广告设计美观、健康
	社会信誉（5）	满足读者和客户的正当要求
		具有良好的遵纪守法表现及记录
发行量②（+10）	有效性	在出版两年后，其最低期发行量标准应达到 3 万份（报纸的期发行量作为重要的质量标准，不规定打分标准，只规定最低发行量。并且采取最低期发行量"质量一票否决"的方式）

① 学前教育专业分工范围：报社应根据本报的办报宗旨和宣传分工，确定所刊发文章的分工范围，严格遵守，在此基础上创造出特色。学前教育专业类报纸的专业分工范围就是与学前教育相关的各类信息。

② 发行量：即该报单日或单期的最高的印刷量。报纸作为大众传播媒介，发行数量是衡量其报纸质量的一个重要标志，发行量应与本报专业分工和读者对象范围相称。

（二）学前教育期刊评价

学前教育期刊是以刊登学前教育领域有关的，以专业理论或研究文章为主的篇幅较长、出版周期较长（一般为月刊或双月刊或半月刊）的印刷媒介。表14-2是可用于学前教育各种期刊的评价指标。

表14-2 学前教育期刊评价指标

1级指标	2级指标	考察因素
内在因素（60）	创新性（20）	有新观点、新方法、新材料等
		其研究应是取得了实质性进展，结论可靠，而非低水平的重复论证
	实用性（20）	能够针对各种尚需解决的理论或现实问题
		能在一定程度上提出可解决问题的新方法、新观点、新结论等
	科学性（20）	体现真理性，传承先进文化
		杜绝谬误、伪科学等一切非先进文化
外在因素（40）	文献计量法	总被引频次，权威数据库或文摘刊物等的收录数，平均引文率，参考文献量，普赖斯引文指数，信息密度，是否核心期刊，期刊获奖数，论文获奖数，国际论文比，基金论文比等

（三）学前教育书籍评价

学前教育书籍是以学前教育各个有关方面为主要内容，在一定媒体上经雕刻、抄写、印刷等形式出版发行的图文著作物。图表14-3是一例关于学前教育书籍的评价指标。

表14-3 学前教育书籍评价指标

1级指标	2级指标	考察因素
内容（60）	科学（20）	论述有理有据，且符合科学规范
	系统（10）	从多角度、多层面进行解析
	深刻（10）	对所讨论的问题有深入地挖掘和思考
	清晰（10）	推论符合逻辑、表述流畅
	创新（10）	有新颖独到之处
装帧（40）	新颖美观	装帧新颖独特、美观大方，纸张色泽淡雅、优良，文字大小适中，插图清晰，能体现学前教育专业特色，版式合理

二、电子信息的评价指标

(一) 学前教育网站评价

学前教育网站是指通向学前教育综合性互联网信息资源并提供有关信息服务的应用系统。对学前教育网站及其各种网站栏目的评价可参考表14-4。

表14-4 学前教育网站评价指标

1级指标	2级指标	考察因素
内容呈现（60）	科学性（10）	所发布的信息正确、真实、客观，能体现科学的教育观和儿童观，且与学前教育实际相符
	权威性（10）	内容提供者在学前界的威望和知名度，以及其中的个体所提供的文章深度或信息内容的前瞻性；信息经常被其他权威网站摘引、链接与推荐
	完备性（10）	网站收录信息资源的范围全面广泛，基本涵盖学前教育领域的所有概念，又有一定深度；形式多样（包括文字、图片、动画、视频、音频等）
	时效性（10）	有反映学前教育最近发展的事实或数据；网页更新及时（以最后的更新日期为准）
	独创性（10）	信息独到，以网站原创信息为主，或对信息进行有机的组合，而不是简单地照搬别人
	实用性（10）	信息有实际使用价值，符合用户的需要。对教育实践中的难点、热点问题有专文或专题信息提供
技术支持（40）	有效性（10）	信息的呈现方式符合逻辑，检索途径多种多样，帮助信息清晰醒目，可以很容易地找到所需要的东西；易于登录，连通迅速
	美观性（10）	色彩、图形、文字的搭配和组合和谐、美观，符合人的浏览习惯，如较少弹出框、没有自动演奏音乐、图片不超过15%等
	稳定性（10）	网页稳定，性能可靠，可被用户长期依赖，能够连续地接受访问，很少出现阻塞或掉线、离线的情况
	交互性（10）	提供如数据库查询、BBS公告牌等多种交互界面，同时在页面留下联络方式，便于用户和信息提供者直接交流

(二) 学前教育课件评价

学前教育课件在这里是指辅助教师进行教育教学活动所需要的各类学前

教育软件，也包括儿童的游戏软件。对学前教育课件的评价可参考表 14-5。

表 14-5 学前教育发展适宜性课件评价指标

1级指标	2级指标	考察因素
内容质量 （60）	目标设定（20）	教育目标确定良好，符合幼儿园教育指导纲要和学前教育发展趋势
		与发展适宜性要求，尤其是幼儿的真实生活经验和最近发展区相吻合
	内容选择（20）	用语准确、合乎逻辑，具有思想性和科学性
		精选教育内容，善于吸收与课程相关的新知识、新成果
		突出重点，解决难点，深入浅出，同时具有复杂性的延伸
	呈现方式（10）	清晰且合乎逻辑
		图像、色彩、声音运用适当
		呈现的速度和顺序给予幼儿较大的自主性
	应用成效（10）	能够激发幼儿的学习动机
		注重过程导向，且有效地鼓励幼儿的创造能力
		能根据幼儿表现作出反应
技术质量 （40）	方便性（10）	教师能方便地应用课件
		幼儿能独立方便地使用
	可靠性（10）	在正常情况下，不会出现操作失灵现象
		启动、链接点击迅速、良好
		综合采用声音、动画或图像等多种素材技术
	兼容性（10）	根据需要可进行扩展或修改
	友好性（5）	用户界面美观友好
		对操作有清晰的提示性语言或标志
	适度性（5）	技术水平运用适度，花费时间和成效相匹配

近年来有研究者尝试建立一套比较科学完整的学前教育信息化评价指标体系（王吉，2012；张琼，2013）。后者提出以硬件（基础设施）、软件（资源及教学应用）以及人才队伍为基准的三个评价维度，并运用专家函询法、调查法确立了学前教育信息化评价指标权重。也有学者用层次分析法量化评

估网络教材质量，可作为学前教育电子信息评价的有益参照（商桑、齐学功，2003），其步骤主要包括：①对相关指标分层；②构造两两比较判断矩阵；③确定单准则排序；④确定层次总排序；⑤确定质量因素分层模型。

全美幼教协会（NAEYC，2012）特别就幼儿发展身处其中且影响重大的信息技术和互动媒体应用制定了16项原则。该协会认为互动媒体是指数字或模拟资料，包括软件、应用程序、影音媒体、某些儿童电视节目、电子书、网络和其他形式的内容设计，用以促进儿童主动和创造性地运用，并鼓励他们与其他儿童和成人进行社会交往。

全美幼教协会联合弗雷德·罗杰斯（Fred Rogers）中心声明：在发展适宜性实践的框架之内，当教育者有目的地运用信息技术和互动媒体来支持个别儿童的学习目标时，信息技术和互动媒体是促进儿童学习和发展的有效工具。但在实际使用中，必须坚持包括如下与学前教育电子信息密切相关的适宜性应用指导原则：适宜性应用应根据每个儿童的年龄、发展水平、需要、兴趣、语言背景和能力而有所不同；有效应用是指儿童是主动的、投入的和自主的，儿童被给予掌控权和渐进性支撑以顺利完成任务，而且这种应用只是支持儿童学习的多种选择之一；整合技术和互动媒体的教育应该是游戏性的，并能支持创造、探索、扮演游戏、自主游戏及户外活动。

另外，现在有一些儿童发展测评系统和工具很受家长关注。其中部分测评由科研院所参与研发，并通过了权威鉴定。更为普遍的是一些网站会附带一些网上即时测评工具，提供专业化标准，由儿童的主要监护人进行观察或自测。这些测评一般包括两方面内容：一类是儿童发展水平测评，包括身心发展测评（含发展水平和发展特点）和心理健康测评；第二类是家长教养观念和行为测评，包括家庭环境、育儿风格、育儿知识、营养知识等。家长需要注意的是儿童发展水平取决于很多因素，有很大的个体差异，也就是每一个儿童都有自己独特的发展方式和速率；而且这类测评结果可以反映出某种问题倾向，但不能代替专业的儿童心理测评或健康测评。

以"父母教养方式自测"为例，这个测评包括"我能每天抽空检查孩子的联络簿""孩子做错时,我会立即纠正并告诉他怎么做才是对的""我能亲自为孩子准备三餐"共 31 道题。家长可以从"总是""经常""很少"和"从不"四个选项中选择最符合实际情况的答案,提交结果后,网站会自动给出一个得分,并附有参考数值和粗略的建议。

第四节 学前教育信息评价实例

学前教育信息评价是按照特定目标和标准,对学前教育信息所进行的价值判断的过程。在从事评价时,可分为准备、实施、分析与反馈三个阶段。为了求证评价指标的合理性和可行性,笔者特邀请了部分幼教工作者对上海学前教育网"幼师资讯"频道进行了试评估。

上海学前教育网是由上海市教育委员会学前教育信息部创建于 1999 年并负责维护的一家学前教育专业网站,自成立以来已成功进行过两次大型改版,成为展示上海学前教育最新成就的窗口和家长、教师的交流互动平台,在上海乃至全国享有一定的声誉。"幼师资讯"频道是其中主要以专业工作者为服务对象的一个频道(与家教育儿频道相对应),包括幼师专栏、研究探索、管理论坛、实践反思、案例分析等十几个栏目,是一线教师的网上培训基地。此次评价结果拟作为上海学前教育网"幼师资讯"频道的改版参照,为改善网站服务质量提供依据。

一、准备阶段

根据评价理论和学前教育信息评价的特点,通过充分讨论和研究,制定了上海学前教育网"幼师资讯"频道评价表(见表 14-6)。考虑到评价者使用方便,特别将各项指标所得分值分为 5 个等级,只须打钩即可,最后再换算成 100 分。

表 14-6　上海学前教育网"幼师资讯"频道评价表

1级指标	2级指标	考察因素	所得分值（请打钩）				
			5	4	3	2	1
内容呈现（30）	科学性（5）	所发布的信息正确、真实、客观，能体现科学的教育观和儿童观，且和学前教育实际相符					
	权威性（5）	内容提供者在学前界的威望和知名度，以及其中的个体所提供的文章深度或信息内容的前瞻性；信息经常被其他权威网站摘引、链接与推荐					
	完备性（5）	网站收录信息资源的范围全面广泛，基本涵盖学前教育领域的所有概念，又有一定深度；形式多样（包括文字、图片、动画、视频、音频等）					
	时效性（5）	有反映学前教育最近发展的事实或数据；网页更新及时（以最后的更新日期为准）					
	独创性（5）	信息独到，以网站原创信息为主，或对信息进行有机组合，而不是简单地照搬别人					
	实用性（5）	信息有实际使用价值，符合用户的需要。对教育实践中的难点、热点问题有专文或专题信息提供					
技术支持（20）	有效性（5）	信息的呈现方式符合逻辑，检索途径多种多样，帮助信息要清晰醒目，从而可以很容易地找到所需要的东西；易于登录，连通迅速					
	美观性（5）	色彩、图形、文字的搭配和组合和谐、美观，符合人的浏览习惯，如较少弹出框、没有自动演奏音乐、图片不超过15％等					
	稳定性（5）	网页稳定，性能可靠，可被用户长期依赖，能够连续地接受访问，很少出现阻塞或掉线、离线的情况					
	交互性（5）	提供如数据库查询、BBS公告牌等多种交互界面，同时在页面留下联络方式，便于用户和信息提供者直接交流					
总计（分）	50						

二、实施阶段

2007年1月底至2月初，邀请数名幼教工作者（包括对网站较为了解的部分区县教研员、基层教师、幼教期刊记者等）根据自己对上海学前教育网"幼师资讯"频道的运用经验，利用以上评价表实施评估。评估者根据考察因素就二级指标对上海学前教育网"幼师资讯"频道逐项客观评价，分值记录在相应的表格内，总分为 50 分。

为了获取改进信息，还要求评估者针对评价表本身的合理性，如指标表述是否清晰、易操作，评价指标和所占分值分配是否适当等提出建议，例如，是否觉得某些重要的指标分值可加大，或其他指标分值应减少等，只要总分保持为 50 分即可。一般要求评估者提出至少三项建议。

三、分析与反馈

（一）通过对评价结果的分析可以发现以下问题

1. 对该频道的整体打分基本属于优良水平，与上海市教委所属网站和全国知名学前教育网站的地位基本相符。

2. 相对而言，"内容呈现"部分比"技术支持"部分得分更高，这与上海学前教育网第二次改版以后由于合作方技术投入不足而产生了种种问题的现状相吻合。

3. 就"内容呈现"方面看：

（1）其中"科学性""独创性"和"时效性"认可度较高，这与网站自成立以来一直强调网站的专业引领作用是分不开的；同时，因组建了一支从市到区县再到基层园所的信息员队伍，从一线采集了大量及时、生动的原创稿件。

（2）该频道的"权威性""实用性"和"完备性"得分相对较低，这种状况的产生事出有因：从该频道的稿源来看，大多是基层园所投递，专家约稿较少，影响了频道的权威性；因直接服务于上海学前教育的工作重点——二期课改，故对其他有影响的课程及学前教育史等内容较少涉及，就内容的完备性上也是有欠缺的；受制于技术支持，对一线教师有实际参考价值的教学课件、素材等多媒体资源无法上传和呈现，影响了其实用性。

4. 在"技术支持"方面，认可度都相对较低，其中对"有效性""稳定性"和"交互性"诟病最多。这与网站长期以来得到的网友反馈信息相一致,例如,无效检索、登录慢、经常有 BUG(错误页面)出现、论坛功能单一等。

对于附加的开放性问题,有的认为新、全、能用是第一位的;也有的认为对于网站,稳定性、组织性很重要,尤其针对的用户是全市各个层面的人士;还有的认为由于是专业性网站,权威性和实用性就比较重要。基本与所设评价指标相吻合。

(二)根据以上评价结果,评价者对该网站的"幼师资讯"频道提出如下改进建议。

1. 继续做好信息员队伍建设,保证信息的及时和原创;利用改版之机增加区县和园所信息员稿件把关、推荐的权限。

2. 加大对学前教育专家的约稿力度,密切追踪学前教育前沿信息;同时最好有专人分管报刊等学前教育专业媒体的定期信息检索与上传;以名师工作室、课题组在线或自建博客形式吸引专家入驻网站,保证信息的质量和用户忠诚度。

3. 对现有栏目架构进行整体思考并作细化,以会员制、积分制等手段激励广大网友共建共享各类教育资源。近期可考虑以"创新运用新课程实践大擂台"的形式替代,并着手与同类产品公司进行合作。

4. 新的改版重在功能的增加和升级,特别加强对站内检索、论坛、博客等自主、交互性功能的增加和完善。

5. 教师上学前教育网最大的需求是研究类信息的检索,故开设"研究"频道有一定依据(日常更新维护的可行性另当别论),且检索功能应尽可能强大;同时,教师对教育教学或管理的操作性资源需求也较大,故新设"教学""管理"频道,密切联系一线实际,及时捕捉、解析实践中的热点、难点问题。

2009年10月10日,再次改版的上海学前教育网以新的面目呈现在用户面前。新版age06网依然是上海市、区、园的沟通平台,保留着"06专题"

这一围绕学前教育热点、难点进行图文并茂地报道的特色栏目和对时效性二手学前教育信息的再编辑，同时力求更突出网站的互动性、参与性和实用性。

近年来，上海学前教育网着力打造三大应用平台："直报通"学前教育信息管理平台、"园园通"管理平台和"课程云"平台，促进学前教育转型。

"直报通"是对接全国学前教育信息系统的数据直报平台。借助平台不断加强对系统建设和运行维护的组织领导工作，准确、高效、安全地完成了两轮"区县项目数据、幼儿园基础数据"采集、审核与报送工作。

"园园通"实现了市、区、园的三级管理和纵向沟通，实现了家园之间的横向交流，为幼儿园的信息化管理和教师、保健员的业务工作减负增效。目前，上海学前教育网"园园通"管理平台已经在全市范围的托儿所、幼儿园内全面使用，为全市范围内所有公办幼儿园、保教人员、家长提供服务，实现了网上家园互动。

"课程云"被称为教师专业成长的"助推器"。搭建面向全市幼儿园课程资源及活动实施的支持平台，提供灵活开放的教育资源共享服务。积聚二期课改优质课程资源，立足"用中建，建中用"，为解决学前教育资源短缺、城乡区域发展不均衡等核心问题提供支持，进一步助推教师专业成长、课程有效实施，目前已推出大批精品课例。

思考与练习

1. 学前教育信息资料包括哪些内容？
2. 如何正确理解学前教育信息资料评价的意义和作用？
3. 试对学前教育报刊、书籍和课件的评价指标发表己见，并提出改进意见。
4. 分小组讨论并实施对某学前教育信息资料来源（刊物、书籍或网站）的评价。

主要参考资料

中文（按作者姓名汉语拼音字母顺序排列）：

北京师范大学教育系，北京崇文区光明幼儿园自选游戏课题组：《幼儿园游戏指导》，北京师范大学出版社 1996 年版。

曹炎：《英国中小学教师评估》，载于《中小学管理》1996 年第 3 期。

陈社育：《评价资料的收集》，载于《学前教育评价——理论·方法·实践》（王坚红主编），人民教育出版社 1994 年版。

陈向明：《扎根理论的思路和方法》，载于《教育研究与实验》1999 年第 4 期。

陈玉琨著：《教育评价学》，人民教育出版社 1999 年版。

顾荣芳主编：《学前教育诊断与咨询》，辽宁师范大学出版社 2003 年版。

广州市《幼儿园工作规程》试点工作研究组：《广州市幼儿发展课程指引（下篇）》，载于《教育导刊》1996 年第 10 期。

国家基础教育课程改革项目组：《关于教师发展性评价的一些思考》，载于《基础教育改革动态》2003 年第 7 期。

李季湄，冯晓霞主编：《〈3—6 岁儿童学习与发展指南〉解读》，人民教育出版社 2013 年版。

刘焱著：《儿童游戏通论》，北京师范大学出版社 2004 年版。

卢美贵：《走进与走出——幼儿课程与评量省思》，2006 年海峡两岸幼儿教育学术研讨会，南京。

毛曙阳：《儿童游戏与儿童文化》，南京师范大学博士论文，2008 年。

项宗萍等：《六省市幼教机构教育评价研究》，教育科学出版社 1995 年版。

南京师范大学教育科学研究所，南京市实验幼儿园：《幼儿发展评估手册》，南京大学出版社1993年版。

钱文：《学前融合课程评价的有效方法：课程性评估》，载于《中国特殊教育》2004年第4期。

瞿葆奎主编：《教育学文集·教育评价》，人民教育出版社1989年版。

商桑，齐学功：《基于web的网络教材质量评估方法研究初探》，载于《中国远程教育》2003年第13期。

苏广利：《因特网信息资源评价研究》，载于《情报资料工作》2001年第6期。

王春燕：《课后反思型说课：教师专业化成长的有效平台》，载于《学前教育研究》2005年第5期。

王吉：《学前教育信息化评价指标体系的构建》，载于《教育测量与评价（理论版）》2012年第1期。

王坚红，Elicker, J., McMullen, M., 毛曙阳：《中美两国幼儿教师课程观研究》，载于《学前教育研究》2006年第10期。

王坚红，毛曙阳，Elicker, J.：《中美两国幼儿教师课程观比较》，载于《学前教育研究》2007年第1期。

王坚红编：《学前儿童发展与教育科学研究方法》，人民教育出版社1991年版。

王坚红，尹坚勤主编：《国际视野下的学前教育机构评估标准》，南京师范大学出版社2012年版。

王坚红：《幼儿园综合教育课程系统评价的初步方案的初步设想》，南京师范大学幼儿教育课程研究国际研讨会论文，1989年。

王坚红主编：《学前教育评价——理论·方法·实践》，人民教育出版社1994年版。

吴小红，张剑平：《多媒体课件评价体系研究》，2001年全国计算机辅助教育学会第十届学术会议，大连。

肖湘宁:《如何利用〈指南〉观察和了解幼儿》,载于《〈3—6岁儿童学习与发展指南〉解读》,人民教育出版社2013年版。

张豪锋,孔凡士主编:《教育信息化评价》,电子工业出版社2005年版。

张琼:《学前教育信息化评价指标体系研究》,河南大学硕士论文,2013年。

张玉田等编著:《学前教育评价》,中央民族学院出版社1987年版。

张振华:《教育评价理论若干问题刍议》,载于《教育研究》1991年第5期。

赵岭:《幼儿园环境评价》,载于《学前教育评价——理论·方法·实践》(王坚红主编),人民教育出版社1994年版。

郑美玲:《幼儿发展水平观察评估》,上海翻译出版公司1991年版。

郑日昌编著:《心理测量》,湖南教育出版社1987年版。

郑越华:《三维监测评价体系构建初探》,载于《新闻实践》2006年第8期。

中国新闻出版署:《关于印发〈报纸质量管理标准〉(试行)的通知》,新出报[1995]252号,1995-3-20。

钟义信著:《信息科学原理》(第三版),北京邮电大学出版社2002年版。

周梅群,吴华:《教育网站评价指标体系设计之研究》,载于《电化教育研究》2004年第8期。

周欣,周晶,高黎亚,张亚杰:《早期学习与发展标准的制订:又一份国家指导性文件的诞生》,载于《学前教育研究》2008年第10期。

[美] Jakob Nielsen,Marie Tahir 著,孙学涛,张颖,马英杰译:《专业主页设计技术——50佳站点赏析》,人民邮电出版社2002年版。

[英] 劳伦斯等著,诸平等译:《当代教育科学译丛:课程研究与课程编制入门》,春秋出版社1989年版。

英文(按作者姓氏英文字母排列):

Abma, T. A., & Stake, R. E. (2001). Stake's Responsive

Evaluation: Core Ideas and Evolution, *New Directions for Evaluation*, 2001 (92), 7-22.

Achenbach, T., & Rescoria, L. (2015). Achenbach System of Empirically Based Assessment. *John Wiley & Sons, Inc*, 6854 (5), 31-39.

Atkinson, L. (1986). The Comparative Validities of the Rorschach and MMPI: A Meta-analysis. *Canadian Psychology*, 27 (3), 238-247.

Barnett, W. S. (1996). *Lives in the Balance: Age-27 Benefit-Cost Analysis of the High/Scope Perry Preschool Program*. Michigan: High/Scope Foundation.

Bayley, N. (1969). *Bayley Scales of Infant Development: Birth to Two Years*. San Antonio, TX: The Psychological Corporation.

Bridges, M., & Carlat, J. (2003). *Training and Retaining Early Care and Education Staff: Bay Area Child Care Retention Incentive Programs Evaluation, Year one Progress Report, 2001-2002*. Policy Analysis for California Education.

Cassel, R. N. (1991). Using Revised Gesell Age Scale to Assess Progress in Early Child Development. *Reading Improvement*, 28 (3), 203-208.

Fein, G. G. (1981). Pretend Play in Childhood: An Integrative Review. *Child Development*, 52 (4), 1095-1118.

FR Center. (2013). Technology and Interactive Media as Tools in Early Childhood Programs Serving Children from Birth Through Age 8. *Every Child*, 19 (4).

Frechtling, J., & Sharp, L. (1997). *User-Friendly Handbook for Mixed Method Evaluations*. Division of Research, Evaluation and Communication at National Science Foundation.

Gay, L. R. (1990). *Educational Evaluation and Measurement, Competencies for Analysis and Application*. (2nd ed.). Merrill Publishing Co., Columbus, Ohio.

Golden, O. (1998). *The Program Manager's Guide to Evaluation*. Utah Department of Social Services.

Goodwin, W. L., & Driscoll, L. A. (1980). *Handbook for Measurement and Evaluation in Early Childhood Education*. Jossey-Bass Publishers. San Francisco.

Gullo, D. F. (2004). *Understanding Assessment and Evaluation in Early Childhood Education*. (2nd ed.). New York: Teachers College Press.

Lamy, C., Barnett, W. S., & Jung, K. (2005). *The Effect of the Michigan School Readiness Program on Young Children's Abilities at Kindergarten Entry*. The National Institute for Early Education Research, Rutgers University.

Langill, C., Elicker, J., Ruprecht, K., Kwon, K., & Guenin, J. (2009). *Paths to QUALITY-A Child Care Quality Rating & Improvement System for Indiana: Technical Report No. 2 Evaluation Methods and Measures*. Center for Families Publication.

Mckey, R. H., et al. (1985). *The Impact of Head Start on Children, Families, and Communities: Final Report of the Head Start Evaluation, Synthesis, and Utilization Project*. Executive Summary. CSR, Inc., Washington, D. C.

McPherson, A. (1993). Measuring Added Value in Schools. *Education Economics, 1 (1), 43-51.

Meisels, S. J., & Fenichel, E. (1997). New Vision for the Developmental Assessment of Infants and Young Children. *Zero to Three: National Center for Infants, Toddlers, Families*, 18 (6), 423.

NAEYC. (2005). *NAEYC Early Childhood Program Standards and Accreditation Criteria: The Mark of Quality in Early Childhood Education.* Pulished by NAEYC.

NECC Network. (2006). Child-Care Effect Sizes for the NICHD Study of Early Child Care and Youth Development. *American Psychologist*, 61 (2), 99-116.

NRCIOM (2000). *From Neurons to Neighborhoods: The Science of Early Childhood Development.* National Academies Press.

Oberhuemer, P. (2005). International Perspectives on Early Childhood Curricula. *International Journal of Early Childhood*, 37 (1), 27-37.

Parten, M. B. (1932).Social Participation Among Pre-school Children. *Journal of Abnormal & Social Psychology*, 27 (3), 243-269.

Payne, D. A. (1994). *Designing Educational Project and Program Evaluation-A Practical Overview Based on Research and Experience.* Boston: Kluwer Academic Publishers.

Reynolds, A. J. (2005). Confirmatory Program Evaluation: Application to Early Childhood Interventions. *Teachers College Record*, 107 (10), 2401-2425.

Reynolds, A. J., Temple, J. A., Robertson, D. L., & Mann, E. A. (2001). Long-term Effects of an Early Childhood Intervention on Educational Achievement and Juvenile Arrest: A 15-year Follow up of Low-income Children in Public Schools. *Jame the Journal of the America Medical Association*, 285 (18), 2339-2346.

Sanders, J. R., & JCSEE (1994). *The Program Evaluation Standards: How to Assess Evaluations of Educational Programs*. (2nd ed.). SAGE Publications.

Schweinhart, L. J. (2001). *How the High/Scope Perry Preschool Study has Influenced Public Policy*. Third International.

Schweinhart, L. J. (2003). Benefits, Costs, and Explanation of the High/Scope Perry Preschool Program. *Academic Achievement*, 27 (1), 53-65.

Schweinhart, L. J., Montie, J., & Xiang, Z., et al. (2005). *Lifetime Effects: The High/Scope Perry Preschool Study Through Age 40*. Ypsilanti, MI: High/Scope Press.

Serunian, S. A., & Broman, S. H. (1975). Relationship of Apgar Scores and Bayley Mental and Motor Scores. *Child Development*, 46 (3), 696-700.

Shannon. C. E. (1948). A Mathematical Theory of Communication. *Bell System Technical Journal*, 27 (3), 379-423.

Shore, R. (1997). *Rethinking the Brain: New Insights into Early Development*. New York: Families and Work Institute.

Strauss, A., & Corbin, J. (1990). *Basics of Qualitative Research: Grounded Theory Procedures and Techniques*. SAGE Publications.

Stufflebeam, D. L. (2007). *CIPP Evaluation Model Checklist-A Tool for Applying the CIPP Model to Assess Long-term Enterprises*. Wmu Payroll Choices Authorization Form.

Stufflebeam, D. L. (2011). Meta-evaluation. *Journal of Multidiscipinary Evaluation*, 7 (15), 99-158.

Sylva, K., Melhuish, E., Sammons, P., Siraj-Blatchford, I., & Taggart, B. (2004). *Effective Pre-school Education*. University of London, Institute of Education.

Tyler, R. W. (1949). *Basic Principles of Curriculum and Instruction*. Chicago: The University of Chicago Press.

Wechsler, D. (1989). *Wechsler Preschool and Primary Scale of Intelligence-Revised*. San Antonio: The Psychological Corporation.

Wirt, R. D., Lachar, D., Klinedinst, J. E., Seat, P. D., & Broen, W. E. (1977). *Multidimensional Description of Child Personality: A Manual for the Personality Inventory for Children*. Los Angeles: Western Psychological Services.

WL Corp, N York, & N. O Univ. (1969). *The Impact of Head Start: An Evaluation of the Effects of Head Start on Children's Cognitive and Affective Development*. Volume1: Report to the office of Economic Opportunity.

Wortham, S. C. (2000). *Assessment in Early Childhood Education*. (3rd ed.). Prentice Hall.

Worthen, B. R., & Sanders, J. R. (1973). *Educational Evaluation: Theory and Practice*. C. A. Jones Pub. Co.

Xiang, Z., & Schweinhart, L. J. (2002). *Effects Five Years Later: The Michigan School Readiness Program Evaluation Through Age 10*. Ypsilanti, MI: High/Scope Educational Research Foundation.

Center on the Developing Child. (2007a). *The Science of Early Childhood Development (InBrief)*. https://46y5eh11fhgw3ve3ytpwxt9rwpengine. netdna-ssl. com/wp-content/uploads/2015/05/inbrief-adversity-1. pdf.

Center on the Developing Child. (2007b). *Early Childhood Programe Effectivencess* (*InBrief*). https://46y5eh11fhgw3ve3ytpwxt9r-wpengine. netdna-ssl. com/wp-content/uploads/2015/05/inbrief-programs-update-1. pdf.

Center on the Developing Child. (2009a). *The Impact of Early Adversity on Children's Developmet* (*InBrief*). https://46y5eh11fhgw3ve3ytpwxt9r-wpengine. netdna-ssl. com/wp-content/uploads/2015/05/inbrief-adversity-1. pdf.

Center on the Developing Child. (2009b). *Brain Architecture*. https://developingchild. harvard. edu/science/key-concepts/brain architecture.

Center on the Developing Child. (2012a). *Early Childhood Mental Health* (*InBrief*). https://46y5eh11fhgw3ve3ytpwxt9r-wpengine. netdna-ssl. com/wp-content/uploads/2015/05/InBrief-Early-Childhood-Mental-Health-1. pdf.

Center on the Developing Child. (2012b). *Exective Function* (*InBrief*). https://46y5eh11fhgw3ve3ytpwxt9r-wpengine. netdna-ssl. com/wp-content/uploads/2015/05/InBrief-Executive-Function-Skills-for-Life-and-Learning-2. pdf.